Droit administratif
de la Polynésie française

Tome II

« Portes océanes »

Collection dirigée par Frédéric Angleviel,
Professeur des universités en histoire
et Paul Magulue Fizin, docteur en histoire

Cette collection est dédiée en premier lieu à une meilleure connaissance de l'Océanie et des espaces insulaires à partir de l'édition cohérente des articles épars de chercheurs reconnus ou de la mise en perspective d'une thématique à travers les contributions les plus notables. La collection « Portes océanes » a donc pour objectif de créer des ponts entre les différents acteurs de la recherche et de mettre à la disposition de tous des bouquets d'articles et de contributions, publications éparses méconnues et souvent épuisées. En effet, la recherche disposant désormais de très nombreuses possibilités d'édition, on constate souvent une fragmentation et une dissémination de la connaissance. Ces rééditions en cohérence se veulent donc un outil au service des sciences humaines et sociales appliquées aux milieux insulaires et plus particulièrement à ceux de l'aire Pacifique.

En second lieu, la collection « Portes océanes » a pour ambition de permettre la diffusion auprès du public francophone des principaux résultats de la recherche internationale, grâce à une politique concertée et progressive de traduction. Tout naturellement, elle permettra aussi la publication de colloques ou de séminaires sans s'interdire la publication d'ouvrages mettant à la disposition du public les derniers travaux universitaires ou des recherches originales portant sur les milieux insulaires, les outre-mers francophones et la région Pacifique.

Retrouvez l'ensemble des parutions page 386

Alain MOYRAND

Droit administratif de la Polynésie française

Tome II

L'Harmattan

Mise en page
CDJTahitimage – Tél. : (689) 40 45 18 68

5-7, rue de l'École-Polytechnique, 75005 Paris
http://www.editions-harmattan.fr
ISBN : 978-2-343-14428-3
EAN : 9782343144283

« Les fous m'attirent, ces gens-là vivent dans un pays mystérieux de songes bizarres, dans ce nuage impénétrable de la démence où tout ce qu'ils ont vu sur la terre, tout ce qu'ils ont aimé, tout ce qu'ils ont fait recommence pour eux dans une existence imaginée en dehors de toutes les lois qui gouvernent les choses et régissent la pensée humaine »

Guy de Maupassant

Mistsi

Contes et nouvelles, bibliothèque de la Pléiade,

éditions Gallimard 1974

SOMMAIRE

– QUATRIÈME PARTIE –
LES MOYENS JURIDIQUES DE L'ACTION ADMINISTRATIVE

– CHAPITRE I –
LES ACTES ADMINISTRATIFS UNILATERAUX

– CHAPITRE II –
LES CONTRATS ADMINISTRATIFS

– CINQUIÈME PARTIE –
LA RESPONSABILITE ADMINISTRATIVE

– CHAPITRE I –
LE RÉGIME GÉNÉRAL DE LA RESPONSABILITE PUBLIQUE

– CHAPITRE II –
LE PARTAGE DE LA RESPONSABILITE ENTRE L'ADMINISTRATION ET SES AGENTS

– SIXIÈME PARTIE –
LE CONTRÔLE JURIDICTIONNEL DE L'ADMINISTRATION

– CHAPITRE I –
LE REGIME JURIDIQUE DES RECOURS CONTENTIEUX

– CHAPITRE II –
LE RECOURS POUR EXCÈS DE POUVOIR

– QUATRIÈME PARTIE –

LES MOYENS JURIDIQUES DE L'ACTION ADMINISTRATIVE

Pour accomplir ses missions, l'administration dispose de plusieurs moyens :

- des moyens humains (personnels : fonctionnaires) ;
- des biens (le domaine : public et privé) ;
- du matériel ;
- et des moyens financiers.

Elle dispose aussi du pouvoir de prendre des actes juridiques pour réaliser ses missions.

Ces actes juridiques peuvent se définir comme des manifestations de volontés destinées à modifier l'ordonnancement juridique, c'est-à-dire les droits et les obligations existants.

L'administration a ainsi la possibilité de prendre deux sortes d'actes juridiques :

- l'acte administratif unilatéral, qui est une décision émanant de l'administration seule (un règlement, une sanction, une nomination…),
- et le contrat, qui est un accord de volonté, émanant en général d'une autorité administrative et d'une personne privée (contrat de construction d'un ouvrage, de fourniture de biens…).

Il est important de faire la distinction entre ces deux types d'actes car leur régime juridique respectif est différent et la situation dans laquelle sont placés les destinataires de l'activité administrative n'est pas la même :

- dans le cas de l'acte unilatéral, on dit que l'administré est dans une situation statutaire (ou encore légale et réglementaire) ;
- dans le cas du contrat, on dit que l'administré est dans une situation contractuelle. Ces contrats peuvent être en tous points semblables à ceux du droit privé ou au contraire soumis à un régime de droit public.

S'il est important d'établir cette distinction, en raison de ces différences de situation, il n'est toutefois pas toujours aisé de définir précisément la situation dans laquelle se trouve l'administré.

On considère ainsi que les usagers de certains services publics sont dans une situation contractuelle alors que celle-ci est entièrement déterminée par les lois et règlements du service (cas des usagers du téléphone). Inversement, certains actes administratifs supposent une manifestation de volonté de l'intéressé (nomination, décoration…)

Dans certains cas, la procédure administrative permet la succession de ces types d'actes : on parle dans ce cas de *conventions réglementaires* (ou encore *d'actes réglementaires négociés*). C'est le cas des conventions résultant d'une négociation entre l'administration et les syndicats professionnels : l'acte au départ est un contrat administratif ; mais lorsque ces conventions sont approuvées par un arrêté ministériel, l'acte se transforme en un acte unilatéral (CE sect. 18 février 1977, Hervouët, *Rec*. p. 98 ; Cons. const. n° 89-269 DC, 22 janvier 1990, Rec. p. 33 ; CE ass. 17 décembre 1993, Groupement national des établissements de gérontologie et de retraites privés).

Parfois encore, la convention conclue entre l'administration et les syndicats (protocole d'accord), constitue selon le juge administratif, un acte réglementaire susceptible de REP. Cette « qualification » permet aux personnes intéressées (même non partie à l'accord) à en demander l'annulation au juge administratif, alors que s'il s'était agi d'un contrat, seules les parties au contrat peuvent en demander l'annulation (CE 10 juin 1994, Conf. française syndicale biologistes et autres).

Enfin, nous verrons aussi que certains actes sont qualifiés d'actes mixtes car ils sont pour partie unilatérale et pour partie contractuelle.

Comme en métropole, il est aussi possible en Polynésie française d'utiliser ce mécanisme de *contractualisation des rapports* en matière de réglementation économique ou professionnelle.

Ce fut le cas tout d'abord du tribunal administratif de Papeete en 1990 :

> « Considérant que l'assemblée territoriale de la Polynésie française, compétente (…) en matière de santé publique et de protection sociale, peut notamment fixer par ses délibérations les règles applicables à l'organisation et au fonctionnement du régime d'assurance sociale du territoire ; que, si, selon les dispositions du dernier alinéa de l'article 24 de la loi du 6 septembre 1984, le conseil des ministres du territoire …» arrête également les mesures d'application qu'appelle la mise en œuvre des délibérations de l'assemblée territoriale ou de sa commission permanente », ces dispositions ne font pas obstacle à ce que l'assemblée territoriale s'en remette à des conventions conclues entre une personne morale de droit

privé chargée de la gestion d'un service public et des représentants des professions intéressées du soin de fixer des normes permettant la mise en œuvre des principes posés par ses délibérations, dès lors que, d'une part, cette habilitation ne concerne que des mesures de portée limitée tant par leur champ d'application que par leur contenu et que, d'autre part, l'entrée en vigueur de telles conventions demeure subordonnée à leur approbation par le conseil des ministres, laquelle à pour effet de conférer aux stipulations de ces conventions un caractère réglementaire » (TA Papeete n° 2209-2210, 24 avril 1990, Syndicat des chirurgiens-dentistes de Polynésie française et autres c/ Territoire de la Polynésie française).

De même, la Haute Assemblée a validé ce dispositif (1998) :

« (...) ; Considérant qu'aux termes de l'article 9 de la loi susvisée du 9 novembre 1988 : « Le territoire est compétent dans les matières suivantes : 2° La réglementation en matière de santé et d'hygiène publiques ainsi que la protection sociale... » ; que, si par les dispositions litigieuses [délibérations du 11 août 1994] le congrès du territoire de la Nouvelle-Calédonie renvoie à la convention susmentionnée le soin de fixer le contenu et les modalités du dispositif d'encadrement des dépenses de soins prises en charge par les organismes de protection sociale, les délibérations attaquées définissent les principaux mécanismes de suivi et de contrôle des dépenses que la convention est appelée à mettre en place et subordonnent l'entrée en vigueur de ladite convention à une délibération du congrès du territoire ; que le congrès du territoire a ainsi déterminé avec une précision suffisante l'étendue des compétences déléguées aux conventions ; que par suite, la Section Locale du Pacifique Sud de l'Ordre des Médecins n'est pas fondée à soutenir que le congrès du territoire aurait méconnu sa compétence » (CE 18 février 1998, Section locale du pacifique sud de l'ordre des médecins).

Après nous être intéressés aux actes administratifs unilatéraux (chapitre I), nous aborderons l'étude des contrats administratifs (chapitre II).

– CHAPITRE I –

LES ACTES ADMINISTRATIFS UNILATERAUX

Les actes administratifs unilatéraux sont ceux que l'on rencontre le plus fréquemment dans l'activité administrative (aussi les appelle-t-on simplement actes administratifs). Parmi ces actes, certains sont des actes « décisoires », c'est-à-dire qu'ils contiennent une norme : l'acte est la manifestation de la volonté de l'autorité administrative, destiné à produire des effets de droits et il bénéficie d'une autorité particulière que l'on nomme « autorité de chose décidée ».

C'est au titre des prérogatives de puissance publique dont elle dispose que l'administration peut prendre des décisions unilatérales pouvant contraindre les administrés.

Ces décisions unilatérales sont des actes qui affectent autoritairement la situation d'une ou de plusieurs personnes étrangères à leur édiction : parce qu'elles n'apportent pas de consentement à l'acte, parce qu'elles le subissent, ces personnes sont donc des tiers par rapport à l'acte. Cette prérogative est dénommée *privilège du préalable* (*infra* section IV) et s'exprime concrètement auprès des tiers :

– soit par la modification de leurs droits ou de leurs obligations,

– soit par le refus de modifier ces derniers.

Mais dans tous les cas, la force obligatoire de l'acte public unilatéral s'impose aux administrés qui sont tenus de s'y soumettre (de le respecter).

Il s'agit bien de prérogatives de puissance publique car un tel acte est exorbitant du droit commun : en effet, les particuliers n'ont en aucun cas la possibilité d'imposer des obligations ou de conférer des droits aux tiers sans le consentement des intéressés. Ils ne peuvent que recourir à la technique contractuelle (art 1134 Code civil). Ceci découle du fait que les relations privées reposent sur deux principes : celui de « l'autonomie de la volonté » et celui de « l'égalité des personnes juridiques » (principes qui interdisent qu'une personne puisse imposer une modification des droits et obligations d'un tiers sans le consentement de celui-ci).

Toutefois, en droit privé, il peut exister des actes unilatéraux, comme par exemple le legs. Mais le legs doit être accepté pour produire ses effets. De même, si le chef d'entreprise dirige son personnel et lui impose des obligations sans consultation ni consentement préalable, il convient de remarquer que les relations qu'il entretient avec ce personnel se développent dans le cadre et dans les limites des contrats de travail qui lient le patron à ses employés.

Mais tous les actes unilatéraux de l'administration ne font pas grief. De très nombreux actes de l'administration, en effet, n'ont pas de caractère décisoire (*ie*. ne modifie pas l'ordonnancement juridique) ou encore, ne sont pas soumis à un régime de droit public.

N.B. – Depuis la découverte des actes de *droit souple* (*infra*), le Conseil d'État a créé une nouvelle catégorie d'acte administratif: l'acte non décisoire [donc non obligatoire] faisant (néanmoins) grief, susceptible d'être déféré pour annulation au juge administratif.

C'est pourquoi nous commencerons par préciser la notion d'acte administratif unilatéral (section I). Ensuite, nous étudierons la compétence des autorités administratives pour prendre ce type d'acte (section II), puis l'élaboration de ces actes (section III) et enfin leurs effets (section IV).

– SECTION I –

LA NOTION D'ACTE ADMINISTRATIF UNILATÉRAL

L'acte administratif est un acte juridique unilatéral, pris par une autorité administrative, qui a pour objet soit de créer des droits et des obligations pour les administrés (*ie.* modifiant l'ordonnancement juridique), soit de refuser de modifier ces droits et obligations. Il s'agit d'actes « impératifs ». Autrement dit, l'acte administratif unilatéral décisoire affecte par lui-même l'ordonnancement juridique et s'impose immédiatement à ses destinataires (CE ass. 2 juillet 1982, Huglo, *Rec.* p. 257, *AJDA* 1982. 657, concl. Biancarelli, note Lukaszewicz, *D.* 1983. 327, note Dugrip, *D.* 1983. IR 270, obs. Delvolvé, *Rev. adm.* 1982. 627, note Pacteau).

De cette définition, il apparaît que l'acte administratif comprend 3 éléments :

- un acte juridique unilatéral ;
- émanant d'une autorité administrative ;
- et créant des droits et obligations pour les administrés.

Après l'étude de ces 3 éléments nous présenterons le cas des actes mixtes, puis nous exposerons la classification des actes administratifs.

Au préalable, il convient de donner quelques précisions d'ordre terminologique. De nombreux auteurs considèrent comme synonymes les expressions « acte administratif unilatéral » et « acte administratif exécutoire ». Or, cette notion de *décision exécutoire* est devenue polysémique. En effet, actuellement, le droit positif utilise cette expression selon trois acceptions différentes qui ne sont pas conciliables entre elles (et qui donc obscurcissent l'exposé sur l'étude du régime juridique de l'acte administratif) :

1. Dans un premier sens, (CE ass. 23 janvier 1970, ministre d'État chargé des affaires sociales c/ Amoros), la décision exécutoire est l'acte administratif unilatéral qui entraîne « une modification dans une situation de fait ou de droit ». Les actes administratifs unilatéraux de refus qui, sauf exception, ne modifient pas l'ordonnancement juridique ni une quelconque situation de fait, ne sont donc pas considérés comme des décisions exécutoires.

2. Dans un second sens (CE, ass., 2 juill. 1982, Huglo, op. cit.), la jurisprudence considère effectivement comme synonymes les notions de « décision exécutoire » et « acte administratif unilatéral ». Elle met l'accent sur le caractère obligatoire de l'acte.
3. Enfin, dans un dernier sens encore plus large, introduit par la loi du 2 mars 1982 (entrée en vigueur des actes des collectivités territoriales et contrôle de légalité de ces actes), tout acte administratif unilatéral et tout contrat administratif émanant d'une collectivité territoriale est qualifié d'exécutoire dès lors que les formalités nécessaires à son entrée en vigueur ont été accomplies (publication et transmission au représentant de l'État). Dans ce cas, « exécutoire » ne signifie plus « modificateur » ni « obligatoire », contrairement aux deux cas précédents, mais *entrée en vigueur.*

Ainsi, l'expression « acte exécutoire » perd toute ambition de mettre en lumière une caractéristique de l'acte administratif unilatéral, et il est conseillé de ne pas l'utiliser sauf à spécifier dans quel sens on entend le faire : il est préférable d'utiliser l'expression « d'acte administratif décisoire »

§ 1 – Un acte juridique unilatéral

L'acte administratif décisoire est un acte unilatéral présentant un aspect juridique.

A – L'aspect unilatéral

L'acte administratif est un acte juridique qui a un seul auteur – cas le plus fréquent (acte pris par exemple par le maire, le haut-commissaire, le président de la République, etc.) – ou qui émane d'une seule volonté.

Cependant, il peut arriver que cet acte ait plusieurs auteurs. Tel est le cas des actes pris par des instances siégeant collégialement (la délibération d'un conseil municipal par exemple) ou encore des actes signés par plusieurs autorités administratives (un arrêté interministériel émanant de plusieurs ministres).

Ce facteur portant sur le nombre des auteurs est sans incidence sur la nature juridique de la décision administrative car sa création n'est pas subordonnée à l'accord d'une autre partie (il émane d'un seul « camp » comme disait le professeur Charles Eisenmann).

Ajoutons encore que parfois, plusieurs personnes peuvent participer à l'adoption de l'acte administratif; la procédure peut ainsi comporter la consultation d'organismes ou autorités diverses : là encore, ceci est sans influence puisque l'acte émane seulement de la volonté du titulaire de la compétence.

B – L'aspect juridique

Affirmer que l'acte administratif est un acte juridique revient tout simplement à souligner qu'il s'agit d'un acte fait dans l'intention de produire des effets de droit. C'est une manifestation de volonté destinée à produire des effets de droit et à modifier l'ordonnancement juridique.

En d'autres termes, cela veut dire que l'acte va produire un changement dans les rapports de droit et dans les situations juridiques par les obligations qu'il impose et les droits qu'il confère (pour bien souligner cet aspect de l'acte, le juge administratif dit que la décision administrative fait « grief »). Mais on considère aussi que l'ordonnancement juridique est affecté par un refus opposé par l'autorité administrative à une demande de modification de l'état du droit.

Quant à l'acte matériel, il se déroule dans la réalité des choses (dans le monde sensible) : il ne traduit aucune manifestation de volonté (exemple : absence d'entretien d'un ouvrage public) et n'est pas destiné à produire des effets de droit (il est sans effet juridique).

L'acte juridique est normatif, il se déroule dans le monde de la norme : il ajoute, il retranche, il modifie… C'est là une différence essentielle : l'acte matériel ne produit pas lui-même des modifications de l'ordonnancement juridique, c'est une opération matérielle d'exécution dont l'objet est d'atteindre un résultat et d'assurer concrètement l'observation d'une règle de droit.

§ 2 – Un acte émanant d'une autorité administrative

Le fait que l'acte administratif émane d'une autorité administrative, permet de mettre l'accent sur le critère organique qui est, au cas d'espèce, prépondérant. Du seul fait d'avoir pour auteur une autorité administrative, l'acte administratif bénéficie d'une présomption « d'administrativité », ce qui entraîne un certain nombre de conséquences.

Mais cette présomption n'est pas irréfragable : des personnes publiques peuvent faire des actes de droit privé et inversement des personnes privées peuvent parfois faire des actes administratifs décisoires. Cela induit que l'analyse de l'acte ne repose pas exclusivement sur un critère organique et que ce dernier, bien que prépondérant, se combine avec d'autres critères, devant lesquels il cède parfois.

A – Les conséquences du critère organique

L'utilisation du critère organique permet de distinguer les actes administratifs parmi les actes émanant des diverses personnes publiques ; il suffit pour cela de caractériser la nature juridique de l'auteur de l'acte. C'est pourquoi par exemple, le Conseil d'État se déclare incompétent pour apprécier la légalité d'un règlement relatif à la conservation des archives du Conseil constitutionnel : en effet, le juge constitutionnel est une institution de la République (un pouvoir public constitutionnel) qui ne relève pas du pouvoir exécutif mais exerce à titre principal des compétences juridictionnelles (CE ass. 25 octobre 2002, Brouant).

Toutefois, l'acte administratif ne se définit pas seulement par l'organe qui en est l'auteur. En effet, la jurisprudence s'attache non seulement à la qualité de l'organe qui est en cause mais aussi, à la nature de l'activité et à la nature de l'acte attaqué (ce qui explique par exemple que certains actes émanant du Parlement puissent être considérés comme des actes administratifs). Le juge en effet, prend en compte un critère matériel.

1 – Acte administratif et acte parlementaire

L'acte législatif est celui qui émane de l'organe parlementaire et qui a été pris selon la forme prescrite par la Constitution (*ie.* que l'acte est élaboré selon la procédure législative). Il résulte de cette conception classique que les actes qui ne rentrent pas dans cette définition ne sont pas des lois ; exemples : décrets-lois, ordonnances (avant ratification législative), etc.

Cette distinction est importante car les régimes juridiques et contentieux ne sont pas les mêmes. Cependant, il convient d'atténuer la portée du critère organique : en effet, des actes pris par le Parlement peuvent être de nature administrative et partant, relever du contrôle du juge administratif lorsqu'ils sont « détachables » de la fonction parlementaire. C'est ainsi que le Conseil d'État a ouvert une brèche dans l'immunité juridictionnelle dont bénéficiait tout acte émanant du Parlement (CE ass. 5 mars 1999, président de l'Assemblée nationale, *GAJA*). En l'espèce le juge administratif a accepté de connaître de la légalité d'un marché public (contrat administratif) conclu entre l'Assemblée nationale et une personne privée.

En revanche, « un rapport parlementaire » (il s'agissait d'un rapport d'enquête émanant de la commission d'enquête parlementaire sur la situation financière, patrimoniale et fiscale des sectes et leurs activités économiques) :

> « n'a pas le caractère d'un acte administratif susceptible d'être déféré au juge de l'excès de pouvoir » (CE 30 mars 2001, Association Vajra triomphant, *DA* n° 177, juillet 2001).

Le Conseil d'État fait application de sa jurisprudence traditionnelle qui reconnaît une immunité juridictionnelle complète aux actes émanant des assemblées parlementaires dès lors qu'il touche à la « fonction parlementaire » : un rapport parlementaire se rattache en effet à la mission d'information et de contrôle dévolue au Parlement ; il n'est donc pas détachable de l'accomplissement par les assemblées parlementaires des fonctions qui leur sont dévolues par la Constitution en matière d'élaboration de la loi, d'information et de contrôle, même s'il est par lui-même dépourvu de valeur législative.

De même, le Conseil d'État décline sa compétence pour connaître de la décision prise par le bureau de l'assemblée nationale, de suspendre le versement de la pension d'un ancien député : Maurice Papon (condamné le 2 avril 1998 par la cour d'assises de la Gironde à 10 ans de réclusion criminelle : CE 4 juillet 2003, M. Papon).

2 – Acte administratif et acte juridictionnel

L'acte administratif se distingue de l'acte juridictionnel essentiellement par des critères organiques (et formels) tenant à la nature de l'organe auteur de la décision (juridiction) et de la procédure suivie pour son adoption (procédure contentieuse).

Mais la justice est également un service public. Aussi, tous les actes qui se rapportent à l'organisation du service public constituent des actes administratifs et peuvent être déférés au juge administratif, tandis que les actes qui touchent au fonctionnement de ce service échappent à la juridiction administrative.

B – Les exceptions au critère organique

Ces exceptions sont illustrées par deux situations opposées : dans certaines hypothèses, les autorités administratives produisent des actes non administratifs ; dans d'autres, des personnes privées produisent des actes administratifs.

1 – Les actes non administratifs émanant d'autorités administratives

a) Les actes de droit privé émanant des autorités administratives

Lorsqu'une autorité administrative agit sans mettre en œuvre les pouvoirs qui lui sont octroyés pour satisfaire l'intérêt général, elle se comporte comme un simple particulier et ne poursuit que son intérêt personnel. Les actes qu'elle prend en ce cas ne relèvent pas de l'administration au sens matériel (le juge est donc indifférent à l'aspect organique de son auteur). Cette situation recouvre deux secteurs.

1°) La gestion des services publics industriels et commerciaux

En principe, la gestion des SPIC donne naissance à des actes de droit privé qui relèvent de la compétence des juridictions judiciaires (fonction commerciale exercée par l'administration). D'ailleurs, les relations entre le gestionnaire du SPIC (par exemple : un établissement public) et les usagers, constituent un « bloc de compétence judiciaire », de même, les agents de ces services sont des agents de droit privé à l'exception du directeur général et du chef comptable (CE 26 janvier 1923, de Robert Lafrégeyre, *GAJA*).

2°) Le domaine privé

La gestion de leur domaine privé par les personnes publiques ne constitue pas non plus une activité administrative. Dès lors, les actes (y compris unilatéraux) qui ont trait à cette gestion (fonction patrimoniale) sont des actes de droit privé relevant, comme tels, des juridictions judiciaires.

b) Les actes de gouvernement

Il s'agit d'une catégorie bien particulière d'actes pris par les plus hautes autorités administratives de l'État et qui concernent les rapports avec d'autres États ou avec les autres pouvoirs publics. On les nomme « actes de gouvernement ». Le Conseil d'État n'utilise pratiquement jamais cette expression (une fois au moins : CE ass. ; 2 mars 1962, Rubin de Servens, *GAJA*). Le juge ne déclare pas le recours contre de tels actes comme irrecevable (comme dans le cas des mesures d'ordre intérieur, infra) mais il décline sa compétence. Il arrive aussi à la Cour de cassation de décliner sa compétence lorsqu'elle est en présence d'un acte du gouvernement : Cour cass. 15 janv. 1980

> « les orientations de la politique du gouvernement et les actes de mise en œuvre de cette politique entrent dans l'exercice des prérogatives que la Constitution confère à celui-ci ».

1°) La notion d'acte de gouvernement

Il s'agit de décisions qui présentent formellement le caractère d'acte administratif mais qui sont néanmoins insusceptibles de REP : elles bénéficient d'une immunité juridictionnelle. Leur régime juridique est celui de tous les actes administratifs, sauf au point de vue contentieux : le juge ne peut les annuler, ni les interpréter, ni enfin connaître de la responsabilité de l'administration en cas de dommage causé par un de ces actes. Ainsi la théorie de l'acte de gouvernement consiste à exclure certains actes des autorités publiques de tout contrôle juridictionnel.

De nombreux États connaissent des mesures comparables aux actes du gouvernement français comme l'Italie, la Belgique, la Grande Bretagne, le Japon (en Espagne le législateur a mis fin à l'immunité juridictionnelle des actes de gouvernement par la loi du 13 juillet 1998). En revanche, d'autres États tels que l'Allemagne et désormais l'Espagne ignorent une telle théorie. À la différence de la France, ces États se sont dotés de procédures de résolution des conflits entre organes constitutionnels, ouvertes devant le juge constitutionnel : cela permet aux organes constitutionnels – mais pas aux individus – d'obtenir la défense de leurs attributions constitutionnelles face aux atteintes que sont susceptibles d'y porter leurs homologues.

Les États qui acceptent de connaître du contentieux de ces actes (que nous qualifions de gouvernement) considèrent qu'il s'agit d'*acte constitutionnel institutionnel* et que partant, c'est au juge constitutionnel d'en connaître. Il faut cependant reconnaître que dans ces États, certaines catégories d'actes échappent au juge constitutionnel : les « actes politiques », par exemple ceux qui sont de pure opportunité (cf. l'article d'Élise Carpentier, « L'*acte de gouvernement n'est pas insaisissable* », *R.F.D.A.* 2006, p. 661-677).

On signalera que la Cour EDH estime que lorsqu'une juridiction d'un État affirme l'irrecevabilité d'un acte de gouvernement, cela n'emporte pas violation du droit au juge reconnu par l'art. 6 §1 de la CEDH (Cour EDH 14 déc. 2006, Markovic c/ Italie).

2°) La détermination des actes de gouvernement

Sur quel critère le juge (tant judiciaire qu'administratif) se base-t-il pour accorder à cette catégorie d'acte une immunité juridictionnelle ?

Au XIXe siècle, le juge s'appuyait sur le critère du mobile politique, c'est-à-dire qu'était un acte de gouvernement, l'acte administratif pris par les autorités gouvernementales lorsqu'il paraissait inspiré par un mobile politique (CE 9 mai 1867, Duc D'Aumale). C'est parce que le « juge » (le Conseil d'État exerce la justice retenue) était encore très dépendant des autorités gouvernementales qu'il s'abstenait d'en examiner la légalité.

Cependant, vers la fin du XIXe siècle, cette exception dangereuse pour le contrôle de légalité est supprimée (CE 19 février 1875, Prince Napoléon *GAJA*). Selon le commissaire du gouvernement David, « il ne suffit pas qu'un acte émané du gouvernement ou de l'un de ses représentants ait été délibéré en conseil des ministres ou qu'il ait été dicté par un intérêt politique... pour qu'il soit au-dessus de tout contrôle juridictionnel ».

Cependant, si le juge ne peut plus s'abriter derrière les motivations politiques pour esquiver son contrôle, comment procèdera-t-il pour faire reconnaître que tel acte est un acte de gouvernement ?

Personne ne le sait… le juge n'indique pas le critère utilisé ; certains membres de la doctrine (en ce sens Charles Eisenmann) estiment dès lors qu'il n'existe donc pas de catégorie juridique autonome (en ce qui concerne les actes de gouvernement). Aussi peut-on penser que, quoi qu'il en dise, le juge s'interdit d'apprécier ces actes à caractère politique du fait d'une survivance de la raison d'État ; comme le disait déjà, il y a plus de 50 ans, le professeur Pierre Laroque, il s'agit :

> « d'actes, d'activités dominés par des considérations de politique générale trop puissantes pour se soumettre à des règles juridiques précises » (note sous CE 16 mai 1941, Giraud).

Certains auteurs parlent de « jurisprudence retenue » du Conseil d'État et fournissent l'explication suivante :

> « La peur du juge est souvent mise en avant pour expliquer la réserve des juridictions en matière d'actes de gouvernement. Diffuse, elle trouve son origine dans l'ascendant exercé sur l'autorité juridictionnelle par les pouvoirs exécutif et législatif » (Josiane Auvret-Finck, « Les actes de gouvernement, irréductible peau de chagrin? », *RDP* 1995, p. 131 et s.)

D'autres auteurs ont tenté d'expliquer cette notion en précisant qu'il s'agit d'actes qui ne sont pas pris dans le cadre de la fonction administrative proprement dite (mais qu'est-ce qu'une fonction administrative et une fonction « politique » ou « gouvernementale » ?).

D'autres pensent enfin que c'est parce que de tels actes relèvent d'autres ordres juridiques tels que l'ordre juridique international, ou l'ordre juridique constitutionnel. C'est ainsi que Louis Favoreu estime que cette catégorie est appelée à disparaître, car le juge constitutionnel devrait en connaître. Mais d'autres membres de la doctrine estiment que la position des juges n'est pas critiquable: ces derniers refusent de s'immiscer dans un domaine dont la régulation ne relève pas du juge mais de la responsabilité politique (en ce sens, voir Pierre Avril).

3°) Liste des actes de gouvernement

Étant donné que la jurisprudence n'indique pas le critère utilisé pour dire que tel acte est ou non un acte de gouvernement, la majorité de la doctrine estime qu'on peut seulement en dresser la liste.

> **N.B.** – On remarque, dans une perspective historique, que cette liste à tendance à se restreindre. Ainsi, par exemple, n'y figurent plus les décrets d'extradition (CE ass. 15 octobre 1993, Royaume Uni de Grande Bretagne et d'Irlande du Nord et Gouverneur de la colonie royale de Hong Kong). De même, le décret chargeant un député d'une mission temporaire auprès d'un ministre ne constitue pas un acte de gouvernement (CE sect. 25 septembre 1998, Bruno Megret). Dans le même sens, on peut relever que la décision par laquelle le Premier ministre refuse d'engager la procédure de « délégalisation » (art. 37 al. 2 C):
>
> « se rattache à l'exercice du pouvoir réglementaire et revêt ainsi le caractère d'une décision administrative susceptible de faire l'objet d'un REP » (CE sect. 3 décembre 1999, Association ornithologique et mammalogique de Saône et Loire, Rassemblement des opposants à la chasse).

Cette liste comprend deux catégories d'actes.

3°.1) Les actes pris dans le cadre des relations constitutionnelles entre pouvoirs publics

Ces actes concernent principalement (mais pas exclusivement) l'exercice de la fonction législative ou le fonctionnement du Parlement (cf. la classification proposée par Jean-Claude Venezia, *Éloge de l'acte de gouvernement*, *Mélanges Waline*, Dalloz 2002, p. 723 et s.).

• *Actes se situant en amont de la procédure législative ou budgétaire*
Acte concernant l'initiative gouvernementale en matière législative : dépôt d'un projet de loi (CE 9 mai 1951, Mutuelle Nationale des étudiants de France) ou refus de déposer un tel projet (CE 30 juillet 1949, Laengy).

• *Actes se situant en aval de la procédure législative ou budgétaire*
Décret de promulgation de la loi (CE sect. 3 novembre 1933, Desreumeaux ; CE 27 octobre 2015, Fédération démocratique alsacienne, n° 388807, *BJCL* n° 1/16, 2016, concl. Vincent Daumas, p. 9 et s., observations Michel Degoffe, p. 19-20).

N.B. – En revanche, l'acte de promulgation d'une loi du pays n'est pas un acte de gouvernement (il ne s'agit pas d'un acte des plus hautes autorités de l'État) et partant, le juge peut en contrôler la légalité et même, l'annuler (CE, 22 mars 2006, Fritch et autres, *R.F.D.A.* 2006, p. 1111-1118, note Alain Moyrand et Antonino Troianiello).

Le refus du président de la République de déférer une loi au Conseil constitutionnel :

« touche ainsi aux rapports entre les pouvoirs publics constitutionnels et échappe par là même à la compétence de la juridiction administrative » (CE ord. 7 novembre 2001, Tabaka).

Le refus du Premier ministre de demander au Conseil constitutionnel de se prononcer en urgence est un acte de gouvernement car indissociable de la procédure législative (CE 9 oct. 2002, Meyet et Bouget).

• *Actes intéressant les rapports du pouvoir exécutif avec le Parlement (sans concerner la procédure législative) :*
Décret de dissolution de l'Assemblée nationale (CE 20 février 1989, Allain c/ président de la République).

Lettre du ministre de l'Intérieur informant le président d'une assemblée du remplacement d'un parlementaire par son suppléant (CE 25 mars 1987, Goujon).

Décret de convocation du Congrès aux fins de réviser la Constitution (CE 28 février 2005, M. Joël Mekhantar et M. Hoffer, *AJDA* 2005, p. 516).

• *Actes étrangers aux rapports entre le pouvoir exécutif et le pouvoir législatif*
Décision de recourir au référendum (CE 19 oct 1962, Brocas ; CE 16 janvier 1991, Roujanski, *RDP* 1991, p. 1732).

Décision d'appliquer l'article 16 de la Constitution (CE 2 mars 1962, Rubin de Servens *GAJA)*.

Décrets de nomination et de révocation des ministres (CE 29 décembre 1999, Le maire, *Rec*. T. p. 577).

Décret créant un comité consultatif pour la révision de la Constitution (CE 3 déc. 1993, Syndicat des Justiciables et Bidalou).

La désignation des membres du Conseil constitutionnel – en l'occurrence par le président de la République – (CE ass. 9 avril 1999, Mme BA).

3°.2) Les actes pris dans le cadre des relations internationales

Les relations internationales mettent en cause les relations du Gouvernement national avec un Gouvernement étranger, et le juge estime qu'il n'a pas à intervenir dans ce cadre qui relève de l'ordre international.

Constituent de tels actes :

• *Les Actes de guerre*
La décision d'engager les forces militaires françaises au Kosovo (CE 5 juillet 2000, MM. Megret et Mekhantar).

La décision des autorités françaises d'autoriser les avions militaires américains et britanniques à emprunter l'espace aérien dans l'accomplissement de leur mission contre l'Irak est un acte de conduite des relations internationales qui échappent au contrôle du juge (CE 30 décembre 2003, Comité contre la guerre en Irak).

• *Les Actes qui se rattachent à la négociation ou à l'exécution d'accords internationaux*
Conclusions des accords internationaux : signature, ratification, dénonciation (CE 27 juin 1958, Georger ; CE 14 janvier 1987, Sté navale et commerciale Delmas-Vieljeux ; CE ass. 18 décembre 1998, SARL du parc d'activités de Blotzheim et SCI Haselaecker : dans cet arrêt, le juge a dit pour droit que le choix du mode de conclusion des traités et accords internationaux n'est pas détachable de la conduite des relations internationales et, par suite, n'est pas susceptible d'être discuté par la voie contentieuse devant le juge administratif.)

Acte suspendant l'application d'un traité (CE ass. 18 décembre 1992, Préfet de la Gironde c/ Mahmedi).

Le décret qui met en œuvre une résolution du Conseil de sécurité de l'ONU imposant un embargo aérien à l'égard de la Libye est insusceptible de recours :

« ...que dans les circonstances où elle a été prise, la décision attaquée n'est pas détachable de la conduite des relations internationales de la France et échappe, par suite, à tout contrôle juridictionnel ; que la juridiction administrative n'est dès lors, pas compétente pour connaître de la requête de la société... » (CE 23 septembre 1992, GISTI et MRAP).

Pendant la guerre « Irak – Koweït », une simple circulaire a été considérée comme un acte de gouvernement : non-inscription des étudiants Irakiens (CE 30 décembre 2003, Comité contre la guerre en Irak).

• *Actes ou mesures de nature diplomatique*

Décision du président de la République du 13 juin 1995 de reprendre les essais nucléaires en Polynésie française (CE ass. 29 septembre 1995, Association Greenpeace France).

Constitue un acte de gouvernement le refus de laisser séjourner en France un membre du personnel d'une mission diplomatique étrangère (CE 16 novembre 1998, Lombo).

Le choix du candidat français à la Cour Pénale Internationale est un acte de gouvernement (CE sect. 28 mars 2014, M. de Baynast, n° 373064).

En revanche, les propositions faites par la France à un organe communautaire tel que la commission européenne sont détachables de la conduite des relations internationales et par suite, susceptibles d'être déférées au juge administratif (CE 27 septembre 1999, Ass. « Coordination nationale Natura 2000 », *JCP* 2001, n° 30, II n° 10574).

Pour finir sur cette question, on soulignera simplement un paradoxe : dans notre système juridique, alors que tous les actes législatifs émanant du Parlement sont susceptibles d'être contrôlés par le juge constitutionnel certains actes de l'exécutif sont à l'abri de tout contrôle par le juge administratif.

2 – Les actes administratifs émanant d'autorités non administratives

Les actes unilatéraux des personnes privées sont en principe des actes de droit privé dont le contentieux appartient aux juges judiciaires. Cependant, si le critère organique établit une présomption (au cas d'espèce : absence d'administrativité des actes pris par une personne privée), des éléments matériels peuvent renverser celle-ci. En effet, l'attribution d'une activité administrative à des personnes privées conduit à leur reconnaître le pouvoir d'édicter dans ce cadre des actes administratifs unilatéraux réglementaires ou non, à l'instar des personnes publiques. Pour ce faire, il faut que la personne privée gestionnaire du service ait été habilitée en vertu d'un texte (une loi, un décret...) ou par une décision lui confiant l'exécution de la mission de service public dont elle est chargée.

Cette évolution a été rendue possible parce que le juge a fini par reconnaître que les personnes publiques n'ont pas le monopole de l'exécution des missions de service public et que ces missions peuvent aussi être confiées aux personnes privées. Ainsi, le juge a, dans un premier temps, affirmé que l'utilité publique des activités d'une personne privée justifiait qu'elle puisse bénéficier de la procédure d'expropriation (CE 20 décembre 1935, Établissements Vézia, *GAJA*). Puis le juge a confirmé que des organismes de droit privé pouvaient être chargés d'une mission de service public (CE ass. 13 mai 1938, Caisse primaire Aide et protection, *GAJA*).

Cette exception au critère organique remonte à la jurisprudence Montpeurt (CE ass. 31 juillet 1942 *GAJA*) et Bouguen (CE ass. 2 avril 1943, *GAJA*). Ces deux arrêts peuvent être en effet considérés comme le point de départ de cette jurisprudence bien que le Conseil d'État ne se soit pas prononcé expressément sur la nature publique (le juge dit qu'il ne s'agit pas d'établissement public) ou privée des organismes en cause[1]. Le juge administratif a ensuite confirmé qu'une « personne privée » gérant un service public pouvait prendre des actes administratifs unilatéraux (CE 28 juin 1946, Morand).

Ainsi, pour que les actes unilatéraux d'une personne privée puissent être qualifiés d'actes administratifs, il faut que les deux conditions suivantes soient réunies :

- que le but de l'acte soit l'exécution d'une mission de service public : il faut ainsi que la personne privée prenne cet acte dans le cadre de l'exécution d'une mission de service public dont elle est chargée. Pour ce faire, la personne privée doit avoir été investie par la personne publique « délégante » de ce pouvoir de prendre des décisions administratives ;
- que cet acte constitue la manifestation de prérogatives de puissance publique (les attributs de l'acte : exercice de pouvoirs d'autorité).

Faute de réunir ces deux conditions, l'acte ne peut être administratif (TC 1er juillet 2002, Lumbreras, n° 3322, *LPA* 30 août 2002, n° 174, p. 9, concl. Schwartz).

Il faut préciser encore qu'une distinction doit être opérée selon que l'acte administratif unilatéral émane d'une personne privée gérant soit un SPA, soit un SPIC.

1. Cependant, un arrêt du 7 décembre 1984 Centre d'études Marines avancées et M. Cousteau, ou était en cause le même type d›organisme (établissement professionnel), le caractère d›établissement public est écarté mais suit significativement sa qualification d'organisme de droit privé. On peut donc interpréter les arrêts de 1942 et 1943 comme révélant le caractère d›organisme de droit privé (en ce qui concerne tant les ordres professionnels que les comités d›organisation).

• Gestion d'un SPA par une personne privée : cette personne peut adopter aussi bien des actes administratifs réglementaires que des actes administratifs individuels.

- Acte réglementaire : décision prise par une fédération de chasseurs (organisme de droit privé collaborant à une mission de service public administratif) pour fixer le montant du timbre fédéral dû par ses adhérents. Cet acte met en jeu des prérogatives de puissances publiques à savoir : le caractère obligatoire de l'adhésion pour obtenir le visa du permis de chasser (TC 24 sept 2001, Bouchot-Plainchant).
- Décision individuelle : la décision de sélectionner un sportif en équipe nationale est un acte administratif (CE 8 avril 2013, fédération française des sports de glace, n° 351735) :

« Considérant (...) qu'en confiant ainsi, à titre exclusif, aux fédérations sportives ayant reçu délégation la mission d'organiser des compétitions sur le territoire national et celle de sélectionner les équipes correspondantes, le législateur a chargé ces fédérations de l'exécution d'une mission de service public à caractère administratif ; que les décisions de ces fédérations relatives à la sélection des sportifs dans les équipes nationales, qu'elles aient pour effet de permettre cette sélection ou d'y faire obstacle, procèdent de la mise en œuvre des prérogatives de puissance publique qui ont été conférées à ces fédérations pour l'accomplissement de leur mission de service public et présentent, par suite, le caractère d'actes administratifs ».

• Gestion d'un SPIC par une personne privée : cette dernière ne peut adopter que des actes administratifs réglementaires.

Exemples :

- CE 22 novembre 1974, Fédération des industries françaises d'articles de sport : la décision d'homologation des balles de tennis de table ;
- CE ord. 18 mars 2002, GIE Sport libre : le lancement d'une procédure d'appel d'offres pour la commercialisation des droits radiophoniques liés aux compétitions qu'elle organise constitue une décision administrative qui se rapporte à l'organisation du service public (TC 15 janvier 1968, Époux Barbier, *GAJA*).

Le Tribunal des conflits a précisé aussi que relèvent de la compétence du juge administratif les actes relatifs à l'organisation de la personne privée lorsqu'ils ont des conséquences sur l'organisation de l'activité.

Exemples :

- TC 11 janvier 2016, Comité d'établissement de l'unité clients et fournisseurs Île-de-France, n° 4038, *DA* juillet 2016, n° 44, p. 36-38, note Gweltaz Eveillard.

Il faut encore préciser que le pouvoir de prendre des décisions unilatérales ne constitue pas en lui-même une prérogative de puissance publique : les personnes morales de droit privé en disposent toutes dans le cadre de leur fonctionnement interne.

Exemples :

- « règlement intérieur » d'un groupement de producteurs ;
- décision « individuelle » de « discipline professionnelle prise par un groupement de producteurs ».

Mais :

« ... ce pouvoir de décision change de nature lorsqu'il s'exerce à l'égard d'individus qui, contrairement à ce qu'il en est au sein d'une quelconque personne morale de droit privé, ne peuvent se soustraire à l'emprise de la personne en cause dans leur domaine d'activité. Ce contexte transforme un pouvoir de police interne, qui a été accepté par avance et auquel il est possible de se soustraire, en un pouvoir contraignant, exorbitant des relations normales entre personnes (physiques ou morales) privées » (Bertrand Seiller, Acte administratif I – Identification, jurisclasseur, n° 201).

En d'autres termes, le pouvoir de décision unilatérale constitue une prérogative de puissance publique lorsque la décision :

- est obligatoire pour le tiers (exemple : adhésion obligatoire) ;
- et peut faire l'objet d'une sanction en cas de non-observation (CE 17 février 1992, Société Textron, rec. p. 66, *AJDA* 1992, p. 450).

Au final, des personnes privées peuvent adopter des actes administratifs unilatéraux décisoires soumis à un régime de droit public. Mais cela ne veut pas dire pour autant que la personne privée qui gère le service public est astreinte aux respects de tout « le régime administratif ». Ainsi par exemple, les délégations de signature au sein de cette personne morale de droit privé n'ont pas à faire l'objet d'un acte de publicité comme c'est le cas, par exemple, pour les organismes de droit public (CE 27 juin 2001, CPAM de la Haute-Garonne c/ Mme Sutra).

N.B. – Précisons aussi que la jurisprudence reconnaît qu'une personne privée peut produire un acte administratif parce qu'en réalité cet acte émane, compte tenu du caractère fictif de la personne privée, d'une personne publique (application de la théorie de la transparence : « association transparente) : CE 17 avril 1964, Commune d'Arcueil (responsabilité extracontractuelle) : un enfant victime d'un accident dans une colonie de vacances gérée par une association ; le Conseil d'État estime qu'eu égard au mode de fonctionnement et de gestion de cette association, la responsabilité de la commune pouvait être engagée ; voir aussi : CE 11 mai 1987, Divier c/ association pour l'information municipale.

Afin d'apprécier les critères de l'association transparente, ou, en d'autres termes de savoir si l'on est ou non en présence d'une fiction juridique, le juge administratif vérifie les trois points suivants :

1. les statuts et la composition des organes dirigeants de l'association, et plus particulièrement l'éventuelle participation ou représentation prépondérante des élus ou fonctionnaires (en d'autres termes, s'il est clairement établi que ce sont les élus ou fonctionnaires qui détiennent le pouvoir de décision au sein de l'association) ;
2. la provenance des moyens financiers et matériels de l'association : ces moyens proviennent-ils directement de la collectivité ;
3. le caractère que revêtent les missions exercées par l'association : s'agit-il de missions de service public qui relèvent normalement de la compétence de la collectivité ?

§ 3 – Un acte créant des droits et des obligations pour les administrés

Nous savons que l'acte administratif est pris pour modifier l'ordonnancement juridique, c'est un acte créateur de droits ; il fait grief, précise le juge, car il modifie les droits et obligations préexistants. Ce caractère permet de distinguer l'acte administratif décisoire, d'un certain nombre de mesures prises par l'administration et qui sont insusceptibles de modifier l'ordonnancement juridique : ce sont des actes non décisoires. Il est important de faire cette distinction, car seul les actes administratifs :

- ont un caractère obligatoire pour les administrés (ils doivent les exécuter)
- peuvent faire l'objet d'un REP.

N.B. – Il existe une catégorie d'actes qui, comme les mesures d'ordre intérieur, échappent aussi au juge administratif. Il s'agit des « mesures gracieuses ». On désigne ainsi des actes qui attribuent un secours pécuniaire, octroient un avantage en matière de congés, réduisent une sanction. Ce sont des actes de « bienveillance » (des mesures de faveur) intervenant hors du droit puisqu'ils ne peuvent donner lieu à un recours juridictionnel. Mais la doctrine est critique à l'égard de tels actes car, à bien y regarder, il n'existe ni critère satisfaisant pour une telle catégorie juridique, ni justification valable pour que ce genre de mesure puisse échapper au principe de légalité et au contrôle juridictionnel (voir Jean-Marie Woehrling, *Mesures gracieuses : le maintien regrettable d'un archaïsme, à propos de* *l'arrêt du CE du 15 juin 2007, Denance, DA* novembre 2007, p. 16-19). Et d'ailleurs, le Conseil d'Etat vient de faire évoluer sa jurisprudence : si le refus d'accorder une mesure gracieuse ne peut être contesté devant les juridictions administratives, en revanche la décision d'octroyer une telle mesure peut être déférée à ces juridictions (CE 21 novembre 2016, n° 392560, *AJDA* 2017, p. 999-1003, note Delphine Costa).

A – Les actes indicatifs ou préparatoires et les actes confirmatifs

Il s'agit de catégories d'actes qui ne sont pas décisoires.

1 – Les actes indicatifs ou préparatoires

Ces actes concourent à l'élaboration d'une décision administrative mais ils ne font que précéder la décision administrative définitive.

Constituent des actes indicatifs : un projet, un renseignement…

Exemple de demande de renseignement qui ne fait pas grief :

« la lettre par laquelle M. Blizzard a demandé au directeur régional des douanes de Paris de lui faire connaître les dispositions législatives et réglementaires sur le fondement desquelles lui ont été versées, en 1988, différentes indemnités présente le caractère d'une demande de renseignement » CE 29 juillet 1994, Blizzard.

Constituent des actes préparatoires : une proposition, un avis, un vœu, un rapport, la transmission d'un dossier, etc. Il ne s'agit pas d'actes contraignants. Ces actes sont à effets modestes destinés à favoriser l'apparition de la décision ultérieure.

Exemple :

- La lettre par laquelle un ministre saisit une juridiction disciplinaire est une mesure préparatoire qui ne peut faire l'objet d'un REP : CE 3 septembre 2007, M. V.

Ces actes préparatoires interviennent souvent dans le processus d'une opération complexe. L'opération complexe est le résultat d'une succession d'actes présentant des liens de solidarité entre eux.

Exemple :

- La décision finale d'un jury d'examen a été précédée par l'avis d'un conseil de classe, des appréciations portées sur bulletin de notes, des examens écrits etc.

Dans ce cas, la jurisprudence ne permet pas aux intéressés qu'ils puissent déférer directement un tel acte (par exemple : une note d'examen) par la voie du recours pour excès de pouvoir, car il n'est pas détachable de la décision prise par le jury d'examen. Les requérants peuvent seulement, à l'occasion de la contestation de la décision du jury, exciper de l'illégalité des actes préparatoires antérieure.

Exemple :

- Une note à un examen (écrit ou oral) ne peut être directement attaquée devant le juge administratif. Mais en revanche, si le requérant fait un recours contre la décision du jury d'examen (qui est la décision finale), il peut invoquer à l'appui de son recours l'illégalité de cette note (CE 25 janvier 1991, Université d'Aix-Marseille III, *RDP* 1991, p. 1750).

En revanche, n'est pas une mesure préparatoire mais bien une décision faisant grief, « une proposition » qui lie (oblige) la compétence de l'autorité qui est amené à prendre une décision définitive. Tel est le cas par exemple des propositions de nomination des directeurs faites par des organismes à des autorités administratives (ces autorités ont l'obligation de nommer la personne proposée). Ce n'est donc pas tant l'appellation retenue (le terme « proposition ») qui compte mais le contenu de l'acte en cause.

De même, certains actes préparatoires sont considérés comme faisant grief et donc susceptibles d'être contestés devant le juge administratif : tel est le cas des actes préparatoires négatifs qui refusent l'ouverture ou la poursuite du processus visant à édicter la décision finale (CE 15 juin 1988, Jourdain, rec. p. 577 ; CE avis 16 décembre 2123, Bekhouche, *JCP adm*, n° 14, 7 avril 2014, n° 2108, p. 40-43).

N.B. – Doit être signalé cette importante exception à la catégorie des actes préparatoires qu'a consacrée le Conseil d'État dans un arrêt du 27 septembre 1999, Association « Coordination nationale Natura 2000 ». Dans le cadre de la politique communautaire, il n'est pas rare que les États membres et leurs démembrements soient amenés à préparer des actes : propositions et avis. Tel est le cas en l'espèce : il s'agissait d'établir une liste de sites proposés par la France pour leur inscription au réseau européen Natura 2000 afin qu'ils bénéficient d'un régime particulier de protection. Nous savons (*supra* § 2, B, 1, b) que les actes par lesquels le ministre de l'environnement transmet des propositions faites par le gouvernement ne sont pas des « actes de gouvernement ». Mais sont-ils des actes faisant grief? *A priori*, en droit interne, le juge aurait dû déclarer le recours irrecevable car il ne s'agit pas d'actes décisoires (faisant grief). Le Conseil d'État a retenu une autre solution : il a admis que ces actes puissent lui être déférés par la voie d'un REP. Cette voie, bien particulière à ce type d'actes qui concourent à des politiques communautaires (intervention des organes communautaires, puis de nouveau le Gouvernement français), s'explique par une jurisprudence de la CJCE 3 décembre 1992, Oleificio Borelli : le juge communautaire invite les juridictions nationales à contrôler ces actes et ce, afin de satisfaire à l'exigence du « droit au juge » : les actes, tant communautaires qu'internes, intervenant dans le cadre d'une procédure partagée doivent pouvoir faire l'objet d'un contrôle (donc pour partie devant les juridictions nationales et pour partie devant la CJUE) car ils ne peuvent pas faire l'objet d'une unique contestation contentieuse (en vertu de la séparation des contentieux propre à la construction communautaire).

2 – Les actes confirmatifs

Ces actes, dont l'objet est identique à celui d'une décision exécutoire, ont pour but d'en rappeler simplement le contenu. Ils ne sauraient donc faire grief.

Tel est le cas, par exemple, des actes codifiés. Ils reprennent identiquement (sans autre modification de forme) des textes antérieurs.

Exemples :

- CE 29 juin 1992, SARL Procaes ;
- CE 9 octobre 2002, Fédération française des pompes funèbres : un arrêté de 2001 a abrogé un précédent arrêté de 1998 en reprenant les mêmes dispositions après quelques modifications de pure forme. Le Conseil d'État considère que ces dispositions sont purement confirmatives donc non attaquables.

De même, lorsqu'une personne sollicite une autorisation auprès d'une autorité administrative et que cette dernière lui répond par la négative, alors :

- si l'administré veut parvenir à ses fins, il doit en principe introduire un REP pour obtenir l'annulation du refus qui lui a été opposé ;
- par contre, s'il ne fait rien et qu'il réitère sa demande auprès de la même autorité, le nouveau refus de l'autorité administrative constitue un « acte confirmatif ».

En revanche, lorsqu'un individu demande « l'abrogation » d'un texte et que l'administration s'y refuse ; dans ce cas, les refus de l'administration opposés à de nouvelles demandes d'abrogation ne sont pas qualifiés d'acte confirmatif (CE 16 mars 2011, Association pour une formation médicale indépendante :

> « cons. que le refus de prendre, de modifier ou d'abroger un acte réglementaire ne saurait être regardé comme purement confirmatif d'un refus antérieurement opposé à une demande tendant aux mêmes fins ; », *AJDA* 2011, p. 1326 et s. concl. Claire Landais).

B – Les circulaires

Ces « actes » sont aussi qualifiés d'instructions, notes de service, notes d'orientation ; on inclut même les directives alors que, nous le verrons ci-dessous, la directive correspond à un type d'acte particulier ; mais peu importe la qualification retenue par son auteur car en effet, n'importe quel support est susceptible de contenir une circulaire, l'essentiel étant le contenu et donc la réalité juridique que ces actes recouvrent.

Les circulaires sont des prescriptions émanant des autorités administratives qui ont pour objet de préciser aux fonctionnaires des données relatives à l'exercice de leur fonction. Il s'agit le plus souvent d'actes qui visent tout un service ou tous les fonctionnaires d'un même grade (elles doivent circuler, d'où leur nom).

Ces circulaires peuvent servir à plusieurs usages :

- commenter une loi ou un décret (cas le plus fréquent) ;
- interpréter un texte antérieur ;
- préciser les modalités de mise en œuvre d'une nouvelle réglementation, etc.

Ainsi, elles visent à expliciter, commenter, interpréter les textes applicables par les services concernés et à préciser les modalités de leur mise en œuvre concrète par ces services. Aussi, les circulaires ne cherchent pas (en principe) à imposer des effets de droit. Certes, il s'agit bien d'actes unilatéraux dans la mesure où leurs destinataires (les agents) sont tiers par rapport à leur auteur. Mais elles ne présentent pas (en principe) de caractère décisoire puisqu'elles ne contiennent aucun commandement.

Ces actes ont pour destinataires les agents du service et ne s'adressent pas directement aux administrés. Ils n'ont donc aucune force obligatoire vis-à-vis de ces derniers : ils leur sont inopposables ; plus particulièrement, l'interprétation de la loi fournie par une circulaire ne lie pas l'administré, et de même, les particuliers ne peuvent les invoquer. Par contre, ces actes constituent une source d'obligation hiérarchique à l'intérieur de l'administration (pour les agents). En effet les circulaires s'imposent à leurs destinataires (*ie*. aux fonctionnaires) et leur violation peut être sanctionnée.

Pourtant, les circulaires ne sont pas qualifiées d'actes administratifs par une jurisprudence constante ; comment expliquer cet état du droit ?

La raison en est que ces mesures produisent leurs effets dans un ordre juridique particulier, désigné souvent comme « l'ordre intérieur » de l'administration. Cet ordre ne se confond pas avec l'ordonnancement juridique proprement dit (constitué par l'ensemble des règles de droit et des situations juridiques affectant les divers sujets de droit). En effet, le monde intérieur de l'administration est animé par un régime particulier, caractérisé par le principe hiérarchique et le devoir d'obéissance. C'est en vertu de ces règles que ces mesures s'imposent aux agents concernés et la violation de ces obligations n'est sanctionnée que dans le cadre du régime disciplinaire.

En principe donc, ces circulaires ne peuvent toucher ni aux règles générales préexistantes, ni aux droits et obligations des administrés (ni d'ailleurs au statut des agents de l'administration). Elles ne sont pas « normatrices ».

Mais il arrive parfois que, sous couvert d'expliquer ou d'interpréter la loi, l'autorité administrative (ministre, chef de service) profite de la circulaire pour ajouter quelque chose à la loi et par là même, toucher aux droits et obligations des administrés. Logiquement, la circulaire doit alors perdre son caractère d'acte non décisoire et être considérée comme un véritable acte administratif unilatéral faisant grief.

Dès lors, les administrés pourront invoquer l'application de ces circulaires. C'est d'ailleurs pour cette raison que les circulaires de l'État sont en général publiées soit dans les JO, soit le plus souvent dans les BO ; et depuis le 1er mai 2009 (décret du 8 décembre 2008), toute circulaire doit, pour être opposable, être tenue à la disposition du public sur un site internet unique relevant du premier ministre ; cela vaut pour toutes les circulaires :

- celles prises à compter du 1er mai 2009,
- mais aussi celles antérieures à cette date, faute de quoi elles sont considérées comme abrogées.

Désormais donc les circulaires font ainsi l'objet d'une double publicité dans les BO, ou parfois le JORF, et sur un site internet.

En ce qui concerne les circulaires de la Polynésie, elles ne sont jamais publiées, et dès lors, elles ne peuvent être opposables aux administrés ni invoquées par l'administration. Mais les choses pourraient changer puisque depuis le 1er janvier 2016, l'article L 312-2 du code des relations entre le public et l'administration, impose la publication des instructions et circulaires.

Toute la question est de déterminer le critère qui va permettre au juge administratif de déterminer si la circulaire a cessé d'être un acte non décisoire pour se transformer en acte décisoire (*ie.* susceptible de faire l'objet d'un recours).

De 1954 (CE ass. 29 janvier 1954, notre dame du Kreisker) à 2002, la jurisprudence a évolué. Au cours de cette première période (1954-2002) lorsqu'une circulaire était déférée au Conseil d'État, ce dernier cherchait à savoir s'il s'agissait d'une véritable mesure d'ordre intérieur et dans l'affirmative, il déclarait le recours irrecevable (circulaire dite « interprétative »). En revanche, dans le cas où la circulaire était un acte administratif déguisé (*ie.* un acte décisoire : circulaire dite « réglementaire »), celui-ci pouvait être déféré par la voie du REP au juge administratif qui rectifiait alors la qualification de ces mesures, en admettant la nature d'acte administratif.

Le critère était donc le caractère « interprétatif » ou « réglementaire » de la circulaire. Ce critère posait le problème suivant : pour dire que la circulaire était légale, et donc purement interprétative (rejet du recours pour « irrecevabilité »), le juge était conduit à apprécier le fond de l'affaire (le contenu permet-il de conclure au caractère réglementaire de la circulaire ?) pour finalement pouvoir conclure que la requête était irrecevable.

Le Conseil d'État a donc renversé la jurisprudence, abandonnant le critère précédent pour en consacrer un nouveau, par l'arrêt CE sect. 18 décembre 2002, Mme Duvignères (*G.A.J.A.*). La Haute Assemblée a ainsi constaté que la normativité d'un acte n'est pas liée au fait qu'il modifie ou non les règles de droit en vigueur. Le critère de la décision réside dans la formulation d'une proposition impérative.

En conséquence, le caractère décisoire d'une circulaire découle de la volonté de son auteur d'en imposer le contenu et non de l'apport de ce contenu à l'ordonnancement juridique.

Depuis cet arrêt, le nouveau critère de recevabilité du REP dirigé contre une circulaire réside désormais dans le caractère impératif des dispositions de la circulaire, ce qui a notamment élargi la faculté pour les particuliers d'invoquer ces dernières et de les critiquer devant le juge. Ainsi, lorsque l'interprétation que l'autorité administrative donne, par voie de circulaires, des lois et règlements qu'elle a pour mission de mettre en œuvre est dotée d'un caractère impératif, cette interprétation est considérée comme faisant grief et peut donc être déférée au juge administratif (CE 7 fév. 2007, Ligue des droits de l'homme) ; ce qui est critiquable, puisque ces circulaires se bornent à interpréter le droit et qu'on devrait dès lors les considérer comme des mesures d'ordre intérieur qui n'affectent pas l'ordonnancement juridique.

Inversement, les dispositions d'une circulaire dénuées du caractère impératif ne font pas grief et le recours dirigé contre celles-ci est déclaré irrecevable (quand bien même la circulaire contiendrait une règle nouvelle ou une interprétation erronée, *ie*. contraire à la hiérarchie des normes).

Relevons que le précédent critère (circulaire interprétative ou réglementaire) reposait sur une analyse objective de la circulaire alors que le nouveau critère (caractère impératif ou non de l'acte) est purement subjectif et paraît découler moins de la substance même de la circulaire que du contexte dans lequel il s'inscrit ou de la rédaction de l'acte litigieux.

Une fois ce caractère impératif admis, il faut ensuite rechercher si la circulaire est légale ou non. Sur ce point, la jurisprudence n'innove pas (sauf sur un point, ci-dessous : la réitération d'une norme illégale). Elle utilise les mêmes critères (au nombre de deux) que ceux qui avaient été dégagés par la jurisprudence depuis l'affaire : CE ass. 29 janvier 1954, Notre-Dame du Kreisker.

• 1er cas de figure : l'auteur de la circulaire ordonne (caractère impératif) l'exécution d'actes sur le fondement de règles juridiques correctement interprétées. Le juge n'annule pas la circulaire.

• 2e cas de figure : si le juge constate que l'auteur de la circulaire (impérative) fixe, dans le silence des textes (lois et décrets) une règle nouvelle, il y a de forte chance qu'il l'annule pour incompétence de son auteur, car en principe, les chefs de service (le ministre par exemple) ne disposent pas de pouvoir réglementaire (CE 22 mai 1992, GISTI). Mais attention, si le ministre est habilité par la loi ou le règlement, ou s'il intervient dans le cadre de la jurisprudence Jamart (organisation d'un service placé sous son autorité, *supra*), il est alors compétent pour poser des règles et le juge n'annule pas la circulaire.

• 3e cas de figure : l'auteur de la circulaire (impérative) prescrit une interprétation que doivent adopter les agents, mais cette interprétation méconnaît le sens et la portée des dispositions législatives ou réglementaires que la circulaire entendait expliciter ; ou encore, la circulaire contrevient aux exigences inhérentes à la hiérarchie des normes juridiques : violation du principe de légalité. Dans ces cas, peu importe que l'auteur de la circulaire soit compétent ou non pour prendre des mesures, celles-ci sont illégales car elles méconnaissent les règles juridiques de rang supérieur.

Dans ces deux dernières hypothèses (*ie.* que l'auteur de la circulaire fixe incompétemment une règle nouvelle ou qu'il ordonne à ses services d'appliquer un texte qu'il interprète incorrectement), le juge annule les circulaires.

• 4e et dernière hypothèse : la jurisprudence (arrêt Mme Duvignères) censure désormais une circulaire (impérative) qui ne fait que répéter (en l'interprétant) un texte supérieur illégal – un décret par exemple.

C – Les directives (ou « lignes directrices)

Cette catégorie d'actes est née de nécessités pratiques, en particulier et surtout dans le domaine des interventions économiques de l'État et en matière d'urbanisme, et constitue une zone intermédiaire du droit, se situant entre le droit souple et le droit dur et qualifiée par le Conseil d'État (EDCE 2013) *de normativité graduée*.

Le Conseil d'État, dans son rapport précité, préconise d'ailleurs que l'on utilise la notion de *lignes directrices* pour remplacer celle de « directive » (Laurent Cytermann, *Le droit souple, un nouveau regard sur la jurisprudence Crédit foncier de France*, *RFDA* 2013, p. 1119-1128).

Il est très fréquent qu'un texte, législatif ou réglementaire, confie à un ministre, à un organisme administratif ou à un chef de service, le soin de prendre une décision dont le sens n'est pas déterminé à l'avance, au vu des données concrètes de chaque dossier particulier. L'autorité administrative peut, ainsi, définir en ce domaine des orientations générales en vue de diriger l'action de ses services (CE 29 juillet 1994, min. de l'Éducation nationale c/ Gentilhomme). Dans ces hypothèses, l'autorité investie d'un tel pouvoir de décision est tentée de se fixer des règles générales (directives) présidant à l'examen des cas particuliers.

Les services doivent donc prendre en compte les orientations de la directive sans pour autant s'estimer liés par lesdites orientations : ils peuvent ainsi s'autoriser une appréciation des dossiers au cas par cas (exemple : l'examen individuel des demandes de bourses ; CE 28 juillet 1995, ministre de l'Éducation nationale c/ Haguet).

L'intérêt de procéder de la sorte est double :

- d'une part, ces règles prédéterminées permettent au chef de service de guider l'action de ses subordonnées dans l'examen des divers dossiers qui leur sont soumis ;
- d'autre part, ces règles garantissent que sous couvert de l'examen de chaque cas individuel, ne se développera pas un arbitraire générateur d'inégalités.

Cependant, reconnaître un tel pouvoir réglementaire à ces autorités administratives heurte deux principes juridiques, à savoir :

1) sauf textes particuliers, les autorités administratives ne disposent pas du pouvoir d'édicter des règles générales à l'égard des administrés ;

2) en agissant de la sorte, le chef de service méconnaît une règle de compétence qui veut qu'une autorité investie d'un pouvoir de décision devant s'exercer au vu des données concrètes de chaque cas particulier, autolimite illégalement sa propre compétence en se liant par des règles générales.

Pour contourner ces difficultés, le commissaire du gouvernement Bertrand (dans ses conclusions sur CE sect. 11 décembre 1970, Crédit Foncier de France, *GAJA*) a déplacé cette problématique sur un autre terrain : il n'est certes pas possible d'admettre le pouvoir réglementaire du ministre en dehors des hypothèses que nous connaissons (*supra* troisième partie, chapitre II). Mais en revanche, on peut admettre que l'application d'un texte ne doit pas être discriminatoire : il faut en effet que les citoyens d'une même nation soient administrés de la même façon, quel que soit le lieu où s'exercent leurs activités. Il n'est donc pas mauvais que le ministre puisse déterminer une « doctrine d'action », c'est-à-dire énonce les buts que doit poursuivre l'administration, buts qui sont valables pour tous les fonctionnaires placés sous son autorité et qui s'imposent ainsi pratiquement aux administrés : à l'avance, l'administration avertit les administrés des motifs qui fonderont des décisions particulières prises par les subordonnés du ministre.

Partant de ces considérations, le juge administratif a fixé le régime juridique des lignes directrices suivant : lorsqu'un chef de service est compétent pour prendre des décisions comportant de sa part l'exercice d'un pouvoir discrétionnaire, il peut valablement poser des règles générales relatives à l'exercice de ce pouvoir si les deux conditions suivantes sont réunies :

- d'une part, s'il ne confère pas à ses règles un caractère impératif ;
- d'autre part, s'il est possible de déroger à ces règles au cas où les données particulières d'un cas déterminé le justifient ; il n'y a donc pas application mécanique de la directive ; c'est ce qui du reste la différencie du règlement classique.

Exemple :

- CE 3 mai 2004, Comité anti-amiante Jussieu : en vertu d'une habilitation décrétale, le conseil d'administration du fonds d'indemnisation des victimes de l'amiante a adopté des délibérations « fixant les orientations » en matière d'indemnisation (barème d'indemnisation). Ces délibérations sont en fait des « directives » car elles se bornent à définir les orientations et ne font pas obstacle à ce que les autorités, en fonction de situations particulières spécifiques à chaque demandeur, s'en écartent. Ces directives (délibérations) sont donc dénuées de caractère impératif et dès lors, il n'est pas possible d'en demander l'annulation.

Ce régime juridique des directives a été fort bien résumé par le commissaire du gouvernement Jacques Henry Stahl sur CE 12 décembre 1997, ONIFLHOR (DA février 1998, n° 4) :

> « Par cette théorie de la directive, vous reconnaissez à l'autorité administrative agissant dans le cadre d'un pouvoir discrétionnaire – ici la distribution de subvention – la faculté de définir des critères d'attribution, qui ne peuvent cependant pas lier le pouvoir d'appréciation de l'autorité chargée de prendre les décisions individuelles. La directive ne peut en effet, sauf à se transformer en circulaire réglementaire illégale, imposer absolument le respect des orientations qu'elle contient ; l'auteur de la décision individuelle doit donc procéder impérativement à un examen individuel de la situation du demandeur et il peut déroger aux critères posés pour des motifs tenant à la situation du demandeur ou pour des motifs d'intérêt général. Mais en sens inverse, lorsqu'ils satisfont aux conditions prévues, il est dans la logique de la directive que les administrés puissent en revendiquer l'application à leur profit et contester devant le juge une décision individuelle qui ne serait pas conforme à ses orientations ».

Signalons aussi que dans un arrêt du 20 mars 2017 (CE 20 mars 2017, Région Aquitaine-Limousin-Poitou-Charentes, n° 401751, *AJDA* 2017, p. 1121-1124, concl. Xavier Domino), la Haute Assemblée a précisé que lorsqu'une autorité (en l'espèce un « régulateur ») a édicté des lignes directrices pour éclairer les opérateurs sur les conditions dans lesquelles il exercera ses compétences, il doit s'y tenir lors de l'examen particulier d'un cas. Pour autant, il peut compléter les critères édictés dans ces lignes directrices de nouveaux critères lorsque l'examen particulier auquel il procède le justifie.

On remarque que la directive ressemble étrangement à un acte réglementaire puisqu'elle pose des règles générales et impersonnelles ; mais du moment que ces règles ne sont pas obligatoires (on peut y déroger lors de l'examen particulier du dossier), il ne s'agit pas d'un acte décisoire ; d'où le qualificatif de pouvoir *para-réglementaire* ou *pouvoir d'orientation*. Et puisqu'il ne s'agit pas d'une décision faisant grief, on ne peut l'attaquer directement par la voie du REP (sauf s'il s'avérait que – comme pour les circulaires – la directive soit en réalité un véritable règlement).

La régularité des directives ne peut être appréciée que par la voie de l'exception d'illégalité soulevée à l'occasion de la contestation d'une mesure d'application (mesure individuelle) : CE 18 octobre 1991, Union nationale de la propriété immobilière. Cette exception d'illégalité peut se fonder sur les différents arguments suivants :

- la directive a un caractère impératif, ou la directive édicte une condition nouvelle par rapport aux dispositions applicables, ou encore, elle méconnaît les buts définis par la réglementation supérieure. Dans tous ces cas, la mesure individuelle est conforme à une directive illégale et donc on peut obtenir l'annulation de cette mesure individuelle.
- inversement, un administré peut faire un recours en invoquant le fait que la mesure d'application n'est pas conforme à la directive, et si aucune raison d'intérêt général ou particularité relative à la situation de l'intéressé ne justifiait cette dérogation, là encore on peut obtenir l'annulation de la mesure d'application.

D – Les actes de « droit souple »

L'expression *droit souple*, (retenue par le Conseil d'État, v. rapport public 2013, *Le droit souple* : Doc. fr., 2013), prise au sens large, recouvre les circulaires et directives (ou *lignes directrices*) ainsi que d'autres actes qui se situent *aux confins du droit* parce qu'ils ne créent pas de droit ou d'obligation juridiques.

Nous retiendrons cette expression dans son acception étroite, c'est-à-dire comme

> « correspondant à une normativité non prescriptive qui oriente le comportement de ses destinataires sans pour autant les contraindre »

(B. Lavergne, *Droit souple*, *in Dictionnaire des régulations,* Lexis Nexis, 2015).

C'est ainsi que par deux décisions d'assemblées, le Conseil d'État a accepté de connaître de deux recours pour excès de pouvoir :

- l'un contre une prise de position de l'Autorité de la concurrence (CE ass. 21 mars 2016, Société Fairvesta International GMBH et autres, n° 368082, n° 368084),
- l'autre contre un communiqué de l'Autorité des marchés financiers (CE ass. 21 mars 2016, Sté. NC Numéricable, n° 390023).

Par ailleurs, le Conseil d'État n'exerce qu'un contrôle superficiel sur ces actes de *soft law* (CE 10 novembre 2016, Marcilhacy et a, n° 384691, *DA* février 2016, n° 9, p. 45-48, note Régis Lanneau et Arnaud Sée) (acte du CSA).

Il s'agit là d'actes non décisoires puisqu'en effet, les administrés ne sont nullement tenus d'un point de vue juridique de suivre la position de ces autorités. Il n'en reste pas moins que, dans les faits, de tels actes influencent fortement les acteurs du marché, en raison de leur publicité et de la qualité de leur auteur. Ces normes ont beau être non impératives, elles exercent néanmoins une forme de contrainte morale qui se substitue à la contrainte juridique.

Ceci explique pourquoi le juge administratif a décidé d'ouvrir son prétoire à ce type d'actes. Ils sont non décisoires mais ils font néanmoins grief à leurs destinataires en raison de leurs effets :

> « ces actes peuvent également faire l'objet d'un tel recours (…) lorsqu'ils sont de nature à produire des effets notables, notamment de nature économique, ou ont pour objet d'influer de manière significative sur les comportements des personnes auxquelles ils s'adressent ».

Comme le relève Arnaud SEE dans son commentaire sur ces deux arrêts d'assemblée :

> « en acceptant la recevabilité du recours dirigé contre eux, le juge invente un nouveau régime contentieux de ces actes. En d'autres termes, en reconnaissant leur caractère d'acte faisant grief, le juge leur reconnaît des effets juridiques. Le droit souple visé ici n'est donc plus du non-droit. Il n'est toujours pas du droit, car ne produit pas d'effet juridique sur ses destinataires. Le juge invente ainsi la catégorie du « semi-droit », dépourvu d'effet juridique mais susceptible de recours contentieux » (*DA* mai 2016, p. 55).

Il reste à préciser la grille de lecture pour identifier ces actes de droit souple. Il existe trois critères cumulatifs :

- L'acte ne doit pas créer de droit ou d'obligation juridique ;
- Il doit présenter un degré de formalisation de nature à lui donner une apparence ou une légitimité approchant celle d'une règle de droit ou d'un acte juridique ;
- Enfin, l'acte doit viser à modifier ou orienter les comportements des destinataires.

E – Les mesures d'ordre intérieur

1 – La notion de mesure d'ordre intérieur

Comme les circulaires (non impératives), les directives, les actes préparatoires ou indicatifs, les mesures d'ordre intérieur sont des mesures le plus souvent de portée individuelle[2] qui concernent les détails de la vie intérieure des services, et ces mesures ne peuvent faire l'objet d'un REP (ni même de tout recours : pas de recours de plein contentieux : CE 10 mars 1982, Taddei ; CE 20 février 1989, Mollaret). Et puisqu'il s'agit d'actes qui ne peuvent faire l'objet d'un recours quelconque devant le juge administratif (le juge déclare le recours « irrecevable »), ils sont réputés ne pas faire grief.

Mais ces actes sont bien obligatoires (et donc décisoires, comme le soulignait René Chapus, depuis fort longtemps) car en effet, ces mesures produisent bien, comme tout acte, des effets subjectifs juridiques ou matériels.

S'ils sont qualifiés de ne « faisant pas grief », c'est parce que leurs effets sont considérés comme insuffisamment graves par le juge et dès lors, il se refuse à les examiner au contentieux, selon l'adage *de minimis non curat praetor*. Ainsi, ce sont de véritables décisions mais que le juge se refuse à les examiner.

Exemple :

- Un étudiant, souhaite changer de groupe de TD. L'administration refuse ce changement. L'intéressé défère ce refus au juge de l'excès de pouvoir ; mais celui-ci dit que c'est une mesure d'ordre intérieur et rejette donc

2 Une partie de la doctrine considère que les mesures d›ordre intérieur sont exclusivement de nature « individuelle ». En cela, les mesures d'ordre intérieur se distinguent des « simples mesures d'organisation du service », de nature réglementaire, qui ne peuvent être attaquées par la voie du REP par les agents du service (irrecevabilité) car elles n'affectent pas leurs droits ni leurs garanties statutaires (ex : regroupement des bureaux, ou aménagement des heures d'ouvertures au public). Mais certains membres de la doctrine estiment que les mesures à caractère général font partie des mesures d'ordre intérieur ; exemple : les règlements intérieurs des assemblées ou des écoles, jusqu'à une date récente, ne pouvaient être attaqués par la voie du REP ; mode de répartition des enfants entre les sections d'une école maternelle (CE 30 sept. 1994, Sulzer, REC T. p. 1097).

son recours (CE 11 janvier 1967, Bricq). La mesure lui refusant un changement de groupe est bien obligatoire pour lui et produit bien des effets juridiques.

Plusieurs commissaires du gouvernement ont clairement exprimé l'opinion selon laquelle en matière de mesures d'ordre intérieur, il s'agit *d'une jurisprudence d'opportunité, plutôt que de droit* (voir par exemple : Patrick Frydman, concl sur CE ass. 17 février 1995, 2 espèces : Pascal Marie ; Philippe Ardouin, RFDA 1995, p. 353 et s. ; *GAJA*).

Pourquoi le juge agit-il de la sorte ? On invoque tout d'abord, traditionnellement, le souci de ne pas encombrer le prétoire par des litiges mineurs : application de l'adage *de minimis non curat praetor*. On invoque aussi (parfois) la nécessité de la discipline et du pouvoir hiérarchique : l'autorité des chefs ne doit pas être *énervée par des complications contentieuses* dit-on parfois.

Cependant, toutes ces mesures causent des torts aux intéressés et le juge se refuse à les contrôler afin de laisser à l'administration un large pouvoir discrétionnaire. En fait, le juge tolère que ces décisions produisent des effets se limitant à la sphère interne du service. Par contre, il reconnaît qu'au-delà, elles font grief et opère alors son contrôle : en d'autres termes, tant que la mesure, par ses conséquences juridiques et matérielles, n'affecte son destinataire qu'en ce qu'il se trouve dans le service, elle bénéficie d'une immunité contentieuse ; dès lors qu'intervient un élément d'extériorisation des effets de la mesure, elle encourt un examen contentieux et perd justement sa qualification de mesure d'ordre intérieur.

Il résulte de ces premiers éléments que les mesures d'ordre intérieur ont toujours un caractère discrétionnaire : cela tient à l'absence de contrôle contentieux de ces actes. L'édiction d'une mesure d'ordre intérieur suppose donc toujours une totale liberté d'appréciation de son auteur, tant du point de vue de l'opportunité d'agir que de la détermination de la mesure d'ordre intérieur à prendre.

On a pu remarquer que le juge administratif fait varier le domaine des mesures d'ordre intérieur selon les principes et libertés en cause. Plus l'atteinte aux droits et liberté est grande, plus il y est probable que la mesure ne soit pas qualifiée de mesure d'ordre intérieur. D'une manière générale, on observe que cette catégorie d'actes (MOI) a tendance à se restreindre depuis quelques décennies.

Ainsi, comme les actes de gouvernement, les mesures d'ordre intérieur constituent une *zone de non-recours* (ou selon d'autres auteurs « une zone d'ombre de l'État de droit » ; *blanc-seing accordé à l'administration* ; *îlot de déni de justice*) ; ces mesures constituent une exception au contrôle du juge.

Or, la théorie de l'État de droit postule que tous les actes de l'administration puissent être contrôlés. De surcroît, notre conception des mesures d'ordre intérieur est bien souvent contraire à l'article 6 §1 de la Convention Européenne des Droits de l'Homme. Du reste, la prise en compte de la jurisprudence de la Cour européenne des droits de l'homme par le juge administratif français a permis une évolution très importante de cette notion. En effet, le Conseil d'État a réduit considérablement le champ des mesures d'ordre intérieur.

2 – Le domaine des mesures d'ordre intérieur

Les mesures d'ordre intérieur recouvrent les deux domaines suivants (classification établie selon l'objet des mesures d'ordre intérieur) :

1. D'une part, celles qui concernent les rapports entre l'administration et certains de ses usagers ou agents et qui touchent à l'organisation ou au fonctionnement du service. Souvent, en effet, ses mesures ont pour but d'aménager le fonctionnement (intérieur) du service.

Ainsi :

- le réaménagement des tâches confiées à un agent public (CE 13 nov. 2006, La Poste) ;
- le refus d'une autorité administrative d'accorder une audience à un subordonné (CE 29 juillet 1994, Delestrade) ;
- les changements d'affectation qui n'entraînent ni « modification de la situation de l'agent » ni « changement de résidence » ;
- le refus d'accorder un cadeau à l'enfant d'un agent lors de « l'arbre de Noël » organisé par le service (CE 4 novembre 1992, Ghirardi DA 1993, n° 516) ;
- la décision du maire par laquelle les deux bœufs d'Écosse appartenant à la commune, et destinés à l'entretien des herbages communaux, sont transférés dans un parc animalier ; il s'agit d'une « mesure d'ordre intérieur insusceptible de faire l'objet d'un *REP* » (TA Caen 22 février 2011, M. Boissière, n° 1001268, *AJDA* 2011, p. 1582).

De même sont considérées comme des mesures d'ordre intérieur les décisions individuelles qui n'ont pas d'incidences réelles sur la scolarité des élèves (usagers du service public), comme par exemple l'affectation dans un groupe de TD (CE 11 janvier 1967, Bricq), ou dans une classe (CE sect. 5 oct. 1982, Attard). Dans le même sens, des mesures :

« de nature éducative plus que punitive, dont la mention ne figure pas dans les dossiers des élèves, qui n'ont aucune conséquence sur leur scolarité et ne sont attentatoires ni à leur liberté ni à leur dignité, constituent des mesures d'ordre intérieur » (CAA Marseille, 6 juin 2006, min. Éducat. Nat. c/ Danier F.).

En l'espèce deux enfants de CM1 pénètrent la nuit dans une école et commettent des dégâts matériels et des vols. Le directeur les surprend et décide de leur faire effectuer pendant les récréations des tâches d'intérêt général : balayer la cour et nettoyer le sol qu'ils avaient contribué à salir. Dans le domaine des compétitions sportives, les décisions des arbitres constituent également des mesures d'ordre intérieur (CE sect. 13 juin 1984, association club athlétique de Mantes-la-Ville).

En revanche, sont des actes administratifs (et non plus des mesures d'ordre intérieur) les décisions qui engagent l'avenir des élèves comme les exclusions, ou les refus de passage en classe supérieure, ou même les refus d'autoriser un élève à partir en classe de neige (CE 1er avril 1977, Deleersnyder). De même, la décision par laquelle la directrice d'une école maternelle affecte des enfants jumeaux dans des classes différentes est une mesure susceptible de recours pour excès de pouvoir (CAA Versailles 17 février 2005, M. et Mme José D, *AJDA* 2005, p. 895).

2. D'autre part, des mesures individuelles de caractère personnel ayant un aspect disciplinaire. Ceci concerne surtout le pouvoir disciplinaire dans l'armée et dans les prisons.

Ainsi par exemple, sont considérés comme constituant des mesures d'ordre intérieur :

- les refus de permission (CE 18 mars 1992, Suc) ;
- le refus d'ouvrir une enquête sur le comportement d'un officier ;
- les sanctions disciplinaires les plus légères que le statut général des militaires qualifie de « punitions ».

De même, dans le domaine scolaire, une punition légère comme une retenue ou une mise au piquet sont des mesures d'ordre intérieur.

Enfin, dans la fonction publique, constituent des mesures d'ordre intérieur, les « sévères observations » (CE 10 décembre 1967, Dupré) ou les « mises en garde » (CE 27 juillet 1984, Centre Hospitalier de la Sarthe) adressées par le supérieur hiérarchique à ses subordonnés, dès lors qu'elles ne sont pas inscrites au dossier des agents concernés.

Toutefois, dans le domaine disciplinaire, la jurisprudence administrative a évolué dans le sens d'une restriction du champ d'application des mesures d'ordre intérieur. Désormais, ne sont plus des mesures d'ordre intérieur les sanctions militaires dans l'armée et une partie des mesures relevant du régime disciplinaire carcéral (CE ass. 17 février 1995 Marie ; Hardouin, *GAJA*). Il faut dire que depuis un arrêt de la Cour EDH du 19 décembre

1994, Vereinigung Demokratischer Soldaten Oesterreichs et Gubi c/ Autriche, la Cour estime qu'est contraire à la CEDH (art. 13, droit à un recours effectif) le fait que l'on ne puisse pas contester par une voie de droit appropriée les sanctions militaires. Le juge administratif a donc préféré infléchir sa précédente jurisprudence afin d'éviter une condamnation de la France devant cette juridiction internationale...

Aussi cette seconde catégorie d'actes est-elle désormais bien réduite : elle est circonscrite aux rapports agent (et parfois usager) / administration. Elle conserve son utilité pour écarter les prétentions par exemple des usagers du service public qui, par des demandes abusives, veulent voir des décisions administratives dans des comportements administratifs aussi anodins que l'usage de certains formulaires (CE 29 juin 1994, Mathis).

§ 4 – Les actes mixtes

A – Définition de l'acte mixte

Ainsi que le laisse supposer l'expression, « l'acte mixte » est un acte intermédiaire entre le contrat et le règlement, pour partie unilatéral et pour partie contractuel. Il s'agit, en fait d'un acte où

> « sont incluses des dispositions qui sont l'expression de la seule volonté de l'administration et d'autres qui concrétisent l'existence d'un accord contractuel » (René Chapus, *Droit administratif*, Montchrestien).

Le type d'acte mixte le plus fréquent est le contrat de délégation de service public. Certaines clauses de ces contrats sont assurément de nature contractuelle : durée de la convention, avantages financiers. D'autres clauses ont un caractère réglementaire à l'égard des tiers et notamment des usagers du service public (confié au délégataire). Ces clauses sont le plus souvent contenues dans ce qu'on appelle « un cahier des charges » annexé au contrat et elles se rapportent à l'exécution du service public (ou encore à l'exploitation d'un ouvrage). Plus précisément, ces clauses de nature réglementaire précisent les conditions dans lesquelles le cocontractant de l'administration (le délégataire) doit exécuter sa mission et notamment dans ses aspects relatifs aux rapports avec les usagers.

B – Le régime juridique des clauses réglementaires

Si une partie des clauses de certains contrats administratifs ont un caractère réglementaire, elles vont pouvoir être opposables aux tiers, et inversement, elles pourront être invoquées par ces derniers. Par ailleurs, elles pourront être modifiées unilatéralement par l'administration (sans que le cocontractant ait besoin d'y consentir, *infra*. chapitre II).

D'autre part, les tiers (et notamment les usagers) peuvent se prévaloir de ces clauses et donc en exiger le respect (CE 21 décembre 1906, syndicat du quartier Croix de Seguey-Tivoli *GAJA*). Ainsi, les usagers peuvent obtenir, par la voie du REP, l'annulation des décisions du concédant méconnaissant ces clauses, ou encore, obtenir l'annulation des décisions refusant de contraindre le concessionnaire à s'y conformer (voir par exemple : CE 14 janvier 1998, Commune de Toulon, *DA* mars 1998 n° 82 : un usager du service de distribution d'eau affermé obtient l'annulation du refus de la collectivité de faire respecter par le fermier des stipulations du règlement du service ayant trait à l'organisation de celui-ci).

À cela s'ajoute la possibilité, toujours pour les usagers, d'obtenir des dommages et intérêts en réparation du préjudice subi du fait de la non-observation de ces clauses par le concédant.

Cependant, le juge administratif se refusait à annuler directement les clauses réglementaires par la voie du REP (CE ass. 16 avril 1986, Cie luxembourgeoise de télévision). Mais dans un arrêt d'assemblée en date du 10 juillet 1996 (M. Cayzeele), la Haute juridiction administrative a finalement accepté d'ouvrir aux usagers et tiers le REP contre les clauses réglementaires.

Avant ce dernier arrêt, les clauses produisaient des effets réglementaires mais cet acte (les clauses) restait contractuel (en d'autres termes, non seulement la nature réglementaire des clauses ne leur faisait pas perdre leur nature contractuelle, mais au contraire, c'est ce dernier caractère qui l'emportait).

Depuis lors, l'acte est bel et bien mixte puisque l'ensemble de conséquences liées au régime juridique de l'acte administratif unilatéral s'impose aux clauses réglementaires.

En effet, outre l'annulation directe des clauses, il est possible, de soulever par la voie de l'exception l'illégalité de ces clauses réglementaires. Ensuite, il est possible aux usagers de demander à l'administration l'abrogation des clauses illégales. Enfin (ce point a été jugé par l'arrêt précité de 1996), comme tous les actes réglementaires, les clauses réglementaires (les cahiers des charges) devront faire l'objet d'une publicité, et plus précisément, d'une publication (bulletin, JO, affichage...). C'est à compter de la publication que ces clauses seront opposables au tiers et que, par ailleurs, commencera à courir le délai du REP.

§ 5 – La classification des actes administratifs

Au cours des développements précédents, nous avons vu qu'il existait plusieurs types d'actes administratifs de forme et de contenus différents. Aussi convient-il de procéder à une classification de toutes ces décisions dans le but de former des catégories homogènes.

Ces actes sont classés au moyen des critères matériels – objet, contenu – (A) ; parfois, ils sont classés selon des critères formels et organiques – en fonction de leur auteur – (B).

A – La classification matérielle des actes administratifs

Dans cette approche, il convient de faire la distinction entre trois catégories d'actes administratifs car des effets importants séparent ces catégories d'actes : les actes réglementaires (ou règlements) ;

- les actes non réglementaires
- et enfin les décisions d'espèces.

1 – La distinction entre acte réglementaire et acte non réglementaire

Cette distinction s'applique à tous les actes administratifs. Indépendamment de leur auteur et de leur forme, elle repose sur le contenu de l'acte. L'acte réglementaire est caractérisé par sa « généralité ».

C'est ainsi qu'il ne faut pas confondre décret et règlement.

- Le décret désigne les actes signés par le président de la République ou le premier ministre. Les décrets peuvent être généraux comme individuels ; en d'autres termes, ils sont pris sous forme de règlement (exemple : détermination du statut d'un corps de fonctionnaire), ou sous forme de mesure individuelle (nomination d'un haut fonctionnaire).
- L'acte réglementaire ou règlement peut être pris sous forme de décret mais aussi sous une autre forme (arrêtés, délibérations des assemblées des collectivités locales ; par exemple, un arrêté municipal d'interdiction de stationner).

a) L'acte réglementaire (ou règlement administratif)

L'acte réglementaire se définit par sa généralité :

- son caractère est général, dans la mesure où son objet est d'établir des règles qui s'imposent à un nombre indéterminé de personnes ou de situation ;
- son caractère est abstrait et impersonnel étant donné que les destinataires d'un règlement (exemple : portant interdiction de stationnement) ne peuvent être déterminés à l'avance.

N.B. – Il existe une exception (importante). Ce critère qui postule que l'acte réglementaire est un acte de portée générale et abstraite ne s'applique pas aux actes relatifs à l'organisation d'un service public. En effet, tout acte relatif à l'organisation d'un service public est nécessairement réglementaire; par exemples: la création ou la suppression d'un établissement public (CE 5 juillet 1989, Mme Saubot, Rec. p. 159) ; les décisions modifiant la répartition des compétences au sein d'une personne morale ou d'une institution chargée d'une mission de service public (telles les délégations de pouvoir ou de signature [*infra*]: CE 27 juillet 2001, Assoc. de droit allemand Stiftung Jean Arp et Sophie Taeuber, Rec. p. 397) ; les décisions modifiant la consistance ou la tarification des prestations de service public (CE sect. 18 mars 1977, CCI de La Rochelle, Rec. p. 153, concl. Jean Massot). Néanmoins, la Haute Assemblée vient de faire évoluer sa jurisprudence. Ce ne sont plus tous les actes relatifs à l'organisation d'un service public qui sont de nature réglementaire: ainsi la décision relative à l'agrément d'une personne privée chargée d'une mission de service public n'est plus un acte réglementaire (CE sect. 1er juillet 2016, n° 393082 et n° 393524, Institut d'ostéopathie de Bordeaux, *DA* mars 2017, n° 10, p. 35 à 38, note Gweltaz Eveeillard). De même, l'agrément des fédérations sportives n'est plus un acte réglementaire (CE 26 avril 2017, fédération de boxe américaine et disciplines associées, n° 399945; CE 31 mai 2017, association française de culture physique et de culturisme naturel, n° 403037, *AJDA* 2017, p. 1629-1631, note Gérald Simon).

L'acte réglementaire est, en outre, le plus souvent permanent: il n'épuise pas ses effets en une seule fois, son champ d'application ne peut être défini au moment de son édiction (les droits et les obligations qu'il entraîne prévalent tant que l'acte n'est pas abrogé). Mais il arrive cependant qu'un acte réglementaire soit adopté pour une période limitée; tel est le cas d'un arrêté municipal interdisant la circulation dans une rue les jours de marché; tel est aussi le cas d'une mesure de police prise pour maintenir l'ordre à l'occasion d'une manifestation sur la voie publique.

Ainsi, constituent des actes administratifs réglementaires les actes qui organisent un service public (acte déterminant l'organisation et le fonctionnement d'un service municipal), modifient la nature d'un établissement public (CE 1er juin 1994, Syndicat CFDT Interco du Maine, Rec. p. 276), ou encore déterminent le régime juridique des études de droit à l'université...

b) L'acte non réglementaire

L'acte non réglementaire présente des caractères opposés à ceux des actes réglementaires vu précédemment: il n'est pas général, son ou ses destinataires sont individualisables, et peuvent être déterminés au moment où l'acte est pris.

Ainsi, l'acte « non réglementaire » est caractérisé par « la particularité », en ce sens que cet acte n'énonce pas une norme *a priori*, mais est destiné à l'application à un cas particulier d'une norme générale préexistante (législative ou réglementaire). On dit encore que l'objet de la norme non réglementaire est de « particulariser » une norme générale en décidant d'y soumettre un cas déterminé. (Bertrand Seiller, Rep. Dalloz, Acte administratif – I, n° 384).

Parmi les actes non réglementaires, il est possible d'opérer une distinction entre :

- d'une part, les décisions individuelles : ce sont celles qui concernent une ou plusieurs personnes, et dans ce dernier cas, sans qu'il y ait de solidarité entre les situations respectives de chacune de ces personnes (exemple : la nomination d'un fonctionnaire, une sanction disciplinaire ; la décision d'un jury d'examen [et non d'un jury de concours, ci-dessous] portant sur plusieurs candidats). C'est pour des raisons de commodité que la situation de ces personnes est rassemblée dans un seul et même acte ;
- d'autre part, les décisions collectives : elles concernent nécessairement plusieurs personnes mais dont les situations sont solidaires, c'est-à-dire qu'elles influent l'une sur l'autre (exemple : résultat d'un concours administratif).

c) La décision d'espèce

Nous avons donné quelques indications sur ce type d'actes lorsque nous avons étudié le pouvoir normatif du président de la Polynésie française (*supra* partie III, chapitre II, section II, sous-section 2).

Les décisions d'espèce ne sont ni des actes réglementaires ni des actes individuels et sont qualifiées de *décisions non réglementaires* par le juge, de *décisions d'espèce* par la doctrine et de *décisions ni réglementaire, ni individuelle* par le code des relations entre le public et l'administration.

Les décisions d'espèce ne visent pas un individu identifié ; comme l'acte réglementaire, elles s'appliquent indépendamment des personnes concernées. Mais à la différence de l'acte réglementaire, la décision d'espèce a pour objet de décider l'application d'une norme générale préexistante à un cas particulier.

Le régime de ces actes est hybride :

- pour partie, ce régime est aligné sur celui de l'acte réglementaire :
  → déclenchement du délai de REP dès la publication ;
  → absence d'obligation de notification ;
  → absence d'obligation de motivation ;
  → pas de création de droits acquis ;

– pour partie bien que plus rarement, il suit le régime de l'acte individuel :

→ caractère temporaire de l'exception d'illégalité ; toutefois, si ces actes entrent dans le champ d'une opération complexe, ils peuvent être contestés à l'occasion de la contestation de l'acte final ;

→ incompétence du Conseil d'État pour statuer en premier ressort lorsque ces actes émanent des ministres.

Ainsi, cette catégorie d'actes est à mi-chemin entre l'acte individuel et l'acte réglementaire : la décision d'espèce contient une norme particulière (comme l'acte individuel) et a des effets impersonnels (comme l'acte réglementaire).

2 – La portée de la distinction entre acte réglementaire et acte non réglementaire

Cette distinction est importante à retenir car elle emporte un grand nombre de conséquences dans le régime de ces actes (qui découlent de la différence de leurs natures).

1. Pour leur publicité (*infra* section IV, § 1, A 2) : l'acte réglementaire doit être largement diffusé, alors que l'acte non réglementaire doit être porté à la connaissance de ses seuls destinataires (à noter qu'il existe cependant des exceptions).
2. De même, les effets de ces actes comportent certaines différences :
   - l'acte non réglementaire est très souvent un acte créateur de droits ; il créé une *situation individualisée*, (*infra* section IV, § 4, I, B et nous verrons que l'administration ne peut en principe revenir sur sa décision : droits acquis à son maintien) ;
   - au contraire, l'acte réglementaire peut être modifié ou abrogé à tout moment, sans que les intéressés puissent se prévaloir d'un droit à son maintien.
3. En troisième lieu, il existe encore une différence en ce qui concerne la possibilité de remettre en cause la régularité de ces actes au plan contentieux : le régime est identique aussi longtemps que les délais du REP ne sont pas épuisés (tous ces actes peuvent être annulés). Mais après ce délai, l'acte individuel devient *intangible*. En revanche, l'acte réglementaire peut, à l'occasion d'une application ultérieure, voir sa régularité remise en cause par la voie de l'exception d'illégalité.
4. Par ailleurs, cette distinction entre acte réglementaire ou non réglementaire est aussi importante pour le juge judiciaire car ses pouvoirs varient en fonction de la nature de l'acte qu'il doit apprécier (*supra*).
5. Enfin, il existe une hiérarchie entre ces actes : l'acte individuel doit respecter un acte réglementaire (il ne peut le contredire) et d'ailleurs,

le plus souvent, l'acte individuel est pris en application de dispositions réglementaires.

B – La classification organique et formelle des actes administratifs

Les actes administratifs peuvent revêtir des formes très diverses : décision implicite, décision verbale, lettre, communiqué, etc. Mais souvent, ces actes sont aussi formalisés et se prêtent à une classification permettant de déterminer plusieurs catégories.

Dans le cadre de cette classification, on prend en compte *l'auteur* de l'acte, puis pour les actes d'un même auteur, les formalités auxquelles l'acte doit satisfaire. On distingue ainsi :

- les *ordonnances* (art. 38 et 74-1 de la Constitution) : ces actes sont adoptés en conseil des ministres et sont donc revêtus de la signature du président de la République.
- les *décrets* : actes qui émanent soit du président de la République, soit du Premier ministre. À l'intérieur de cette catégorie, il est encore possible d'établir une gradation entre les décrets pris en Conseil des ministres (ceux signés par le président de la République), et les décrets simples, pris en Conseil d'État (*ie.* pris après avis de ce corps statuant en qualité d'organe consultatif).
- les *arrêtés* : ils peuvent avoir pour auteur les ministres (arrêté ministériel ou interministériel si plusieurs ministres interviennent), les préfets, les maires, etc.
- les *délibérations* : ce sont les actes des assemblées administratives (conseil municipal, assemblée de la Polynésie française).
- et enfin les *décisions* : actes pris sans forme déterminée par une autorité administrative quelconque.

– SECTION II –

LES COMPÉTENCES EN MATIÈRE D'ACTES ADMINISTRATIFS UNILATÉRAUX

La compétence, c'est l'aptitude d'une autorité administrative à prendre des actes juridiques, dans un certain domaine, au nom de la personne publique (État, collectivités territoriales, établissements publics…).

§ 1 – Généralités

Il est aisé de comprendre que pour établir une saine « division du travail juridique », il est nécessaire de définir les pouvoirs des autorités administratives. Cette répartition des compétences se manifeste entre personnes juridiques distinctes (par exemple : répartition entre l'État et les collectivités territoriales ; et entre les collectivités territoriales elles-mêmes…).

Cette distribution des compétences est opérée :

- par la Constitution (répartition entre les pouvoirs constitutionnels : pouvoir législatif et pouvoir exécutif; ou encore, au sein d'un même pouvoir (exécutif) entre le résident de la République et le Premier ministre),
- puis par la loi,
- et enfin par les textes réglementaires (par exemple : les pouvoirs du préfet).

A – Le principe : une habilitation à prendre un acte

Un acte administratif ne peut être pris par n'importe qui. Étant donné qu'il s'agit de régir la conduite d'autrui (d'un tiers par rapport à l'acte), il ne peut être le fait que d'autorités qui ont reçu une aptitude légale pour le faire. Cette aptitude légale s'appelle la compétence.

Ainsi, les règles de compétence constituent des habilitations. Aucune autorité, quel que soit son niveau dans la hiérarchie, ne peut prendre valablement une décision engageant la personne publique si elle n'a pas été habilitée par un acte émanant de la personne publique.

À l'inverse, l'autorité dûment habilitée ne peut pas renoncer à exercer les compétences qui sont les siennes. Elle a, au contraire, l'obligation d'exercer pleinement ses compétences ; à défaut, c'est-à-dire si elle restreint celles-ci en restant en deçà des compétences qui lui sont reconnues, elle commet une « incompétence négative ».

Exemples :

- Erreur sur l'existence même de la compétence : un maire rejette une demande de permis de construire en estimant que c'est au préfet de le délivrer ;
- Erreur sur l'étendue de la compétence : l'autorité administrative pense qu'elle est dans un cas de compétence liée alors qu'elle dispose d'un pouvoir discrétionnaire. Du fait de cette erreur, elle a renoncé à apprécier la situation en cause.

La compétence juridique ne se présume pas. Elle doit être prévue et conférée par une norme émanant d'une autorité supérieure ; la compétence n'est pas un droit dont l'agent pourrait disposer à sa convenance.

Ainsi, la compétence d'une autorité ne peut être modifiée même si tous les intéressés sont d'accord. Et de même, une autorité ne peut empiéter sur la compétence d'une autre autorité même s'il s'agit d'une autorité hiérarchiquement subordonnée.

N.B. – Rappel (*supra* partie III, chapitre Ier) : il existe une exception, la loi du pays polynésienne peut empiéter sur le domaine réglementaire de l'exécutif et de l'assemblée de la Polynésie française, (CE sect. 1er février 2006, Commune de Papara, M. Bruno Sandras, *RFDA* 2006, note Alain Moyrand et Antonino Troianiello, p. 280-285).

Il arrive cependant que des textes soient incomplets ou imprécis. La jurisprudence a alors dégagé un certain nombre de principes qui permettent de pallier cette carence :

1. *Le parallélisme des compétences* : l'autorité administrative compétente pour prendre un acte l'est également pour le supprimer.

Exemples : L'autorité compétente pour délivrer un agrément dispose du pouvoir de retirer celui-ci lorsque son titulaire cesse de remplir les conditions mises à son octroi (CE 12 mars 1999, SA Jacqueline du Roure, rec. p. 60) ; de même l'autorité qui dispose du pouvoir de nommer une personne est en principe compétente pour la révoquer.

2. L'autorité compétente pour prendre une décision est parfois déterminée par référence au pouvoir hiérarchique, faute de texte adéquat. Tout chef de service bénéficie en raison de cette qualité d'un pouvoir réglementaire particulier qui l'autorise à « prendre les mesures nécessaires

au bon fonctionnement de l'administration placée sous son autorité » (CE 7 février 1936, Jamart, *GAJA*).

Un supérieur hiérarchique jouit également du droit de retirer ou modifier les décisions prises par ses subordonnées, même sans texte, mais dans le respect des règles de fond qui gouvernent ce retrait (*infra,* section IV), (CE sect. 30 juin 1950, Quéralt). Cela se traduit par la consécration (d'un PGD) du droit des administrés d'exercer un recours hiérarchique contre toute décision d'une autorité subordonnée. Mais attention : la compétence du supérieur hiérarchique n'est pas concurrente de celle de son subordonné et ne se présente pas comme une alternative à celle-ci : il ne lui est donc pas possible de se substituer à lui pour édicter une mesure qu'il néglige de prendre (CE 18 juillet 1947, Sesseau, rec. p. 538).

3. Enfin, les exigences de la continuité du service public justifient l'attribution de compétences à certaines autorités en dehors de tout texte.

Exemple :

- Gestion des affaires courantes qui pèse sur un gouvernement démissionnaire dans l'attente de la composition du gouvernement de son successeur ; de même, droit de tout chef de service de réglementer l'exercice du droit de grève dans les services publics (CE ass. 7 juillet 1950, Dehaene, *GAJA*).

B – La sanction de la violation des règles de compétence

L'incompétence constitue le premier moyen (ou cas d'ouverture) du REP et il s'agit d'un moyen d'ordre public, ce qui permet d'ailleurs au juge de soulever d'office ce vice au cours d'un litige même si le requérant n'y a pas songé.

Parmi les sanctions qui frappent les actes entachés d'incompétence, on distingue les hypothèses suivantes :

1. – Première hypothèse (rarissime) : l'auteur de l'acte n'a pas la qualité d'autorité administrative (ni même celle d'agent public). On parle dans ce cas d'usurpation de pouvoir : vice très grave puisqu'il entraîne en principe l'inexistence de l'acte (*supra* partie III, chapitre Ier).

Ce cas de figure peut se produire en cas de crise grave (guerre par exemple) : une personne se substitue aux autorités défaillantes ou en fuite.

On rencontre aussi cette situation lorsqu'un agent a été nommé illégalement et que cette nomination est annulée ; il faut en principe revenir sur tous les actes qu'il a accomplis.

Pour éviter cette difficulté, la jurisprudence a inventé deux théories qui permettent de maintenir la stabilité des relations juridiques.

Ces théories s'appliquent quelle que soit l'illégalité dont est entaché l'acte : incompétence, vice de procédure, etc.

a) – La théorie du fonctionnaire de fait : on procède dans ce cas comme si l'auteur de l'acte avait été régulièrement investi dans ses fonctions (on s'en tient à l'apparence) ; cela permet de reconnaître valable des actes normalement entachés d'incompétence (qui peuvent être des actes individuels ou réglementaires).

Cette théorie explique la validité d'actes pris par une autorité dont la nomination a été annulée alors que la conséquence logique de l'annulation, c'est de supprimer toutes les effets de l'acte annulé (première application : affaire des « mariages de Montrouge », Cass. Civ. 1° 7 août 1883).

Ainsi dans l'arrêt d'une cour administrative d'appel où le juge a constaté que le contrat de recrutement d'un cadre de la police municipale était entaché d'illégalité en raison des conditions du recrutement, le juge a précisé « cons. qu'un agent irrégulièrement nommé aux fonctions qu'il occupe doit être regardé comme légalement investi de ces fonctions tant que sa nomination n'a pas été annulée » (CAA Lyon 19 décembre 2006, Union syndicale professionnelle des policiers municipaux *AJPF* 2007, p. 187, voir aussi : CE sect. 16 mai 2001, préfet de police c/ M. Mitmet).

Précisons enfin que cette théorie du fonctionnaire de fait n'est pas applicable aux magistrats. Tous les actes accomplis par les magistrats en usurpation de pouvoir sont entachés d'illégalité. Pour eux, il faut alors que le juge recourt à la deuxième théorie (ci-dessous).

b) – La modulation dans le temps des effets de l'annulation de l'acte (CE ass. 11 mai 2004, Association AC ! *GAJA*). Le juge y recourt notamment lorsque la précédente théorie ne peut être appliquée. C'est le cas lorsqu'il s'agit d'un magistrat dont la nomination est annulée. Le dernier état de la jurisprudence refuse la théorie du « magistrat de fait ». C'est pourquoi le Conseil d'État a eu recours à la jurisprudence « AC ! ». L'annulation de la nomination du magistrat est prononcée non pas rétroactivement mais à une date fixe : au jour du prononcé du jugement par exemple (CE 12 décembre 2007, M. Sire, *AJDA* 2008, p. 638 et s. conclus. Mattias Guyomar) ou encore à une date postérieure.

2. – Deuxième hypothèse : l'auteur de l'acte est bien une autorité administrative mais il va méconnaître les règles de répartition de compétence :

a) – 1er cas de figure (grave) : l'autorité intervient en dehors de la sphère administrative. Ainsi, l'autorité administrative agit en dehors des attributions de toute autorité publique. Par exemple, l'autorité empiète sur les fonctions ou compétence de l'organe judiciaire. Dans ce cas, l'acte pourra aussi être considéré comme inexistant.

b) – 2e cas de figure : l'incompétence proprement dite (empiétement d'une autorité administrative sur la compétence d'une autre autorité due à une méconnaissance de la compétence temporelle, territoriale, matérielle). Tel est le vice qui atteint par exemple l'acte émanant d'une autorité autre que celle qui a été habilitée à le prendre. La sanction est la nullité de l'acte.

§ 2 – Le contenu des règles de compétence

Ces règles ont pour objet de déterminer les décisions que sont habilitées à prendre les différentes autorités administratives. Cette répartition s'effectue en fonction de trois éléments : le lieu, le temps et la matière.

A – La compétence territoriale

Une autorité est toujours compétente sur un territoire donné. La portée de ses actes juridiques a un champ d'application géographiquement délimité.

De ce point de vue, on distingue les autorités centrales, qui ont compétence sur tout le territoire étatique, et les autorités locales qui n'ont compétence que sur une fraction du territoire (une circonscription par exemple).

Ainsi, une autorité locale ne peut prendre un acte pour une portion de territoire qui n'est pas comprise dans sa circonscription (elle serait incompétente).

B – La compétence temporelle

La compétence des autorités administratives est enfermée dans des limites de temps.

La compétence ne débute qu'à partir de l'investiture de l'autorité, c'est-à-dire à partir du moment où l'autorité devient apte à faire des actes au nom d'une personne morale. L'investiture part en principe de la signature de l'acte de nomination ou d'une date pré-fixée s'il s'agit d'une autorité élue.

Une autorité perd sa compétence lors de sa désinvestiture. Cette désinvestiture peut prendre les formes suivantes :

- un acte de destitution,
- l'acceptation d'une démission,
- la nomination à un autre poste,
- la nomination d'un remplaçant,
- enfin le terme du mandat s'il s'agit d'une autorité élue.

En principe, la compétence de l'autorité se prolonge en attendant la nomination du successeur : mais l'autorité « en partance » ne peut qu'expédier les affaires courantes (notion assez vague que le juge précise à l'occasion des litiges : CE ass 4 avril 1952, Syndicat régional des quotidiens d'Algérie, *GAJA*).

Parfois, un pouvoir peut n'être confié que pour une période donnée ; exemple : les ordonnances sur habilitation législative de l'art 38 de la Constitution.

Il faut noter encore qu'une autorité collégiale qui se réunit en session n'a compétence que durant les sessions.

C – La compétence matérielle

La compétence matérielle concerne l'objet des actes à prendre ou encore le domaine dans lequel l'autorité a été habilitée à intervenir.

En d'autres termes, il faut que l'autorité qui exerce la compétence soit la bonne autorité.

Un exemple illustrera ce type de compétence : telle collectivité locale est bien compétente pour apporter une aide économique à une entreprise. Mais au lieu que ce soit l'organe délibérant qui ait pris la décision d'accorder cette aide, c'est l'exécutif qui l'a prise. Le président de l'exécutif a ainsi commis une incompétence car l'acte en question ne rentrait pas dans le cadre de ses attributions (dans son « objet », *ie.* dans les matières dans lesquelles il peut prendre des actes).

Les différentes matières faisant l'objet de décisions administratives sont réparties entre les autorités, chacune ne pouvant intervenir que dans le champ ainsi délimité. Cette répartition peut s'effectuer selon plusieurs modalités :

- soit la compétence est attribuée de manière générale et abstraite, au moyen d'une clause générale de compétence (*supra* partie III, chapitre II, section II, sous-section 2) à partir de laquelle l'autorité administrative pourra prendre tous les actes qui s'y rapportent ;
- soit la compétence est déterminée par une liste énumérative des différentes attributions (exemple : pour les préfets, les recteurs...).

Il faut ajouter à cette technique de répartition des compétences que le juge participe à cette définition matérielle de la compétence. On se souvient en effet que dans l'arrêt Jamart (CE 7 février 1936), le Conseil d'État a reconnu qu'en l'absence de texte, les chefs de service disposaient du pouvoir réglementaire pour organiser leur service. C'est une application de la théorie des « pouvoirs implicites ». Selon cette théorie, toute autorité doit naturellement disposer des moyens nécessaires à l'accomplissement de sa mission et par exemple, être en mesure de prendre des actes administratifs dans ce sens.

Exemple :

– Le titulaire d'une compétence dans un territoire d'outre-mer (devenu aujourd'hui COM) doit disposer de la police spéciale qui permet de faire application de la réglementation qu'il édicte en vertu de cette compétence (CE avis 28 juillet 1995, Sté. SDG Continent, *Rec.* p ; 330).

§ 3 – L'exercice de la compétence

Le titulaire d'une compétence doit en principe l'exercer personnellement. En d'autres termes, l'autorité à laquelle est attribuée une compétence doit édicter elle-même les actes entrant dans le champ de celle-ci sans pouvoir en transférer l'exercice à un tiers : la compétence est liée à la fonction et ne peut faire l'objet d'un mandat à autrui.

Mais ce principe connaît des « assouplissements » : la compétence peut être exercée par d'autres personnes que l'autorité normalement compétente (ce qui constitue une dérogation à la répartition de la compétence matérielle). Cela permet d'atténuer l'excessive centralisation des attributions au profit de quelques autorités, qui caractérise notre système juridique. Ces assouplissements sont strictement encadrés.

On doit distinguer deux cas de figure.

A – Les délégations

La délégation est un procédé par lequel une autorité administrative (le déléguant) confie à une autorité – généralement subordonnée – (le délégataire) le soin d'exercer à sa place une partie de ses attributions.

1 – Les différents types de délégations

On distingue deux sortes de délégations, dont la signification, la forme et les effets sont différents.

N.B. – Art. L 2122-18 du CGCT :

« Le maire est seul chargé de l'administration, mais il peut, sous sa surveillance et sa responsabilité, déléguer par arrêté une partie de ses fonctions à un ou plusieurs de ses adjoints et, en l'absence ou en cas d'empêchement des adjoints ou dès lors que ceux-ci sont tous titulaires d'une délégation à des membres du conseil municipal. »

Qu'est-ce qu'une délégation de fonction ?

Une délégation de signature ou de compétence ?

Réponse de la jurisprudence : Ces délégations s'analysent comme des délégations de signature et non pas de pouvoirs. La délégation n'opère pas en effet un véritable transfert de compétence ; le bénéficiaire de la délégation n'agit pas en son nom mais au nom du maire ; le maire peut à tout moment exercer lui-même des compétences qu'il a déléguées (Réponse ministérielle à la question écrite n° 10284, *JO Sénat Q*, 4 mai 1995).

a) La délégation de signature

La délégation de signature est un simple transfert de la tâche matérielle de signature. En effet, par cette délégation :

1. le déléguant ne se dessaisit pas de ses compétences, il a toujours le pouvoir d'évoquer (*ie.* d'attirer à soi la connaissance d'une cause) une question faisant partie des affaires déléguées ;
2. la décision signée par le délégataire est toujours considérée juridiquement comme émanant du déléguant : elle ne décharge pas le déléguant de sa responsabilité.

Ce n'est donc pas un véritable transfert de compétence (les décisions prises par le délégataire le sont au nom et pour le compte du déléguant). C'est en réalité une commodité pratique inévitable qui permet à une autorité, titulaire de compétences trop vastes (le ministre par exemple), de se décharger sur ses collaborateurs directs d'une partie de sa tâche, ce qui fait qu'elle est d'utilisation courante.

Cette délégation s'effectue *intuitu personae*, c'est-à-dire en considération de la personne (transfert nominatif) : concrètement, elle comporte les noms du déléguant et du délégataire et non pas seulement leur qualité, et elle devient caduque (*ie.* qu'elle ne produit plus d'effets juridiques) dès l'instant où l'une de ces deux personnes vient à changer de poste (le remplaçant ne peut bénéficier de cette délégation de signature, il faut refaire la procédure).

N.B. – Un décret du 27 juillet 2005 relatif aux délégations de signature des membres du gouvernement est venu simplifier et réformer le régime de ces délégations (*AJDA* 2005, p. 1723 et s.). Un tel mécanisme de simplification a été introduit dans la loi organique statutaire de la Polynésie française :

Art 96 – « À compter de l'entrée en vigueur de l'acte les nommant dans leurs fonctions, les responsables des services de la Polynésie française peuvent signer, au nom du président de la Polynésie française ou d'un autre membre du gouvernement et par délégation, l'ensemble des actes relatifs aux affaires des services placés sous leur autorité, à l'exception des actes prévus à l'article 140 dénommés "lois du pays". Ces délégations s'exercent sous l'autorité du président ou du membre du gouvernement dont relèvent les responsables des services. Le changement de président ou de membre du gouvernement ne met pas fin à ces délégations. »

b) La délégation de pouvoir

Comparée à la délégation de signature, la technique de la délégation de pouvoir est très différente : il s'agit d'un véritable transfert de compétence. En effet, le déléguant se dessaisit des matières déléguées sur lesquelles il ne peut plus intervenir aussi longtemps que subsiste la délégation.

La décision est considérée juridiquement comme émanant du délégataire.

De plus cette délégation est impersonnelle et permanente : elle est effectuée *ès-qualités*, c'est-à-dire d'autorité aux autorités désignées sous leur titre et non par les personnes les représentant ; de ce fait elle n'est pas affectée par le changement d'un des titulaires : elle ne cesse que par abrogation expresse.

Conséquence de ce transfert de compétence : les décisions prises par délégation ont la nature juridique des actes normalement pris par le délégataire.

Enfin, cette délégation présente une signification très différente de la précédente ; c'est une véritable déconcentration qui est ainsi opérée :

- soit technique au profit d'un service (exemple : un directeur d'administration centrale),
- soit territoriale au profit d'un chef de circonscription (exemple : le préfet).

2 – Les conditions de validité des délégations

La délégation réalise une modification des règles de compétence et cette modification est effectuée par le titulaire de la compétence. Mais ce dernier n'est pas maître de sa compétence, il a simplement été habilité à prendre des décisions par un texte. C'est pourquoi des conditions ont été posées, conditions qui sont communes aux deux sortes de délégation.

1. Première condition de validité d'une délégation : elle n'est possible que si un texte (Constitution, loi, décret, arrêté…) l'autorise, sous peine de nullité des actes du délégué : CE 11 mai 1990, Conseil régional de l'ordre des pharmaciens de Lille c/ SARL pharmacie Cauwell-Samaille.

   Cette règle est la conséquence logique du fait que le titulaire d'une compétence n'en dispose pas comme d'un droit mais comme d'une charge dans l'intérêt de la collectivité.

   En outre la subdélégation n'est pas permise sauf si un texte l'autorise expressément.
2. En second lieu, la délégation doit être expresse et faire l'objet d'une publication régulière (si elle concerne des décisions opposables aux tiers). Ce qui est normal car une délégation est un acte à caractère réglementaire et doit donc être publiée pour devenir opposable.
3. Enfin, dernière condition, la délégation ne peut être que partielle ; elle ne doit pas consister en un transfert global (ou trop important) des

attributions par le déléguant (délégation ne signifiant pas abandon). En effet une autorité administrative ne peut déléguer l'ensemble de ses compétences, car cela reviendrait à modifier l'ordre des compétences établi par le système juridique ce qui serait contraire à l'ordre public.

B – Autres hypothèses de modification de l'exercice des compétences

Les délégations de compétence permettent l'exercice d'une compétence en toutes circonstances, et notamment lorsque le titulaire de principe de celle-ci n'est pas en mesure de les exercer. Cependant, elles laissent entier le problème du remplacement du délégataire lui-même.

Il est des hypothèses dans lesquelles le titulaire d'une compétence est « absent » ou « empêché » (cette situation résulte d'évènements comme : déplacement, vacances, maladie, décès…) mettant le titulaire dans l'impossibilité d'assumer ses responsabilités. Pour pallier cette difficulté, on recourt aux notions de suppléance et d'intérim (1 et 2). Mais nous verrons qu'il existe une autre forme de modification de l'exercice des compétences (3).

1 – La suppléance

La suppléance est organisée par un texte. Lorsqu'elle se produit, une autorité, désignée par avance par le texte organisant la suppléance, exerce les compétences de la personne absente ou empêchée.

Le remplacement se fait de plein droit, c'est-à-dire sans qu'il soit nécessaire de prendre un acte à cet effet. Dès que l'empêchement ou la vacance se produit, le suppléant entre en fonction et exerce l'intégralité des attributions de l'autorité empêchée.

Ainsi, la Constitution prévoit que le président de la République est remplacé par le président du Sénat et, s'il est lui-même empêché, par le Gouvernement (art. 7). La Constitution prévoit également que la suppléance du chef de l'État dans certaines de ses attributions est assurée par le Premier ministre (art. 21).

Enfin, relevons que puisqu'un texte organise la suppléance, elle est accordée à titre permanent (même si elle ne trouve à s'exercer qu'épisodiquement) et parfois limitée à certaines des attributions de l'autorité empêchée.

2 – L'intérim

Lorsque les textes n'ont pas organisé de « suppléance » pour remplacer une autorité empêchée, on va recourir à la notion d'intérim. La continuité des services publics exigent que soit désigné un remplaçant.

C'est le cas lorsqu'une autorité supérieure désigne un agent pour remplacer provisoirement une autorité défaillante. Mais à la différence de la suppléance, l'intérim n'est pas déterminé par un acte préexistant à l'empêchement. Par ailleurs, le supérieur hiérarchique qui procède à la nomination d'un intérimaire n'est pas tenu de se conformer aux conditions normales de nomination de cette autorité (CE 27 mai 1987, Melki, rec. p. 782). L'intérim peut d'ailleurs parfaitement être exercé par le supérieur hiérarchique lui-même (CE 23 février 183, min du Travail c/ Machinet, Rec p. 78).

Enfin, soulignons, que faute de texte, l'intérim n'est reconnu qu'en fonction des besoins mais vaut pour l'intégralité des fonctions de l'autorité empêchée. Mais parfois l'autorité désignant l'intérimaire pose des limites à sa compétence.

3 – La substitution d'action

a) Notion

C'est une technique qui permet à une autorité supérieure d'agir en lieu et place d'une autorité inférieure défaillante.

En principe, elle n'est possible qu'après qu'ait été adressée une mise en demeure à l'autorité défaillante. Dans l'hypothèse où la substitution d'action est utilisée, la décision prise est réputée l'être par l'autorité défaillante et elle engage le cas échéant sa responsabilité.

b) Champ d'application

La substitution d'action n'est pas un pouvoir existant de plein droit au profit de l'autorité supérieure ; en effet, si le supérieur pouvait se substituer à ses subordonnés, cela l'autoriserait à exercer des compétences qui ne lui appartiennent pas. Elle n'existe que dans les cas où un texte l'organise, aussi bien dans le cadre du pouvoir hiérarchique (déconcentration) que dans le cadre du contrôle de tutelle (décentralisation). Si l'agent subordonné n'exerce pas certaines de ses compétences, l'autorité supérieure (autorité hiérarchique) peut lui donner des ordres d'agir (faire tel au tel acte).

Le cas le plus connu est celui où le préfet se substitue au maire qui négligerait ses pouvoirs de police (article L 2215-1 – 1° CGCT).

Une telle mesure existe aussi, dans la loi organique statutaire de la Polynésie, au profit du haut-commissaire dans l'hypothèse où les autorités de la Polynésie française seraient défaillantes :

> « Afin d'assurer la sécurité de la population, le fonctionnement normal des services publics ou de mettre fin à une violation grave et manifeste des dispositions de la présente loi organique relativesau fonctionnement

des institutions et lorsque ces autorités n'ont pas pris les décisions qui leur incombent de par la loi, le haut-commissaire de la République peut prendre, en cas d'urgence et après mise en demeure restée sans résultat, les mesures qui s'imposent. Il en informe sans délai le Président de la Polynésie française. » (art. 166 LOPF).

– SECTION III –

L'ÉLABORATION DES ACTES ADMINISTRATIFS UNILATÉRAUX

Le plus souvent, l'élaboration d'un acte administratif nécessite le respect d'un certain nombre d'étapes (consultation, proposition, enquête, motivation, forme, communication…) afin de fournir une information la plus complète possible à son auteur.

Ces règles – dont un grand nombre sont d'origines jurisprudentielles – constituent *la procédure administrative non contentieuse* et lorsqu'elles concernent les citoyens, elles sont qualifiées de *droit des citoyens dans leurs relations avec l'administration.*

Mais cette dernière expression ne se limite pas simplement aux règles de la procédure administrative non contentieuse lorsqu'elles consacrent des droits et garanties pour les « usagers », mais couvre toutes les composantes du droit administratif. Dès lors qu'un usager noue une relation avec une administration et ce, quelle que soit la nature de l'activité administrative en cause, les règles qui en résultent – pour autant qu'elles soient spéciales et distinctes des règles du droit privé – relèvent *des droits des citoyens dans leurs relations avec l'administration.* C'est ainsi que le Conseil constitutionnel affirme que les règles de prescription qui s'appliquent aux créances des collectivités publiques relèvent *des droits des citoyens dans leurs relations avec l'administration* (Marc Debène et Alain Moyrand, *Déclassement outre-mer : l'extension à la collectivité d'outre-mer de Polynésie française de la législation relative à la prescription des créances sur les personnes publiques méconnaît les compétences de cette collectivité*, note sous Conseil constitutionnel 11 septembre 2014, n° 2014-3 LOM, J.C.P. A. n° 9, 2 mars 2015, n° 2066).

Après avoir abordé l'étude de la procédure d'édiction de l'acte administratif (§ 1), puis la forme des actes administratifs (§ 2), nous nous intéresserons à la communication de ces actes (§ 3).

§ 1 – La procédure d'édiction de l'acte administratif

L'exposé des sources de la procédure d'édiction des actes administratifs précédera celui du contenu de ces règles de procédure.

A – Les sources de la procédure administrative

Le droit des « citoyens » dans leurs relations avec l'administration comprend :

- les règles de la procédure administrative non contentieuse, qui relève du pouvoir réglementaire autonome,
- et la partie des garanties fondamentales accordées aux citoyens pour l'exercice des libertés lorsque ceux-ci sont en relation avec une administration qui relève de la loi[3] et, en vertu du partage des compétences entre l'État et la Polynésie (art. 13 et 14 LOPF), appartient à l'État.

La Polynésie française peut donc se doter de ses propres règles en matière de procédure administrative, dès lors qu'elle ne touche pas aux garanties fondamentales accordées aux citoyens pour l'exercice des libertés publiques. Ce partage des compétences a été :

- précisé par les formations administratives du Conseil d'État :

  → « Il n'appartient donc qu'aux autorités du territoire de définir les règles de la procédure administrative non contentieuse dans les matières qui ne sont pas attribuées à l'État » par la loi organique statutaire (CE Sect. Intérieur, avis n° 365772 du 27 février 2001) ;

  → « La Polynésie est donc seule compétente pour définir les règles de procédure administrative non contentieuse dans les matières relevant de sa compétence » (CE Ass. Gén. Avis n° 388617 du 15 mai 2014) ;

  → « En revanche, aucune disposition de l'article 14 ne réservant à l'État une compétence générale pour édicter les règles de procédure et de forme applicables aux actes administratifs, la Polynésie française est seule compétente pour définir les règles de procédure administrative non contentieuse dans les matières relevant de sa compétence » (CE avis contentieux 23 octobre 2017, n° 411260) ;

- et depuis lors, confirmé par le Conseil constitutionnel : la Polynésie est bien compétente pour déterminer :

3. CE 29 avril 2002, Ullmann, n° 228830, DA juin 2002, n° 100, p. 19 « Considérant que les dispositions susmentionnées, relatives à l'étendue du droit d'accès aux documents administratifs, concernent les garanties fondamentales accordées aux citoyens pour l'exercice des libertés publiques ; qu'elles portent ainsi sur des matières réservées à la loi par l'article 34 de la Constitution ; qu'il en résulte que c'est à bon droit que le Premier ministre s'est fondé sur le caractère législatif de ces dispositions pour refuser d'engager la procédure prévue au deuxième alinéa de l'article 37 de la Constitution afin de modifier par décret ces dispositions » ; voir Laetitia Janicot, « Formes et procédures administratives non contentieuses : un domaine de compétence réservé au pouvoir réglementaire ? Une fausse idée claire », *AJDA* 2010, p. 540-547.

« les droits des citoyens dans leurs relations avec l'administration de la Polynésie française, de ses établissements publics et des personnes publiques créées par elle ou des personnes de droit privé chargées par elle d'une mission de service public » (Cons. const. n° 2014-5 LOM du 23 octobre 2014, cons. n° 6).

Mais en fait, la Polynésie est devenue compétente (comme bien souvent) par réception du droit de l'État et n'a modifié ce dernier que très rarement : elle ne s'est pas dotée d'un *code de procédure administrative*. La COM adopte parfois des mesures en matière de procédure administrative mais cela ne concerne que l'édiction de tel ou tel type d'acte ; il n'existe pas de règles générales valables pour l'édiction de tous les actes administratifs.

Pour sa part, l'État est compétent en Polynésie française pour déterminer les règles de la procédure administrative applicables à ses propres actes et à ceux des communes (et s'agissant des actes adoptés par la COM, on sait qu'il détermine les règles qui touchent aux garanties fondamentales pour l'exercice des libertés publiques).

Si de nombreux États se sont dotés d'un code de procédure administrative (USA, Autriche, Suisse, Espagne, États scandinaves, Pologne, etc...) qui systématisent les principes qui doivent guider la manière d'agir de l'administration en les rassemblant dans un document unique applicable, sauf exception, dans tous les domaines où celle-ci est appelée à intervenir, il n'en a pas été de même, pendant longtemps, en France. Ce sont donc des textes divers qui régissent cette procédure. Mais ceux-ci sont assez rares en ce qui concerne les décisions réglementaires. Il y en a davantage qui régissent la procédure d'édiction des actes individuels surtout lorsque ceux-ci emportent des conséquences graves à l'égard des administrés (expropriation, sanctions, servitudes...). Cependant tous ces textes législatifs et réglementaires ne sont applicables que pour un domaine d'activité ou une opération administrative (urbanisme, matière économique...). Puis à partir de la fin des années 1970, le législateur a fini par consacrer des droits en la matière pour les citoyens (loi du 11 juillet 1978 sur la communication des documents ; la loi du 17 juillet 1979 sur la motivation des actes ; loi du 12 juillet 1983 sur la démocratisation des enquêtes publiques ; loi du 12 avril 2000 *relative aux droits des citoyens dans leurs relations avec les administrations, etc.*).

Finalement, une loi a habilité le gouvernement à adopter par ordonnance un code des relations entre le public et l'administration (CRPA) qui est entré en vigueur le 1er janvier 2016[4] (ordonnance n° 2015-1341 du 23 octobre 2015).

4. À l'exception des dispositions du titre IV du livre II relatives à l'abrogation et au retrait des actes administratifs unilatéraux qui sont entrées en vigueur le 1er juin 2016. Précisons

Mais ce code d'une part, ne concerne que certains aspects de l'élaboration des actes administratifs unilatéraux, et d'autre part est incomplet sur les domaines qu'il régit. Il faut donc recourir à d'autres textes spéciaux en la matière ainsi qu'à la jurisprudence.

N.B. – Bien que la procédure administrative non contentieuse relève de la compétence de la Polynésie française, l'État a étendu en Polynésie plusieurs lois relatives à la procédure administrative non contentieuse en méconnaissance donc de la répartition des compétences. La Polynésie a entrepris de récupérer son domaine indûment occupé par l'État en saisissant le Conseil constitutionnel par la procédure de déclassement outre-mer et à plusieurs reprises elle a obtenu gain de cause :

- décision n° 2014-3 LOM du 11 septembre 2014 (prescription des créances sur les personnes publiques en Polynésie française), note Marc Debène et Alain Moyrand, *Déclassement outre-mer » : l'extension à la collectivité d'outre-mer de Polynésie française de la législation relative à la prescription des créances sur les personnes publiques méconnaît les compétences de cette collectivité*, note sous Conseil constitutionnel 11 septembre 2014, n° 2014-3 LOM, *J.C.P. coll. terr.* n° 9, 2 mars 2015, n° 2066 ;
- décision n° 2014-4 LOM du 19 septembre 2014 (motivation des actes administratifs en Polynésie française) ;
- décision n° 2014-5 LOM du 23 octobre 2014 (accès aux documents administratifs en Polynésie française) ;
- décision n° 2014-8 LOM du 8 janvier 2015 (droits des citoyens dans leurs relations avec les administrations en Polynésie française).

Cependant, la Polynésie n'a pas encore modifié ou abrogé ces dispositions déclassées et dès lors elles continuent de s'appliquer. D'ailleurs, dans une ordonnance n° 2015-1341 du 23 octobre 2015, le Gouvernement a bien prévu d'abroger ces législations relatives à la procédure administrative non contentieuse (art. 6) mais il a tout de même assorti cette abrogation de la garantie suivante :

« I (...) – 2° Les dispositions des textes mentionnés à l'article 6 intervenues dans une matière relevant désormais de la compétence des autorités d'une collectivité d'outre-mer mentionnée à l'article 74 de la Constitution, de la Nouvelle-Calédonie ou de ses provinces et applicables localement y demeurent en vigueur tant qu'elles n'ont pas été modifiées ou abrogées par l'autorité

---

aussi, qu'avant même d'être entré en vigueur, le code a été modifié par la loi n° 2015-1713 du 22 décembre 2015 *portant dématérialisation du Journal officiel de la République française.*

locale compétente » (art. 8). Voir Olivier Gohin, *Le Code des relations entre le public et l'administration et l'outre-mer*, *DA* n° 8-9, août septembre 2016, p. 43-48

B – Le contenu des règles de procédure

Il ne saurait être question d'aborder la totalité des règles de procédure administrative applicables en Polynésie relatives à l'élaboration des actes administratifs. On se contentera de préciser le principe du caractère contradictoire de la procédure administrative, puis les règles gouvernant la procédure consultative et enfin la motivation des actes.

1 – Le principe du caractère contradictoire de la procédure

Ce principe s'applique aussi (et systématiquement) dans le cadre de la procédure administrative contentieuse. Mais à la différence de cette dernière, le champ d'application de ce principe en matière de procédure administrative non contentieuse est beaucoup plus restreint ; autrement dit, ce principe ne s'applique pas à l'élaboration de tous les actes administratifs et ne concerne, en tout état de cause, que la prise des décisions individuelles et non celles réglementaires.

Sont ainsi concernées – et doivent donc être soumise au principe du contradictoire – :

- les décisions individuelles qui doivent être motivées (*infra* 3) ;
- ainsi que les décisions prises en considération de la personne (art L 121-1 CRPA), c'est-à-dire les décisions individuelles défavorables.

Il faut signaler un texte législatif (art. 65 de la loi du 22 avril 1905 : sanctions disciplinaires) qui a institué une procédure contradictoire particulière, développée depuis par la jurisprudence, d'inspiration pénaliste et qui trouve un écho très fort en matière de droit disciplinaire ou plus généralement en matière répressive : le principe du respect des droits de la défense (qui est un PGD pour le juge administratif : CE sect. 5 mai 1944, dame Veuve Trompier-Gravier (*GAJA*) et un PFRLR pour le juge constitutionnel : Cons. const. 20 juillet 1977). Dans une première approche on peut dire que :

> ce « principe des droits de la défense implique qu'une mesure individuelle d'une certaine gravité, reposant sur l'appréciation d'une situation personnelle, ou faisant intervenir des éléments invoqués unilatéralement par l'administration ne peut être prise par elle sans entendre au préalable la personne qui est susceptible d'être lésée dans ses intérêts moraux ou matériels par cette mesure, (…) » (Bruno Genevois, *Principes généraux du droit*, *Répertoire de contentieux administratif*, *Dalloz*, tome III, n° 647).

On relève que ce PGD qui postule qu'une sanction ne peut être prononcée à l'égard d'un agent public sans que l'intéressé ait été mis en mesure de présenter utilement sa défense est applicable même dans le cas des préfets qui font pourtant partie des personnes nommées à la décision du gouvernement (*ie*. qu'une telle nomination est essentiellement révocable) : CE 5 juillet 2000, M..

Concrètement, quelles sont les obligations qui pèsent sur l'administration pour que soit respecté le principe du contradictoire ?

Pour l'essentiel, on relèvera que l'administration doit informer l'intéressé de la teneur de la mesure qu'elle envisage de prendre à son égard et lui accorder un délai suffisant pour qu'il puisse présenter ses observations écrites ou, à sa demande, orale. Et il a la possibilité de se faire assister par un conseil ou encore se faire représenter par un mandataire de son choix (voir art. L 122-1 CRPA).

Par ailleurs, si sont en cause les droits de la défense, il faut en plus que l'intéressé ait été informé des griefs formulés à son encontre et ait été mis à même de demander la communication du dossier le concernant.

2 – La procédure consultative

L'administration a parfois l'obligation, au cours de la procédure d'élaboration d'un acte administratif, d'ordonner des mesures destinées à compléter son information : recueillir des avis par exemple en organisant une procédure consultative. Mais sans obligation aucune (*ie*. sans qu'un texte ne l'impose), l'administration peut d'elle-même organiser une telle formalité en sollicitant un avis nullement prévu par les textes. Bien évidemment, la jurisprudence admet la régularité de cette manière de procéder aux conditions suivantes :

- si les textes régissant la matière ne l'interdisent pas ;
- si d'autre part, la formalité ajoutée ne porte pas atteinte à la compétence établie par les textes (exemple : irrégularité de la consultation si l'autorité qui y procède s'estime liée par l'avis émis) ;
- et enfin, si la procédure est appliquée à tous ceux qui sont placés dans la même situation.

Le code des relations entre le public et l'administration prévoit désormais des consultations ouvertes au public en utilisant internet, et par ailleurs, il organise aussi de nouvelles règles spécifiques pour la consultation des commissions administratives par les administrations de l'État.

Sans s'attarder sur ces nouvelles mesures, nous présenterons les principes qui s'appliquent à la consultation des organismes administratifs.

La consultation de certains organismes avant que ne soit prise une décision présente de multiples avantages :

– garantie pour les administrés (exemple : conseil de discipline dans la fonction publique) ;
– souci de qualité de la décision (conseils composés d'experts, de professionnels...) ;
– préoccupation de l'effectivité de l'application des décisions par la consultation des intéressés (c'est la *participation* proprement dite).

Tous ces organismes extrêmement nombreux et de compositions forts diverses émettent des avis.

L'avis, au sens strict, se caractérise par deux éléments :
– il est une réponse donnée à une sollicitation expresse (ce qui exclut l'avis spontané),
– et il est de portée non contraignante.

On distingue deux sortes de consultation :
– les consultations *facultatives* : celles que l'administration n'est pas tenue de demander ;
– les consultations *obligatoires* : celles que l'administration est tenue de solliciter ;

Une consultation donne lieu à l'émission :
– soit d'un avis *simple* : l'administration n'est pas tenue de le suivre ;
– soit d'un avis *conforme* : l'administration a l'obligation de le suivre (il lie l'administration) ; cependant elle peut s'abstenir de le suivre mais dans ce cas, elle renonce à prendre la décision qui s'écarterait de l'avis émis.

Il faut préciser en outre que lorsque l'administration doit consulter un organisme avant de prendre une décision, elle doit soumettre à ce dernier l'ensemble des questions soulevées par la décision ; dès lors, si après le recueil de l'avis, l'administration envisage d'apporter des modifications qui posent de nouvelles questions, elle doit consulter à nouveau cet organisme (CE 15 mai 2000, Territoire de Nouvelle-Calédonie).

3 – La motivation

a) Notion

Il ne faut pas confondre « motivation » et « motif ».
– Les *motifs*, dans une première approche, sont les données objectives qui poussent l'auteur d'un acte à se décider dans tel ou tel sens (cela exclut tous les éléments subjectifs déterminant la décision : *ie*. les mobiles). Ainsi, les motifs précèdent la décision (matériellement on peut les comparer au « dossier » préparatoire de la décision).

Lorsqu'une décision doit être prise, son auteur prend en considération un certain nombre d'éléments objectifs qui guident sa réflexion : les faits qui se présentent à lui, les textes de droit qui s'imposent en l'espèce. Il en résulte que les motifs sont les éléments de fait et de droit qui amènent l'auteur d'un acte à prendre sa décision. C'est ce qui fonde la décision (il s'agit donc de la « légalité interne »).

- La *motivation* : c'est la formulation des motifs ; c'est ce qui se rapporte à l'aspect extérieur de l'acte (il s'agit à présent de la légalité externe de l'acte). Les motifs sont le plus souvent exprimés sous forme de « considérants ».

Il convient de noter que ce ne sont pas tous les actes qui doivent être motivés. Cela ne signifie pas qu'ils ne doivent pas avoir de motifs (en effet, il y a toujours des motifs) mais ceux-ci n'ont pas toujours à être connus de l'administré.

b) Champ d'application

Il n'existe pas de principe général obligeant l'administration à motiver ses actes. Elle n'est tenue de le faire que si un texte l'y oblige.

Jusqu'à une date relativement récente, cette obligation était limitée. Mais vers la fin des années 1970, le droit français est revenu sur cette règle du secret (issue de la tradition monarchique) : la loi du 17 juillet 1979 a étendu cette obligation de motivation dans le but d'assurer la transparence de l'administration.

Depuis, l'administration a l'obligation de motiver les *décisions administratives individuelles défavorables* qui concernent les personnes et, plus précisément :

« (...) les décisions qui :

1° Restreignent l'exercice des libertés publiques ou, de manière générale, constituent une mesure de police ;

2° Infligent une sanction ;

3° Subordonnent l'octroi d'une autorisation à des conditions restrictives ou imposent des sujétions ;

4° Retirent ou abrogent une décision créatrice de droits ;

5° Opposent une prescription, une forclusion ou une déchéance ;

6° Refusent un avantage dont l'attribution constitue un droit pour les personnes qui remplissent les conditions légales pour l'obtenir ;

7° Refusent une autorisation, sauf lorsque la communication des motifs pourrait être de nature à porter atteinte à l'un des secrets ou intérêts protégés par les dispositions du a au f du 2° de l'article L. 311-5 ;

8° Rejettent un recours administratif dont la présentation est obligatoire préalablement à tout recours contentieux en application d'une disposition législative ou réglementaire ; »

et enfin :

« les décisions administratives individuelles qui dérogent aux règles générales fixées par la loi ou le règlement » (art. L 211-2 et 3 CRPA).

Nous constatons qu'il reste de nombreux actes qui sont soustraits à cette obligation de motivation, c'est le cas :

- des actes réglementaires ;
- des actes non réglementaires qui ne sont pas non plus individuels ;
- des actes individuels qui ne sont ni défavorables, ni dérogatoires.

De plus la loi prévoit des dispenses :

- lorsque l'urgence absolue empêche que l'acte ne soit motivé ; toutefois l'intéressé pourra demander, dans les délais du recours contentieux, à ce que les motifs lui soient communiqués dans le délai d'un mois suivant sa demande ;
- lorsqu'il s'agit de décisions implicites de rejet *(infra* § 2, A, 2) ; cependant, l'administration doit communiquer les motifs dans le mois qui suit la demande de l'intéressé (si celle-ci est présentée dans le délai contentieux).

En ce qui concerne les actes devant être motivés, la loi précise que « la motivation exigée doit être écrite et comporter l'énoncé des considérations de droit et de fait qui constituent les fondements de la décision ».

Plus précisément, le juge a admis que la motivation soit succincte, mais en revanche, il refuse toute formule *passe-partout* et exige un minimum de référence aux circonstances concrètes de l'affaire (CE 22 juin 1990, Mme Paris).

Enfin, précisons que la loi du 17 juillet 1979 sur la motivation a été étendue en Polynésie française aux institutions de la COM par l'ordonnance n° 2009-536 du 14 mai 2009, ratifiée par la loi n° 2009-970 du 3 août 2009, alors pourtant que cette matière touche aux compétences de la Polynésie (*supra*). C'est pourquoi, le Président de la Polynésie a saisi le Conseil constitutionnel d'une procédure de déclassement outre-mer et ce dernier a fait droit à ce recours (Cons. const. n° 2014-4 LOM du 19 septembre 2014).

§ 2 – La forme des actes administratifs

Le droit administratif français est très peu formaliste, en ce sens qu'il admet la validité des décisions prises dans les formes les plus diverses (A). Mais en fait dans de très nombreux cas, l'administration utilise des formes usuelles (B).

A – Les actes de forme non solennelle

On distingue les décisions explicites des décisions implicites.

1 – Les décisions explicites

Dès lors que l'objet d'une décision est bien déterminé, celle-ci peut revêtir les formes les plus variées : une simple lettre, un communiqué de presse (CE 6 octobre 2000, Ass. Promouvoir et autres), etc.

Un acte administratif peut même être verbal.

Exemple :

– CE sect. 3 février 1993, Union syndicale professionnelle des policiers municipaux - désignation du responsable de la police municipale par le maire, oralement:

« l'attribution de ces fonctions bien qu'elle n'ait pas revêtu la forme d'un arrêté municipal ni même celle d'un acte écrit a constitué une décision susceptible de faire l'objet d'un recours ».

D'ailleurs, parfois les textes reconnaissent qu'un ordre verbal a le caractère d'un acte administratif ; exemple : le code de la route considère qu'un ordre donné par un agent de la circulation constitue un acte administratif.

En revanche ne constitue pas une telle décision, l'annonce faite dans un discours du Premier ministre du transfert géographique du siège social de l'IFREMER. Dès lors le recours contre cet acte est irrecevable :

« 2. Considérant que si, dans un discours prononcé à Brest le 18 décembre 2014, le Premier ministre a entendu confirmer la *décision* de *transfert* du siège social d'Ifremer « dans cette ville que son prédécesseur avait déjà annoncée le 13 décembre 2013, il y est spécifié qu'il s'agit d'un engagement à concrétiser ; que d'ailleurs, par un courrier daté du 17 décembre 2014, les ministres de tutelle de cet établissement public, après avoir rappelé l'annonce du « principe d'un transfert du siège de l'Ifremer sur le pôle brestois « ont demandé à son directeur général de *préparer le transfert sur le campus Ifremer de Brest-Plouzané du siège* ; que ces annonces, qui sont dépourvues par elles-mêmes de tout effet juridique direct, ne révèlent pas l'existence d'une décision susceptible d'être attaquée par la voie du recours en excès de pouvoir ; qu'il suit de là que la ministre de l'éducation nationale, de l'enseignement supérieur et de la recherche est fondée à soutenir que les requêtes sont irrecevables ; qu'elles doivent, dès lors, être rejetées » (CE 5 octobre 2015, Comité d'entreprise du siège de l'Ifremer et autres, *RFDA* 2016, p. 493-496, note Nathalie Havas).

Une décision peut aussi résulter d'un geste (chaque fois que l'agent de police fait signe aux piétons de passer, c'est une norme).

2 – Les décisions implicites

Après avoir présenté le régime de ces décisions nous constaterons qu'il en existe deux types.

a) Le régime des décisions implicites

Lorsque l'administration est saisie d'une demande par un administré et qu'elle n'y répond pas (elle garde le silence) pendant un certain délai, ce silence (ou plus précisément : l'absence de décision expresse) est assimilé à l'édiction d'une décision qui peut être de rejet ou d'acceptation (*infra* b).

C'est une règle qui trouve largement à s'appliquer, puisque le cas où l'administration est tenue de ne décider qu'explicitement est tout à fait exceptionnel et présente en outre un intérêt contentieux évident : en s'abstenant de répondre à la demande d'un administré, l'administration ne peut faire obstacle à l'exercice d'un recours contentieux puisque ces derniers doivent nécessairement être dirigés contre une décision préalable.

L'origine de cette règle est ancienne :

- Un décret du 2 novembre 1864 régissant les relations entre les ministres et leurs subordonnés prévoyait qu'une décision (de rejet) prendrait naissance au terme d'un délai de 4 mois en cas de silence de l'administration.
- Cette règle a été étendue par la loi du 17 juillet 1900 à tous les cas où une autorité administrative garde le silence pendant quatre mois sur une demande qui lui est présentée.
- Ce même délai fut repris par l'article 1er de la loi du 7 juin 1956 puis par le décret n° 65-29 du 11 janvier 1965 qui a pris soin d'abroger l'article 1er de la loi de 1956.

C'est ce décret de 1965 qui a été rendu applicable dans les collectivités ultra-marines.

Ainsi, en Polynésie française, ce délai était de 4 mois et il appartient à cette collectivité de fixer le régime de ces décisions implicites :

« Il n'appartient donc qu'aux autorités du territoire de définir les règles de la procédure administrative non contentieuse (...). Au nombre de ces règles qu'il appartient ainsi au territoire de déterminer figurent, en particulier, celles qui sont relatives à l'exercice de recours administratifs dirigés contre les décisions intervenant dans les matières qui relèvent de sa compétence[5] (...). Il [le territoire de la Polynésie française] lui appartient également tant de fixer les délais impartis aux intéressés pour saisir l'autorité administrative et à celle-ci pour statuer que de décider si le silence gardé par elle au terme de ces derniers délais vaudra rejet ou acceptation » (CE section de l'Intérieur, avis n° 365772 du 27 février 2001).

Le même raisonnement était applicable en Nouvelle-Calédonie :

« Saisi d'un projet de loi du pays de Nouvelle-Calédonie, la section sociale a estimé qu'il y avait lieu par ce projet de fixer le régime des décisions implicites de rejet des réclamations par la Caisse de compensation des prestations familiales, des accidents du travail et de prévoyance des travailleurs, qui est un organisme de sécurité sociale. En effet, il résulte des dispositions combinées des articles 21 et 41 de la loi n° 2000-321 du 12 avril 2000 (...) que le rejet implicite résultant du silence gardé par l'administration pendant deux mois ne concerne que les demandes et réclamations portées devant l'État et ses établissements publics. L'organisme de sécurité sociale en cause étant un organisme de droit privé, ces dispositions ne lui sont pas applicables et une disposition expresse est donc nécessaire », (E.D.C.E. n° 60, La Documentation française 2009, p. 154).

Mais l'état du droit, en la matière, a évolué.

- Tout d'abord, l'article 21 de la loi n° 2000-321 du 12 avril 2000 relative aux droits des citoyens dans leurs relations avec les administrations dispose que :

« Sauf dans les cas où un régime de décision implicite d'acceptation est institué dans les conditions prévues à l'article 22, le silence gardé pendant plus de deux mois par l'autorité administrative sur une demande vaut décision de rejet./ Lorsque la complexité ou l'urgence de la procédure le justifie, des décrets en Conseil d'État prévoient un délai différent ».

Cependant, cette loi n'est applicable en Nouvelle-Calédonie et en Polynésie française qu'aux administrations de l'État, et dès lors, ces collectivités demeurent régies par la règle selon laquelle le silence gardé par l'administration sur une demande vaut décision de rejet au terme d'un délai de quatre mois.

5. Il faut toutefois réserver le cas des recours administratifs préalables obligatoires en matière de contributions directes et taxes assimilées. En effet, le Conseil d'État estime que ces recours ne sont pas détachables de la procédure administrative contentieuse : CE avis 6 mai 1996, Taata, n° 176996, Rec. p. 143.

– Ensuite, l'article R. 421-2 du code de justice administrative, issu de l'article 4 du décret n° 2000-1115 du 22 novembre 2000, précise que

« sauf disposition législative ou réglementaire contraire, le silence gardé pendant plus de deux mois sur une réclamation par l'autorité compétente vaut décision de rejet ».

Or, ce texte est applicable de plein droit dans les collectivités ultra-marines, non seulement aux administrations de l'État mais aussi à celles de la Nouvelle-Calédonie et de la Polynésie française ainsi que de leurs communes respectives.

Aussi, il est possible de retenir deux interprétations différentes de ce nouvel état du droit et c'est d'ailleurs ce qu'on fait les juridictions administratives du fond :

• Soit on considère que l'article R. 421-2 du CJA est d'application générale et que donc, désormais, cette règle des deux mois s'applique aussi aux décisions implicites prises par les autorités de la Polynésie, sauf si ces dernières ont institué expressément un délai différent.

Or, comme la Polynésie institue très rarement un délai différent lorsqu'elle définit la procédure d'édiction de ses actes, le plus souvent, le nouveau délai sera bien de deux mois.

C'est en ce sens qu'a statué le tribunal administratif de Papeete (28 mai 2002, État c/ Assemblée de la Polynésie française, Territoire de la Polynésie française, n° 01-457 ; voir aussi TA Papeete 25 février 2003, État c/ Territoire de la Polynésie française, n° 02-006).

• Soit on considère que la rédaction de l'article R. 421-2 a réservé les compétences de la Polynésie en la matière et qu'ainsi, la règle du délai de quatre mois prévaut dans cette collectivité.

Dans ce cas, il n'y a donc pas lieu de retenir le délai de deux mois lorsqu'est en cause une décision implicite de rejet émanant d'une autorité administrative polynésienne.

Telle est la solution retenue par la Cour administrative d'appel de Paris, statuant sur l'appel du jugement précité n° 01-457, dans un arrêt du 19 février 2003, (n° 02PA02978) :

« demeurent applicables dans ce territoire [de la Polynésie française], s'agissant du délai au terme duquel le silence de l'administration territoriale vaut décision de rejet, les dispositions en vigueur antérieurement à l'intervention du décret précité du 22 novembre 2000 et aux termes desquelles : *le silence gardé pendant plus de quatre mois sur une réclamation par l'autorité compétente vaut décision de rejet* » (dans le même sens, CAA Paris 31 décembre 2003, Haut-commissaire de la République en Polynésie française c/ Territoire de la Polynésie française, n° 03PA01938).

Mais le juge administratif a opéré un revirement de jurisprudence. En effet, par un arrêt du 20 janvier 2012, la Cour administrative d'appel de Paris (n° 10PA01357), statuant sur une ordonnance du Président du tribunal administratif de la Nouvelle-Calédonie, a retenu une solution contraire. La Cour a considéré que l'article R. 421-2 du CJA énonce des règles régissant la procédure administrative contentieuse et ne contenait aucune mesure d'adaptation à l'outre-mer (pour la Nouvelle-Calédonie et les collectivités d'outre-mer), et que dès lors, le délai au terme duquel prend naissance une décision implicite de rejet, prise par une administration de la Nouvelle-Calédonie, est de deux mois.

Saisi par la voie de la cassation, le Conseil d'État a confirmé ce revirement jurisprudentiel dans un arrêt du 5 février 2014 (Société Le Nickel, n° 358810, *AJDA* 2014, n° 25, p. 1436-1440, note Alain Moyrand) et a appliqué celui-ci à la Polynésie française :

> « Considérant (...) ;
>
> que ces règles [cf. l'article 421-2 CJA], qui ont pour objet de permettre la saisine du juge administratif en cas de silence de l'administration sur une réclamation, relèvent de la procédure administrative contentieuse et sont donc applicables de plein droit » (CE 9 avril 2014, Syndicat de la fonction publique, n° 374731).

Ainsi, la Polynésie française ne pourrait plus poser les règles régissant les décisions implicites puisque celles-ci relèveraient désormais de la matière *procédure administrative contentieuse* et non plus de la matière *procédure administrative non contentieuse*.

Ce revirement de jurisprudence opéré à droit constant étant surprenant et préjudiciable à la Polynésie puisqu'elle se voit « retirer » des compétences, le président de la Polynésie, sur le fondement de l'article 175 de la loi organique statutaire, a interrogé le Conseil d'État sur le périmètre de ce nouvel état du droit. Dans sa réponse – tout en nuances –, la Haute Assemblée a *réinterprété* ces mêmes règles juridiques et précisé qu'en fin de compte :

> « la définition de régimes de naissance de décisions administratives implicites obéit à des règles particulières dans la mesure où cette question est susceptible d'être regardée à la fois comme relevant de la procédure administrative non contentieuse, puisqu'il s'agit de préciser les effets du silence de l'administration pour l'usager, et comme relevant de la procédure administrative contentieuse, puisqu'en droit français la garantie du droit au recours face au silence de l'administration passe, en principe, par la définition d'un régime de décision implicite » (CE assemblée générale, avis n° 388617 du 15 mai 2014).

Aussi, si effectivement le délai au terme duquel prend naissance une décision implicite est désormais de deux mois (pour les actes de la Polynésie), les autorités polynésiennes sont :

> « compétentes pour instituer des régimes de naissance de décisions implicites, général ou spéciaux, pour toutes les décisions intervenant dans ses domaines de compétence (...). En l'absence d'un tel régime ou lorsque la collectivité n'a pas, par des dispositions spéciales, réglé autrement les effets du silence de l'administration, s'appliquent à la Polynésie française les dispositions de l'article R 421-2 du CJA et de l'article 1er du décret du 11 janvier 1965, qui prévoient la naissance d'une décision implicite de rejet au bout de deux mois en vue de permettre la saisine du juge » (CE assemblée générale, avis n° 388617 du 15 mai 2014).

Étant donné que la Polynésie ne s'est pas dotée d'un régime général pour donner naissance aux décisions implicites, la règle qui prévaut est la suivante : en cas de silence de l'administration à une demande d'un administré, au terme d'un délai de deux mois, prend naissance une décision implicite de rejet.

Enfin, en raison de la modification de l'article R421-2[6] du CJA (cf. article 17 du décret n° 2015 – 1145 du 15 septembre 2015) et pour combler le vide juridique créé [absence de délai pour que soit constituée la décision implicite de rejet], le Conseil d'État dans un avis n° 411260 du 23 octobre 2017 a dit pour droit qu'il découle des exigences attachées au respect du droit constitutionnel au recours une règle générale de procédure selon laquelle, en l'absence de texte réglant les effets du silence gardé pendant plus de deux mois par l'administration sur une demande, un tel silence vaut décision de rejet susceptible de recours.

Mais cette règle est parfois écartée, par la réglementation polynésienne, car, pour certains domaines, d'une part des délais plus longs ont été institués, et d'autre part, au terme desdits délais, le silence vaut acceptation.

b) Les types de décisions implicites

Il convient d'opérer une distinction entre les décisions implicites de rejet et les décisions implicites d'acceptation.

6. « Sauf disposition législative ou réglementaire contraire, dans les cas où le silence gardé par l'autorité administrative sur une demande vaut décision de rejet, l'intéressé dispose, pour former un recours, d'un délai de deux mois à compter de la date à laquelle est née une décision implicite de rejet. Toutefois, lorsqu'une décision explicite de rejet intervient avant l'expiration de cette période, elle fait à nouveau courir le délai de recours.
La date du dépôt de la demande à l'administration, constatée par tous moyens, doit être établie à l'appui de la requête. » .

1°) Les décisions implicites de rejet

En principe, lorsque l'administration ne répond pas à une demande, son silence donne naissance à une décision de *rejet*, sauf si la législation ou la réglementation en décide autrement et prévoit qu'il s'agit d'une décision d'acceptation.

Si cette règle est toujours valable pour les actes pris par la Polynésie, tel n'est plus le cas pour les actes de l'État. En effet, la loi n° 2013-1005 du 12 novembre 2013 *habilitant le gouvernement à simplifier les relations entre l'administration et les citoyens* a décidé de renverser cette règle. Plus précisément, désormais :

> « le silence gardé pendant deux mois par l'autorité administrative sur une demande vaut décision d'acceptation ».

Malgré la générosité de la proclamation du principe selon lequel le silence de l'administration vaut acceptation, il ne s'agit pas d'une véritable inversion du principe pour les raisons suivantes.

- D'abord, la loi précise qu'une liste de procédures pour lesquelles le silence gardé sur une demande vaut décision d'acceptation est publiée sur un site internet du Premier ministre. Cette *technique* peut limiter la portée du principe puisque le Premier ministre peut faire varier cette liste (il s'abstient d'y inscrire certaines procédures par exemple).
- Ensuite la loi prévoit, elle-même, 5 exceptions (art. L 231-4 du CRPA) :

1. La 1re exception est relative aux demandes qui ne tendent pas à l'adoption d'une décision individuelle (*ie*. qu'il s'agit de décisions d'espèce ou de décisions réglementaires).
2. La 2e exception (exprimée également de manière négative) concerne les demandes qui ne s'inscrivent pas dans une procédure prévue par un texte législatif ou réglementaire, ou présentent le caractère d'une réclamation ou d'un recours administratif.
3. La 3e exception, qui reprend une disposition existante depuis la loi du 12 avril 2000, porte sur les demandes qui présentent un caractère financier.
4. La 4e exception regroupe des domaines sensibles, soit parce qu'il s'agit de compétences régaliennes à protéger, soit parce qu'il s'agit de libertés :

> « Dans les cas, précisés par décret en Conseil d'État, où une acceptation implicite ne serait pas compatible avec le respect des engagements internationaux et européens de la France, la protection de la sécurité nationale, la protection des libertés et des principes à valeur constitutionnelle et la sauvegarde de l'ordre public ».

5. La dernière exception existait déjà aussi depuis fort longtemps. Le principe ne s'applique pas lorsque sont en cause les relations entre l'administration et ses agents.

Enfin, le gouvernement est autorisé à prévoir des délais autres que celui de deux mois. Les délais pour que la décision implicite d'acceptation soit acquise pourront être allongés pour des motifs de bonne administration ou encore eu égard à l'objet de la décision (la complexité des procédures par exemple justifie un allongement des délais).

2°) Les décisions implicites d'acceptation

Dans cette hypothèse, le silence observé par l'administration sur une demande de décision émanant d'un administré vaut décision implicite d'acceptation. C'est cette règle, nous venons de le préciser, qui s'applique par principe aux actes pris par l'État.

En revanche pour les actes de la Polynésie, cette règle ne s'applique que si la réglementation le prévoit (il existe quelques hypothèses). Pourtant, tel n'aurait pas dû être le cas car la jurisprudence constitutionnelle a condamné un tel système. Plus précisément, le Conseil constitutionnel a estimé que la règle selon laquelle le silence de l'administration vaut rejet constituait un PGD que seul le législateur peut écarter : Cons. const. n° 69-55 l du 26 juin 1969 :

« 5. Considérant que d'après un principe général de notre droit le silence gardé par l'administration vaut décision de rejet et, qu'en l'espèce, il ne peut y être dérogé que par une décision législative ; ».

Mais le Conseil d'État n'accepte pas cette interprétation et il a maintenu la sienne : le silence de l'administration peut donner lieu à des décisions d'acceptation même lorsque c'est une norme réglementaire qui l'a instituée (CE 27 février 1970, Commune de Bozas). La divergence de jurisprudence persiste (Cons. const. n° 94-352 DC du 18 janvier 1995, cons. n° 12), non pas en Métropole puisque désormais les décisions implicites ont un fondement législatif (art. L 231-1 du CRPA) mais outre-mer : en effet, les autorités des COM, et donc de la Polynésie, ne peuvent produire que des actes de nature administrative ; or, le Conseil d'État continue d'affirmer qu'elles peuvent instituer des décisions implicites d'acceptation (CE section de l'Intérieur, avis n° 365772 du 27 février 2001 ; CE assemblée générale, avis n° 388617 du 15 mai 2014).

B – Les actes de forme solennelle

Ces formes usuelles ne peuvent intéresser que les actes écrits. Selon un schéma qui n'a rien d'obligatoire, l'acte administratif comprend plusieurs parties :

• *Le titre* : il comporte un numéro suivi d'une mention qui énonce le contenu de l'acte. Le numéro comprend deux nombres (le premier se compose des quatre chiffres du millésime de l'année où a été pris l'acte; le second nombre est un numéro d'ordre; exemple: délibération n° 2016-98 du 14 juin 2016 relative au régime de....).

• *Les visas*: c'est la partie du texte commençant par: « Vu... » On vise ainsi les textes supérieurs dont l'acte est l'application. On vise aussi les formalités qui ont été obligatoires (vu la loi, vu la proposition,vu l'avis ...). Une irrégularité dans les visas est sans conséquence sur la légalité de l'acte.

• *Les motifs*: ils sont souvent exprimés sous forme de considérants, et expliquent les considérations de droit et de faits qui justifient l'acte (supra). Le défaut de motivation, lorsqu'il est obligatoire, constitue un vice de procédure.

• *Le dispositif*: c'est le contenu de l'acte; autrement dit: les dispositions qu'il porte. Dans les actes les plus solennels, le dispositif est rédigé sous forme d'articles numérotés, ce qui en facilite la lecture.

• *La signature*: depuis l'intervention de la loi du 12 avril 2000 (relative aux droits des citoyens dans leurs relations avec les administrations), la décision doit être signée par l'autorité et comporter en caractères lisibles la mention du prénom, du nom et de la qualité de celui-ci (voir actuellement, art. L 212-1 du CRPA). Dès lors, si l'acte ne mentionne que la qualité de son auteur (par exemple: le maire) sans indiquer les noms et prénom de celui-ci, et si la signature manuscrite est illisible et ne permet pas d'identifier la personne qui en est l'auteur, l'acte est alors entaché d'irrégularité (CE 16 novembre 2009, SNC Anse de Toulvern, n° 322554; CE 11 mars 2009, commune d'Auvers-sur-Oise, n° 307656: le permis de construire signé « le maire », n'est pas valable). Cependant, en la seule absence d'indication des noms et prénoms du signataire d'une décision administrative, il n'y a pas lieu d'annuler l'acte si l'identification de l'auteur de l'acte est par ailleurs possible (CE 30 décembre 2010, M. Cadenel, Commune de Seillons-Source-d'Argens, *BJCL* n° 2/11 p. 92, concl. Mattias Guyomar). Les irrégularités qui touchent à la signature relèvent du vice relatif à la compétence.

• *Les contreseings*: À l'instar des actes du premier ministre qui doivent être « contresignés, le cas échéant, par les ministres chargés de leur exécution » (art. 22 de la Constitution), ceux du « président de la Polynésie française autres que ceux qui sont mentionnés aux articles 39, 65, 73 et 81 » doivent être « contresignés par les ministres chargés de leur exécution » (art. 66 de la loi organique statutaire). Sont expressément dispensés de cette formalité :

- la signature des conventions internationales prises dans le champ de compétence de la Polynésie (art. 39) ;
- la publication au Journal officiel de la Polynésie française des actes pris par les autorités de cette collectivité (art. 65) ;
- la nomination des ministres et la détermination de leurs attributions (art. 73) ;
- et le prononcé de la fin de fonction des ministres (art. 81).

Ainsi, hormis quelques exceptions, tous les actes du président de la Polynésie française doivent être contresignés par les ministres chargés de leur exécution, y compris l'acte de promulgation. Peu importe du reste que l'acte ne soit pas pris sous la forme d'un arrêté, comme c'est le cas pour l'acte de promulgation, (CE, 22 mars 2006, Fritch et autres, *R.F.D.A.* 2006, p. 1111-1118, note Alain Moyrand et Antonino Troianiello).

La notion de ministre chargé de l'exécution d'un acte du président de la Polynésie est identique à celle développée par le Conseil d'État à propos des actes pris par le Premier ministre. Cela vise donc les ministres :

> « qui sont compétents pour signer ou contresigner les mesures réglementaires ou individuelles que comporte nécessairement l'exécution de ces actes » (CE, ass., 27 avril 1962, Sicard et autres, Lebon p. 279 ; *AJDA* 1962, p. 284, chron. Galabert et Gentot).

Aussi, lorsqu'un acte comporte en lui-même toutes les dispositions nécessaires à la production de ses effets juridiques et que dès lors, aucun ministre n'est chargé de prendre des mesures d'exécution, il n'est pas nécessaire que cet acte soit contresigné (TA Papeete, 16 mars 1993, SA *Compagnie Polynésienne des transports maritimes, c/ Territoire de la Polynésie française,* req. n° 92-196 ; CAA Paris, 7 mars 1996, *Territoire de la Polynésie française* c/ SCI Le Lotus, req. n° 95PA00028).

C'est particulièrement le cas des mesures non réglementaires telles que les déclarations d'utilité publique (CE, ass., 23 juillet 1974, Sieur Gaulier et autres, Lebon p. 453 ; CE, 21 janvier 1977, Peron Magnan et autres, Lebon p. 31 ; TA Polynésie française, 5 août 2005, Mme Sonia Teaotea, SARL Lonfat c/ Polynésie française, req. n° 0400311).

En effet, pour qu'il y ait matière à prendre des mesures d'application, individuelles ou réglementaires, encore faut-il que l'acte contienne des mesures d'ordre général. L'étude de cette question révèle qu'il n'y a guère que les mesures individuelles du Président de la République qui donne lieu à contreseing (concl. Kahn sur CE 25 janvier 1963, *Lemaresquier,* D.1963, Jur. 333). Mais dans cette hypothèse, le ministre qui contresigne l'acte n'est pas celui qui est *chargé de l'exécution* mais celui qui est *responsable*[7]. Or, les deux notions ne se recouvrent pas : le ministre responsable n'est pas forcément celui qui est chargé de l'exécution (CE, sect., 21 décembre 1973, *Commune de Cours-de-Pile (Dordogne) et autres*, Lebon p. 744). Dans notre cas, *les ministres chargés de l'exécution* sont ceux qui prendront les mesures d'exécution de la loi du pays, de la délibération ou des arrêtés.

Bien que le contreseing ne se distingue guère de la signature puisqu'il s'agit matériellement de la même opération, son défaut provoque un vice de forme (et non de compétence).

• *La date* : la date d'un acte administratif est celle du jour où son auteur le signe et non pas celle de sa publication ou notification. Cette date est importante puisque l'on apprécie la légalité d'un acte au jour de sa signature et que son retrait se calcule à compter de la signature (*infra* section IV, § 4).

§ 3 – La communication des actes administratifs

Après avoir rappelé les étapes où le droit de la communication des actes administratifs a été introduit en droit positif (A), nous aborderons l'étude du droit d'accès à ces documents (B) et la procédure de communication de ces actes (C).

A – Historique

On sait que l'administration française a été fortement imprégnée par la règle du secret. C'est ainsi que si un texte n'en dispose pas autrement, les séances des assemblées et commissions administratives ne sont pas ouvertes au public, *idem* pour les enquêtes publiques permettant aux intéressés de faire connaître leur point de vue sur un acte. Il en va de même encore pour la communication des documents aux administrés : les actes que l'administration n'a pas besoin de rendre opposables ne sont pas forcément tous publiés. Le fonctionnaire qui publierait par exemple un rapport ou tout autre document sans l'aval de l'autorité supérieure s'exposerait à des poursuites disciplinaires.

---

7. « Les ministres responsables, *précise la circulaire du Premier ministre en date du 1er juillet 2004* sont, selon la jurisprudence du Conseil d'État (voir CE 10 juin 1966, Pelon et autres) ceux auxquels incombent, à titre principal, la préparation et l'application des actes du président de la République. En d'autres termes, le ministre responsable est celui qui a l'initiative du texte, le fait préparer par ses services, s'emploie à recueillir à son sujet l'adhésion des autres départements ministériels dont le concours lui est nécessaire, le soumet au conseil des ministres et se charge d'en assurer et d'en contrôler l'application ».

Seule une loi ou un règlement peut lever ce principe du secret des documents administratifs.

Or jusqu'en 1978, ces textes étaient fort rares : ils concernaient principalement les actes communaux et certains documents d'urbanisme. Cette situation était quelque peu choquante et contrastait avec le libéralisme de beaucoup d'autres pays étrangers.

Enfin, la loi du 17 juillet 1978 a posé le principe de la liberté d'accès aux documents administratifs. Il ne faut pas confondre cette « liberté » avec la publicité : elle est plus large car elle reconnaît aux administrés un droit à obtenir communication de documents administratifs alors même qu'ils ne seraient pas décisoires.

Pour renforcer ce droit à communication, le législateur a institué une autorité administrative indépendante (la Commission d'Accès aux Documents Administratifs : CADA) chargée de recevoir les « plaintes » en cas de refus de communication de documents ; la CADA formule un avis auprès de l'administration compétente avant que le juge ne soit éventuellement saisi et statue.

Le droit de communication des documents administratifs relève en partie des compétences de la Polynésie française et en partie de l'État, compétent au titre de la *garantie des libertés publiques*. C'est pourquoi lorsque l'État a étendu en Polynésie française cette législation (ordonnance n° 2009-536 du 14 mai 2009, ratifiée par l'article 10 de la loi n° 2009-970 du 3 août 2009), le président de la Polynésie a saisi le Conseil constitutionnel aux fins d'obtenir le déclassement de ces mesures. Mais le Conseil constitutionnel ne lui a donné qu'en partie raison (Cons. const. n° 2014-5 LOM du 23 octobre 2014). En effet, si les règles relatives à l'accès aux documents administratifs peuvent être rattachées *aux droits des citoyens dans leurs relations avec l'administration* (y compris les règles relatives à la CADA) et partant relever de la compétence de la Polynésie, il n'en va pas de même de celles d'entre elles qui touchent au principe même du droit pour les citoyens d'accéder aux documents qui demeurent dans les compétences de l'État.

Précisons que si la majeure partie des dispositions de la loi de 1978 (contenues désormais dans le CRPA) ont été déclassées par le Conseil constitutionnel, la Polynésie n'a pas encore modifié ses règles et dès lors ce sont toujours les mêmes dispositions qui régissent la communication des actes émis par la Polynésie française

B – Le droit d'accès aux documents administratifs

Quelles sont les personnes titulaires de ce droit d'accès et quels sont les documents communicables ?

1 – Les personnes concernées

Il peut s'agir de personnes morales ou physiques, françaises ou étrangères.

Cependant, le droit reconnu à toute personne de se voir communiquer un document administratif varie en fonction de la nature des documents. En effet, certains documents ne sont communicables qu'à l'intéressé (art. L 311-6 CRPA). Ce sont ceux qui :

- portent atteinte à la protection de la vie privée, au secret médical et au secret en matière commerciale et industrielle ;
- portent une appréciation ou un jugement de valeur sur une personne physique (identifiable) ;
- fait apparaître le comportement d'une personne et dont la divulgation de ce comportement pourrait lui porter préjudice.

Par ailleurs les informations à caractère médical ne peuvent être communiquées qu'à l'intéressé et, exclusivement, par l'intermédiaire d'un médecin qu'il choisit.

2 – Les documents communicables

Il doit s'agir de *documents administratifs*, c'est-à-dire de documents qui émanent des administrations de l'État, des collectivités territoriales, des établissements publics et même des organismes de droit privé lorsqu'ils sont chargés de la gestion d'un service public.

Quant aux types de documents, l'article L 300-2 du CRPA en donne une énumération très détaillée : dossiers, rapports, études, comptes rendus, procès-verbaux, statistiques, directives, instructions, circulaires, notes et réponses ministérielles, avis, prévisions… Mais cette liste n'est pas limitative. La commission d'accès aux documents administratifs a ainsi admis que peuvent être communiqués un contrat, une facture, une copie d'examen... Il faut cependant que le document sollicité soit achevé, et s'il s'agit de documents préparatoires à une décision administrative en cours d'élaboration, l'intéressé devra attendre que la décision soit achevée.

Par ailleurs, une fois que des documents ont été diffusés, le droit à communication ne s'exerce plus.

Toutefois, certains documents ne sont pas communicables tels les avis des juridictions administratives par exemple. De plus d'autres documents ne peuvent être communiqués s'ils portent atteinte notamment :

- au secret des délibérations du Gouvernement ;
- à la défense nationale ;
- à la conduite de la politique extérieure ;

– à la sûreté de l'État et à la sécurité publique;

– aux procédures engagées devant les juridictions.

Cependant:

« lorsque la demande porte sur un document comportant des mentions qui ne sont pas communicables (...) mais qu'il est possible d'occulter ou de disjoindre, le document est communiqué au demandeur après occultation ou disjonction de ces mentions » (art. L 311-7 du CRPA).

C – La procédure de communication

1 – Les modalités de la communication

Lorsque le document est communicable, la communication s'opère par consultation gratuite sur place, ou par délivrance d'une copie en un exemplaire aux frais du demandeur, ou encore – gratuitement – par envoi d'un courrier électronique si le document est disponible sous la forme électronique (art. L 311-9 du CRPA).

Si l'administration s'oppose à cette communication : elle doit en aviser le demandeur par décision motivée (le défaut de réponse pendant un mois vaut décision de refus). Et si elle l'estime illégal, la personne qui se heurte à un refus de communication peut l'attaquer devant le juge administratif: celui-ci doit alors statuer dans les six mois de l'enregistrement du recours.

Mais avant de saisir le juge, l'intéressé doit exercer un recours administratif préalable sous forme de demande d'avis à la CADA, dans le délai de deux mois suivant le refus de communication du document. Ce n'est que si ce recours obligatoire ne lui permet pas d'obtenir satisfaction, qu'il pourra alors saisir le juge administratif.

Lorsque la CADA est saisie d'une demande, elle doit donner son avis dans le délai d'un mois et le transmettre à l'autorité qui a refusé la communication. Et dans les deux mois suivant la réception de cette transmission, cette autorité doit informer la commission des suites qu'elle a données à son avis.

2 – Le droit de réponse

L'article L 311-3 du CRPA dispose que toute personne a le droit de connaître les données à caractère personnel figurant dans un document administratif dont les conclusions lui sont opposées. Et l'article précise que, sur sa demande, les observations de la personne à l'égard des dites conclusions sont obligatoirement consignées en annexe au document.

– SECTION IV –

LES EFFETS DE L'ACTE ADMINISTRATIF UNILATÉRAL

Une fois l'acte administratif décisoire achevé et signé, il bénéficie d'une autorité particulière (*ie.* spécifique à l'acte administratif) : *l'autorité de la chose décidée*, et l'effet immédiat qu'il provoque sont la modification de l'ordre juridique. Pour le reste, la question des effets de l'acte administratif se résume en 4 problématiques différentes :

1. celle de l'entrée en vigueur de l'acte, ou du début de ses effets ;
2. celle de l'exécution de l'acte, ou encore de son autorité ;
3. celle de la sanction de l'inexécution des actes administratifs par leurs destinataires ;
4. et enfin celle de la fin des effets de l'acte (problème technique et complexe).

§ 1 – L'entrée en vigueur des actes administratifs unilatéraux en Polynésie française

L'entrée en vigueur des normes en Polynésie française concerne d'une part, les actes pris par les autorités « centrales » de l'État (décret, arrêté, etc.) et d'autre part, les actes pris par les autorités de la COM et les autorités déconcentrées de l'État en exercice en Polynésie française.

Après avoir exposé le cadre général du régime juridique de l'entrée en vigueur des actes administratifs (A), nous soulignerons les particularités de ce régime en Polynésie (B).

A – Le régime juridique de l'entrée en vigueur des actes administratifs

L'expression « entrée en vigueur » de l'acte, désigne le moment où celui-ci commence à produire l'intégralité de ses effets de droit. Pour ce faire, il faut :

– que l'acte « existe », ce qui est le cas dès que la signature y est apposée (1) ;

– que l'acte soit rendu opposable par l'accomplissement de formalités de publicité (2) ;
– et enfin, qu'il soit « applicable » (3).

1 – La signature de l'acte

Dès que l'acte est revêtu de la signature de son auteur (préfet, président d'une assemblée d'une collectivité territoriale, etc.), celui-ci acquiert une existence juridique. Même s'il n'est pas encore pour autant entré en vigueur, divers effets vont toutefois se produire à compter de cette signature.

En effet, tout d'abord, en cas de recours pour excès de pouvoir, le juge administratif saisi apprécie la légalité de l'acte qui lui est déféré à la date de sa signature.

Ensuite, les personnes disposant d'un intérêt à agir peuvent contester l'acte dès sa signature (soit par la voie d'un recours administratif, soit par la voie d'un recours juridictionnel), donc avant même qu'il ne soit entré en vigueur et n'ait pu produire le moindre effet.

Enfin, en ce qui concerne les décisions individuelles créatrices de droits (*infra*), leurs destinataires peuvent revendiquer les effets de celles-ci dès leur signature (CE sect. 19 décembre 1952, Delle Mattéi, *Rec*. p. 594). Ainsi, malgré l'absence de l'accomplissement des formalités de publicité, l'acte produit ses effets. En revanche, si la décision administrative soumet son destinataire à des obligations (et ne lui confère aucun droit), l'acte ne prendra effet, ou ne sera opposable, qu'après lui avoir été notifié (CE 28 octobre 1988, Mlle Gallien, *Rec*. P. 606).

2 – L'opposabilité de l'acte par l'accomplissement de formalités de publicité

L'opposabilité ne se manifeste que lorsque l'acte devient obligatoire. L'acte déploie alors ses effets juridiques tant à l'égard des tiers que de son auteur. En effet, l'acte peut être opposé par son auteur à ses destinataires mais à l'inverse, ces derniers sont aussi fondés à l'opposer à son auteur.

Or, l'obligation naît une fois accomplies les formalités de publicité prévue : la publicité est l'opération par laquelle l'acte administratif est porté à la connaissance de tous ceux qui pourraient être intéressés par son contenu.

Cette formalité est d'autant plus importante qu'en plus de les rendre opposables, elle constitue la condition indispensable pour que les actes administratifs puissent, en principe, être exécutés. On ne peut en effet pas imposer les conséquences d'un acte à ceux qui en ignorent l'existence. Or, dans la mesure où il est souvent mal aisé de connaître tous les intéressés, ou tous ceux qui pourraient être touchés par une décision (on ne peut aviser personnellement « tout le monde »), les modalités de publicité ont été conçues en fonction de la nature de l'acte, afin d'atteindre « son public ».

Après avoir présenté les modalités de publicité, nous exposerons leur champ d'application respectif.

a) Les modalités de la publicité

Deux modes essentiels de publicité sont utilisés : la notification et la publication.

1°) La notification

C'est une démarche de l'administration destinée à porter une décision à la connaissance de son destinataire. C'est donc un *mode de publicité personnel* (Georges Vedel), qui s'effectue selon des modalités variables :

- le plus souvent par lettre recommandée avec accusé de réception ;
- ou par la voie administrative (*ie.* par la remise de la décision par un fonctionnaire : gendarme, *mutoi*) ;
- ou remise à l'agent sur son lieu de travail.

La preuve de ce mode de publicité est à fournir par l'administration (accusé de réception, émargement).

À propos de la notification par lettre recommandée avec accusé de réception :

- la date de référence est celle de la présentation du courrier par le facteur, même si le courrier est refusé par le destinataire (CE 10 février 1975, Delle Vivaudou, rec. p. 101) ;
- en cas d'absence de l'intéressé, la date de référence est celle du retrait de ce courrier au bureau de poste ;
- enfin, lorsque le destinataire s'abstient de venir retirer le courrier, la décision est malgré tout censée avoir reçu notification (CE 19 janvier 2000, Mekacher, DA 2000, n 89) ; la date de l'avis de passage est alors retenue comme date de la notification (CE 9 novembre 1992, Dogan *Rec*. p. 1205).

2°) La publication

C'est une mesure de publicité générale et « impersonnelle » (Georges Vedel), destinée à faire connaître une décision à tous ceux qui pourraient être concernés. Cependant, la « population » intéressée n'est en général pas connue avec précision, aussi les procédés varient-ils selon les circonstances.

Le choix du mode de publication peut aussi parfois être imposé par les textes. C'est par exemple le cas pour les actes des autorités de la Polynésie française qui doivent être publiés au JOPF (art. 65 LOPF).

Dans le silence des textes, l'administration a le choix entre plusieurs procédés, mais elle doit respecter la règle selon laquelle la publication doit être adaptée à l'objet de l'acte et à la qualité des destinataires. En d'autres termes, la diffusion doit être suffisante pour que chacun des intéressés soit en mesure d'être informé : affichage sur panneaux, publication dans les journaux ou des recueils spécialisés : B.O… (CE 24 avril 2012, Établissement public Voies navigables de France, n° 339669, *AJDA* 2012, p ; 858).

En ce qui concerne les lois, ordonnances et décrets, leur publication était en principe assurée le même jour

> « sur papier et sous forme électronique. Le journal officiel de la République française est mis à la disposition du public sous forme électronique de manière permanente et gratuite » (art. 2 de l'ordonnance du 20 février 2004 *relative aux modalités et effets de la publication des lois et de certains actes administratifs*).

Mais, la loi n° 2015-1713 du 22 décembre 2015 *portant dématérialisation du journal officiel de la République française* a mis fin à cette double publication (format papier et format électronique), consacrant ainsi le principe de la dématérialisation du JORF (applicable à compter du 1er janvier 2016). Les actes qui devaient être publiés au JORF sont désormais uniquement mis en ligne, sous forme électronique. Toutefois, toute personne a le droit d'obtenir sur papier un acte publié au JORF : elle s'adresse pour cela à l'administration qui lui communique l'extrait correspondant.

Enfin, dans le cas des règlements, il faut préciser que les destinataires d'un règlement ne sauraient se prévaloir des droits qu'il leur confère, tant qu'il n'a pas été publié. Aussi est-ce une obligation pour l'administration de publier dans un délai raisonnable les règlements qu'elle édicte (CE 12 décembre 2003, Syndicat des commissaires et hauts fonctionnaires de la police nationale, n° 243430, *AJDA* 2004, p. 442, note H.M.).

b) Le champ d'application

L'emploi respectif de ces procédés (notification ou publication) obéit à des règles posées par la jurisprudence :

- normalement, la publication (ou l'affichage) est utilisée pour les actes à caractère réglementaire,
- et la notification pour les actes à caractère individuel.

En effet, une décision individuelle expresse n'est opposable à la personne qui en fait l'objet qu'au moment où cette décision lui est notifiée.

Par contre, en ce qui concerne les décisions implicites (de rejet ou d'acceptation), elles ne peuvent par essence faire l'objet d'une notification. Aussi entrent-elles en vigueur à la date à laquelle elles interviennent (*ie.* où elles prennent naissance, après l'écoulement d'un certain délai qui est le plus souvent de deux mois).

Cette distinction n'est pourtant pas absolue, le juge admet des assouplissements:

- en particulier, les actes à caractère individuel susceptibles d'intéresser des tiers (une promotion, un permis de construire, etc.) doivent faire l'objet d'une publication pour leur être opposables. (*ie*. l'acte doit faire l'objet d'une notification à l'intéressé principal et d'une publication pour les tiers);
- de même, les actes collectifs (*ie*. ceux concernant des individus divers dont les situations sont solidaires, et qui s'analysent en une collection d'actes individuels) ne sont pas en général notifiés à tous leurs destinataires mais seulement publiés;
- enfin un certain nombre d'actes non réglementaires ne font l'objet que d'une publication: déclaration d'utilité publique, arrêté ordonnant le curage d'un cours d'eau...

3 – L'applicabilité de l'acte

Une fois l'acte signé puis publié pour devenir opposable et acquérir un caractère obligatoire, il lui reste à devenir « applicable » pour entrer en vigueur.

Le plus souvent, une fois publié ou notifié, l'acte entre immédiatement en vigueur, et devient donc applicable. Mais il existe des cas où l'applicabilité n'est pas concomitante avec la formalité de publicité: elle lui est postérieure, et peut même, dans des cas plus rares, lui être antérieure.

a) Applicabilité postérieure à l'accomplissement des formalités de publicité

Tel est le cas d'un texte qui, pour être applicable, oblige l'administration à prévoir des mesures d'application.

C'est aussi le cas lorsque la norme comprend une disposition qui repousse son entrée en vigueur à une date ultérieure.

De même, les textes nationaux (lois, ordonnances décrets) qui doivent être mis en ligne sur le site de Légifrance, n'entrent en vigueur que le lendemain de l'accomplissement de cette formalité, sauf si l'acte a prévu une autre date ou qu'il nécessite pour son application que des mesures soient prises par l'administration. Ce principe de l'entrée en vigueur le lendemain du jour de l'accomplissement des formalités nécessaires a été étendu par l'article L 221- 2 du code des relations entre le public et l'administration (CRPA) à tous les règlements (*i.e.* mêmes à ceux qui ne sont pas publiés au JORF):

> « Un acte réglementaire entre en vigueur le lendemain du jour de l'accomplissement des formalités prévues au premier alinéa, sauf à ce qu'il en soit disposé autrement par la loi, par l'acte réglementaire lui-même ou par un autre règlement. »

Enfin, les actes des collectivités territoriales (donc ceux des communes et de la Polynésie) devant faire l'objet d'une transmission au haut-commissaire de la République ne sont opposables après publicité que s'ils ont effectivement été transmis au représentant de l'État.

b) Applicabilité antérieure à l'accomplissement des formalités de publicité

Un acte administratif ne peut produire d'effet avant la date de son émission. Il s'agit là d'un principe général du droit (CE ass. 25 juin 1948, Sté. du journal l'Aurore *GAJA*). Ce principe s'explique aisément par un souci de stabilité des situations juridiques.

Il comporte néanmoins quelques exceptions dans les cas suivants :

- Lorsque la loi le prévoit : soit la loi est elle-même rétroactive (et donc les règlements d'application le sont aussi), soit elle habilite dans ce sens une autorité administrative (exemple : art. 12 de l'ordonnance du 19 avril 2017 : cet article permet à l'autorité réglementaire de prendre des actes de déclassement du domaine public rétroactif).
- Lorsque l'administration doit tirer les conséquences d'une annulation contentieuse par le juge administratif : l'annulation d'un acte étant en principe rétroactive (*infra* § 4), elle implique généralement des mesures de régularisation.
- Lorsque les règles du retrait s'appliquent (*infra* § 4).
- Dans certaines hypothèses, pour combler une situation de vide juridique (théorie de la régularisation de situation) : l'acte rétroactif vient donner un titre juridique à une situation de fait qui en manquait.

Exemples :

→ une autorisation d'urbanisme (acte individuel) vient rétroactivement régulariser des travaux déjà entrepris (CE sect. 12 octobre 1956, Syndicat départemental de la boulangerie de l'Eure, rec. P. 369) ;

→ Un acte réglementaire rétroactif vient régulariser la situation illégale résultant de l'absence de toute mesure antérieure (CE 8 mars 1967 caisse régionale de sécurité de Paris).

- La « régularisation » des actes (qui est distincte de la régularisation de situation, *supra*) : la jurisprudence reconnaît à l'administration la faculté de régulariser des actes administratifs illégaux ; ainsi un nouvel acte vient lever le vice dont un acte était entaché, tout en reprenant le même dispositif :

→ Ce pouvoir a été reconnu en matière contractuelle : après l'annulation d'un acte détachable de la passation d'un contrat et si l'illégalité affectant cet acte est un vice de forme ou de procédure relatif aux modalités de son consentement, la personne publique peut alors régulariser cet acte en adoptant une nouvelle décision avec effet rétroactif (cas nouveau de rétroactivité d'un acte administratif tout récemment admis par le Conseil d'État). En effet :

« Considérant qu'à la suite de l'annulation, par le juge de l'excès de pouvoir, de l'acte détachable de la passation d'un contrat, il appartient à la personne publique de déterminer, sous le contrôle du juge, les conséquences à tirer de cette annulation, compte tenu de la nature de l'illégalité affectant cet acte ; que, s'il s'agit notamment d'un vice de forme ou de procédure propre à l'acte détachable et affectant les modalités selon lesquelles la personne publique a donné son consentement, celle-ci peut procéder à sa régularisation, indépendamment des conséquences de l'annulation sur le contrat lui-même ; qu'elle peut ainsi, eu égard au motif d'annulation, adopter un nouvel acte d'approbation avec effet rétroactif, dépourvu du vice ayant entaché l'acte annulé » (CE 8 juin 2011, Commune de Divonne-les-Bains, req. n° 327515, *AJDA* 2011, p. 1172, *Au fil de la semaine*).

→ Ce pouvoir est reconnu aussi lorsqu'il s'agit de régulariser des tarifs de service public à caractère industriel et commercial. En effet afin d'assurer le financement du service (et donc sa continuité), le juge admet qu'en cas d'annulation du tarif applicable au titre d'une période, et lorsqu'aucun tarif antérieurement applicable ne se trouve remis en vigueur de ce fait, l'administration peut édicter un tarif rétroactif : en l'espèce, lorsqu'une réglementation est illégale et qu'un recours en annulation a été formé, avant que le juge ne statue, l'administration retire cet acte et partant, les effets de l'acte disparaissent rétroactivement. Ce faisant et afin de régulariser la situation, l'administration peut légalement se placer à la date où l'acte a disparu (donc de façon rétroactive) pour fixer le point de départ de la nouvelle décision (en l'espèce, tarifaire : CE 19 mars 2010, Syndicat des compagnies aériennes autonomes et autres, n° 305047). Et le juge a étendu cette possibilité à l'hypothèse où le tarif est, non pas annulé, mais simplement déclaré illégal par celui-ci, pour remédier aux conséquences juridiques découlant d'une délibération tarifaire déclarée illégale par décision juridictionnelle (donc par la voie de l'exception[8])

8. Lorsque le tarif d'une redevance est tout simplement annulé par le juge administratif, la jurisprudence avait déjà admis la possibilité de rétroactivité du tarif de remplacement, compte tenu de la disparition, rétroactive elle aussi, du tarif initial (CE 20 janvier 1988, Synd des exploitations agricoles d'Arles et de Berre, n° 59984). Mais ce raisonnement n'est pas transposable à la déclaration d'illégalité, puisque l'acte censuré continue d'exister dans l'ordre juridique : simplement, il est devenu inapplicable (CE sect. 14 nov 1958, Ponard, n° 35399) et

à la suite d'un recours d'usagers ayant contesté ladite tarification : une nouvelle délibération peut alors fixer de manière rétroactive les redevances à l'égard des usagers ayant effectivement bénéficié du service rendu.

Exemple :

– CE sect. 28 avril 2014, Mme Anchling et autres, n° 357090.

Précisons que rien ne change pour les usagers qui n'ont pas contesté la tarification. En revanche, ceux qui ont contesté la tarification illégale vont se voir appliquer rétroactivement le nouveau tarif, alors même qu'ils avaient été déchargés du paiement des droits sur la base de la première délibération déclarée illégale[9].

→ De même encore ce pouvoir de régularisation est admis dans le contentieux de l'urbanisme : ainsi un permis modificatif peut régulariser *a posteriori*, en cours d'instance, un permis de construire méconnaissant la légalité (CE 9 décembre 1994, SARL SERI, n° 116447).

→ Enfin, ce pouvoir a été reconnu par un arrêt de section du Conseil d'État comme un nouveau principe applicable dans le contentieux de l'excès de pouvoir : CE sect. 1er juillet 2016, Commune d'Emerainville c/ syndicat d'agglomération nouvelle de Marne-la-Vallée-Val-Maubuée, n° 363047, *AJDA* 2016, p. 1859-18766, chron. Louis Dutheillet de Lamothe et Guuillaume Odinet ; *BJCL* n° 12/16 concl. Vincent Daumas ; voir aussi l'étude de Vincent Daumas, *Le pouvoir de l'administration de régulariser ses actes illégaux : la jurisprudence en chantier*, *DA* mars 2017, p. 23-26). Ainsi, la régularisation apparaît comme une

bien entendu, il ne fait pas revivre le tarif antérieur.

9. La déclaration d'illégalité d'une délibération fixant le montant d'une redevance pour service rendu n'a pour effet ni de faire disparaître rétroactivement de l'ordonnancement juridique cette délibération, ni de faire revivre la délibération précédemment applicable. Par suite, en raison d'une telle déclaration d'illégalité, aucun tarif n'est légalement applicable pour la période en cause aux prestations fournies aux usagers du service public ayant engagé une action tendant à la décharge ou à la réduction des redevances réclamées, et ayant soulevé, dans ce cadre, l'exception d'illégalité de la délibération. Eu égard à la nature et à l'objet des redevances pour service rendu, redevances qui constituent la rémunération des prestations fournies aux usagers, la déclaration d'illégalité ne saurait avoir pour effet de décharger les usagers ayant ainsi contesté les montants de redevance mis à leur charge de toute obligation de payer une redevance en contrepartie du service dont ils ont effectivement bénéficié. Dès lors, afin de régulariser les situations nées de ces litiges, la collectivité publique peut légalement adopter une délibération fixant de manière rétroactive et dans le respect des motifs constituant le support nécessaire du jugement déclarant la délibération illégale, le tarif devant être appliqué pour les périodes de consommation litigieuses, aux usagers ayant bénéficié du service et contesté, par la voie contentieuse, les montants de redevance mis à leur charge en raison de l'illégalité des délibérations fixant le montant de la redevance. Une telle délibération n'a pas pour effet de valider les titres exécutoires émis sur le fondement de la délibération illégale.

démarche tendant à rétablir la conformité de l'ordre juridique à la légalité, afin de sauvegarder les effets produits par un acte entaché d'un vice sans les modifier. L'administration détient donc un pouvoir de régularisation des actes administratifs indépendamment de toute intervention du juge

En effet, cette régularisation peut intervenir en amont (*ie*. à titre préventif: avant que le juge annule l'acte vicié) ou en aval (*ie*. à titre curatif: après annulation de l'acte vicié) d'une décision juridictionnelle. Mais ce pouvoir de régularisation n'a pas d'autre ambition que de maintenir le dispositif de l'acte qui fait l'objet de la régularisation : il s'agit seulement de confirmer des effets juridiques qui se sont déjà produits, pas de les modifier ni d'en ajouter de nouveaux.

« 15. Lorsque, après avoir pris une décision attribuant une subvention à une D..., l'administration constate que sa décision est entachée d'une irrégularité de forme ou de procédure, elle dispose de la faculté de régulariser le versement de cette subvention. Compte tenu de cette faculté, l'annulation, par une décision juridictionnelle, d'une décision par laquelle l'administration a attribué une subvention à une D..., pour un motif d'irrégularité de forme ou de procédure, n'implique pas nécessairement que celle-ci soit immédiatement restituée à l'administration par l'association. L'administration peut ainsi, pour des motifs de sécurité juridique, régulariser le versement de la subvention annulée. La juridiction, saisie de conclusions tendant à ce qu'il soit enjoint à l'administration de recouvrer la subvention attribuée sur le fondement d'une décision annulée pour un motif d'irrégularité de forme ou de procédure, doit alors subordonner la restitution de la somme réclamée à l'absence d'adoption par l'administration, dans le délai déterminé par sa décision, d'une nouvelle décision attribuant la subvention. » (CE sect. 1er juillet 2016, Commune d'Emerainville c/ syndicat d'agglomération nouvelle de Marne-la-Vallée-Val-Maubuée, n° 363047).

Cette régularisation est une nouvelle édiction de l'acte (le dispositif est réaffirmé) : il en découle que cette nouvelle décision peut être contestée comme pouvait l'être la décision initiale ; elle est rétroactive (l'acte nouvellement édicté a des effets juridiques à la date de l'acte initial (qu'il reprend s'il existe encore ou auquel il se substitue lorsqu'il a été annulé par le juge).

Mais cette régularisation comprend des limites. En effet, seules les illégalités de forme et de procédure peuvent faire l'objet d'une régularisation Il existe aussi probablement une limite temporelle (voir l'étude de Vincent Daumas).

B – Les modalités de l'entrée en vigueur des actes administratifs en Polynésie française

Le régime d'entrée en vigueur des normes diffère selon que les actes sont pris :

- en Polynésie française par les autorités de cette collectivité d'outre-mer ou par les autorités de l'État (haut-commissaire de la République, chefs de subdivision administrative, vice-recteur, directeur d'établissement public, etc.) qui y sont en exercice ;
- ou par les autorités de la République.

1 – Les actes administratifs pris par les autorités de la Polynésie française et les autorités de l'État en exercice en Polynésie française

a) Les actes administratifs pris par les autorités de la Polynésie française

Ces normes peuvent être prises par :

- l'assemblée de la Polynésie française : lois du pays ; délibérations ;
- le président de l'assemblée de la Polynésie française : arrêtés ;
- le conseil des ministres : arrêtés ;
- le président de la Polynésie française et les ministres, lorsque ces derniers ont reçu délégation de compétence du chef de l'exécutif ou d'une loi du pays ou d'une délibération (uniquement pour les décisions individuelles) : arrêtés ;
- le conseil économique social et culturel : règlement intérieur.

Pour devenir *exécutoire*, c'est-à-dire *pour pouvoir être exécuté*, les actes ci-dessus énumérés doivent suivre les étapes suivantes : une fois l'acte *réalisé*, soit à la suite d'un vote dans le cas des corps délibérants (assemblée), soit par la signature du document de la décision dans le cas où l'autorité est investie individuellement d'une compétence (président de la Polynésie français, ministres et président de l'assemblée de la Polynésie française), celui-ci existe juridiquement mais il ne peut encore produire d'effets. D'autres modalités, en effet, doivent être accomplies. Cependant, il y a lieu d'opérer une distinction selon qu'il s'agit des lois du pays ou des autres actes, c'est-à-dire des délibérations et des arrêtés. En effet, le régime juridique de leur entrée en vigueur diffère.

1° Les délibérations et arrêtés

Pour pouvoir produire ses effets, l'acte doit devenir opposable aux personnes concernées ou susceptibles de l'être. Cette formalité accomplie, il reste alors à déterminer le moment de sa prise d'effet.

1°.1) L'opposabilité de l'acte

Celle-ci est subordonnée à la réalisation des formalités de publicité et, pour ceux des actes soumis à l'obligation de transmission au haut-commissaire de la République, à l'accomplissement de cette condition.

S'agissant de la formalité de publicité, l'article 65 de la loi organique n° 2004-192 du 27 février 2004 *portant statut d'autonomie de la Polynésie française* dispose que c'est le président de la Polynésie française qui est chargé de publier les actes pris par les autorités de la Polynésie française (délibérations, arrêtés, décisions du conseil économique social et culturel) au Journal officiel de la Polynésie française. Lorsqu'il s'agit de décisions individuelles qui intéressent aussi les tiers, elles seront notifiées à leur destinataire par l'auteur de l'acte et devront en outre faire l'objet d'une publication au Journal officiel.

En ce qui concerne l'obligation de transmission des actes de la collectivité au représentant de l'État, il y a lieu de préciser qu'en vertu de l'article 171 de la loi organique statutaire, toutes les délibérations de l'assemblée ainsi que tous les actes réglementaires émanant de l'exécutif (conseil des ministres, président de la Polynésie française, ministres), sont soumis à cette formalité. En revanche, le règlement intérieur du conseil économique social et culturel n'est pas soumis à cette formalité. Par ailleurs, l'article 171 énumère la liste des autres actes non réglementaires adoptés par l'exécutif ou le président de l'assemblée de la Polynésie française qui sont soumis à l'obligation de transmission[10].

La formalité de transmission doit être effectuée par le président de la Polynésie française lorsqu'il s'agit d'actes ressortissant à la compétence du gouvernement, du président et des ministres et par le président de l'assemblée de la Polynésie française ou le président de la commission permanente lorsqu'il s'agit d'actes émanant de l'assemblée plénière ou de la commission permanente. Le défaut de transmission prive l'acte de son caractère exécutoire. Enfin, la date à prendre en considération est celle de la réception de l'acte au haut-commissariat et non pas celle de la réception par l'auteur de la transmission de l'accusé de réception.

1°.2) La détermination de la date de prise d'effet de l'acte

La prise d'effet de l'acte (ou son applicabilité) consiste en ce que les faits concernés par lui sont désormais soumis à ses dispositions. En d'autres termes, à dater de sa prise d'effet, l'acte régit la réalité qui le concerne.

10. Le champ d'application de cette obligation de transmission a été précisé par la circulaire n° 1316 PR du 19 février 2009.

À titre d'exemple, c'est le moment à partir duquel les personnes concernées doivent se conformer aux dispositions d'un arrêté du Conseil des ministres définissant le tarif d'une redevance d'un service public.

Jusqu'à l'entrée en vigueur de la loi organique n° 2004-192 du 27 février 2004 *portant statut d'autonomie de la Polynésie française*, les règles qui gouvernaient la prise d'effet des actes différaient selon que ceux-ci étaient soumis ou non à l'obligation de transmission. Elles avaient été précisées dans deux avis (CE, avis, 10 juillet. 2001, n° 366217. - TA Papeete, avis, 15 oct. 2001, n° 2001-01) et elles étaient encore régies par les dispositions de l'arrêté gubernatorial du 18 août 1892 *fixant les délais dans lesquels les lois, décrets, arrêtés, décisions et règlements deviennent exécutoires dans les Établissements français de l'Océanie* :

- Les actes soumis à l'obligation de transmission entraient en vigueur, dans la circonscription des Îles du Vent, le jour même de leur publication au Journal officiel de la Polynésie française, étant précisé toutefois, qu'il fallait que la formalité de transmission ait été accomplie. Dans les autres circonscriptions administratives (îles Sous-le-Vent ; îles Marquises ; îles Australes ; îles Tuamotu-Gambier), les actes devenaient obligatoires lorsque le Journal officiel parvenait au chef-lieu desdites circonscriptions.
- En ce qui concerne les actes non soumis à l'obligation de transmission, ceux-ci entraient en vigueur dans la circonscription des îles du Vent, le lendemain du jour de leur parution au Journal officiel de la Polynésie française et dans les autres circonscriptions administratives, le lendemain du jour où le Journal officiel parvenait au chef-lieu.

Toutefois, s'agissant de la circonscription des îles Tuamotu-Gambier, le décret n° 72-048 du 17 mai 1972 *portant création de subdivisions administratives dans le territoire de la Polynésie française* n'ayant pas fixé le chef-lieu de cette circonscription, celui-ci suivait le régime de la circonscription des îles du Vent.

Désormais, l'article 171-I et III de la loi statutaire ont unifié l'état du droit en matière d'entrée en vigueur des actes. En effet, tous les actes (qu'ils soient soumis ou non à l'obligation de transmission) entrent en vigueur dans toutes les circonscriptions de la Polynésie française, le jour de leur publication au Journal officiel de la Polynésie française, étant précisé toutefois que pour ceux qui doivent faire l'objet d'une transmission au représentant de l'État, cette formalité doit avoir été accomplie.

Toutefois, l'entrée en vigueur de l'acte peut être postérieure à sa date de publication au Journal officiel de la Polynésie française dans les deux hypothèses suivantes :

- d'une part, l'auteur de l'acte peut décider, par une mention expresse figurant dans la décision même, qu'il entrera en vigueur à une date postérieure à celle de sa publication ;
- d'autre part, l'entrée en vigueur des décisions réglementaires peut être retardée jusqu'à ce que les mesures d'application indispensables à leur mise en œuvre aient été prises.

Enfin, il faut préciser que la délibération n° 85-1154/AT du 19 déc. 1985 *relative à la publication d'urgence des actes réglementaires des autorités polynésiennes* qui prévoit que les actes sont exécutoires le lendemain du jour où il a été procédé à leur affichage apparaît illégale. En effet, il n'entre pas dans la compétence de la Polynésie française de pouvoir déterminer les règles générales relatives à la date à laquelle les actes de la Polynésie française deviennent exécutoires car bien que cette matière soit relative à la procédure administrative non contentieuse – qui relève de la compétence de cette collectivité – ces règles constituent une garantie fondamentale de l'exercice des libertés publiques[11] qui, en vertu de l'article 14 de la loi statutaire, fait partie des compétences d'attribution de l'État.

2°) Les lois du pays

Bien que les lois du pays doivent être transmises au haut-commissaire, au plus tard le deuxième jour ouvrable suivant leur adoption (art. 143 LOPF), cette formalité n'est pas une condition du caractère exécutoire de ces actes puisque la loi organique statutaire le précise expressément (art. 171-II-B-1°). En revanche, les lois du pays acquièrent ce caractère exécutoire lorsque le Président de la Polynésie française prend un acte de promulgation (CE 22 mars 2006, M. Édouard FRITCH et autres, n° 288490, *RFDA* 2006, p. 1111-1118 note Alain Moyrand et Antonino Troianiello).

2°.1) La promulgation de la loi du pays

Le Conseil constitutionnel a précisé que la promulgation des lois du pays :

« doit s'entendre de l'opération par laquelle, en les revêtant de sa signature, le Président de la Polynésie française atteste de leur caractère exécutoire » (Cons. const., 12 févr. 2004, n° 2004-490 DC, cons. n° 75 : JO 2 mars 2004, p. 4220)

et l'article 178 alinéa 2 de la loi statutaire dispose que le Président de la Polynésie française « transmet l'acte de promulgation au haut-commissaire ». Les formalités de promulgation des lois du pays ont été précisées par un arrêté

11. Rapport du Conseil d'Etat, section du rapport et des études, *Publication et entrée en vigueur des lois et de certains actes administratifs*, La documentation française, 2001, p. 34.

n° 533 du conseil des ministres de la Polynésie française du 22 mars 2004 (JOPF du 1er avril 2004, p. 1145).

L'acte de promulgation est un acte distinct de la loi du pays qui est soumis à contreseing des ministres concernés : il prend acte de l'existence de la loi du pays, qui lui est antérieure, et il peut faire l'objet d'un contentieux. Cet acte peut en effet être contesté par la voie de l'action (CE 22 mars 2006, M. Édouard FRITCH et autres, n° 288490, *RFDA* 2006, p. 1111-1118 note Alain Moyrand et Antonino Troianiello ; CE 22 janvier 2007, Mme Merceron et autres, Mme Tuihani, req. n° 291760, 291851 ; CE 5 décembre 2008, Flosse, n° 320412, Rec. P. 826) ou de l'exception.

2°.2) L'opposabilité de la loi du pays

Les lois du pays (autres qu'à caractère fiscal) font l'objet, huit jours après avoir été adoptées, d'une publication au Journal officiel de la Polynésie française à titre d'information (art. 176-II, al. 1er LOPF). Cela permet aux tiers de pouvoir contester par la voie d'action, la loi du pays, avant qu'elles ne soient entrées, en vigueur, par un recours *a priori*. Mais cette publication n'emporte aucun effet sur l'entrée en vigueur de la norme. Ce n'est qu'une fois la formalité de promulgation accomplie que la loi du pays devient opposable.

Cet acte de promulgation est transmis au haut-commissaire et la loi du pays est publiée, pour information, au Journal officiel de la République (art. 178 al. 2 LOPF). Cependant, pour devenir opposable, il faut encore que l'acte de promulgation soit publié au Journal officiel de la Polynésie française.

Les lois du pays fiscales sont publiées au Journal officiel de la Polynésie française et promulguées par le président de la Polynésie française au plus tard le lendemain de leur adoption (art. 180-2 LOPF). Elles sont donc contestées, le cas échéant, une fois entrées en vigueur, c'est-à-dire *a posteriori*.

Enfin il peut arriver qu'une loi du pays produise des effets de manière rétroactive, c'est-à-dire avant même d'avoir été publiée. À l'origine, c'est-à-dire lors de l'entrée en vigueur de la loi statutaire du 27 février 2004, l'article 145, fort mal rédigé, avait institué un cas de ce type en matière fiscale. Le Conseil d'État a, par une interprétation très constructive et originale, donné tout son sens à cet article 145 en définissant le périmètre de la rétroactivité de la loi fiscale, selon qu'il s'agit d'impôt direct ou indirect (CE 15 mars 2006 *Société Super Fare Nui*, req. n° 288755 *RFDA*, note Alain Moyrand et Antonino Troianiello p. 1118-1123). Mais la loi organique du 7 décembre 2007 a modifié l'article 145[12]. Si celui-ci reste toujours fort mal rédigé,

12. Voir les conclusions de Julien Boucher sur CE 1er juillet 2009, M. Kohumoetini et autres, M. Temarii, n° 324206, 324777.

il indique néanmoins plus clairement la mise en œuvre de la rétroactivité de la loi fiscale :

> « lorsque le budget de la Polynésie française a été adopté, les (...) “lois du pays”, relatives aux impôts et taxes, entrent en vigueur le 1er janvier qui suit la date de la première réunion de l'assemblée de la Polynésie française consacrée à l'examen du projet de budget alors même qu'elles n'auraient pas été publiées avant cette date. »

Il faut que celle-ci ait été adoptée avant le 1er janvier. Mais si elle est publiée postérieurement au 1er janvier, elle entre rétroactivement en vigueur au 1er janvier.

2°.3) La détermination de la date de prise d'effet de la loi du pays

Aux termes de l'avis du tribunal administratif de la Polynésie française du 15 octobre 2001 qui précise :

> « que les actes réglementaires adoptés par les institutions de la Polynésie française entrent en vigueur le lendemain de leur parution au Journal officiel de la Polynésie française en vertu des dispositions toujours en vigueur de l'arrêté du 18 août 1892, à l'exception des actes soumis à l'obligation de transmission »,

on doit conclure que les lois du pays entrent en vigueur le lendemain de la publication de l'acte de promulgation au Journal officiel de la Polynésie française dans la circonscription des îles du Vent ainsi que dans celle des Tuamotu-Gambier, et le lendemain de l'arrivée de ce journal dans le chef-lieu des autres circonscriptions (Uturoa : îles sous le Vent ; Taiohae : îles Marquises ; Mataura : îles australes).

Toutefois, comme d'ailleurs c'est le cas pour les autres actes réglementaires, l'entrée en vigueur des lois du pays peut être différée (*supra*) ou encore celles-ci peuvent produire des effets de manière rétroactive en matière fiscale (supra). De plus, aux termes de l'article 140 de la loi statutaire, il est prévu que les lois du pays *peuvent être applicables, lorsque l'intérêt général le justifie, aux contrats en cours*. Par une réserve d'interprétation, le Conseil constitutionnel a précisé qu'*il appartiendra au Conseil d'État de vérifier l'existence et le caractère suffisant du motif d'intérêt général en cause* (Cons. const., 12 févr. 2004, n° 2004-490 DC : JO 2 mars 2004, p. 4220).

b) Les actes administratifs pris par les autorités de l'État en exercice en Polynésie française

L'article 3 de la loi n° 2004-193 du 27 février 2004 complétant le statut d'autonomie de la Polynésie française dispose que :

« Le haut-commissaire assure la publication au Journal officiel de la Polynésie française des actes et décisions ressortissant à la compétence de l'État ».

Sous l'empire de la loi organique n° 96-312 du 12 avril 1996 *portant statut d'autonomie de la Polynésie française*, ces mêmes dispositions (figurant aussi à l'article 3) ne visaient que les actes pris par les autorités de l'État en exercice en Polynésie française car l'article 1er précisait que le haut-commissaire promulgue et assure la publication au Journal officiel de la Polynésie française des lois et règlements (décrets et ordonnances).

Ces formalités ayant été pour une part supprimées (promulgation, *infra*), et pour l'autre part, modifiées (publication, *infra*) par la loi organique n° 2004-192 du 27 février 2004 *portant statut d'autonomie de la Polynésie française*, le nouvel article 3 couvre désormais le champ des actes des autorités de l'État exerçant leurs compétences en Polynésie française et des lois et règlements pris par les autorités de l'État siégeant en métropole.

Une fois publiés, ces actes entrent en vigueur, conformément aux dispositions de l'arrêté du 18 août 1892 *fixant les délais dans lesquels les lois, décrets, arrêtés, décisions et règlements deviennent exécutoires dans les Établissements français de l'Océanie*, le lendemain de l'accomplissement de cette formalité dans la circonscription des Îles du Vent ainsi que dans celle des Tuamotu-Gambier, et le lendemain de l'arrivée de ce journal dans le chef-lieu des autres circonscriptions (*supra*).

2 – Les actes administratifs émanant des autorités de la République

a) Particularités de l'entrée en vigueur des actes des autorités de la République

Parce que la Polynésie française est soumise au principe de *spécialité législative*, les actes des autorités nationales, n'entrent pas en vigueur de la même manière qu'en Métropole et seuls, les actes pris dans les compétences de l'État ont vocation à produire des effets de droit dans cette COM.

Par ailleurs, le fait de disposer d'une *organisation particulière* oblige l'État à soumettre ses actes touchant à cette organisation à la consultation des institutions de l'État. Le non-respect de la première formalité rend l'acte inapplicable, et le non-respect de la seconde entache l'acte d'illégalité.

1°) Le principe de spécialité législative

Il résulte du principe de spécialité législative que les textes métropolitains ne sont applicables dans les collectivités d'outre-mer que s'ils comportent une mention spéciale d'applicabilité. Cependant, ce principe souffre quelques exceptions.

1°.1) Le principe : la mention expresse d'application

En vertu du principe de spécialité législative (qui existait déjà sous l'ancien régime et qui fait toujours partie du droit positif), les normes législatives et réglementaires édictées par l'État ne sont pas applicables de plein droit en Polynésie française – à l'exception de quelques catégories de normes, *infra* 1-2° –, comme elles le sont en Métropole et dans les départements d'outre-mer (sous réserve d'adaptation). Cette présomption d'inapplicabilité qui frappe les textes nationaux a toujours été justifiée par le fait que les collectivités ultramarines se trouvent dans une situation particulière par rapport à la Métropole, et que partant, des règles distinctes tenant compte de la différence des milieux géographiques, économiques, sociaux et culturels doivent normalement être établies en fonction des données propres à chacune d'entre elles.

Les lois et règlements n'entrent en vigueur en Polynésie française que si l'auteur de l'acte (Parlement ou Gouvernement) a manifesté cette intention. Celle-ci se vérifie par une mention expresse d'applicabilité figurant dans la norme et qui permet son extension à la collectivité d'outre-mer :

> « Dans les matières qui relèvent de la compétence de l'État, sont applicables en Polynésie française les dispositions législatives et réglementaires qui comportent une mention expresse à cette fin » (art. 7, al. 1er LOPF).

Dès lors, si un texte est introduit en Polynésie française sans pour autant comprendre de mention expresse d'applicabilité, le juge le déclare inapplicable (CAA Paris, 4e ch., 8 août 2001, n° 01PA01700, 01PA7001, 01PA01702, Territoire de la Polynésie française : . CE., tables p. 1059).

Mais il arrive que les juridictions, peu familiarisées avec ce principe de spécialité législative, commettent des erreurs de raisonnement (*Vers une remise en cause de l'intangibilité du principe de spécialité législative en Polynésie française ?* note Alain Moyrand, sous Civ. 1re, 18 février 2015, n° 13-28.473, *A.J.D.A.* n° 25, 20 juillet 2015, p. 1420-1424).

La mention d'applicabilité est nécessaire même pour les décrets d'application d'une loi étendue. Sans cette mention, ces textes ne sont pas applicables dans la collectivité d'outre-mer. Cet état du droit a été rappelé par le ministre chargé de l'outre-mer dans une réponse à une question écrite du député Bruno Sandras :

> « (...) Les textes réglementaires d'application de cette loi doivent comporter également une mention expresse afin d'être applicables en Polynésie française. Le fait qu'une loi soit applicable en Polynésie française n'implique donc pas que tous les textes d'application de cette loi y soient applicables automatiquement » (question n° 53216 JO Assemblée Nationale du 25 août 2009 p. 8291).

Il existe cependant deux exceptions.

• En premier lieu, si un texte est appelé à régir nécessairement, *à raison même de son objet*, une ou plusieurs collectivités d'outre-mer (exemple : les lois définissant le statut des collectivités d'outre-mer), il n'est pas nécessaire d'inclure une telle mention expresse d'applicabilité (TA Papeete, 20 déc. 2001, n° 1-26 et 1-325, Territoire de la Polynésie française c/ État).

• En second lieu, une loi qui procède à la ratification d'une ordonnance applicable en Polynésie française confère une valeur législative à cette dernière même si cette loi n'a pas été rendue applicable dans cette collectivité (CE, 17 mai 2002, n° 232359, 233434, 233436, Hoffer et autres : Juris-Data n° 2002-064116 ; *Rec.* CE., tables p. 819 ; *RFD adm.* 2002, p. 917, concl. Ch. Maugüé).

La mention d'applicabilité figure le plus souvent dans le texte d'origine mais elle peut résulter d'un acte ultérieur. Ainsi par exemple, une loi peut contenir des dispositions ayant pour objet d'étendre outre-mer un ou plusieurs textes législatifs antérieurs (la même solution est applicable aux règlements). Ces extensions peuvent aussi être effectuées par voie d'ordonnance[13].

Par ailleurs, lorsqu'un texte (loi ou règlement) déjà applicable dans les collectivités d'outre-mer est modifié, cette modification ne s'applique outre-mer que s'il comporte une mention expresse d'applicabilité. Après quelques fluctuations (voir notamment CE, ass. 27 janv. 1984, n° 14815, Ordre des avocats de la Polynésie française et autre : Juris-Data n° 1984-040177 ; *Rec.* CE, p. 21 ; D. 1985, p. 287 note P. Lampué), l'état du droit a été fixé par deux arrêts d'assemblée : Élections municipales de Pouembout et Élections municipales de Lifou (CE, ass. 9 févr. 1990, n° 107400 : Rec. CE, p. 27 et 28 ; *AJDA* 1990, p. 490 obs. X. Pretot ; *RFD adm.* 1991, p. 602). Désormais il est admis, tant par le juge judiciaire que par le juge administratif, que ces lois modificatives doivent, pour être applicables aux collectivités d'outre-mer, comporter une mention expresse d'applicabilité[14].

Exemple :

– CE, 7e et 10e ss-sect. 25 sept. 1995, n° 155577, Territoire de la Polynésie française : Juris-Data n° 1995-050930 ; *Rec. CE., tables* p. 821 ; *Juris PTT,* n° 42, 1995, p. 36, note R. Salvat.

13. François Luchaire, *jurisclasseur*, *Application de la loi outre-mer* App. art. 3 : fasc. 1, n° 54.

14. Cette solution a été critiquée par un membre du Conseil d'État qui appelait de ses vœux à un retour à l'ancienne jurisprudence, cf. Rémy Schwartz, *Pourquoi faire simple* ? *Dalloz* 2007, p. 759-762.

Enfin, lorsqu'un texte étendu (acte support) se réfère, pour son application, à des dispositions d'un autre texte (acte subséquent) qui, lui, n'a pas été étendu en Polynésie française, peut-on considérer que ce dernier produit ses effets dans cette collectivité du seul fait de la référence contenue dans l'acte premier? La jurisprudence ancienne tant judiciaire (Cass. Crim. 18 mars 1921 : Rec. Dareste, III, p. 126; C. cass. ch. crim. 25 févr. 1941, Adm. des douanes et Régie de l'Indochine c/ Le Tât, D. 1941, p. 181) qu'administrative (CE 7 août 1911, Waddy, *Rec. Penant*, 1912, I, p. 85; CE 22 mars 1912, Amadou Cisse, *Rec.* p. 441 ; CE 24 juill. 1914, Vienne, *Rec.* p. 906) semblait avoir admis que la référence, dans un texte étendu, à un autre texte réalise l'extension implicite de ce dernier (extension dite *par ricochet*). Toutefois, cette extension implicite restait interdite en matière pénale en raison du principe de l'interprétation stricte des lois pénales[15].

La jurisprudence récente refuse ce type d'extension implicite[16] (CE, avis, 27 févr. 1990, n° 347323 solution implicite. – CE, 1re et 4e ss-sect. 29 juill. 1998, n° 190328, Territoire de la Polynésie française[17] : Juris-Data n° 1998-050713; *Rec. CE.*, tables, p. 1045).

15. Cf. François Luchaire, jurisclasseur, *Application de la loi outre-mer*, App. art. 3 : fasc. 1, n° 58.

16. À l'occasion de l'entrée en vigueur des dispositions relatives aux communes et aux groupements de communes contenues dans le Code général des collectivités territoriales applicable en Polynésie française, on a pu constater que de très nombreux articles renvoyaient à d'autres articles de ce même code ou d'autres codes et législations sans que ceux-ci aient pour autant été étendus. C'est pourquoi cette même question relative à l'extension implicite des normes a été posée à nouveau d'une part, au juge administratif par le président de l'assemblée et d'autre part, au secrétaire d'État chargé de l'outre-mer par le sénateur Gaston Flosse. Si le tribunal administratif n'a pas su répondre à cette question (TA Polynésie française avis n° 10-2009 du 28 avril 2009), le Secrétaire d'État chargé de l'outre-mer a, dans sa réponse, repris la solution précédemment exposée et qui consiste à refuser l'extension implicite: l'ordonnance relative à l'extension du Code général des collectivités territoriales en Polynésie française « n'a pas eu pour effet de rendre implicitement applicables à la Polynésie française des dispositions de textes qui n'y sont pas rendus expressément applicables » (question n° 8246, réponse: JO Sénat, 21 mai 2009, p. 1291).

17. Les termes de ce dernier contentieux méritent d'être rappelés pour illustrer cet état du droit: un décret relatif à la procédure administrative contentieuse devant le tribunal administratif de la Polynésie française avait été régulièrement introduit dans l'ordre juridique polynésien. Mais la Polynésie française avait demandé l'annulation de ce décret au motif qu'un de ses articles faisait référence à l'article 1089 B du code général des impôts (non applicable en Polynésie) qui imposait un droit de timbre aux requêtes introduites devant les juridictions administratives. La Polynésie française, arguait qu'un tel droit violait sa compétence fiscale. Mais la Haute Juridiction administrative a rejeté ce recours en prenant soin de préciser que l'article 1089 B n'a jamais été rendu applicable en Polynésie et que partant, le décret attaqué qui faisait référence à cet article du Code général des impôts n'a pu avoir pour objet ou pour effet de l'introduire en Polynésie française. Au surplus ce droit de timbre ne s'appliquait qu'aux requêtes introduites devant les juridictions de métropole (Cour administrative d'appel de Paris et Conseil d'État).

1°.2) L'exception : les textes applicables de plein droit

Le champ d'application du principe de spécialité législative est défini de manière négative en ce sens que la présomption d'inapplicabilité des lois et règlements concerne tous les textes, à l'exception de certaines catégories de textes qu'il convient à présent d'exposer.

Jusqu'à l'entrée en vigueur du nouveau statut d'autonomie de la Polynésie française, en février 2004, les exceptions n'étaient pas énumérées sous forme de liste précise. En effet, c'est la jurisprudence, au cas par cas, qui est venue préciser les limites du principe de spécialité législative, si bien que des incertitudes existaient encore sur l'applicabilité ou la non-applicabilité de tel ou tel texte.

Or, une tendance à l'extension de la catégorie des textes instituant des statuts commençait à émerger. Ce mouvement était dû au fait que deux principes contradictoires sont applicables :

- soit l'on considère que les *lois de souveraineté*, applicables de plein droit, constituent une exception au principe de spécialité législative – qui est de valeur constitutionnelle – et que partant, ces exceptions doivent être interprétées restrictivement ;
- soit l'on retient la thèse inverse et dans ce cas on pose que le principe de spécialité est *une exception au principe de l'unité de l'État et devrait donc, comme toute exception, faire l'objet d'une interprétation stricte*[18].

Mais cette dernière interprétation est erronée. En effet, ainsi que l'a démontré Aude Rouyère :

> « le principe de spécialité législative ne correspond pas, précisons-le, à une dérogation en ce qu'il n'y a plus de règle de principe si ce n'est une spécialité érigée en principe tandis que l'application du droit commun correspond à la mise en œuvre d'une exception à ce dernier. Les cas d'application des règles nationales sont fixés par une mention expresse d'applicabilité qui constitue ainsi une règle dans la règle[19] », c'est-à-dire à une *exception*[20].

Pour mettre un terme à cette évolution, la loi organique statutaire a pris soin de « lister » les catégories de textes applicables de plein droit. Cependant, par une réserve d'interprétation, le Conseil constitutionnel a considéré que

18. Régis Fraisse, *La hiérarchie des normes applicables en Nouvelle-Calédonie*, *R.F.D.A.* 2000, p. 83.
19. *La dérogation, modèle ambivalent d'autonomie*. L'outre-mer français un « modèle » pour la République ? (dir. Ferdinand Mélin-Soucramanien), P.U.B. 2008, p. 17.
20. Idem, p. 12 : *L'exception est une règle dans la règle. Tandis que la dérogation est une règle par la règle.*

cette liste n'était pas exhaustive et cette réserve a été inscrite dans le statut de la Polynésie française à l'occasion de l'adoption de la loi organique du 7 décembre 2007.

Enfin, il y a lieu de préciser que lorsque par l'effet d'une modification de la loi organique statutaire, des normes deviennent applicables de plein droit dans une matière donnée (exemple : la procédure administrative contentieuse), cela vaut tant pour les règles introduites après cette évolution statutaire, *que pour celles qui étaient alors en vigueur* (CE, avis contentieux, 22 février 2017, n° 404007, *AJDA* 2017, p. 829-831, note Frédéric Rolin).

• Liste des catégories de textes applicables de plein droit

Le principe de spécialité législative comporte des exceptions : il est des actes qui sont nécessairement destinés à régir le territoire de l'État dans son ensemble. Ces exceptions sont justifiées par l'idée suivante : il est normal que des règles soient applicables de plein droit sur tout le territoire national parce qu'il faut qu'existe un ordre juridique commun minimal.

Avant la révision constitutionnelle du 28 mars 2003 et l'entrée en vigueur de la loi organique n° 2004-192 du 27 février 2004 *portant statut d'autonomie de la Polynésie française*, la liste des catégories de textes applicables de plein droit – encore appelée improprement : *lois de souveraineté* – était déterminée par la jurisprudence et rappelée par des circulaires (circulaire du Premier ministre du 21 avril 1988, JO 24 avril 1988, p. 5454 ; circulaire du premier ministre du 15 juin 1990 ; JO 31 juillet 1990, p. 1244). Il en résultait une relative imprécision quant à l'application du droit outre-mer, facteur d'insécurité juridique. Ainsi, la doctrine[21] s'interrogeait sur l'applicabilité de plein droit des lois organiques et des principes généraux du droit.

Pour remédier à cette situation, depuis 2004, la loi organique statutaire relative à la Polynésie française précise désormais les catégories de textes applicables de plein droit (article 7 LOPF). Cette liste de textes applicables a été légèrement étendue par la loi organique du 7 décembre 2007.

Ainsi :

« sont applicables de plein droit en Polynésie française, sans préjudice de dispositions les adaptant à son organisation particulière, les dispositions législatives et réglementaires qui sont relatives :

1° À la composition, l'organisation, le fonctionnement et les attributions des pouvoirs publics constitutionnels de la République, du Conseil d'État, de la Cour de cassation, de la Cour des comptes,du Tribunal des conflits

21. Voir par exemple : François Luchaire, *Le statut constitutionnel de la France d'outre-mer*, Economica 1992, p. 68.

et de toute juridiction nationale souveraine, ainsi que de la Commission nationale de l'informatique et des libertés et du Contrôleur général des lieux de privation de liberté ;

2° À la défense nationale ;

3° Au domaine public de l'État[22] ;

4° À la nationalité, à l'état et la capacité des personnes ;

5° Aux statuts des agents publics de l'État ;

6° À la procédure administrative contentieuse[23] ;

7° Aux droits des citoyens dans leurs relations avec les administrations de l'État et de ses établissements publics ou avec celles des communes et de leurs établissements publics ;

8° À la lutte contre la circulation illicite et au blanchiment des capitaux, à la lutte contre le financement du terrorisme, aux pouvoirs de recherche et de constatation des infractions et aux procédures contentieuses en matière douanière, au régime des investissements étrangers dans une activité qui participe à l'exercice de l'autorité publique ou relevant d'activités de nature à porter atteinte à l'ordre public, à la sécurité publique, aux intérêts de la défense nationale ou relevant d'activités de recherche, de production ou de commercialisation d'armes, de munitions, de poudres ou de substances explosives.

Sont également applicables de plein droit en Polynésie française les lois qui portent autorisation de ratifier ou d'approuver les engagements internationaux et les décrets qui décident de leur publication ainsi que toute autre disposition législative ou réglementaire qui, en raison de son objet, est nécessairement destinée à régir l'ensemble du territoire de la République. » (art. 7, al. 2 et s. LOPF).

---

22. Ne sont pas applicables de plein droit les dispositions législatives et réglementaires relatives au domaine privé de l'État : « (...) ces dispositions qui réglementent l'usage des immeubles appartenant au domaine privé de l'État et qui n'ont pas le caractère d'un texte de souveraineté, ne sont pas applicables en Polynésie française, faute de mention expresse à cette fin » TA de Polynésie française 13 novembre 2007, M. Jean-Luc Tristani c/ Haut-commissaire de la République en Polynésie française, n° 0700154.

23. Dans un jugement du 16 mars 2009, le tribunal civil de Papeete (n° 05/00498) a considéré que *les règles fixant la compétence des juridictions sont des règles de procédure*. Ce faisant, il a jugé qu'étaient applicables de plein droit les dispositions de loi du 11 décembre 2001 qui dispose que les marchés publics (de l'État et non de la Polynésie ou des communes) sont des contrats administratifs relevant de la compétence de la juridiction administrative.

Font aussi partie des normes applicables de plein droit :

> « les dispositions réglementaires qui définissent les actes individuels ne devant pas faire l'objet d'une publication sous forme électronique et celles qui définissent les catégories d'actes administratifs dont la publication au Journal officiel sous forme électronique suffit à assurer l'entrée en vigueur ».

Cette nouvelle catégorie de textes applicables de plein droit (qui a été introduite à l'article 8-III de la loi organique statutaire par l'article 16-III de la loi organique n° 2007-223 du 21 février 2007 portant dispositions statutaires et institutionnelles relatives à l'outre-mer) résulte de la réforme introduite par l'ordonnance du 20 février 2004 (ordonnance n° 2004-164) relative au régime de publication et d'entrée en vigueur des lois et règlements.

Par ailleurs, les principes fondamentaux reconnus par les lois de la République sont applicables dans les collectivités d'outre-mer, alors même que les lois métropolitaines qui leur ont servi de support n'ont pas fait l'objet d'une extension à ces collectivités[24]. Tel est par exemple le cas pour le principe de la liberté de l'enseignement supérieur découlant de la loi du 12 juillet 1875 qui est applicable en Polynésie française bien que cette loi n'ait jamais été étendue dans cette collectivité d'outre-mer (CE, avis, 3 juill. Ò1997, n° 359879). De même, il a toujours été admis en jurisprudence que le principe de spécialité législative ne fait pas obstacle à l'application, dans les collectivités d'outre-mer, des principes généraux du droit dégagés par le juge administratif.[25]

Enfin, une dernière difficulté vient d'être résolue. Les textes intervenus antérieurement à l'entrée en vigueur de la loi organique n° 2004-192 du 27 février 2004 *portant statut d'autonomie de la Polynésie française* et qui, en vertu de l'article 7 de cette loi statutaire, font désormais partie des normes applicables de plein droit, sont-ils de ce fait devenus applicables dans cette collectivité dix jours après que soit entrée en vigueur la loi organique statutaire (*infra*) ? François Luchaire répond à cette question par l'affirmative car, précise-t-il, « l'article 7 ne faisant aucune distinction, il semble qu'il s'adresse à tous les textes » (Le statut constitutionnel de la Polynésie française : Ecominca 2005, p. 31). Pourtant, tel ne semble pas être la solution retenue par l'État. En effet, le ministre chargé de l'Outre-Mer a expressément précisé cette position dans une réponse écrite à une question écrite du député Bruno Sandras :

---

24. Bruno Genevois, *Une catégorie de principes de valeur constitutionnelle : les principes fondamentaux reconnus par les lois de la République* : *RFD adm.* 1998, p. 488
25. Bruno Genevois, Principes généraux du droit : Rep. Cont. Adm. *Dalloz*, n° 39.

L'article 7 de la loi organique du 27 février 2004 « n'est applicable qu'aux dispositions législatives et réglementaires postérieures à l'entrée en vigueur de la présente loi. En effet, une telle modification du régime législatif des lois et règlements en Polynésie française ne peut valoir que pour l'avenir. Il n'en irait différemment que si la loi organique disposait expressément que les textes antérieurs à son entrée en vigueur sont également rendus applicables, mais tel n'est pas le cas. Seules les *lois de souveraineté*, dans la définition que leur donne la jurisprudence (défense, juridictions nationales, nationalité, politique publique d'État...), sont toutes applicables de plein droit dans la collectivité, même quand elles ont été publiées au Journal officiel de la République française avant l'entrée en vigueur de la loi organique du 27 février 2004. » (question n° 65410 ; JOAN Q 9 févr. 2010, p. 1473).

Mais dans un avis contentieux concernant la Nouvelle-Calédonie (CE 22 février 2017, n° 404007, *AJDA* 2017, note Frédéric Rolin, p. 829-831), le conseil d'État a infirmé cette position du ministre chargé de l'outre-mer et a dit pour droit :

> « 4. La loi organique du 3 août 2009 a inséré dans la loi organique du 19 mars 1999 relative à la Nouvelle-Calédonie un article 6-2, lequel prévoit que "[...] sont applicables de plein droit en Nouvelle-Calédonie, sans préjudice des dispositions les adaptant à son organisation particulière, les dispositions législatives et réglementaires qui sont relatives :/ (...) 6° À la procédure administrative contentieuse" et qui vaut tant pour les dispositions relatives à la procédure administrative contentieuse introduites après cette date que pour celles qui étaient alors en vigueur. La loi organique du 3 août 2009 n'a ainsi pas modifié l'état du droit applicable en Nouvelle-Calédonie quant à l'applicabilité dans ce territoire de l'article R. 600-1 du Code de justice administrative. »

• Le caractère non exhaustif de cette liste

La liste des catégories de textes applicables de plein droit figurant à l'article 7 de la loi organique n° 2004-192 du 27 février 2004 *portant statut d'autonomie de la Polynésie française* a été considérée comme incomplète par le Conseil constitutionnel. Celui-ci, par une réserve d'interprétation, a dit pour droit qu'il convient d'ajouter à cette liste, les textes *qui, en raison de leur objet, sont nécessairement destinés à régir l'ensemble du territoire de la République* (Cons. const., 12 févr. 2004, 2004-490 DC : JO 2 mars 2004, p. 4220 ; *LPA* 30 mai 2005, p. 7 note M. Verpeaux et J. Laeticia ; *RD* publ. 2004, p. 1727, note F. Luchaire ; *RFD const.* 2004, p. 370 note A. Roux). Cette réserve d'interprétation, qui a été inscrite dans le statut de la Polynésie française par la loi organique du 7 décembre 2007, réintroduit donc une

« dose » d'insécurité juridique dans un domaine où pourtant, le législateur, à l'origine, avait entendu clarifier l'état du droit.

Il est vrai qu'au moins deux catégories de textes auraient probablement dû être ajoutées à la liste figurant à l'article 7 de la loi organique statutaire précitée :

– d'une part :

→ les normes relatives à la Cour administrative d'appel de Paris qui est la juridiction d'appel des jugements rendus par le tribunal administratif de la Polynésie française (solution implicite : CE, 1re et 4e ss-sect. 10 janv. 1994, n° 145104, Territoire de la Polynésie française : Juris-Data n° 1994-043008 ; *Rec. CE., tables* p. 862. – voir aussi conclusions (inédites) M. Schwartz sur CE, 1re et 4e ss-sect. 29 juill. 1998, n° 190328, Territoire de la Polynésie française : Juris-Data n° 1998-050713 ; *Rec. CE., tables*, p. 1045)

→ et les normes relatives à la Cour supérieure d'arbitrage puisque cette juridiction peut connaître des recours formés contre les sentences arbitrales rendues en Polynésie française lors des conflits collectifs du travail (art. 72, L. n° 86-845, 17 juillet 1986) ;

– d'autre part, les textes relatifs aux *statuts applicables quel que soit le lieu où se trouve l'intéressé* [26](voir par exemple : CE, sect., 29 avril 1987, n° 53548, M. Douheret : Juris-Data n° 1987-606455 ; *Rec.* CE, p. 159 ; *AJDA* 1987, p. 554, note X. Prétot).

C'est le cas par exemple du statut des marins du commerce (Cons. const., 2 juill. 1965, n° 65-34 L : *Rec. Cons. const.*, p. 75 ; *Recueil Penant* 1966, p. 347 note P. Lampué), des titulaires de la légion d'honneur[27] et des autres décorations de la République, des textes relatifs aux examens passés en Polynésie française permettant la délivrance des titres et diplômes nationaux des enseignements secondaires et supérieurs, etc.

Depuis l'entrée en vigueur du nouveau statut (L. n° 2004-192, 27 févr. 2004), la publication des lois et règlements ne constitue plus une condition rendant opposable l'acte en Polynésie française. En effet, le nouvel article 8 dispose *in fine* que les lois et règlements « sont publiés, pour information, au Journal officiel de la Polynésie française[28] ». Désormais donc, seule la mise

---

26. François Luchaire, *La Polynésie française devant le Conseil constitutionnel* (Décision n° 2004-490 DC du 12 févr. 2004) : RD *publ.* 2004, p. 1729.
27. François Luchaire, *Le statut constitutionnel de la Polynésie française*, Economica 2005, p. 31.
28. Le Conseil d'État a précisé que la décision de publier à titre d'information au Journal officiel de la Polynésie française les normes de l'État *n'a pas le caractère d'une décision susceptible de recours pour excès de pouvoir* (CE 13 novembre 2006, René Hoffer, req. n° 291973).

en ligne des lois et règlements nationaux sur le site Legifrance constitue une condition indispensable à leur entrée en vigueur *(infra)*.

2°) La consultation des institutions de la Polynésie française

Depuis l'entrée en vigueur de la Constitution de la Cinquième République[29], les assemblées locales sont consultées obligatoirement sur des projets ou propositions de lois qui touchent à leur *organisation particulière*. La révision constitutionnelle a étendu cette obligation aux projets de texte réglementaire que l'État souhaite introduire dans l'ordre juridique polynésien.

À ces consultations d'origine constitutionnelle peuvent s'en ajouter d'autres, qui résultent soit des lois organiques statutaires, soit des lois ordinaires, et qui concernent non plus seulement l'assemblée de la Polynésie française mais également le conseil des ministres.

Les avis formulés permettent donc aux institutions des collectivités d'outre-mer d'informer l'État sur la nécessité ou l'inopportunité d'introduire telle ou telle norme, ou encore d'éviter que des illégalités ne soient commises, par exemple que le texte que l'État souhaite rendre applicable n'empiète sur des compétences appartenant à ces collectivités.

Après avoir exposé le principe de la consultation puis précisé son champ d'application et les institutions à consulter, et dans quelles hypothèses elles peuvent ou doivent l'être, on s'intéressera aux modalités à respecter dans le cadre de ces procédures consultatives.

2°.1) Le principe de la consultation

La seconde particularité du régime législatif des collectivités d'outre-mer oblige l'État à consulter leurs institutions lorsque les autorités nationales souhaitent introduire certaines normes dans ces collectivités. Cette obligation qui confère aux collectivités d'outre-mer le pouvoir de participer à la fonction législative permet d'éclairer la jurisprudence constitutionnelle qui a reconnu que le rôle des assemblées territoriales ne se limite pas à la *simple administration* de leur collectivité (Cons. const., 8 août 1985, n° 85-196 DC : *Rec. Cons. const.*, p. 94 ; *GDCC* 2003, 12e éd., p. 633[30]).

29. Sous l'empire de la Constitution de la IVe République, les Assemblées territoriales n'étaient consultées que dans l'hypothèse d'une modification du statut (article 74 de la Constitution du 27 octobre 1946).

30. Par la suite, le juge constitutionnel a réitéré ce considérant mais en précisant que si le rôle de la collectivité ne se limite pas à la simple administration c'est *eu égard aux attributions conférées aux institutions* des COM et non plus seulement aux attributions conférées à l'organe délibérant (Cons. const., 15 février 2007, n° 2007-547 DC, cons. n° 18).

Plusieurs dispositions constitutionnelles organisent ces consultations. Ainsi, le statut des collectivités d'outre-mer ne peut être adopté qu'après que l'assemblée délibérante ait donné son avis (art. 74, al. 2). En outre, ce statut – qui est défini par une loi de nature organique – doit fixer :

> « les conditions dans lesquelles ses institutions sont consultées sur les projets et propositions de loi et les projets d'ordonnance ou de décret comportant des dispositions particulières à la collectivité, ainsi que sur la ratification ou l'approbation d'engagements internationaux conclus dans les matières relevant de sa compétence » (art. 74, al. 6).

Par ailleurs :

> « les autres modalités de l'organisation particulière des collectivités d'outre-mer » (c'est-à-dire, celles qui ne touchent pas au *statut*) « sont définies et modifiées par la loi après consultation de leur assemblée délibérante » (art. 74 al. 12).

Enfin, les ordonnances prises sur le fondement de l'article 74-1 de la Constitution doivent être soumises, préalablement à leur adoption, à l'avis des assemblées délibérantes intéressées.

Toutefois, s'il s'agit de consultations obligatoires, les avis rendus par les institutions de la Polynésie française ne sont pas – sauf dans un cas (*infra*) – des *avis conformes*, en ce sens que les autorités de l'État peuvent ne pas les suivre.

Mais le défaut de consultation est sanctionné par les juridictions. Cependant, encore faut-il qu'il ait été soulevé par les saisissants – pour les lois (Cons. const., 20 juill. 1993, n° 93-321 DC : *Rec. Cons. const.*, p. 196) – ou les requérants – pour les règlements (CE, 1re et 4e ss-sect. 7 déc. 1990, n° 55362, Territoire de la Nouvelle-Calédonie : Juris-Data n° 1990-049425 ; Rec. CE, p. 353). En effet ce vice de procédure ne constitue pas un moyen d'ordre public susceptible d'être soulevé d'office par les juges.

Quant à la sanction que peuvent prononcer les juridictions, il y a lieu de faire une distinction selon le type de norme en cause.

• En ce qui concerne les lois, le Conseil constitutionnel censure le défaut de consultation de l'institution de la collectivité d'outre-mer chargée de donner son avis car il doit se prononcer *sur la régularité de la procédure législative au regard des règles que la Constitution a elle-même fixées ou auxquelles elle a expressément renvoyé* (*Cons. const.*, 17 juill. 2003, n° 2003-474 DC : *Rec. Cons. const.*, p. 389). Néanmoins, il convient de distinguer deux cas de figure :

→ si la loi ne concerne pas uniquement les collectivités d'outre-mer, le juge constitutionnel se borne à la déclarer inapplicable à ces derniers – du moins les dispositions législatives qui auraient dû être soumises à l'avis des institutions de la collectivité - (*Cons. const.*, 20 janv. 1984, n° 83-165 DC: *Rec. Cons. const.*, p. 30 ; GDCC 2003, 12e éd., p. 579);

→ si la loi concerne exclusivement les collectivités d'outre-mer, le Conseil constitutionnel la déclare non conforme à la Constitution et de ce fait, elle ne peut entrer en vigueur.

• S'agissant des amendements, le Conseil constitutionnel opère la distinction suivante:

→ si le projet ou la proposition de loi a déjà fait l'objet d'une consultation préalable, les amendements n'ont pas à être soumis à une nouvelle consultation (*Cons. const.*, 23 mai 1979, n° 79-104 DC: *Rec. Cons. const.*, p. 27).

→ En revanche, si un amendement a pour but d'étendre aux collectivités d'outre-mer un texte qui jusqu'alors n'y était pas applicable, il est alors nécessaire de procéder à la consultation des assemblées délibérantes intéressées (*Cons. const.*, 31 oct. 1981, n° 81-129 DC: *Rec. Cons. const.*, p. 35. – *Cons. const.*, 20 juill. 1993, n° 93-321 DC: *Rec. Cons. const.*, p. 196).

• Enfin, en ce qui concerne les normes réglementaires, il faut là encore distinguer deux hypothèses:

→ si le règlement ne concerne pas uniquement les collectivités d'outre-mer, le juge le déclare illégal tant qu'il s'y applique (*CE*, 10e et 7e ss-sect., 25 sept. 1995, n° 155577, Territoire de la Polynésie française: Juris-Data n° 1995-050930; *Rec. CE*, tables p. 821 ; Juris PTT, n° 42, 1995, p. 36, note R. Salvat);

→ si le décret concerne exclusivement les collectivités d'outre-mer, il sera annulé.

2°.2) Le champ d'application de la consultation

Jusqu'à la révision constitutionnelle du 28 mars 2003, l'article 74 n'imposait la consultation des territoires d'outre-mer que pour certaines catégories de lois. Toutefois, les lois organiques statutaires prévoyaient que ces collectivités étaient consultées sur certains projets d'actes réglementaires émanant du Gouvernement de la République. Depuis lors, les articles 74 et 74-1 de la Constitution imposent la consultation des collectivités d'outre-mer sur différents types de normes.

Cependant, si tous les projets ou propositions de loi statutaire – qui depuis la révision constitutionnelle du 25 juin 1992 sont obligatoirement de nature organique - sont toujours soumis à l'avis des institutions des collectivités d'outre-mer concernées, il n'en va pas de même pour les autres projets ou propositions de lois ou projets de normes de nature réglementaire. Ce ne sont donc pas tous les textes, qu'ils s'agissent de ceux applicables de plein droit ou de ceux qui sont étendus aux collectivités d'outre-mer (c'est-à-dire ceux qui comportent une mention expresse d'applicabilité), qui doivent faire l'objet d'une consultation des institutions.

En effet, pour ces derniers, la consultation ne s'impose que si ces textes – quelle que soit la matière – *introduisent, modifient ou suppriment des dispositions particulières à la Polynésie française* (art. 9 et 10 LOPF). Il s'agit là d'un critère réducteur qui a été repris d'une décision du Conseil constitutionnel (*Cons. const.*, 7 juill. 1994, n° 94-342 DC : *Rec. Cons. const.*, p. 92).

Ainsi, lorsqu'un projet ou une proposition de norme ne comporte aucune mesure d'adaptation à la Polynésie française – c'est-à-dire : aucune mesure qui touche à son *organisation particulière* -, il n'y a pas lieu de consulter les institutions de cette collectivité. Il est à noter que dans un avis, la section de l'Intérieur du Conseil d'État a estimé que :

> « le projet de loi de ratification d'une ordonnance n'a pas (...) à être soumis aux assemblées des collectivités d'outre-mer dès lors qu'il ne saurait être regardé, du fait de l'intervention de l'ordonnance antérieure, comme introduisant, supprimant ou modifiant des dispositions spécifiques au territoire concerné » (EDCE 2003, p. 66).

Précisons encore que les textes relatifs aux communes (qui sont, on le sait, des collectivités de la République et non de la Polynésie française), dès lors qu'ils comportent des dispositions particulières, doivent être soumis à la consultation des institutions de la Polynésie française. En effet, le Conseil constitutionnel a considéré que :

> « le législateur (est) compétent pour apprécier l'organisation particulière de chacun des territoires d'outre-mer en tenant compte de ses intérêts propres, peut prévoir pour l'un d'entre eux, en ce qui concerne l'élection des conseils municipaux, des règles distinctes de celles applicables dans les autres départements ou territoires ; » (*Cons. const.* n° 82-151 DC du 12 janvier 1983).

Toutefois, s'agissant des ordonnances édictées sur le fondement de l'article 74-1, elles doivent toujours, avant d'être étendues aux collectivités d'outre-mer, être précédées de la consultation de leurs institutions, quand bien même ces normes ne comprendraient pas de mesures d'adaptation à ces collectivités[31].

31. Bien que l'article 74-1 C précise que les extensions de dispositions législatives comprennent *les adaptations nécessaires*, d'une part, ces dernières ne sont pas obligatoires et d'ailleurs nombre d'ordonnances n'en comprennent aucune, et d'autre part, ces adaptations sont

De même, les institutions de la Polynésie française doivent être obligatoirement consultées sur les projets de lois autorisant la ratification ou l'approbation des engagements internationaux (art. 9 LOPF) ou, préalablement à leur ratification ou à leur approbation, sur les traités ou accords qui ne sont pas au nombre de ceux mentionnés au premier alinéa de l'article 53 de la Constitution (art. 10 LOPF). Toutefois, encore faut-il que l'engagement international intervienne dans un domaine de compétence de la Polynésie française pour que celle-ci soit consultée. Ce faisant le constituant (art. 74 al. 6) a repris une solution précédemment dégagée par le Conseil constitutionnel (*Cons. const.*, 17 janv. 1989, n° 88-247 DC : *Rec. Cons. const.*, p. 15). Cependant, force est de constater que ces consultations ne présentent guère d'intérêt car elles interviennent trop tard. En effet, en supposant que les autorités de l'État souhaitent suivre l'avis de la Polynésie française demandant qu'un traité international ne lui soit pas appliqué, elles ne pourront lui donner satisfaction car le champ d'application territorial d'un engagement international ne relève pas de la loi qui en autorise la ratification mais est déterminé par les stipulations de cet acte. Et si ce dernier est silencieux sur son applicabilité dans les collectivités d'outre-mer, les juridictions considèrent qu'il s'y applique (CE, sect., 14 mai 1993, *Mme Smets* : Juris-Data n° 1993-045132 ; *Rec. CE., tables* p. 542 ; *AJDA* 1993, p. 500 concl. C. Vigouroux). Pour que ces avis soient efficaces, il conviendrait de consulter les collectivités d'outre-mer avant que les conventions internationales ne soient conclues, c'est-à-dire lors de la phase de négociation.

Enfin, il convient de souligner que si en principe, les lois et règlements applicables de plein droit n'ont pas à faire l'objet d'une consultation (*Cons. const.*, 30 juill. 2003, n° 2003-478 DC : *Rec. Cons. const.*, p. 406. – *Cons. const.*, 30 juill. 2003, n° 2003-482 DC : *Rec. Cons. const.*, p. 414), il n'en va plus de même lorsque ces normes contiennent des dispositions particulières à la Polynésie française. Cette hypothèse est envisagée dans le cadre de la loi organique statutaire : les lois et règlements applicables de plein droit peuvent

---

mineures : *cette notion d'adaptations nécessaires, désigne les adaptations que nous qualifierons de mécaniques : les références faites au préfet, aux départements ou à l'euro sont par exemple remplacées par des références au haut-commissaire, aux collectivités territoriales ou au franc pacifique. Cela semble exclure toutes adaptations prises en opportunité, lesquelles ne sont envisageables que dans le cadre de lois d'extension ou d'ordonnances* « de l'article 38 » , François Froment-Meurice et Gilles Especel, *Premiers cas de caducité d'ordonnances adoptées sur le fondement de l'article 74-1 de la Constitution, R.F.D.A.* 2009, p. 433-438. Voir aussi dans le même sens : Anne Jennequin, *Les ordonnances de l'article 74-1 de la Constitution. Bilan de pratique*, *R.F.D.A.* 2008, p. 921 et p. 925. Mais ce dernier point (l'étendue des adaptations) est discuté par certains membres de la doctrine, voir Catherine Boyer-Mérentier, "L'article 74-1 de la Constitution", *Mélanges* Louis Favoreu, Dalloz 2007, p. 1109-1113.

comprendre des dispositions les adaptant à son organisation particulière (art. 7, LOPF).

2°. 3) Les institutions à consulter

Il y a lieu en la matière de distinguer selon qu'il s'agit de consulter l'organe délibérant ou l'organe exécutif.

• L'assemblée de la Polynésie française

Les lois organiques statutaires sont adoptées et modifiées après consultation des assemblées délibérantes des collectivités d'outre-mer (*supra*).

Le Conseil constitutionnel a eu l'occasion de préciser, à propos de la loi organique statutaire relative à la Polynésie française (*Cons. const.*, 12 févr. 2004, 2004-490 DC : JO 2 mars 2004, p. 4220 ; *LPA* 30 mai 2005, p. 7 note M. Verpeaux et J. Laeticia ; RD publ. 2004, p. 1727, note F. Luchaire ; *RFD* const. 2004, p. 370 note A. Roux), que seule l'assemblée plénière peut donner son avis et non la commission permanente, alors que cette dernière peut être consultée sur *les autres modalités* de l'organisation particulière. Cette précision a été incluse dans le statut de la Polynésie française par la loi organique du 7 décembre 2007 (article 9 LO 2007-1719).

Les autres dispositions particulières à la Polynésie française doivent faire l'objet d'une consultation de *ses institutions*, étant précisé toutefois, à l'article 74 *in fine* de la Constitution, que lorsqu'il s'agit de normes de rang législatif la seule institution qui puisse émettre un avis est l'assemblée délibérante. De même, s'agissant des ordonnances prises sur le fondement de l'article 74-1 de la Constitution, celles-ci doivent être soumises à l'avis de l'assemblée délibérante lorsqu'elles concernent la Polynésie française. Par souci de cohérence, le statut de la Polynésie française a prévu que les ordonnances prises en application de l'article 38 de la Constitution seraient soumises à la consultation de l'assemblée délibérante.

Ainsi, l'article 9 de la loi organique n° 2004-192 du 27 février 2004 *portant statut d'autonomie de la Polynésie française* dispose :

« L'assemblée de la Polynésie française est consultée :

1° Sur les projets de loi et propositions de loi et les projets d'ordonnance qui introduisent, modifient ou suppriment des dispositions particulières à la Polynésie française ;

2° Sur les projets d'ordonnance pris sur le fondement de l'article 74-1 de la Constitution ;

3° Sur les projets de loi autorisant la ratification ou l'approbation des engagements internationaux qui interviennent dans les domaines de compétence de la Polynésie française. »

La loi organique n° 2011-918 du 1er août 2011 relative au fonctionnement des institutions de la Polynésie française est venue ajouter que :

« les projets de loi mentionnés aux 1° et 3° sont accompagnés, le cas échéant, des documents prévus aux articles 8 et 11 de la loi organique n° 2009-403 du 15 avril 2009 relative à l'application des articles 34-1, 39 et 44 de la Constitution. »

Cependant, les consultations concernant les projets ou propositions de lois – autres que celles définissant le statut – peuvent être confiées à la commission permanente (art. 9 al. 6 LOPF).

Le Conseil constitutionnel a émis à cet égard une réserve d'interprétation. En effet, s'il a admis que la commission permanente puisse se substituer à l'assemblée plénière, c'est à la double condition suivante :

- d'une part, ces consultations doivent avoir lieu en dehors des sessions ;
- et d'autre part, l'assemblée plénière doit avoir expressément habilité l'organe restreint (Cons. const., 12 févr. 2004, n° 2004-490 DC : JO 2 mars 2004, p. 4220).

La loi organique du 7 décembre 2007 a introduit en partie cette réserve d'interprétation (article 9 LO 2007-1719). En effet, l'article 9 précise désormais que la commission permanente doit être expressément habilitée mais il n'a pas repris le fait que la consultation doit intervenir en dehors des sessions pour la bonne raison que la commission permanente n'a vocation à se réunir qu'entre les sessions.

Hormis le cas des projets d'ordonnances, toutes les autres mesures de nature réglementaire sont soumises à la consultation de l'organe exécutif. Il existe cependant deux exceptions :

- d'une part, chaque année, le décret fixant la quote-part des impôts, droits et taxes prélevés au profit du fonds intercommunal de péréquation est soumis à l'avis de l'assemblée de la Polynésie française et du conseil des ministres de cette collectivité (art. 52 al. 2 LOPF) ;
- d'autre part, les décrets qui déterminent le domaine initial des communes en prélevant une partie du domaine de la Polynésie française sont soumis à l'avis conforme de l'assemblée de la Polynésie française (art. 56 LOPF).

Il reste à préciser que dans l'hypothèse où une loi référendaire touche à *l'organisation particulière* de la Polynésie française, c'est-à-dire qu'elle introduise, modifie ou supprime des dispositions particulières à cette collectivité, celle-ci devrait alors être, en principe, soumise à l'obligation de consultation de l'assemblée de la Polynésie française. Mais le défaut de consultation ne sera pas sanctionné puisque le juge constitutionnel ne s'estime pas compétent pour vérifier la constitutionnalité de ces lois (*Cons. const.*, 6 nov. 1962, n° 62-20 DC : *Rec. Cons. const.*, p. 27 ; GDCC). C'est pourquoi la seule fois où la procédure de l'article 11 de la Constitution a été utilisée pour modifier l'organisation particulière d'un territoire d'outre-mer – en l'occurrence la Nouvelle-Calédonie –, le législateur s'est abstenu de solliciter l'avis de l'assemblée territoriale de ce territoire sur le projet de loi référendaire.

• Le gouvernement de la Polynésie française

Seules les dispositions de nature législative et les ordonnances prises sur le fondement des articles 38 et 74-1 de la Constitution doivent obligatoirement être soumises à l'avis de l'assemblée délibérante.

S'agissant des textes de nature réglementaire qui touchent à l'organisation particulière de la Polynésie française, il appartient à la loi organique lorsqu'elle définit le statut de cette collectivité d'outre-mer de préciser quelle sera l'institution compétente qui sera consultée sur ces normes.

Il s'avère que l'article 10 de la loi organique n° 2004-192 du 27 février 2004 a précisé que ce serait l'organe exécutif – hormis deux exceptions (*supra*) – qui serait consulté sur les dispositions de nature réglementaire :

> « Le gouvernement de la Polynésie française est consulté sur les projets de décret à caractère réglementaire introduisant, modifiant ou supprimant des dispositions particulières à la Polynésie française.
>
> Il est également consulté, préalablement à leur ratification ou à leur approbation, sur les traités ou accords qui ne sont pas au nombre de ceux mentionnés au premier alinéa de l'article 53 de la Constitution et qui interviennent dans les domaines de compétence de la Polynésie française. »

2°.4) Les modalités de la consultation

Ces modalités sont définies par la loi organique statutaire lorsqu'il s'agit de la consultation des institutions sur les normes autres que celles relatives à l'adoption du statut (art. 74 al. 6 de la Constitution). En principe, c'est l'État qui prend l'initiative de consulter la Polynésie française puisqu'il s'agit d'étendre des normes étatiques. Mais il est arrivé, à une occasion, que ce soit la Polynésie qui ait pris cette initiative.

Plus précisément, cette dernière souhaitait que soit modifié le régime électoral de l'assemblée de la Polynésie française (suppression de la *prime majoritaire*). Or, comme l'État ne souhaitait pas une telle modification de la loi statutaire, il s'est abstenu de saisir la Polynésie de cette réforme. C'est pourquoi l'assemblée s'est « autosaisie » de cette question et a rendu un avis où elle exprimait son désir que soit modifié l'article 105 de la loi statutaire[32].

32. Avis n° 2007-1 APF du 12 janvier 2007.

Finalement, par amendement, l'article 105 a été modifié et le Conseil constitutionnel n'a pas censuré cette procédure *d'auto saisine* (*Cons. const.* n° 2007-547 DC du 15 février 2007).

D'ailleurs, la loi organique du 7 décembre 2007 est venue modifier l'article 9 de la loi statutaire pour préciser que :

> « Lorsque l'assemblée de la Polynésie française fait usage de la faculté qui lui est ouverte par l'article 133, les résolutions par lesquelles elle présente des propositions de modification des dispositions législatives et réglementaires applicables en Polynésie française ont valeur d'avis au sens du présent article lorsque le Parlement ou le Gouvernement décident de suivre, en tout ou partie, ces propositions. »

La loi organique n° 2004-192 du 27 février 2004 *portant statut d'autonomie de la Polynésie française* précise que l'assemblée de la Polynésie française ou le gouvernement de la Polynésie française dispose d'un délai d'un mois pour rendre son avis. Mais ce délai peut être réduit à quinze jours en cas d'urgence, à la demande du haut-commissaire de la République. Il est à noter que ces délais ont été diminués de moitié par rapport à l'état du droit antérieur : en effet, sous l'empire de la loi statutaire du 12 avril 1996, les institutions disposaient d'un délai de deux mois, réduit à un mois en cas d'urgence. Toutefois, s'agissant des consultations prévues par les articles 52 et 56 de la loi organique statutaire (*supra*), aucun délai n'est précisé.

Une fois le délai expiré, l'avis est réputé avoir été donné.

L'article 9 alinéa 7 de la loi organique statutaire précise également que les avis – express ou implicites – :

> « doivent intervenir, au plus tard, avant l'adoption du projet de loi ou de la proposition de loi en première lecture par la première assemblée saisie ».

Ces dispositions ne sont que la reprise d'une jurisprudence du Conseil constitutionnel (Cons. const., 27 juill. 1982, n° 82-141 DC : *Rec. Cons. const.*, p. 48. – Cons. const., 18 sept. 1986, n° 86-217 DC : *Rec. Cons. const.*, p. 141). Néanmoins, lors de l'examen de cet article par le juge constitutionnel (Cons. const., 12 févr. 2004, n° 2004-490 DC : JO 2 mars 2004, p. 4220), celui-ci a émis une réserve d'interprétation sur la procédure de consultation. En effet, si les juges de la rue Montpensier ont entériné ce processus pour les propositions de loi, en revanche ils opèrent une distinction concernant les projets de loi. Pour ces derniers, le Conseil constitutionnel :

> « exige de faire la différence entre ceux comportant dès l'origine des dispositions relatives à l'organisation particulière de la collectivité d'outre-mer (...) et les autres. Les avis sur les premiers devront avoir été rendus de façon tacite ou expresse avant l'avis du Conseil d'État afin de respecter

l'article 39 de la Constitution. Quant aux autres, ils pourront attendre la première lecture du projet de loi par la première assemblée[33] ».

Cette réserve d'interprétation a été introduite dans la loi statutaire par la loi organique du 7 décembre 2007 (article 9 LO 2007-1719).

Par ailleurs, les avis émis au titre des articles 9 (par l'assemblée de la Polynésie française) et 10 (par le gouvernement) sont publiés au Journal officiel de la Polynésie française.

De plus, l'article 9 *in fine* dispose que le haut-commissaire est tenu de consulter l'assemblée de la Polynésie sur les propositions de loi si cette demande émane du Président d'une assemblée parlementaire. En principe, cette consultation est obligatoire et le haut-commissaire prend seul l'initiative de cette consultation. Mais il se pourrait qu'il y ait lieu d'hésiter pour déterminer si les dispositions d'une proposition de loi touchent ou non à l'organisation particulière de la collectivité et dans ce cas, le président du Sénat ou celui de l'assemblée nationale peuvent exiger cette consultation.

Enfin, on rappellera que lors de l'adoption d'un avis, il est possible aux groupes constitués au sein de l'assemblée de remettre au président de cette instance un avis minoritaire qui doit être annexé à l'avis de l'assemblée (*supra* chap. 2).

b) Date d'entrée en vigueur

Sous l'empire des lois statutaires qui ont précédé la loi organique n° 2004-192 du 27 février 2004, lorsque les lois et règlements nationaux devaient faire l'objet d'une publication locale au Journal officiel de la Polynésie française, ceux-ci entraient en vigueur conformément aux dispositions de l'arrêté gubernatorial du 18 août 1892 *fixant les délais dans lesquels les lois, décrets, arrêtés, décisions et règlements deviennent exécutoires dans les Établissements français de l'Océanie.*

Désormais l'article 8 de la loi statutaire (tel que modifié par 16-III de la loi organique n° 2007-223 du 21 février 2007 portant dispositions statutaires et institutionnelles relatives à l'outre-mer) précise que :

« les lois et, lorsqu'ils sont publiés au Journal officiel de la République française, les actes administratifs entrent en vigueur en Polynésie française à la date qu'ils fixent ou, à défaut, le dixième jour suivant celui de leur publication au Journal officiel de la République française ».

Mais le Conseil constitutionnel a émis une réserve d'interprétation en précisant :

33. Régis Fraisse, La loi et l'outre-mer après la révision constitutionnelle : *AJDA* 2004, p. 814.

« qu'un tel délai de dix jours ne saurait s'appliquer aux textes qui, en raison de leur objet, sont nécessairement destinés à régir l'ensemble du territoire de la République et qui, sauf mention contraire, entrent en vigueur le lendemain de leur publication » (*Cons. const.* n° 2007-547 DC du 15 février 2007).

Cela vise la catégorie des normes applicables de plein droit (*supra*). Ainsi, comme cela était le cas avant l'entrée en vigueur de la loi organique du 27 février 2004 (*supra*), ces normes s'appliquent donc le lendemain de leur publication sauf si une mention expresse précise une autre date. Comme le souligne Bertrand Mathieu et Michel Verpeaux dans une chronique de jurisprudence constitutionnelle :

> cette « réserve d'application (...) vient priver d'effet le sens précis de ces dispositions qui entendaient faire un sort particulier pour ces deux collectivités » (*JCP ed G.*, n° 6, 6 février 2008, p. 21)

Cependant, on peut émettre un doute sur l'application de cette « règle » à une certaine catégorie de normes applicables de plein droit, les textes applicables de plein droit entrant en vigueur le lendemain de leur publication. En effet, seules sont visées par cette réserve les normes qui, en raison de leur objet, régissent l'ensemble de la Nation. En revanche, les textes applicables de plein droit mais spécifiques à l'outre-mer (parce que comprenant des dispositions les adaptant aux collectivités d'outre-mer) devraient entrer en vigueur, en principe, le dixième jour suivant celui de leur publication au Journal officiel.

Outre cette réserve d'interprétation émise par le juge constitutionnel, l'article 8 précité précise que :

> « l'entrée en vigueur des lois et des actes administratifs dont l'exécution nécessite des mesures d'application est reportée à la date d'entrée en vigueur de ces mesures ».

Par ailleurs, en cas d'urgence ces mêmes normes entrent en vigueur dès leur publication si, s'agissant des lois, le décret de promulgation le prescrit ou, s'agissant des actes administratifs, le Gouvernement l'ordonne par une disposition spéciale.

Enfin, désormais – comme en métropole et dans toutes les autres collectivités d'outre-mer ainsi qu'en Nouvelle-Calédonie – la publication des lois, des ordonnances et des décrets est assurée, exclusivement, sous forme électronique, dans des conditions de nature à garantir leur authenticité. Le Journal officiel de la République française est mis à la disposition du public sous forme électronique de manière permanente et gratuite (loi organique n° 2015-1712 du 22 décembre 2015).

§ 2 – L'autorité des actes administratifs

L'autorité des actes administratifs se manifeste à deux égards : l'administration jouit en effet de deux privilèges spécifiques (*ie*. que l'on ne rencontre nulle part ailleurs) :

- le privilège du préalable ;
- et le privilège de l'exécution d'office.

A – Le privilège du préalable

Le privilège du préalable (encore appelé parfois : privilège « d'action d'office » qui ne doit pas être confondu avec le second privilège : celui de l'exécution d'office ou forcée, infra B) est une des manifestations les plus nettes du caractère exorbitant du droit public.

La comparaison avec les actes du droit privé permet de bien souligner l'originalité de ce privilège :

- Les actes des particuliers n'ont pas force exécutoire :

  ce qui veut dire que si un particulier prétend disposer d'un droit à l'encontre d'un autre particulier, il ne dispose pas de la force de l'imposer ; il doit avoir recours aux offices du juge. Seul le juge pourra constater que ce droit existe et de ce fait, donner à l'obligation toute sa force juridique. Et si cela est nécessaire, le juge pourra délivrer un *titre exécutoire* qui permettra au titulaire du droit de provoquer la contrainte publique.

- C'est le principe contraire qui prévaut pour les actes administratifs décisoires :

  quand on dit qu'une décision administrative est exécutoire, cela signifie que cette décision dispose d'une autorité suffisante par elle-même pour entraîner son exécution : en d'autres termes, l'administration se délivre à elle-même un titre exécutoire sans recourir aux offices du juge (cela est valable pour tous les actes administratifs unilatéraux que nous avons qualifiés de décisoires).

Le privilège du préalable a pour conséquence, d'entraîner une modification du droit : l'acte administratif crée des droits et obligations à l'encontre des tiers sans intervention préalable auprès d'un juge : une manifestation unilatérale de volonté émanant d'une autorité administrative suffit donc pour modifier la situation juridique des particuliers sans leur consentement.

Certes, un administré peut contester le bien-fondé de la décision, ou son illégalité. Pour ce faire, il peut utiliser les voies de recours à sa disposition (principalement le REP) mais la saisine du juge administratif ne suspend pas l'exécution de l'acte. Il est toutefois possible de demander la suspension de la décision : référé suspension, (*supra)*.

De plus c'est au requérant qui conteste la mesure de prouver l'illégalité de la décision : l'administration se trouvant dans la confortable position du défendeur (le recours à l'idée de présomption de légalité de l'acte administratif peut expliquer cette situation).

Le Conseil d'État a eu l'occasion de rappeler que le caractère exécutoire des décisions administratives était *la règle fondamentale du droit public* (CE ass. 2 juillet 1982, Huglo, *Rec*. p. 257, *AJDA* 1982. 657, concl. Biancarelli, note Lukaszewicz, D. 1983. 327, note Dugrip, *D*. 1983. IR 270, obs. Delvolvé, *Rev. adm*. 1982. 627, note Pacteau).

On précisera encore que l'obligation de se conformer à un acte administratif trouve un fondement constitutionnel avec l'art. 7 de la DDHC qui dispose que :

> « tout citoyen appelé ou saisi en vertu de la loi, doit obéir à l'instant ; il se rend coupable par la résistance ».

Cette rébellion est même théoriquement pénalement réprimée par l'article 433-6 du Code pénal qui punit :

> « le fait d'opposer une résistance violente à une personne dépositaire de l'autorité publique ou chargée d'une mission de service public agissant, dans l'exercice de ses fonctions, pour l'exécution des lois, des ordres de l'autorité publique, des décisions ou mandats de justice ».

Enfin, il faut rappeler que conformément à une jurisprudence ancienne et constante, l'administration n'a pas la possibilité de renoncer au privilège du préalable et de saisir le juge pour qu'il prononce à sa place des mesures d'exécution qu'elle pourrait elle-même édicter (CE 30 mai 1913, préfet de l'Eure, *Rec*. p. 283).

B – Le privilège de l'exécution d'office

La question que l'on doit résoudre à présent est la suivante : l'administration a-t-elle le droit de passer elle-même à l'exécution d'une décision par la force aux dépens d'un administré récalcitrant ? En d'autres termes, peut-elle utiliser la force publique pour exécuter ses décisions ?

1 – Position du problème

Cette question obéit à deux impératifs contraires :

- Il est dangereux pour les libertés de permettre à l'administration, qui détient à la fois la force matérielle et le pouvoir de prendre des décisions obligatoires, d'user de cette force pour faire exécuter ses décisions.

L'intervention préalable de l'autorité juridictionnelle (judiciaire le plus souvent) paraît une garantie nécessaire.

- Mais d'autre part, on sait que l'administration n'agit pas dans son propre intérêt mais est censée poursuivre l'intérêt général : il faut donc que ses décisions soient appliquées. Et ce, d'autant plus parce que l'obligation de se conformer à un acte administratif trouve son fondement constitutionnel avec l'article 7 de la DDHC qui dispose que *tout citoyen appelé ou saisi en vertu de la loi, doit obéir à l'instant ; il se rend coupable par la résistance*.

La solution est un compromis qui repose sur le principe suivant : l'administration doit recourir au juge avant de procéder à l'exécution par la force. L'exécution forcée sans l'intervention du juge ne sera autorisée qu'en tant qu'ultime remède, lorsqu'aucune autre solution n'est possible.

En supposant que l'administré refuse d'exécuter un acte administratif, et que par ailleurs, l'administration ne puisse recourir à l'exécution forcée, quel juge cette dernière doit-elle saisir pour obliger l'administré récalcitrant à s'exécuter ?

Le paradoxe suivant doit être relevé : le principe de la séparation des autorités administratives et judiciaires devrait conduire le juge administratif à intervenir pour forcer le particulier récalcitrant. Or, il décline très souvent sa compétence. C'est pourquoi le juge judiciaire se substitue à cette carence.

Il peut s'agir du juge judicaire répressif, mais cela est rare car en fait, le juge ne condamne qu'à une amende mais cela ne contraint pas forcément le particulier récalcitrant (cf. David Bailleul, *L'exécution des décisions administratives par le juge, AJDA* 2008, p. 388 spécialement).

Il s'agira le plus souvent du juge civil. En effet, indépendamment de toute infraction pénale (ce qui recouvre la quasi-totalité des cas d'inexécution des décisions de justice), ce juge peut faire droit à toute demande qu'il estimera utile à la résolution du litige, au besoin au moyen de la procédure du référé.

Les choses pourraient changer (tel est le vœu de la doctrine publiciste). Le juge administratif pourrait en effet, au moyen du référé conservatoire, contraindre un particulier récalcitrant. Mais ce n'est pas encore « l'état du droit positif ». Pour l'heure, cette procédure n'est utilisée que pour permettre l'expulsion d'occupants irréguliers des dépendances du domaine public.

2 – Le contenu du privilège

Le privilège de l'exécution par la force n'est accordé à l'administration que dans des hypothèses limitées et sous certaines conditions rigoureuses (TC 2 décembre 1902, Sté immobilière de St-Just, *GAJA*).

a) Les hypothèses de recours possible à l'exécution forcée

Le recours à l'exécution forcée est envisageable dans les trois hypothèses suivantes :

1. Si la loi le prévoit.

   Alors que ces hypothèses étaient rares (prévues pour les réquisitions militaires : loi du 3 juillet 1877), de nombreuses lois aujourd'hui prévoient l'exécution forcée ou d'office (art. L 325-1 code de la route : mise en fourrière des véhicules en stationnement gênant ; voir aussi art. L 322-4 du code forestier ; art. L 511-1 s. du code de la construction et de l'habitation ; art. L 514-1 du code environnement...).

2. Lorsque l'administration ne dispose d'aucun autre procédé contre le particulier récalcitrant.

   Ces cas sont très rares, mais ils peuvent néanmoins se produire lorsque la législation n'a prévu ni sanction pénale ou administrative, ni voie de recours spéciale. Dans cette hypothèse, l'administration est autorisée à recourir à la force sans saisir le juge.

3. Enfin en cas d'urgence, nécessitée absolue ou circonstances exceptionnelles (TC 21 juin 1993, préfet de Corse, préfet de Corse du sud).

   Ainsi, en cas de péril immédiat qui menace la sécurité, la salubrité ou le bon ordre : ces évènements autorisent le recours à l'exécution forcée, même si des procédés de contraintes sont aménagés : *quand la maison brûle, on ne va pas demander au juge l'autorisation d'y envoyer les pompiers*, conclusions Romieu sur TC 1902 Sté immobilière St-Just, op. cit.

b) Les conditions du recours à la contrainte

Pour éviter les abus, le recours à l'exécution forcée n'est possible que dans le cadre d'étroites limites (limites qui d'ailleurs peuvent être assouplies ou supprimées en cas d'urgence) :

- l'acte à exécuter doit avoir sa source dans un texte de loi ;
- il doit y avoir mise en demeure de l'administré ;
- celui-ci doit refuser de s'exécuter ;
- le recours à la force doit être limité à ce qui est nécessaire à l'exécution de la décision.

§ 3 – Les sanctions pour inexécution des actes administratifs

On sait que les actes administratifs unilatéraux (réglementaires ou individuels) peuvent générer des obligations pour les administrés. Dans l'hypothèse où ces derniers feraient montre de peu d'empressement pour exécuter leurs obligations (voire même refuseraient de les exécuter), l'administration, en dehors du cas particulier où elle peut procéder à l'exécution forcée, peut faire sanctionner cette résistance (ou inexécution). Mais la sanction ne confère pas à l'acte la force obligatoire dont elle sanctionne la violation.

Il peut s'agir de sanctions pénales, et nombreux sont les textes qui prévoient le prononcé de telles sanctions. Ainsi par exemple, la loi organique statutaire précise que l'assemblée de la Polynésie française :

> « peut assortir les infractions aux (…) "lois du pays" ou aux délibérations (…) de peines d'amende, y compris des amendes forfaitaires dans le cadre défini par le code de procédure pénale, respectant la classification des contraventions et délits et n'excédant pas le maximum prévu pour les infractions de même nature par les lois et règlements applicables en matière pénale. Elle peut assortir ces infractions de peines complémentaires prévues pour les infractions de même nature par les lois et règlements applicables en matière pénale » (art. 20 LOPF).

De même,

> « le conseil des ministres peut assortir les infractions aux réglementations qu'il édicte dans les matières relevant de sa compétence de sanctions administratives ainsi que d'amendes forfaitaires, dans le cadre défini par le code de procédure pénale, et de peines contraventionnelles n'excédant pas le maximum prévu pour des infractions de même nature par les lois et règlements applicables en matière pénale. Le produit des amendes est versé au budget de la Polynésie française » (art. 94 LOPF).

Mais l'administration peut aussi recourir à des sanctions administratives. En effet, la répression, dès lors qu'elle n'est plus formellement pénale, peut aussi être mise en œuvre par l'administration. Ainsi, dans certaines hypothèses, l'administration peut infliger elle-même aux administrés des sanctions pour non-respect de ses réglementations. Là encore, la loi organique statutaire prévoit que les autorités de la COM peuvent instituer de telles sanctions :

> *La Polynésie française peut également instituer des sanctions administratives, notamment en matière fiscale, douanière ou économique* (art 20 LOPF) et cette compétence appartient aussi au gouvernement (ci-dessus, art 94 LOPF). Enfin, la Polynésie peut *créer des autorités administratives indépendantes, pourvues ou non de la personnalité morale, aux fins d'exercer*

des missions de régulation dans le secteur économique et les doter d'un pouvoir *de sanction strictement nécessaires à l'accomplissement de ses missions.* (art. 30-1 LOPF).

N.B. – Ces sanctions peuvent venir aussi réprimer d'autres comportements fautifs que l'inexécution proprement dite des actes administratifs. En effet, la méconnaissance des règles ou obligations applicables à un groupe de personnes (par exemple, les médecins), peut engendrer des sanctions administratives (suspension de l'exercice de la profession ; radiation de l'ordre, etc...).

A – La notion de sanction administrative

1 – Problématique des sanctions administratives

La sanction administrative, comme toute sanction, est de nature répressive (on parle de répression administrative) car elle a pour objet de punir le manquement à une obligation. Dans une première approche, on peut dire que la sanction est une mesure fondée sur le comportement fautif du destinataire et qui tend non pas à réparer les conséquences préjudiciables de ce comportement mais à le réprimer.

Il faut souligner le fait que la sanction administrative prend la forme d'une décision administrative unilatérale : elle n'est donc pas prononcée par un juge (comme c'est le cas en matière pénale). Et c'est justement ce dernier point qui pose problème. En effet, peut-on admettre que l'administration détienne un pouvoir répressif à l'égard de personnes qui n'ont aucun lien juridique particulier avec elle ? Depuis fort longtemps, il est admis que les personnes qui « travaillent » dans l'administration, sont soumises à une discipline, et que la méconnaissance de ces règles peut amener l'autorité administrative à sanctionner ses agents.

Cependant, à partir des années 1980 se développent les AAI qui disposent d'un pouvoir de prononcer des sanctions pécuniaires très lourdes qui ne sont plus comparables avec les sanctions disciplinaires traditionnelles.

Le Conseil constitutionnel a fini par admettre la constitutionnalité de ces sanctions :

> « le principe de séparation des pouvoirs non plus qu'aucun autre principe ou règle à valeur constitutionnelle ne fait obstacle à ce qu'une autorité administrative agissant dans le cadre de prérogatives de puissance publique, puisse exercer un pouvoir de sanction dès lors, d'une part, que la sanction susceptible d'être infligée est exclusive de toute privation de liberté, d'autre part que l'exercice du pouvoir de sanction est assorti par la loi de mesures destinées à sauvegarder les droits et libertés constitutionnellement garantis ». (Cons. const. 28 juillet 1989).

Ainsi, pour le Conseil constitutionnel, les sanctions administratives ne sont pas limitées aux situations dans lesquelles existe un lien antérieur individualisé entre l'administration et l'individu (une seule limite : l'autorité administrative ne peut prononcer de sanction qui soit privative de liberté). La contrepartie, c'est que l'autorité administrative doit respecter les principes du droit constitutionnel répressif, car les principes du droit répressif général ne concernent pas seulement les juridictions répressives mais s'étendent à toute sanction ayant le caractère d'une punition (Cons. const. 28 juillet 1989, précité).

Précisons encore que seul le législateur peut en principe créer des sanctions administratives (sauf lorsqu'il s'agit de créer des sanctions disciplinaires). En Polynésie française, les autorités peuvent instituer de telles sanctions car la loi organique statutaire les y habilite.

2 – Classification des sanctions de l'administration

Depuis les années 1980, la doctrine a établi une typologie des sanctions prononcées par les autorités administratives. On distingue :

- la sanction disciplinaire,
- la sanction administrative (*stricto sensu*)
- et la sanction administrative punition.

La sanction disciplinaire

L'administration détient tout d'abord un pouvoir de sanction inhérent à la nécessité de faire respecter une certaine discipline à l'égard des agents publics. La discipline s'exerce aussi à l'égard de l'usager du service public : l'obligation de faire fonctionner le service dans le respect du droit et des réglementations induit aussi l'existence d'un pouvoir de sanction envers l'usager qui méconnaît ses obligations.

Cette nécessité implique que ce pouvoir disciplinaire existe même en l'absence de texte. À tout le moins, il n'est pas nécessaire de recourir à la loi : le règlement d'un service, par exemple, peut instituer ce type de sanction ; de même, les sanctions applicables aux agents publics sont créées par voie réglementaire.

La sanction administrative **stricto sensu**

Lorsque le citoyen ne peut exercer une activité qu'en s'insérant dans un ordre ou une institution, il se doit d'en respecter les règles car, en cas de violation de la réglementation, il s'expose à des sanctions administratives (au sens strict).

Exemple :

– Le médecin qui demande son inscription au tableau de l'ordre, les multiples personnes qui sollicitent un agrément pour exercer une activité.

Dans ces hypothèses, il ne s'agit plus d'un « simple » pouvoir disciplinaire car seul l'État – par une loi – ou la Polynésie française – par une loi du pays – peut subordonner l'exercice d'une action à des procédures obligatoires telles qu'autorisation, agrément, etc., et instituer des sanctions pour celui qui ne respecte pas les règles créées.

En effet, il s'agit de limiter ou d'encadrer l'exercice d'activités professionnelles et ce faisant, on touche à l'exercice et aux garanties des libertés publiques, qui, en vertu de l'article 34 de la Constitution, requièrent le recours à une loi.

Les sanctions administratives punition

C'est dans sa décision du 10 juin 2009 que le Conseil constitutionnel a isolé dans la catégorie des sanctions administratives celles qui peuvent être qualifiées de punition.

C'est tout particulièrement pour cette sous-catégorie de sanctions : « les punitions » qu'il faut respecter les garanties applicables à la procédure pénale (*infra B*). En effet, ce régime protecteur s'applique avec moins de force pour les sanctions administratives *stricto sensu.*

Pour appréhender les punitions, il faut utiliser deux critères alternatifs (et non cumulatifs) :

1. – 1er critère : Il faut distinguer :

- les activités réglementées (médecin, taxis etc…) qui doivent respecter des règles professionnelles, des codes de déontologie etc.
- des activités libres (l'entrepreneur) dont l'activité s'inscrit dans le cadre de la libre concurrence et pour lesquelles il n'y a pas de règles préalables si ce n'est le respect des libertés fondamentales.

Dans le cas d'une activité réglementée, le contrevenant fait l'objet de sanction administrative *stricto sensu.*

Tandis que dans le second, le Conseil constitutionnel dit qu'il doit se voir infliger une peine (une punition). En effet, dans ce dernier cas, l'individu exerce une liberté, or, dans un État libéral, l'exercice d'une liberté doit être protégé : les mesures répressives doivent être entourées de davantage de garanties.

2. – 2e critère : La sanction administrative *stricto sensu*, c'est-à-dire celle qui tend à faire respecter une réglementation préalablement connue ne constitue pas en principe une punition, parce qu'elle ne méconnaît pas les principes du droit pénal qui tendent à assurer la prévisibilité de la sanction.

Mais par exception, la sanction devient une punition si, par son contenu, elle n'a plus aucun rapport avec la réglementation qu'elle tend à faire respecter.

Exemple :

- Un médecin qui ne respecte pas le code de déontologie peut se voir infliger une interdiction d'exercer la médecine. Il s'agit d'une sanction administrative *stricto sensu* puisque la sanction est en adéquation avec la réglementation qu'elle tend à faire respecter. En revanche, si c'est une sanction pécuniaire qui lui est infligée, celle-ci n'a aucun rapport avec la réglementation méconnue : elle devient une punition.

3 – Le critère d'identification des sanctions administratives

La sanction administrative doit être distinguée de la mesure de police administrative.

On vient de voir que la sanction administrative peut être définie comme une décision administrative individuelle, qui a pour but de réprimer une faute, c'est-à-dire une méconnaissance par un individu de ses obligations. Cette répression suppose l'infliction d'une sanction, qui consiste en une atteinte matérielle ou morale de la personne sanctionnée.

Exemples : amende, retrait d'une autorisation ou d'un agrément, blâme…

On sait aussi que la fonction de police administrative et les actes de police par lesquelles elle s'exprime, ont au contraire pour but de prévenir ou de mettre fin à une situation ou un comportement de nature à troubler l'ordre public (général ou spécial). Il faut souligner que les mesures de police peuvent atteindre cet objectif en portant atteinte à une situation individuelle existante : un retrait d'autorisation ou d'agrément peut aussi constituer une mesure de police administrative.

Ainsi, si la distinction est claire dans son principe, sa mise en œuvre est plus difficile car parfois, une même autorité administrative dispose des deux pouvoirs et peut prononcer ainsi des sanctions, comme prendre des actes de polices – mesures de police. Or, le régime juridique de ces mesures n'est pas identique.

Parfois le juge, après bien des hésitations et des revirements, arrête une solution simplificatrice mais qui écorne les critères de distinction entre sanction et mesure de police. Ainsi par exemple, à propos des débits de boissons, le Conseil d'État décide que désormais, ce seront toujours des mesures de police : CE avis 6 février 2013, Presteil n° 363532.

Aussi la difficulté réside-t-elle dans la qualification d'une décision comme sanction ou mesure de police car ces décisions n'obéissent pas au même régime juridique.

B – Les principes applicables aux sanctions administratives

Nous venons de préciser que le Conseil constitutionnel exigeait que les sanctions administratives qui présentent le caractère d'une punition soient soumises à un ensemble de règles : les principes du droit constitutionnel répressif. Ce sont des principes qui sont valables tant pour le droit pénal (judiciaire) que le droit public répressif. Ainsi par exemple, la loi pénale, plus douce, rétroagit ; autrement dit, lorsqu'elle prévoit des peines moins sévères que la loi ancienne (ou lorsqu'elle abroge une incrimination), la loi pénale nouvelle doit s'appliquer aux auteurs d'infractions commises avant son entrée en vigueur.

> « Cette règle s'applique non seulement aux peines prononcées par les juridictions répressives mais aussi aux sanctions administratives » (CE 17 mars 1997, Office des migrations internationales).

Mais les principes fondamentaux du droit pénal ne s'appliquent pas avec la même rigueur aux mesures disciplinaires et aux sanctions administratives stricto sensu.

N.B. – Avant d'envisager l'étude de ces principes, il faut indiquer que le juge administratif a consacré le principe d'opportunité des poursuites. Issu du droit pénal (art 40 et 40-1 du Code de procédure pénale), ce principe a été reconnu en matière de répression administrative, qu'il s'agisse :

- de la saisine des juridictions répressives par les autorités administratives (CE ass. 20 mars 1974, Min aménagement du territoire c/ Navarra n° 90547) ;
- ou du prononcé des sanctions par les autorités administratives elles-mêmes (CE sect. 30 novembre 2007, Tinez et autres, n° 293952) ;

et est applicable en matière disciplinaire (CE ass. 6 juin 2014, FCPE et UNL, n° 351582 : sanctions des élèves ; seule y fait exception la répression des contraventions de grande voirie et de voiries routières : CE sect 23 février 1979, Min. Équip c/ ass. Les amis des chemins de la ronde). Mais à noter qu'il ne s'agit pas d'un PGD, c'est une simple règle applicable sous réserve d'un texte contraire : le pouvoir réglementaire peut donc y déroger.

1 – Le principe de la légalité des délits et des peines

Ce principe s'applique certes à la répression administrative mais il faut y apporter quelques nuances. En effet, ce principe se dédouble :

1. Légalité de l'incrimination (*nullum crimen sine lege*) :

Ce principe signifie qu'il ne peut y avoir d'infractions punissables que si celles-ci sont limitativement définies par la loi ou un règlement (pour les contraventions).

En réalité, en droit administratif, il a été pendant longtemps admis que ce principe s'appliquait avec moins de rigueur : une incrimination extrêmement vague ou pratiquement inexistante est considérée comme suffisante ; en d'autres termes, l'existence d'une incrimination textuelle n'était pas un préalable nécessaire à la qualification d'une infraction.

Toutefois la jurisprudence a évolué.

D'abord, le juge constitutionnel exige que "l'infraction" administrative soit *définie en termes suffisamment clairs et précis pour exclure l'arbitraire* (Cons. Const. 25 février 1992). Ce qui revient à dire que la définition expresse des infractions est une condition de la constitutionnalité des lois qui prévoient des sanctions administratives (et pourrait-on ajouter : des règlements ayant le même objet).

Cependant pour l'application de ce principe, le juge administratif (CE ass. 7 juillet 2004, n° 255136) admet une certaine souplesse : le principe de la légalité des délits et des peines ne fait pas obstacle à ce que les infractions soient définies par référence aux obligations auxquelles est soumise une personne en raison de l'activité qu'elle exerce.

Plus précisément, le juge administratif considère traditionnellement qu'en ce domaine, l'administration saisit un comportement et qu'ainsi, son action ne se limite pas à sanctionner une méconnaissance de règles textuelles préexistantes (sanctions disciplinaires des agents publics), car il existe peu d'incriminations écrites (la référence à des obligations auxquelles les intéressés sont soumis suffit). Mais il en va différemment pour la répression disciplinaire des professions réglementées (application plus stricte du principe de légalité des incriminations).

Enfin, même lorsque l'incrimination est entièrement prévue par un texte législatif, le juge doit vérifier qu'une sanction prononcée était raisonnablement prévisible à la date des faits litigieux (CE 16 décembre, 2016, Groupement d'employeurs Plusagri, n° 390234, *AJDA* 2017, p. 268-272, chronique Louis Dutheillet de Lamothe et Guillaume Odinet).

2. Légalité de la sanction (*nulla poena sine lege*) :

Pas de sanction administrative sans texte.

2 – Le principe de non-rétroactivité de la loi pénale

Ce principe a toujours été admis tant par le juge administratif que par le juge constitutionnel. Son champ d'application est limité aux seules lois d'incrimination plus sévères.

3 – Les principes de nécessité et de proportionnalité des peines

Le principe de proportionnalité de la sanction à l'infraction se déduit de l'exigence de nécessité des peines contenue à l'article 8 de la DDHC (la loi ne doit établir que des peines strictement et évidemment nécessaires).

On peut estimer que le principe de proportionnalité s'oppose à toute automaticité des sanctions (car il faut une appréciation individualisée du rapport entre chaque sanction et chaque infraction).

4 – L'interdiction du cumul de sanction (non bis in idem)

Il est un principe classique du droit répressif (disciplinaire) qui interdit de sanctionner une personne deux fois pour une même faute. Cependant, en raison de l'indépendance des poursuites pénales et disciplinaires, un même fait peut donner lieu à une sanction pénale et à une sanction administrative.

Mais depuis la fin des années 1980, le juge constitutionnel se fonde sur le principe de proportionnalité des peines et estime qu'il implique que la durée cumulée des sanctions pénale et disciplinaires (par exemple : une interdiction d'exercer une profession) prononcée à l'encontre d'une personne ne peut pas être supérieure à la peine encourue la plus sévère. Ainsi par exemple, le juge disciplinaire qui inflige une sanction temporaire d'exercice doit tenir compte de l'interdiction prononcée par le juge pénal pour les mêmes faits (CE 21 juin 2013, n° 345500, *DA* janvier 2014, note Gweltaz Eveillard, p. 37-40). Il en va de même pour les sanctions pécuniaires : elles peuvent se cumuler mais le montant cumulé ne peut dépasser le seuil maximum prévu par la sanction pénale ou administrative.

§ 4 – La fin des effets, en Polynésie française, des actes administratifs unilatéraux émanant des autorités de l'État, des communes, et des autorités

Un acte administratif peut perdre sa force juridique, ou cesser de produire des effets (on dit encore qu'« il sort de vigueur ») de plusieurs manières. Il faut distinguer le cas où cette fin des effets résulte du fait de la volonté de l'auteur de l'acte[34], donc d'une décision administrative (A), des autres hypothèses (B), de par la diversité des différents cas à envisager.

34. Cette volonté peut être libre dans la mesure où l'auteur de l'acte choisit le moment où son acte sort de vigueur de l'ordonnancement juridique. Mais cette volonté peut être contrainte par une demande émanant d'un tiers.

A – La fin des effets des actes administratifs unilatéraux par décision administrative

Avant d'envisager les règles qui gouvernent cette fin des effets, selon les cas, il convient au préalable de donner quelques précisions terminologiques et d'exposer les données du problème.

Précisions terminologiques

La décision administrative qui mettra un terme à un acte administratif peut prendre différentes formes qu'il convient de distinguer car leurs modalités de mise en œuvre et leurs effets respectifs diffèrent.

- *L'abrogation :* Décision ayant pour objet de supprimer les effets d'un acte pour l'avenir.
- *Le retrait :* Décision ayant pour objet non seulement de faire disparaître l'acte pour l'avenir et également d'effacer ses effets dans le passé ; il correspond à une annulation rétroactive de l'acte (on utilise également l'expression *rapporter un acte*).
- *La modification :* elle consiste en une abrogation partielle accompagnée de nouvelles dispositions remplaçant les parties abrogées. La modification comme l'abrogation ont pour objet de mettre fin à l'acte administratif unilatéral, mais leurs effets respectifs sont radicalement distincts, ainsi que l'a rappelé le Conseil d'État dans un arrêt de section du 6 mars 2002, Mme Besombes et autres (*A.J.D.A.* 2002, p. 802 et s) : l'acte modifié est maintenu dans l'ordonnancement juridique. En effet, s'il est mis fin aux effets de l'acte administratif modifié, il n'est pas pour autant sorti de vigueur (il demeure dans l'ordonnancement juridique) car l'acte initial est nécessairement remplacé par un nouvel acte (il y a continuité de l'action).
- *L'annulation :* peut être le fait du supérieur hiérarchique de l'auteur de l'acte initial. Cela équivaut à un retrait : le « retrait hiérarchique » est, en principe, possible aux mêmes conditions que le retrait « simple » (*ie*. effectué par l'auteur de l'acte).

Les données du problème

Les solutions que le droit positif consacre aux différentes hypothèses de sortie de vigueur d'une décision administrative lorsque celles-ci résultent du fait de la volonté de l'auteur de l'acte, sont nuancées.

Plusieurs éléments d'appréciation entrent en compte :

- d'une part, la nature réglementaire (1) ou non réglementaire (2), de l'acte (c'est un élément prépondérant),

– d'autre part, le fait que l'acte soit illégal ou régulier,
– et enfin, (mais uniquement pour les actes administratifs individuels) le fait que l'acte ait créé ou non des droits au profit des individus intéressés.

Précisons, enfin, que les « outils » permettant à l'autorité administrative de procéder à la révocation d'un acte auquel elle avait elle-même donné naissance, sont soit « le retrait », soit « l'abrogation ».

* *

*

À présent, nous allons exposer la fin des effets des actes administratifs unilatéraux en distinguant le cas des actes réglementaires (1) de celui des actes non réglementaires (2). Nous préciserons dans chaque cas les différents régimes juridiques concernant la sortie de vigueur de ces actes, selon qu'ils ont pour auteurs, en Polynésie française, les autorités de l'État ou des communes d'une part, ou les autorités de la Polynésie française d'autre part.

1 – La fin des effets des actes réglementaires par décision administrative

Les règlements ont des effets permanents, ils sont susceptibles de faire l'objet d'une application continuelle (ils régissent l'action administrative ou l'action des particuliers de façon perpétuelle). Il est évident que le changement des circonstances ou des besoins de la société peuvent rendre nécessaire leur adaptation (exemple : un règlement de la circulation doit tenir compte de la multiplication des véhicules).

Aussi convient-il de donner la priorité aux nécessités de l'action administrative réglementaire : il n'y a pas de droits acquis au maintien d'une situation réglementaire[35]. Le droit public français consacre pleinement et sans restriction le principe de mutabilité des règlements. Cela ne veut pas dire pour autant que les règlements ne font pas naître de droits acquis, car les règlements peuvent fort bien conférer des droits pour le passé. Simplement, personne ne dispose d'un quelconque droit acquis au maintien d'un règlement.

Il y a lieu de distinguer la fin des effets des actes réglementaires selon qu'elle résulte d'une abrogation (a) ou d'un retrait (b).

a) L'abrogation des règlements

L'abrogation d'un acte réglementaire est une mesure relativement simple à mettre en œuvre dont le principe (1°) connaît quelques limites (2°).

---

35. CE Sect. 27 janvier 1961, Vannier, Rec. p. 60 concl. Kahn ; *A.J.D.A.* 1961, p. 74, chr. Galabert et Gentot ; CE 4 mars 1991, M. Rivière.

1°) Principe

Personne ne peut se prévaloir d'un droit au maintien des réglementations.

L'abrogation (ou la modification d'un règlement) est donc toujours possible à tout moment (dès lors qu'elle ne remet pas en cause rétroactivement les droits des intéressés, *infra* 2°) et pour tout motif[36], ce que traduit le principe de l'application immédiate d'une nouvelle réglementation. Les réglementations peuvent ainsi être abrogées ou modifiées à chaque fois que l'administration le souhaite.

Cette solution, établie de longue date par la jurisprudence, a été codifiée à l'article L 243-1 du CRPA en ce qui concerne les actes des autorités de l'État et des communes. Si, le plus souvent, l'abrogation est une possibilité offerte aux auteurs de tels actes, elle peut revêtir parfois un caractère obligatoire. En effet, lorsqu'un règlement est illégal ou sans objet, non seulement l'administration ne doit pas l'appliquer[37], mais elle est tenue de l'abroger. Ce pouvoir relève de l'autorité réglementaire car abroger un règlement, c'est exercer le pouvoir réglementaire.

Le régime juridique de cette abrogation connaît quelques différences selon qu'il s'agit d'abroger un acte pris par les autorités de l'État ou des communes, ou par les autorités de la Polynésie.

En ce qui concerne les actes des autorités de l'État et des communes :

L'article L 243-2 alinéa 1er du code des relations entre le public et l'administration (CRPA) dispose :

> « L'administration est tenue d'abroger expressément un acte réglementaire illégal ou dépourvu d'objet, que cette situation existe depuis son édiction ou qu'elle résulte de circonstances de droit ou de fait postérieures, sauf à ce que l'illégalité ait cessé ».

La mise en œuvre de cette obligation n'est pas subordonnée au fait qu'une demande en ce sens ait été présentée par un administré. En effet, l'administration constatant l'illégalité de l'acte procède, même d'office, à son abrogation.

---

36. Cette abrogation peut même intervenir avant que l'acte ne soit entré en vigueur (CE sect. 29 mars 2000, Confédération nationale des syndicats dentaires, Rec. p. 146, R.D.P. 2001, p. 362, note C. Guettier; *R.F.D.A.* 2000, p. 1021, concl. Fombeur).

37. CE Sect. 14 novembre 1958, Ponard, Rec. p. 554; CE avis, 9 mai 2005, Pierre X : « En vertu d'un principe général (…), il incombe à l'administration de ne pas appliquer un règlement illégal. Ce principe trouve à s'appliquer, en l'absence même de toute décision juridictionnelle qui en aurait prononcé l'annulation ou les aurait déclarées illégales, lorsque les dispositions d'un document d'urbanisme, ou certaines d'entre elles si elles en sont divisibles, sont entachées d'illégalité. Celles-ci doivent alors être écartées, sous le contrôle du juge de l'excès de pouvoir, par l'autorité chargée de délivrer les autorisations etc. ».

Précisons que l'obligation d'abroger un acte réglementaire sans objet (ou devenu sans objet), c'est-à-dire une réglementation inutile ou obsolète ressemble fort au cas jugé dans l'affaire Despujol (CE sect. 10 janvier 1930, *G.A.J.A.*) : lorsque les circonstances qui ont pu motiver une réglementation ont disparu, il est normal que l'administration abroge ou modifie celle-ci puisqu'elle n'est plus en adéquation avec les faits, ou, à tout le moins, qu'elle « l'adapte » aux nouvelles conditions[38].

En ce qui concerne les actes des autorités de la Polynésie :

L'abrogation des réglementations prises par les autorités polynésiennes est régie par la jurisprudence Alitalia qui précise :

> « que l'autorité compétente, saisie d'une demande tendant à l'abrogation d'un règlement illégal, est tenue d'y déférer, soit que ce règlement ait été illégal dès la date de sa signature, soit que l'illégalité résulte de circonstances de droit ou de fait postérieures à cette date » (CE ass. 3 février 1989, Cie Alitalia, *G.A.J.A.*).

Dans un arrêt de section du 5 octobre 2007 (Ordre des avocats du barreau d'Évreux, n° 282321), le Conseil d'État a étendu le champ de l'obligation d'abrogation des règlements illégaux. En effet, cette obligation demeure lorsque les dispositions illégales ont été abrogées mais ont été reprises sans modification ou avec des modifications de pure forme dans un règlement postérieur.

En outre, par un arrêt du 10 octobre 2013 (Fédération française de gymnastique, n° 359219, *Rec.* p. 251 ; *A.J.D.A.* 2014, p. 213, chron. Bretonneau et Lessi, *DA* avr. 2014, p. 35, note Mauger ; *J.C.P. Adm.* 2014. 2166, note Baumard), la Haute Assemblée a dit pour droit, à propos de l'obligation pour l'administration d'abroger un règlement illégal, que :

> « toutefois cette autorité ne saurait être tenue d'accueillir une telle demande dans le cas où l'illégalité du règlement a cessé, en raison d'un changement de circonstances, à la date à laquelle elle se prononce ».

Tel peut être le cas d'un règlement illégal, mais régularisé par la suite du fait de la survenance d'un changement de circonstances de droit ou de fait. Tel pourrait même être le cas d'un règlement initialement légal, mais devenu illégal avant de redevenir légal.

Contrairement à la situation des actes de l'État ou des communes, l'hypothèse de l'abrogation d'un règlement sans objet ne figure pas dans la jurisprudence

38. CE ass. 28 juin 2002, Villemain, Rec. p. 229 ; *R.F.D.A.* 2002, p. 723, concl. Boissard ; *A.J.D.A.* 2002, p. 586, chr. Donnat et Cassas ; D*A* oct. 2002, p. 21, obs. R.S. ; *R.D.P.* 2003, p. 447, note Guettier.

« Alitalia » et par ailleurs, l'obligation d'abroger un règlement illégal n'existe que pour autant que l'administration ait été saisie d'une demande par une personne.

2°) Limites

Le principe de l'applicabilité immédiate d'une nouvelle réglementation n'est cependant valable que s'il respecte les deux principes (complémentaires) suivants :

- le principe de non-rétroactivité ;
- et le principe d'édiction de mesures transitoires.

1er principe : le principe de non-rétroactivité

Les règles nouvellement édictées ont normalement vocation à s'appliquer immédiatement, mais sans pour autant violer le principe de non-rétroactivité des actes administratifs. Plus précisément, en présence d'un texte muet sur ses conditions d'application dans le temps, le juge doit l'interpréter dans le sens de sa non-rétroactivité.

Or, les nouvelles règles ayant vocation à s'appliquer aux « situations en cours de constitution » et non aux « situations constituées[39] », il convient donc de faire la distinction entre ces deux « états », ce qui n'est pas toujours un exercice aisé.

Une situation est constituée si les faits générateurs de l'application de la règle nouvelle se sont produits en totalité avant l'entrée en vigueur de celle-ci ; la situation juridique qui résulte des règles anciennes doit alors être regardée comme constituée ; la règle nouvelle ne pourra produire d'effets de droit, sinon il y aurait rétroaction.

Une situation est en cours de constitution si le ou les faits générateurs (que l'on suppose non ponctuels ou, s'ils sont pluraux, non concomitants) ne se sont produits qu'en partie. Dans ce cas, la règle nouvelle pourra leur

39. Voir par exemple : CE 16 juin 2008, Fédération des syndicats dentaires libéraux et autres, req n° 296578 : *que, si l'exercice du pouvoir réglementaire implique, pour son détenteur, la possibilité de modifier à tout moment les normes qu'il définit sans que les personnes auxquelles sont, le cas échéant, imposées de nouvelles contraintes puissent invoquer un droit au maintien de la réglementation existante », c'est « sous réserve du respect des exigences attachées au principe de non-rétroactivité des actes administratifs, qui exclut que les nouvelles dispositions s'appliquent à des situations juridiquement constituées avant l'entrée en vigueur de ces dispositions.* Cette jurisprudence figure désormais dans le code des relations entre le public et l'administration : Article L. 221-4 *Sauf s'il en est disposé autrement par la loi, une nouvelle réglementation ne s'applique pas aux situations juridiques définitivement constituées avant son entrée en vigueur ou aux contrats formés avant cette date .*

faire porter les effets qu'elle prévoit, en vertu du principe de l'application immédiate et sans rétroagir.

Exemple :

- Le principe de non-rétroactivité ne fait pas obstacle à ce qu'une modification des dispositions réglementaires relatives à la formation de capitaine de la marine marchande soit appliquée aux élèves en cours de scolarité (CE sect. 19 déc. 1980, Revillod et autres).

2e principe : le principe d'édiction de mesures transitoires

Il peut se produire des *situations* où l'autorité administrative, pour des raisons tenant à la « sécurité juridique[40] », est obligée, lorsqu'elle abroge un texte ou le modifie substantiellement, d'édicter des « mesures transitoires ». Cette obligation ne vise bien sûr que les actes réglementaires. Ainsi, les décisions d'espèce et les décisions individuelles ne peuvent donner lieu à une telle obligation (CAA Paris 8 avril 2010, Société Vinci Park France, n° 08PA04819).

Cette obligation éventuelle est issue de l'arrêt d'assemblée KPMG[41] (CE ass 24 mars 2006[42]). Il en va ainsi, précise le Conseil d'État dans un arrêt de section du 13 décembre 2006, Mme Lacroix :

« lorsque l'application immédiate de celle-ci [la nouvelle réglementation modifiant l'ancienne, ou l'abrogeant] entraîne, au regard de l'objet et des

40. Nouveau principe général du droit consacré par la Haute Juridiction Administrative ; signalons que dans un arrêt CE 21 janvier 2015, EURL 2 B, n° 382902, *AJDA* 2015 p. 880 : le Conseil d'État reconnaît que le principe de sécurité juridique a une valeur constitutionnelle puisqu'il est garanti par l'art. 16 de la DDHC.

41. Cette obligation a été intégrée au code des relations entre le Public et l'administration : Article L. 221-5 – « L'autorité administrative investie du pouvoir réglementaire est tenue, dans la limite de ses compétences, d'édicter des mesures transitoires dans les conditions prévues à l'article L. 221-6 lorsque l'application immédiate d'une nouvelle réglementation est impossible ou qu'elle entraîne, au regard de l'objet et des effets de ses dispositions, une atteinte excessive aux intérêts publics ou privés en cause.

Elle peut également y avoir recours, sous les mêmes réserves et dans les mêmes conditions, afin d'accompagner un changement de réglementation. »

Article L. 221-6 – « Les mesures transitoires mentionnées à l'article L. 221-5 peuvent consister à :

1° Prévoir une date d'entrée en vigueur différée des règles édictées ;

2° Préciser, pour les situations en cours, les conditions d'application de la nouvelle réglementation ;

3° Énoncer des règles particulières pour régir la transition entre l'ancienne et la nouvelle réglementation.

42. Signalons que ce sont les formations administratives qui ont pour la première fois formulé le principe : CE ass. Générale, avis, 20 novembre 2003, n° 369474, *JCP adm* 2004, n° 1385, Note G. Simon.

effets de ses dispositions, une atteinte excessive aux intérêts publics ou privés en cause ».

Dans l'arrêt KPMG, il s'agissait d'une atteinte à des situations contractuelles en cours qui avaient été légalement nouées. Mais ultérieurement, le Conseil d'État a appliqué ce principe de sécurité juridique à des situations autres que contractuelles :

- modifications des règles d'une profession : CE sect. 13 décembre 2006, Mme Lacroix (rejet en l'espèce) ;
- modifications des règles d'un concours de la fonction publique (annulation) : CE 25 juin 2007, Syndicat CFDT du ministère des affaires étrangères.

Le juge apprécie si les nouvelles règles « de fond ou de procédure » n'entraînent pas, au regard de leur objet et leurs effets, une atteinte excessive aux intérêts publics ou privés en cause.

Il est intéressant de relever que « les critères » qui permettent de qualifier une atteinte d' « atteinte excessive » ne sont pas précisés et que leur détermination n'est pas évidente (formulation vague). Afin de se forger une opinion, le juge effectue un contrôle de proportionnalité ou un bilan entre la finalité de la règle en cause et l'importance du bouleversement qu'elle engendre.

Soulignons par ailleurs que si le juge estime que des mesures transitoires auraient dû être prises, il annule alors l'acte, mais seulement partiellement (et non pas dans sa totalité). En effet, le juge annule la nouvelle réglementation *en tant qu'elle ne comportait pas de mesures transitoires*.

On relève encore que cette nouvelle obligation de prévoir des mesures transitoires ne s'applique que *dans certains cas*[43] et non pas à chaque fois que l'administration modifie sa réglementation, car sinon, cela reviendrait à abandonner le principe d'application immédiate de la règle nouvelle.

Le Conseil d'État a précisé le régime juridique des « dispositions transitoires » :

- en vertu de la règle du parallélisme des compétences, l'autorité compétente pour édicter les mesures transitoires est celle qui a signé le nouveau texte ;
- cette autorité compétente est soumise à certaines règles :

43. Ce nouvel état du droit précise que le principe de l'application immédiate d'une nouvelle réglementation est la « règle », mais *dans certains cas* (et non pas en toute hypothèse), *s'il y a lieu*-dit le Conseil d'État, le pouvoir réglementaire est contraint d'aménager un « régime transitoire » (exception).

- elle doit agir dans les limites de sa compétence (ainsi dans le silence du texte supérieur, l'autorité compétente ne peut légalement différer l'entrée en vigueur de son propre texte au-delà d'un délai raisonnable) ;
- cette autorité doit agir dans le respect des règles qui s'imposent à elle : respect de la hiérarchie des normes et conformité des dispositions transitoires au principe d'égalité.

Enfin, il convient de souligner que l'article L 552-2 du code des relations entre le public et l'administration (CRPA) rappelle que les conditions de publication et d'entrée en vigueur des actes administratifs en Polynésie sont régies par l'article 8 de la loi organique statutaire, mais prend soin d'écarter l'application en Polynésie des articles L 221-4 à L 221-6 relatifs à l'obligation pour le pouvoir réglementaire d'édicter, dans certaines hypothèses, des mesures transitoires. Bien évidemment, seule la loi organique aurait pu contenir ces articles du CRPA ; toutefois leur absence d'extension n'est guère gênante. En effet, promue par la jurisprudence, ces principes s'appliquent déjà en Polynésie, y compris en ce qui concerne les actes pris par les autorités de la Polynésie française.

b) Le retrait des règlements

S'agissant du retrait, la solution est plus complexe, parce qu'elle porte atteinte au principe de non-rétroactivité dans la mesure où la décision de retrait prétend avoir des effets sur le passé.

Le retrait n'est donc pas possible, sauf :

- dans les cas autorisés par la loi ;
- et lorsque les deux conditions suivantes sont remplies :
  - 1re condition : le règlement est irrégulier (comme pour les actes individuels, *infra*) ;
  - 2e condition : le retrait doit être effectué dans un certain délai.

Étant précisé, en ce qui concerne la deuxième condition, que les solutions diffèrent selon qu'il s'agit d'actes pris par les autorités de l'État et des communes, ou par les autorités de la Polynésie française :

- ***actes des autorités de l'État et des communes :*** le retrait doit être effectué dans un délai de quatre mois[44] à compter de son édiction (*ie*. de sa signature par l'autorité compétente) et non de son entrée en vigueur (art. L 243-3 du code des relations entre le public et l'administration ; CRPA) ;
- ***actes des autorités de la Polynésie française :*** la solution dégagée par l'arrêt Dame Cachet du 3 novembre 1922, régit toujours la situation de

44. La règle est nouvelle ; auparavant, le retrait s'effectuait dans le délai du recours contentieux, soit deux mois.

la Polynésie : le retrait du règlement doit être effectué dans le délai du recours contentieux, qui est passé de trois à deux mois depuis l'entrée en vigueur du décret n° 2015-1145 du 15 septembre 2015.

Toutefois, si un recours contentieux est intenté, l'administration peut rapporter son acte tant que ce recours n'a pas été jugé. De même, si un recours administratif est introduit, le délai du retrait de l'acte est prorogé de deux mois à compter de l'expiration du délai du recours administratif.

2 – La fin des effets des actes non réglementaire par décision administrative

Le régime juridique du retrait diffère selon que la décision administrative est ou n'est pas créatrice de droits.

a) En ce qui concerne les actes individuels créateurs de droits

Après avoir exposé le principe en la matière (1°), il conviendra ensuite d'envisager les exceptions à celui-ci (2°).

1°) Le principe de l'intangibilité des effets individuels de l'acte administratif

Ce principe est connu aussi sous l'appellation de théorie des droits acquis.

La raison d'être de la théorie des droits acquis

Alors que le règlement est d'application permanente et régit de façon continuelle les comportements actuels et à venir, l'acte non réglementaire a un effet ponctuel : il donne naissance à une ou plusieurs situations individuelles précises, déterminées, et son effet s'arrête là. Dès lors, la sortie de vigueur de l'acte met fin à cette situation dans le cas de l'abrogation, ou le fait disparaître rétroactivement dans le cas du retrait.

Cette sortie de vigueur bouleverse ainsi une situation individuelle créée, sur le maintien de laquelle le ou les bénéficiaires étaient légitimement en droit de compter (exemples : le droit de poursuivre ses études ; le droit de construire un bâtiment...). La stabilité des situations juridiques, nécessaire à toute vie sociale, est ici directement en cause. D'où la théorie des droits acquis.

Le contenu de la théorie des droits acquis

Pour faire face à cette situation (*supra*), la jurisprudence a créé un principe général : celui de l'intangibilité des effets individuels des actes administratifs, que l'on peut également désigner sous l'expression de droits acquis au maintien des situations individuelles définitives.

Aux termes de ce principe général, la sortie de vigueur des actes individuels sur décision administrative est en principe impossible : l'administration ne peut ni abroger ni retirer un acte individuel, sauf bien sûr si une *procédure particulière* est prévue par la loi.

Cette solution, dégagée de longue date par la jurisprudence, a été reprise par l'article L 242-1 du code des relations entre le public et l'administration :

« L'administration ne peut abroger ou retirer une décision créatrice de droits de sa propre initiative ou sur la demande d'un tiers que si elle est illégale et si l'abrogation ou le retrait intervient dans le délai de quatre mois suivant la prise de cette décision ».

Une décision individuelle créatrice de droit ne peut donc jamais, en principe, être rapportée (ou abrogée). Toutefois, il faut réserver le cas particulier d'une décision créatrice de droits *attribuant une subvention lorsque les conditions mises à son octroi n'ont pas été respectées* (art. L 242-2 – 2° du CRPA). L'acte pourra alors être retiré même au-delà du délai de quatre mois. Cette solution jurisprudentielle, codifiée pour les actes des autorités de l'État et les communes, est aussi applicable aux actes pris par des autorités de la Polynésie (voir *infra* : les décisions créatrices de droits à exécution successive : 2-2° abrogation).

En ce qui concerne les *procédures particulières* prévues par la loi, on relève que celles-ci envisagent la possibilité de mettre fin aux effets de certains actes individuels, en accordant à l'autorité le pouvoir de prendre une nouvelle décision, selon des règles et sur des motifs généralement précisés : c'est ce qu'on appelle l'acte contraire, qui s'analyse différemment de l'abrogation dans la mesure où il s'agit d'une autre décision, totalement différente. Ainsi, la révocation, le licenciement, la mise à la retraite sont des actes contraires par rapport à la nomination, de même la dissolution d'une association par rapport à son agrément (l'acte contraire suit en principe la règle du parallélisme des formes, sauf si une procédure particulière est prévue).

2°) Les exceptions au principe

Il convient de distinguer le cas du retrait de celui de l'abrogation.

La jurisprudence a évolué sur la distinction à opérer entre ces deux notions. En effet, après avoir lié, pendant des décennies, le régime du retrait avec celui de l'abrogation, en 2001, la jurisprudence a séparé les deux cas[45]. Mais en 2010, la Haute Assemblée lie à nouveau le régime du retrait et celui de l'abrogation[46]. Il en va de même pour le régime des actes de l'État et des communes prévu par le code des relations entre le public et l'administration.

45. CE ass. 26 octobre 2001, M. Ternon, *G.A.J.A.* 20° *Dalloz*, n° 102 ; CE sect. 6 novembre 2002, Mme Soulier, Rec. p. 369 ; *R.F.D.A.* 2003, p. 225, concl. Austry, note Pierre Delvolvé ; *B.J.C.L.* 2003, p. 33, concl ; *A.J.D.A.* 2002, p. 1434, chr. Donnat et Casas ; *A.J.P.F.* 2003, n° 2, p. 20, note Fuchs ; *D.A.* juillet 2003, p. 6, note Noguellou et Perdu ; *R.D.P.* 2003, p. 408, note C. Guettier.

46. CE sect. 6 mars 2009, M. Coulibaly, rec. p. 7, concl. de Salins ; *R.F.D.A.* 2009, p. 215,

En principe donc, un acte qui confère des droits acquis est un acte intangible : il ne peut n'y être retiré, ni abrogé.

Toutefois, même si le régime du retrait est le même que celui de l'abrogation (un acte créateur de droits ne pourra plus être ni retiré, ni abrogé passé un délai de quatre mois à compter de sa signature), il existe cependant quelques singularités que nous exposerons en abordant le cas de l'abrogation. En effet, parmi les actes individuels créateurs de droits, il convient de distinguer ceux qui sont à exécution instantanée et ceux qui sont à exécution successive. Ces derniers pourront, dans certaines hypothèses, être abrogés.

2°.1) Le retrait

On rencontre trois cas distincts qui permettent d'envisager une exception au principe des droits acquis :

- L'acte n'est pas créateur de droits ;
- L'acte est irrégulier (*ie.* entaché d'illégalité) ;
- L'acte est régulier et créateur de droits acquis, mais son bénéficiaire entend renoncer aux effets de la décision.

Dans ces hypothèses, le retrait (et l'abrogation) pourra être autorisé sous certaines conditions.

• L'acte n'est pas créateur de droits

La définition de cette catégorie d'actes (et de même que celle des actes créateurs de droits) n'est pas aisée. En effet, comme l'ont souligné la doctrine et des membres de la Haute Assemblée :

> « il n'existe pas de critère qui permette de distinguer les actes créateurs de droits de ceux qui ne le sont pas et le Conseil d'État, en cette matière semble obéir à des considérations d'ordre pratique[47] ».

Tout au plus peut-on préciser qu'une décision créée des droits lorsque l'autorité qui la prend doit apprécier une situation. Si tel n'est pas le cas, si l'autorité se borne à constater l'existence d'une situation juridique sans que son intervention ne modifie légalement la situation juridique du destinataire de la décision, la décision n'aura pas créé de droit. Elle est dite « recognitive ».

Ainsi par exemple, la délivrance d'un passeport ou d'une carte d'identité présente un caractère « recognitif », car en effet, lorsqu'elle prend ce type de décision, l'administration se borne à constater, au vu des documents

---

concl. et p. 439, note Eveillard; *A.J.D.A.* 2009, p. 817, chr. Liéber et Botteghi; *D.A.* 2009, n° 64, obs. F. Melleray; J.C.P. 2009, n° 26, chr. Plessix.

47. Benoit Jeanneau, *Les principes généraux du droit dans la jurisprudence administrative,* Sirey 1954, p; 100; voir aussi: concl. Labetoulle sur CE sect 4 mai 1984, Epx Poissonnier, *A.J.D.A.* 84, p. 512.

produits, l'état civil et la nationalité de l'intéressé ; dès lors l'administration peut rapporter sa décision pour illégalité, sans condition de délai et même en l'absence de fraude (CAA Lyon 16 avril 2009, Mme Zian).

En ce qui concerne les décisions pécuniaires, il faut opérer une distinction en la matière : certaines sont « recognitives » et d'autres « attributives ». Toutes les décisions accordant un avantage pécuniaire, même celles prises dans le cadre d'une compétence liée, sont désormais créatrices de droit (CE 6 novembre 2002, Mme Soulier). Seules les liquidations de créances ne le sont pas (ce sont des décisions recognitives).

Enfin, il faut signaler que bien qu'un acte irrégulier créateur de droits soit devenu définitif (par exemple : une somme d'argent a été versée), et que donc théoriquement, il ne devrait plus être possible de le retirer passer ce délai de 4 mois, la loi (art. 37-1 de la loi du 12 avril 2000) prévoit que l'administration[48] peut mettre en œuvre l'action en répétition de l'indu (l'administration retire ainsi les effets produits par l'acte individuel erroné) dans un délai de deux ans à compter du premier jour suivant celui de la date de mise en paiement du versement erroné (Benoît Arvis, *Le contentieux de la décision attribuant un avantage financier au fonctionnaire : droit des agents ou sauvegarde des deniers publics ? AJFP* 2012, p. 130-141). Le Conseil d'État a consacré l'indépendance des règles de prescription et de retrait, tout en neutralisant l'effet de ces dernières. L'expiration du délai de quatre mois pour retirer un avantage financier n'empêche pas l'administration de demander la répétition des sommes, dans la limite de deux ans (CE avis 28 mai 2014, Le Mignon, n° 376501 ; CE avis 31 mai 2017, n° 405797).

N.B. – Le plus souvent, à la suite d'un trop-perçu payé par l'administration, l'agent public qui se voit demander sa restitution engage une action en responsabilité contre son employeur. Le juge administratif considère, en effet, comme une illégalité fautive le versement de ces sommes indues et réduites, en conséquence, le montant à reverser à l'administration en allouant une indemnité à l'agent (CE sect. 12 octobre 2009, Fontenille).

En ce qui concerne l'identification des actes non créateurs de droits, le juge se contente de les qualifier au cas par cas, sans autre explication.

On peut toutefois préciser que le juge administratif les classe comme suit :

- Décisions non créatrices de droits en raison de leur objet :
  - décisions négatives ;
  - ou décisions recognitives.

48. Ces dispositions sont applicables aux agents de l'État mais non aux agents de la Polynésie française et des communes.

- Décisions non créatrices de droits en raison de leurs conditions de naissance :
  - décisions inexistantes ;
  - ou décisions obtenues par fraude.

Rares sont les actes inexistants. Pour cela, ils doivent être entachés d'une illégalité grave et grossière (exemple : usurpation de fonction). On conçoit aisément qu'ils ne puissent produire de droits acquis à leur maintien et que, partant, leur auteur puisse les rapporter à tout moment.

Le code des relations entre le public et l'administration (CRPA) envisage le cas de l'acte créateur de droits acquis obtenu par fraude (art. L 241-2). Là encore, la solution avait déjà été dégagée par les juridictions administratives. En vertu de l'adage *fraus omnia corrumpit*, on considère que la situation juridique n'est pas définitivement établie parce qu'elle a été acquise par fraude[49]. Pour identifier une fraude, il faut le plus souvent se livrer à une appréciation essentiellement objective (exemple : une construction est affectée à une autre destination que celle prévue par le permis de construire). Parfois, l'appréciation peut être plus subjective : c'est le cas du plagiat. L'identification du plagiat constitue une opération plus « subjective » puisqu'il faut non pas vérifier la réalité du travail, mais porter une appréciation approfondie et minutieuse sur un travail de recherche.

Précisions supplémentaires [50]:

La preuve d'une fraude repose sur la réunion de deux éléments complémentaires :

- un élément matériel, qui correspond aux faits ayant induit l'administration en erreur ;
- et un élément moral, caractérisé par l'intention ou, pour le moins, la conscience de l'administré de tromper l'administration (CE 8 février 2012, Mme A, n° 324697).

L'administration peut certes retirer à tout moment l'acte acquis par fraude, mais pour ce faire, elle doit toutefois motiver sa décision de retrait d'une part, et d'autre part, (conséquence de la motivation) respecter la procédure contradictoire (CAA Bordeaux, 2 nov 2006, SCI Le clos bleu vision).

---

49. CE 10 octobre 1990, M. et Mme Alarcon, R.D.P. 1991, p. 1749. Fausse déclaration : dès lors, le permis a été obtenu *sans que les conditions légales de son octroi fussent remplies* ; fausses informations ; faux documents ; mensonges par omission : CE 10 oct 1957, Sieur Rouch, Rec. P. 532 ; CE 23 février 2009, Mme B.-R., *R.F.D.A.* 2009, p. 226, note Fabrice Melleray.
50. Voir Stéphane Renard, *L'acte administratif obtenu par fraude. Un acte créateur de droits précaires AJDA* 2014, p. 782-789.

Le retrait de l'acte est-il une faculté ou une obligation pour l'administration ?

L'autorité administrative auteur de l'acte a la faculté, et non l'obligation, de retirer l'acte (l'administration n'est pas en situation de compétence liée pour retirer l'acte obtenu par fraude : CE 23 février 2009, Mme B.-R).

Mais qu'en est-il dès lors qu'un tiers demande à l'administration de retirer cet acte acquis frauduleusement ? En principe l'administration est tenue de révoquer l'acte acquis par fraude (elle a le choix entre abroger ou retirer l'acte) :

– obligation de procéder au retrait : CAA de Marseille, 1er juillet 1999, M. Morisson.

Seule l'administration dispose de ce pouvoir de retrait en cas de fraude (*ie.* l'autorité compétente pour délivrer l'acte peut seule procéder à son retrait) : en effet, si le délai du recours contentieux est épuisé, les tiers ne peuvent plus obtenir le retrait de l'acte (pas de prorogation du délai de recours : CE 17 mai 1999, Ferrari).

Il est important de relever que si le juge administratif considère que l'acte obtenu par fraude peut être retiré ou abroger à tout moment, il ajoute qu'en revanche, tant qu'il n'a pas été mis fin à cet acte (par l'autorité administrative compétente), ce dernier doit être exécuté. Ainsi, un organisme public ne peut se prévaloir de la fraude ayant entachée la nomination d'un de ses agents pour lui refuser le bénéfice de congés, car il faut au préalable que l'autorité administrative compétente mette fin à cet acte illégal (CE sect. 29 novembre 2002, Assistance publique – Hôpitaux de Marseille).

Pour être complet sur le régime des actes créateurs de droits on précisera, que le Conseil d'État a considéré que le contrat d'un agent non titulaire est créateur de droits au profit de celui-ci : CE sect. 31 décembre 2008, M. Cavallo. En conséquence, ce contrat comme tout acte individuel créateur de droits peut être retiré lorsqu'il est irrégulier dans les conditions de la jurisprudence Ternon (CE ass. 26 octobre 2001, M. Ternon, *G.A.J.A.*) ou de l'article L 242- 1 du CRPA (*supra*) : *ie.* dans le délai de quatre mois qui suit son édiction[51].

En conséquence, ce contrat comme tout acte individuel créateur de droits peut être retiré lorsqu'il est irrégulier dans les conditions de la jurisprudence TERNON c'est-à-dire dans le délai de 4 mois qui suit son édiction (CE 21 novembre 2012, Région Languedoc-Roussillon, n° 329903, *DA* avril 2013, notre Brunet p. 37 et s).

---

51. Pour un premier cas d'application : CE 21 novembre 2012, Région Languedoc-Roussillon, n° 329903, *DA* avril 2013, notre Brunet p. 37 et s.

- L'acte est irrégulier

Position du problème

Normalement, un acte irrégulier ne doit pas créer de droits qui seraient acquis contrairement à la loi. L'administration doit pouvoir le retirer lorsqu'elle se rend compte de son erreur, elle est même obligée de le faire.

Mais par ailleurs, le souci de la stabilité des situations juridiques et le principe de l'apparence militent dans le sens contraire, c'est-à-dire pour que l'on ne remette pas en cause éternellement ces actes. Aussi peut-on estimer que la sécurité juridique puisse contrebalancer dans une certaine mesure les exigences du respect de la légalité.

Modalités de la solution

Les solutions sont nuancées car elles tiennent compte des exigences contraires de la légalité (*supra*). Ainsi, les impératifs de la légalité autorisent le retrait de ces actes irréguliers, mais le souci de la stabilité juridique limite la durée d'exercice du retrait, afin de réduire au minimum la durée d'incertitude. Par ailleurs, les solutions diffèrent aussi selon que sont en cause des actes pris par les autorités de l'État et des communes, ou par les autorités de la Polynésie française.

Cette sortie de vigueur de la décision créatrice de droits entachée d'illégalité peut être effectuée par l'autorité administrative, soit de sa propre initiative, soit sur demande d'un tiers (art. L 242-1 du CRPA), soit même sur demande du bénéficiaire de la décision et dans ce dernier cas, l'article L 242-3 du CRPA précise que l'*administration est tenue d'y procéder.*

Particularité

L'article 242-5 du CRPA précise que dans l'hypothèse où le recours contentieux contre une décision créatrice de droits est subordonné à l'exercice préalable d'un recours administratif, et qu'un tel recours a été régulièrement présenté, le retrait (ou l'abrogation) est possible jusqu'à l'expiration du délai imparti à l'administration pour se prononcer sur le recours administratif préalable obligatoire. Ce dispositif est applicable aux actes des autorités de l'État et des communes.

La solution jurisprudentielle est identique pour les actes pris par les autorités de la Polynésie française. En effet, en cas de recours administratif préalable, obligatoire avant toute saisine du juge, la création définitive de droits est reportée à la date où est prise la décision en réponse à ce recours. La décision initiale (*i.e.* avant recours) ne crée pas de droit acquis[52].

52. CE ass. 29 mars 1968, Manufacture des pneumatiques Michelin, Rec. p. 214; CE sect. 1er février 1980, Clinique Ambroise Paé, *Rec.* p. 62.

Précisons aussi que lorsqu'un acte support[53] a été annulé, les actes subséquents[54] pris par l'administration, et qui n'ont pas été contestés dans les délais du recours contentieux, n'ont pas acquis de caractère définitif et doivent donc faire l'objet d'un retrait (CE sect. 3 novembre 1995, Mme Velluet et autres, *A.J.D.A.* 1996, p. 215 s.).

Enfin, le Conseil d'État, dans un arrêt de section, vient de fixer (en modifiant l'état du droit jurisprudentiel antérieur...) le régime du retrait d'un acte administratif provisoire [suspension d'une décision de refus] pris en exécution d'une ordonnance de référé : un permis de construire provisoire délivré en exécution d'une ordonnance de référé-suspension peut être retiré par l'administration à la suite de la décision juridictionnelle mettant fin à la suspension du refus de permis initial ; le retrait doit alors intervenir dans un délai de trois mois à compter de la notification de cette décision juridictionnelle à l'administration, après que le pétitionnaire a été mis à même de présenter ses observations et à condition que le refus qui lui est substitué soit légal (CE sect. 7 octobre 2016, Commune de Bordeaux, n° 395211, *JCP* G n° 50, 12 décembre 2016, p. 2332-2336, note Paul Cassia ; *DA* février 2017, n° 8, p. 39-44, note Gweltaz Eveillard)

- Les décisions explicites

Actes des autorités de l'État et des communes

Ainsi que cela a été précisé, l'article L 242-1 du code des relations entre le public et l'administration dispose que l'administration doit retirer (ou abroger) une décision créatrice de droits entachée d'illégalité dans le délai de quatre mois suivant la prise de cette décision. Le délai de quatre mois court à compter de l'édiction de l'acte (*i.e.* de sa signature) et non de sa notification, ce qui est compréhensible puisqu'un acte individuel crée des droits dès son émission, et que ces droits peuvent être invoqués par son bénéficiaire alors même que l'acte ne lui aurait pas encore été notifié (CE sect. 19 décembre 1952, Delle Mattéi).

---

53. Il faut noter cependant que, parfois, la définition de l'acte « support » n'est pas évidente. Ainsi, le juge administratif considère que la décision du jury d'un concours ne constitue pas un acte support (son annulation n'a que des effets symboliques ; elle apparaît seulement comme un acte préparatoire) et donc, c'est la nomination des agents qu'il faut attaquer : CE sect. 10 octobre 1997 Lugan, *Rec.* p. 346, concl. Pécresse ; *A.J.D.A.* 1997, p. 552, chr. Chauvaux et Girardot (il s'agit là aussi d'un revirement de jurisprudence : avant l'arrêt Lugan, le Conseil d'État estimait que l'annulation du concours remettait en cause toutes les nominations).

54. Les actes subséquents sont des actes qui sont pris à la suite d'un premier acte « support » et qui en constituent la suite logique. Exemple: nomination dans l'administration, puis titularisation, puis passage au grade supérieur, puis mutation, etc. Si le premier acte (dit acte support) est illégal et est annulé, les autres actes ne deviennent jamais définitifs et doivent faire l'objet d'un retrait.

Par ailleurs, dans un arrêt de section du 21 décembre 2007, Société Bretim (req n° 285515), le Conseil d'État a jugé, dans un litige intéressant les autorisations de licenciement, que la notification d'une décision de retrait après l'expiration du délai de quatre mois imparti au ministre est sans incidence sur la légalité de la décision *à condition que sa décision fut prise dans un délai de quatre mois* (*ie*. avant l'expiration du délai). Cette solution s'appuie sur le principe selon lequel les conditions de publicité d'un acte sont sans influence sur sa légalité. Mais cela réintroduit une dose d'insécurité juridique : au terme du délai, l'administré ne pourra être certain de l'intangibilité de l'acte dont il est bénéficiaire, car il se peut que l'administration l'ait retiré sans l'en avoir encore averti.

Passé ce délai de quatre mois, l'acte ne peut plus être retiré. Aucune dérogation à ce délai n'est possible, faute pour l'article 242-1 du CRPA d'avoir précisé « sous réserves de dispositions législatives ou réglementaires contraires ».

Actes des autorités de la Polynésie française

Le délai du retrait de la décision administrative créatrice de droits et entachée d'illégalité est aussi de quatre mois, mais ce régime « de sortie de vigueur » comprend des particularités.

La situation de la Polynésie française demeure régie par la jurisprudence Ternon aux termes de laquelle, le Conseil d'État a dit pour droit :

> « sous réserve de dispositions législatives ou réglementaires contraires, et hors le cas où il est satisfait à une demande du bénéficiaire, l'administration ne peut retirer une décision individuelle explicite créatrice de droits, si elle est illégale, que dans le délai de quatre mois suivant la prise de cette décision » (CE ass. 26 octobre 2001, M. Ternon, *G.A.J.A.*).

La principale différence avec le régime des décisions émanant de l'État ou des communes est que le délai de quatre mois peut être modifié par la « législation » ou la réglementation polynésienne. En effet, la loi (loi du pays) ou le règlement (délibération, arrêté) dispose de la faculté de déroger à cette solution générale. Il existe donc une possibilité de prévoir des régimes particuliers (de plus ou moins quatre mois) de retrait, ce qui laisse entendre que l'arrêt Ternon n'a pas posé un principe général du droit, mais une simple règle générale du droit, puisqu'il permet à un texte réglementaire de prévoir un délai différent de celui de quatre mois.

- *Les décisions implicites*

Ces décisions sont soit « d'acceptation », soit de « rejet ». Le plus souvent sont en cause des décisions implicites d'acceptation. Mais il arrive que des décisions implicites de rejet soient créatrices de droits.Tel est le cas lorsque le ministre du Travail rapporte sa décision implicite par laquelle il a rejeté le recours hiérarchique formé contre la décision prise par l'inspecteur du travail de licencier un salarié protégé car, ce faisant, il laisse entendre qu'il entend mettre un terme à ce licenciement.

Décisions implicites d'acceptation

Un problème particulier se pose pour ces décisions implicites d'acceptation, qui, par définition, ne peuvent faire l'objet de publicité. En cas d'irrégularité, ces décisions peuvent-elles être retirées à tout moment (solution qui supprimerait une bonne part de l'intérêt qu'il y a à considérer que le silence de l'administration vaut décision) ? Pendant longtemps, la situation était régie ainsi : le recours à la notion de dessaisissement permettait de dégager une solution négative (CE sect 14 novembre 1969, Eve). Mais cet état du droit a été modifié par la loi du 12 avril 2000 pour ce qui concerne les actes de l'État et des communes. Puis à nouveau, en 2015, l'état du droit est modifié par l'entrée en vigueur du code des relations entre le public et l'administration.

En revanche, la situation de la Polynésie française demeure inchangée.

En ce qui concerne les actes des autorités de l'État et des communes :

La loi du 12 avril 2000 prévoyait dans son article 23, un régime particulier de retrait pour les actes implicites. La décision illégale pouvait être retirée :

- pendant le délai du recours contentieux quand des mesures d'information des tiers avaient été mises en œuvre (art. 23-1°.) ;
- pendant le délai de deux mois à compter de la date à laquelle est intervenue la décision, lorsqu'aucune mesure d'information des tiers n'avait été mise en œuvre (art. 23-2°.) ; c'était l'hypothèse la plus fréquente car ce genre de décisions est rarement porté à la connaissance des tiers ;
- pendant la durée de l'instance, au cas où un recours contentieux[55] avait été formé (que l'acte ait fait ou non l'objet de mesures d'information) (art. 23-3°).Or, ces dispositions ont été abrogées. Dès lors, on peut estimer que le régime des décisions implicites est régi par les dispositions de l'article L 242-1 du CRPA puisque cet article peut s'appliquer aussi bien aux

55. Telles qu'énoncées par la loi, ces trois hypothèses posaient un problème de « lecture » (ou d'interprétation). En effet, ces trois hypothèses sont-elles indépendantes ou peuvent-elles se combiner ? Le Conseil d'État, dans un avis du 12 oct 2006 (*CE* avis 12 oct 2006, Cavallo, *AJDA* 2006, concl Yves Struillou, p. 2394), a choisi de lire l'art. 23 comme signifiant que la troisième hypothèse s'ajoute aux deux premières (la logique de cette jurisprudence réside dans le fait que, quelles que soient les conditions initiales d'édiction d'un acte administratif, dès lors qu'un recours contentieux est formé, il n'y a pas de raison d'interdire à l'administration de devancer l'annulation contentieuse : tant que le juge n'a pas statué, l'administration a les mêmes pouvoirs que le juge : ce raisonnement reprend la logique de l'arrêt Dame Cachet : CE 3 nov 1922.

décisions explicites qu'implicites. Ainsi, l'auteur d'une décision implicite d'acceptation illégale peut retirer cette dernière dans un délai de quatre mois à compter de sa naissance.

En ce qui concerne les actes des autorités de la Polynésie française :

Le régime du retrait des décisions implicites d'acceptation émanant des autorités de la Polynésie n'a jamais varié. Le recours à la notion de dessaisissement empêche que ces actes soient rapportés. En d'autres termes, le retrait de ce type d'acte est impossible[56].

Décisions implicites de rejet

Il faut rappeler que sont en cause, à présent, des décisions implicites de rejet créatrices de droits. En effet, si ces décisions ne sont pas créatrices de droit, leur sortie de vigueur suit un régime différent (*supra*).

Dans le présent cas, il y a lieu de procéder au retrait de la décision implicite de rejet créatrice de droits et illégale dans les conditions déterminées par la jurisprudence dame Cachet, c'est-à-dire dans le délai du recours contentieux de deux mois (*CE* 26 janvier 2007, SAS Kaefer Wanner, n° 284605, *A.J.D.A.* 2007, concl. Yves Struillou, p. 537). Mais pour les actes des autorités de l'État ou des communes, on peut estimer, comme pour les décisions implicites d'acceptation, que le délai de retrait est désormais de quatre mois.

- L'acte est régulier et créateur de droits acquis, mais son bénéficiaire entend renoncer aux effets de la décision

L'article L 242-4 du CRPA, pour les actes des autorités de l'État et des communes, et la jurisprudence[57] pour les actes des autorités de la Polynésie française, prévoient une troisième exception au non retrait (ou non abrogation) des décisions individuelles créatrices de droit, lorsque la sortie de vigueur de l'acte est sollicitée par le bénéficiaire de l'acte.

---

56. « Considérant, d'autre part, qu'il résulte des dispositions précitées de l'article 961-1 du Code des impôts de Polynésie française que le silence gardé pendant plus de quatre mois par l'autorité administrative saisie d'une demande d'exonération fait naître une décision implicite créatrice de droits d'acceptation de cette exonération, qui ne fait pas l'objet d'une publicité à destination des tiers ; qu'à l'expiration de ce délai de quatre mois, cette autorité se trouve dessaisie et il ne lui est plus possible de revenir sur cette décision ; que, par suite, la cour, en jugeant, après avoir relevé que la décision litigieuse devait, compte tenu de la date de sa notification, s'analyser comme le retrait d'une décision implicite antérieure d'acceptation, que cette décision implicite pouvait être retirée dans le délai de recours contentieux par l'administration, a commis une erreur de droit » (CE 21 mai 2012, n° 325933)

57. CE 9 avril 1999, Saunier, *DA* oct. 1999 n° 244 ; CE 26 septembre 2007, Labeaume, *BJDU* 2007, p. 278.

En principe, si l'acte est légal, sa sortie de vigueur est impossible, et s'il est illégal, cette sortie de vigueur est enfermée dans un délai de quatre mois. Cependant, à tout moment et même si l'acte est légal, son bénéficiaire peut demander à l'administration de rapporter ou d'abroger cet acte, sous réserve d'une part, que l'acte ne porte pas atteinte aux droits des tiers et, d'autre part, qu'il soit remplacé par une décision plus favorable pour son bénéficiaire.

2°.2) L'abrogation

Nous avons précisé précédemment que l'acte individuel créateur de droits, devenu définitif, ne pouvait plus être retiré ni abrogé (sauf application de l'acte contraire si celui-ci est prévu par un texte ou encore si le bénéficiaire de l'acte demande son retrait ou encore son abrogation).

Mais il existe des exceptions dues à la nature de la décision créatrice de droits. En effet, il faut procéder à une distinction parmi les actes individuels créateurs de droit, selon que l'acte produit des effets durables ou non. En d'autres termes, l'acte créateur de droits est :

- soit à exécution instantanée et il ne peut plus être ni retiré ni abrogé ;
- soit à exécution successive et il pourra éventuellement faire l'objet d'une abrogation[58].

Tel est le cas des décisions créatrices de droits précaires (parfois qualifiées de décisions créatrices de droits simples), dont les effets se prolongent à la condition que les critères conduisant à leur édiction initiale continuent à être remplis (à distinguer des décisions créatrices de droits intangibles, dont les effets sont acquis une fois que l'administration a considéré les conditions initiales remplies). Il faut donc vérifier, à intervalles réguliers ou de façon continue, si les conditions qui ont justifié l'intervention de la décision initiale sont toujours réunies.

S'agissant des décisions créatrices de droits précaires qui vont pouvoir faire l'objet d'une abrogation, on peut les analyser comme des *décisions assorties d'une condition extinctive ou abrogative (et non résolutoire)* (Nicolas Boulouis, conclusions). Il s'agit bien de décisions créatrices de droits mais les destinataires ne peuvent s'en prévaloir que tant qu'elles produisent leurs effets : il n'y a donc pas de droit acquis à leur maintien.

58. Exemples : la décision de permettre à quelqu'un de se présenter à un concours est à effet instantané (l'administration épuise sa compétence en une seule fois, il n'y a plus rien à décider ensuite) ; en revanche la décision d'accorder à un fonctionnaire un complément de rémunération qu'il percevra régulièrement tous les mois est à effet successif (l'administration n'a pas épuisé sa compétence par sa décision initiale, parce que la décision doit rester adaptée aux circonstances auxquelles elle s'adresse).

Cette solution jurisprudentielle[59] qui caractérise le régime des décisions créatrices de droits prises par les autorités de la Polynésie, a été codifiée par l'article L 242-2 – 1° du CRPA et est donc aussi valable pour les actes pris par les autorités de l'État ou des communes.

Exemple :

- Les autorisations de police ou d'occupation privative du domaine public présentent, en raison de leur objet, un caractère précaire : ces actes sont créateurs de droits pour le passé mais non pour l'avenir. Ainsi, ils ne peuvent être retirés que s'ils sont illégaux et ce, dans le délai de quatre mois à compter de leur adoption, mais ils peuvent par contre être abrogés à tout moment et pour tout motif.

De même, entrent dans la catégorie des décisions individuelles créatrices de droits qui peuvent à tout moment faire l'objet d'une abrogation, les décisions individuelles délivrées par l'administration en exécution d'une décision de justice. En effet, ces décisions sont désormais[60] considérées comme « conditionnelles[61] », ne pouvant plus être retirées une fois le délai de quatre mois écoulé, mais pouvant toujours être abrogées en cas d'infirmation de la décision juridictionnelle par la juridiction supérieure (en cas d'appel ou de cassation).

Tel est aussi le cas des décisions qui accordent un avantage financier qui se déroule dans le temps. Le juge a dit pour droit que l'avantage indemnitaire accordé illégalement ne pouvait pas être retiré passé le délai de quatre mois. En revanche, précise le Conseil d'État, l'administration peut l'abroger. En effet, l'autorité administrative peut supprimer pour l'avenir un avantage indûment accordé.

Enfin, la décision (créatrice de droits) par laquelle l'Ordre des médecins exempte un médecin du tour de garde est par nature temporaire et peut être

59. CE 7 août 2008, Crédit coopératif, *DA* 2008 oct, n° 126 : «considérant (…) que le caractère créateur de droits de l'attribution d'un avantage financier tel qu'une subvention ne fait pas obstacle, soit à ce que la décision d'attribution soit abrogée si les conditions auxquelles est subordonnée cette attribution ne sont plus remplies, soit à ce que l'autorité chargée de son exécution constatant que ces conditions ne sont plus remplies, mette fin à cette exécution en ne versant pas le solde de la subvention »

60. CE 19 décembre 2014, ministre des Finances et des comptes publics c/ Société H et M Hennes et Mauritz, n° 384144, *AJDA* 2015, p. 345 et s. conclusions Aurélie Bretonneau ; *DA* mai 2015, p. 27 et s. note Gweltaz Eveillard.

61. Abandon de l'ancienne jurisprudence CE 21 janvier 1966, Maccario qui prévoyait un retrait à tout moment dès lors que la solution du jugement qui avait servi de base à l'édiction de la décision individuelle était inversée par la juridiction supérieure.

abrogée lorsque la condition qui la fonde cesse d'être remplie (CE 19 février 2003, M. Tarpin).

b) En ce qui concerne les actes non réglementaires et non créateurs de droits

Entrent dans cette catégorie d'actes, les décisions individuelles qui ne confèrent pas de droit (*supra*) à leur destinataire (exemples : un refus d'autorisation ; un retrait d'agrément) ou encore les décisions d'espèces (parfois appelées : « actes particuliers » qui ne sont ni réglementaires ni individuels).

1°) Le retrait

Ce sont les dispositions de l'article L 243-3 du CRPA qui s'appliquent à ce cas de figure. En d'autres termes, l'acte non réglementaire non créateur de droits suit le même régime que l'acte réglementaire. L'administration doit retirer ce type d'acte s'il est illégal, et le retrait doit être effectué dans le délai de quatre mois qui suit son édiction.

Cependant, l'article L 243-4 du CRPA prévoit une exception. En effet, les sanctions (décisions négatives) peuvent être retirées sans condition de délai ni condition de légalité.

Cependant, la jurisprudence administrative à une interprétation du champ d'application beaucoup plus large que le code puisqu'elle admet que tous les actes illégaux non créateurs de droits (comme une sanction disciplinaire) peuvent être retirés à tout moment (CE 5 décembre 2016, n° 380763 : en l'espèce, une décision de radiation d'un professeur des universités, qui revêt en l'espèce le caractère d'une décision individuelle défavorable illégale et n'est créatrice de droits ni pour l'intéressé ni pour des tiers, peut être légalement retirée sans délai par son auteur).

Dès lors, si l'article L 243-4 du CRPA ne s'applique pas en Polynésie française, en revanche la jurisprudence du 5 décembre 2016, n° 380763 (précitée) s'applique bien.

Mais la jurisprudence a consacré d'autres hypothèses qui ne semblent pas remises en cause. En effet, en principe, ce type d'acte peut être retiré à tout moment, que l'acte soit ou non entaché d'illégalité. Ainsi par exemple, un « refus » de délivrer une autorisation peut être rapporté sans délai par une autorité administrative, si le bénéficiaire remplit les conditions pour prétendre à son octroi. Il en irait de même pour une « mesure de police ».

2°) L'abrogation

Régi par des fondements différents (code des relations entre le public et l'administration pour les actes des autorités de l'État et des communes ; jurisprudence pour les actes des autorités de la Polynésie), le régime juridique de l'abrogation des actes non réglementaires et non créateurs de droits de l'État, des communes et de la COM est identique.

Pour les actes des autorités de l'État et des communes, l'article L 243-2 alinéa 2 du CRPA dispose que :

> « L'administration est tenue d'abroger expressément un acte non réglementaire non créateur de droits devenu illégal ou sans objet en raison de circonstances de droit ou de fait postérieures à son édiction, sauf à ce que l'illégalité ait cessé ».

En ce qui concerne les actes des autorités de la Polynésie, la solution a été dégagée par un arrêt de section du 30 novembre 1990, Association les « verts[62] » (Rec. p. 339 ; *R.F.D.A.* 1991, p. 571, concl. Pochard; *A.J.D.A.* 1991, p. 114, chr. Honorat et Schwartz). Si ces actes non réglementaires et non créateurs de droits deviennent illégaux, à la suite de changements dans les circonstances de droit ou de faits postérieurs à leur édiction, l'administration est dans l'obligation de procéder à leur abrogation (au besoin, elle peut être saisie par tout intéressé).

En revanche, si l'acte était illégal *ab initio*, il ne peut être abrogé. En effet, l'extension de l'obligation d'abrogation aux vices initiaux de l'acte réglementaire n'a pas été transposée aux actes non réglementaires non créateurs de droits.

B – Les autres modalités de la fin des effets des actes Administratifs unilatéraux

S'agissant des modalités de sortie de vigueur des actes administratifs autres que celles résultant de la volonté de l'auteur de l'acte, on relève que le régime juridique est identique selon qu'il s'agit des actes des autorités de l'État, des communes ou de la Polynésie française.

Parmi ces modalités, il convient de distinguer trois hypothèses:

- La caducité (1);
- L'abrogation implicite (2);
- L'annulation contentieuse (3).

1 – La caducité

En principe, l'acte administratif s'applique sans limitation de durée. En effet, le droit administratif ignore la disparition d'un acte par désuétude.

62. Voir aussi : CE 24 octobre 2012, Commune de Saint-Ouen, n° 343001, *DA* avril 2013, p. 22, note Eddazi.

Mais il est possible que l'acte cesse de produire ses effets parce qu'il n'était destiné à les produire que pendant un certain délai (terme extinctif: nomination d'une autorité pour un délai déterminé) ou parce qu'il prévoit que la survenance éventuelle d'un évènement aléatoire entraînera sa disparition pour l'avenir (condition extinctive). Au terme de ce délai ou après la réalisation de l'évènement aléatoire, l'acte devient caduc. On parle dans ce cas de *caducité planifiée* ou *organisée* – car l'acte disparaît du fait de la décision (initiale) elle-même – ou encore, parfois, par « péremption » dans le cas d'autorisations n'ayant pas donné lieu à une exécution ou un commencement d'exécution suffisant de la part de leurs bénéficiaires.

Il existe de nombreux cas de ce type en droit de l'urbanisme. Par exemple : le permis de construire est délivré mais si les travaux n'ont pas commencé dans les deux ans qui suivent la date de délivrance, ce permis devient caduc.

De même, on sait que les ordonnances de l'article 38 de la Constitution :

> « entrent en vigueur dès leur publication mais deviennent caduques[63] si le projet de loi de ratification n'est pas déposé devant le parlement avant la date fixée par la loi d'habilitation ».

Quant aux ordonnances de l'article 74-1 de la Constitution, spécialement dédiées aux collectivités d'outre-mer :

> « elles rentrent en vigueur dès leur publication. Elles deviennent caduques[64] en l'absence de ratification par le Parlement dans le délai de dix-huit mois suivant cette publication ».

Il arrive aussi parfois qu'en cas de changement de circonstances de droit, l'acte administratif devienne caduc. Ainsi, l'abrogation d'une loi peut entraîner la caducité de ses règlements d'application[65]. Mais le plus souvent, l'abrogation de la loi ne provoque pas une telle caducité des règlements pris

63. Pour un exemple, voir CE 2 avril 2003, Conseil régional de Guadeloupe.
64. François Froment-Meurice et Gilles Especel, « Premiers cas de caducité d'ordonnances adoptées sur le fondement de l'article 74-1 de la Constitution », *R.F.D.A.* 2009, p. 433-438 ; Pascal Mbongo, « Caducité des ordonnances de l'article 74-1 de la Constitution et légistique », *AJDA* 2009, p. 2267-2269.
65. « Considérant qu'aux termes du dernier alinéa de l'article 10 de la loi du 31 décembre susvisée : « À l'expiration du délai prévu au premier alinéa du présent article, les conseils départementaux de l'enseignement primaire institués par la loi du 30 octobre 1886 précitée et les conseils académiques institués par la loi du 27 février 1880 précitée sont supprimés » ; que l'entrée en vigueur de ces dispositions, le 1er avril 1986, a rendu caduc le décret du 12 novembre 1886 relatif aux élections des membres des conseils départementaux de l'enseignement primaire » (CE 4 juillet 1986, Syndicat général de l'Éducation nationale C.F.D.T., *Rec.* p. 188).

pour son application. En effet, comme le souligne Raymond Odent dans son cours de « contentieux administratif[66] » :

« l'abrogation d'un texte législatif ou réglementaire ne rend pas caduques toutes les dispositions prises pour son application : c'est surtout vrai des lois : afin d'éviter qu'il ne se crée un vide juridique, leur abrogation ou leur modification est chaque fois que cela est possible, interprétée comme laissant subsister la réglementation prise sur le fondement du texte ancien jusqu'à l'entrée en vigueur de la réglementation établie pour l'application et sur le fondement du texte nouveau ».

Cette solution jurisprudentielle dégagée de longue date[67], est rappelée par le professeur René Chapus, dans son manuel de droit administratif[68] :

« les règlements pris pour l'application d'une loi survivent (sauf disposition contraire de cette loi) à son abrogation, dès lors qu'ils ne sont pas remplacés et tant qu'ils ne sont pas inconciliables avec la législation postérieure. Cela, de façon à éviter la création d'un vide juridique »,

et figure aussi dans le *Guide pour l'élaboration des textes législatifs et réglementaires*[69].

Ainsi, le droit public, même s'il connaît quelques exceptions, semble condamner la thèse de la caducité « automatique[70] » ou « naturelle[71] » du règlement.

2 – L'abrogation implicite

En principe, si l'ordonnancement juridique était correctement tenu « à jour » par les auteurs de normes, l'abrogation implicite des actes administratifs (et principalement réglementaires) ne devrait pas se poser. Une nouvelle loi ou un nouveau règlement doit indiquer les textes qu'il entend abroger et tout particulièrement, ceux qui deviennent incompatibles avec lui. Pourtant, tel n'est pas toujours le cas.

66. Tome I, *Dalloz* 2007, p. 339.

67. CE 11 février 1907, Jacquin, *Rec.* p. 152. Pour un exemple récent : CE 17 décembre 2008, n° 310814, 310977.

68. *Droit administratif général*, tome I, Montchrestien, 14e éd., 2000, p. 1129. Précisons que le juge judiciaire considère aussi, en vertu de la théorie civiliste dite de la permanence des actes réglementaires, que les règlements survivent à une loi abrogée, cf. Raymond Odent, *Contentieux administratif*, 1976-1981, Les cours de droit, p. 434.

69. Premier ministre, SGG, La documentation française, 2e éd. 2007, p. 334

70. En ce sens Jean-Marie Auby et Roland Drago, Traité de contentieux administratif, L.G.D.J. 1984, p. 949.

71. Gérard Gonzalez, "La caducité des actes administratifs unilatéraux", R.D.P. 1991, p. 1675-1725.

Lorsqu'un litige se produit à l'occasion de deux textes contradictoires, le juge s'interroge sur l'abrogation implicite du texte le plus ancien. Cette abrogation implicite résulte alors d'un changement de circonstances de « droit » (et non de « fait ») qui emporte sa disparition pour l'avenir à compter du changement en cause. Tel est le cas si l'ancienne norme et la nouvelle norme sont incompatibles ou inconciliables.

On précisera encore que lorsqu'un acte support sort de vigueur (une loi ou un règlement), il arrive que ses textes d'application disparaissent aussi. Le juge administratif parle parfois de caducité (*supra*) ou encore d'abrogation implicite, mais évite autant que faire se peut, de créer un vide juridique.

3 – L'annulation contentieuse

a) Généralité

Lorsque dans le contentieux de l'excès de pouvoir, le juge a rejeté le recours la décision de rejet laisse subsister la décision attaquée. Cette décision juridictionnelle de rejet est revêtue de l'autorité relative de la chose jugée, ce qui autorise une autre personne ou le même requérant mais sur la base d'une cause juridique différente, à former un nouveau recours pour excès de pouvoir, sous réserve que les délais ne soient pas expirés (sinon, il reste la possibilité d'invoquer l'exception d'illégalité ou encore de demander son abrogation s'il s'agit d'un acte de nature réglementaire).

L'autorité absolue ne s'attache qu'aux décisions juridictionnelles qui annulent un acte : l'annulation vaut pour tout le monde (et non pour les seules parties au litige).

Pendant longtemps, le juge de l'annulation était (ou s'est) enfermé dans une logique binaire ne lui laissant comme choix que « l'annulation totale » de l'acte ou le rejet pure et simple du recours. Puis il a fait évoluer ses pouvoirs et donc la jurisprudence en la matière. Ainsi, le juge a accepté de limiter l'ampleur[72] de certaines annulations en procédant à des annulations partielles[73], et il s'est octroyé un pouvoir de réformation de la décision attaquée ; il a donc un pouvoir de modifier la décision[74] (y compris dans les hypothèses où il rejette le recours).

---

72. Le juge évite aussi de prononcer des annulations inutiles en recourant aux techniques de la substitution de bases légales et substitution de motifs ; (*Infra* VIe partie, chap. II).

73. C'est-à-dire qui se limitent à annuler certaines dispositions ou certains effets de l'acte attaqué ; à la demande du requérant, mais aussi d'office (pour autant que les dispositions soient divisibles). Il en résulte que la décision qui demeure a été modifiée par le juge, puisqu'elle n'a plus le même contenu (son champ d'application par exemple a été modifié).

74. Ainsi, à deux reprises, le juge de l'excès de pouvoir a procédé lui-même à la rectification

Ensuite, seconde technique, le juge annule l'acte en tant « qu'il a » ou en « qu'il n'a pas » un certain effet[75] ou un certain contenu[76].

Précisons encore que, lorsque le juge administratif est saisi d'un recours pour excès de pouvoir tendant à obtenir l'annulation d'un acte administratif et tant qu'il n'a pas encore statué, il peut être amené à rendre un « non-lieu » à statuer, si l'autorité administrative a rapporté ou abrogé son acte. Plus précisément, voilà les conditions exigées par la jurisprudence pour que l'on soit dans cette situation de non-lieu :

> « Considérant qu'un recours pour excès de pouvoir dirigé contre un acte administratif n'a d'autre objet que d'en faire prononcer l'annulation avec effet rétroactif; que si, avant que le juge n'ait statué, l'acte attaqué est rapporté par l'autorité compétente et si le retrait ainsi opéré acquiert un caractère définitif faute d'être critiqué dans le délai du recours contentieux, il emporte alors disparition rétroactive de l'ordonnancement juridique de l'acte contesté, ce qui conduit à ce qu'il n'y ait lieu pour le juge de la légalité de statuer sur le mérite du pourvoi dont il était saisi ; qu'il en va ainsi, quand bien même l'acte rapporté aurait reçu exécution; que, dans le cas où l'administration se borne à procéder à l'abrogation de l'acte attaqué, cette circonstance prive d'objet le pourvoi formé à son encontre, à la double condition que cet acte n'ait reçu aucune exécution pendant la

---

d'une erreur matérielle. Dans le premier cas, le Conseil d'État a préféré corriger l'erreur plutôt que d'annuler le décret et dans l'autre cas, il s'agissait d'une ordonnance : CE, 25 mars 2002, Caisse d'assurance-accidents agricole du Bas-Rhin et autres, n°s 224055 224177 224254 224327 224371, p. 110; CE 4 décembre 2013, France Nature environnement Société CBS Outdoor et Association Paysages de France, n° 357839 (*AJDA* 20132, p. 2464) :

> *16. Considérant, d'une part, qu'il est vrai que, comme le relèvent les associations requérantes, le III de l'article 12 du décret attaqué prescrit d'insérer au premier alinéa de l'article R. 581- 60, tel qu'issu de la renumérotation résultant de l'article 2 du décret, les mots* ni le cas échéant, dépasser les limites de l'égout du toit *après les mots* plus de 0,50 mètre *alors que l'article R. 581-60 fait mention des mots* 0,25 mètre *qu'il ne fait toutefois pas de doute que les mots ajoutés par le III de l'article 12 doivent être insérés après les mots* 0,25 mètre*;*
>
> *17. Considérant qu'en l'absence de doute sur la place et la portée de l'insertion prévue par le III de l'article 12, il y a lieu pour le Conseil d'État, afin de donner le meilleur effet à sa décision, non pas d'annuler les dispositions erronées de cet article, mais de conférer aux dispositions insérées au code de l'environnement leur exacte portée et de prévoir que le texte ainsi rétabli sera rendu opposable par des mesures de publicité appropriées, en rectifiant l'erreur matérielle commise et en prévoyant la publication au Journal officiel d'un extrait de sa décision .*

75. Exemple, le juge annulera la nomination d'un agent « en tant » qu'elle a un effet rétroactif; annulation du concours de conseillers des affaires étrangères en tant qu'il a supprimé une épreuve de langue, etc.

76. Exemple, un arrêté encadrant l'exercice d'une profession peut être annulé dès lors qu'il ne prévoit pas les possibilités d'exercice par les ressortissants d'autres États européens.

période où il était en vigueur et que la décision procédant à son abrogation soit devenue définitive » (CE 19 avril 2000, Borusz, n° 207469).

b) Le principe de la rétroactivité

Aux termes de la formule jurisprudentielle, *les actes annulés pour excès de pouvoir sont réputés n'être jamais intervenus* (CE 26 décembre 1925, Rodière, *G.A.J.A.*). Non seulement ils cessent d'exister mais, en outre, ils sont réputés n'avoir jamais existé[77].

D'où, en principe, la rétroactivité de l'annulation : elle fait disparaître l'acte attaqué à compter du jour où il a été pris, comme s'il n'avait jamais existé.

Mais une application mécanique de ce principe consistant à remettre tous les effets générés par un acte va provoquer parfois trop de perturbations pour la sécurité juridique. Aussi la jurisprudence a-t-elle prévu des tempérances ou exceptions.

c) Les exceptions

Il existe deux exceptions jurisprudentielles à ce principe :

→ 1re exception : La modulation des effets de la décision juridictionnelle.

Depuis un arrêt d'assemblée du Conseil d'État en date du 11 mai 2004 (Association AC ! et autres, *G.A.J.A.*), la Haute Assemblée accepte, même d'office[78], de moduler dans le temps[79] les effets d'une annulation contentieuse.

Toutefois, le juge maintient le principe traditionnel selon lequel les effets de l'annulation d'un acte administratif sont rétroactifs. Mais l'arrêt apporte désormais une exception : lorsque la rétroactivité entraîne *des conséquences manifestement excessives* envers des situations acquises ou envers l'intérêt général (qui s'attache au maintien des effets), le juge peut dorénavant déroger au principe et moduler l'effet rétroactif de l'annulation soit pour le passé soit pour l'avenir.

---

77. Exemples : Un agent évincé illégalement du service doit être réintégré à la date de son éviction, il faut reconstituer sa carrière ; lorsqu'une décision modifie, ou remplace un acte antérieur, ou l'abroge, ou le retire, l'annulation de cet acte fait revivre (remettre en vigueur) l'acte antérieur.

78. Ce pouvoir en effet s'exerce éventuellement indépendamment de toute demande des parties en cause : par ex : CE 3 mars 2009, Assoc. Française contre les myopathies, JCP Adm, n° 21. 18 mai 2009, n° 2116, p. 17 et s. note David Bailleul.

79. Il résulte de la jurisprudence que le Conseil d'État fait plus aisément jouer la modulation si l'acte est affecté d'une illégalité externe régularisa. Par ailleurs, cette jurisprudence s'applique aussi bien aux actes réglementaires (comme dans l'affaire AC ! et autres, op. cit.) qu'aux actes individuels (CE 12 décembre 2007,M. Sire, *A.J.D.A.* 2008, p. 638, concl. M ; Guyomar).

Le juge va ainsi devoir opérer une conciliation entre les deux éléments suivants :

- d'une part, les conséquences de la rétroactivité des effets de l'annulation pour les divers intérêts publics ou privés en présence,
- et d'autre part, les inconvénients que présenterait, au regard du principe de légalité et du droit des justiciables à un recours effectif, une limitation dans le temps des effets de l'annulation.

Ce rapprochement entre ces deux éléments doit permettre au juge d'apprécier s'ils justifient *qu'il soit dérogé à titre exceptionnel au principe de l'effet rétroactif des annulations.*

Dans l'affirmative (atténuation de l'effet rétroactif de l'annulation), le juge prévoit que sa décision ne produira pas tous ses effets. Le juge peut ainsi porter deux atteintes à la rétroactivité des effets de l'annulation (les deux pouvant se trouver réunies dans une même affaire, comme dans l'arrêt d'assemblée « AC ,! et autres » : CE ass. 11 mai 2004, Association *op. cit.*) :

La première hypothèse (modulation pour le passé) permet au juge de décider que « tout ou partie des effets de cet acte antérieur à son annulation devra être regardé comme définitif ».

La seconde hypothèse (modulation pour l'avenir), donne au juge le pouvoir encore plus novateur de décider que *l'annulation ne prendra effet qu'à une date ultérieure qu'il détermine*, c'est-à-dire à une date postérieure au jour du jugement, ce qui signifie que l'acte annulé pourra continuer à produire des effets après son annulation, pendant un délai de grâce accordé à l'administration pour lui donner le temps d'élaborer un acte de remplacement (arrêt précurseur : CE 27 juillet 2001, Titran, n° 222509 : annulation aux effets différés de deux mois).

→ 2e exception: La possibilité de limiter la rétroactivité d'un revirement de jurisprudence.

En principe, lorsque le juge opère un revirement de jurisprudence, comme toute « nouvelle solution de droit », ce revirement est censé s'appliquer immédiatement à l'affaire en cours et à toutes celles qui suivront. Se pose alors un problème de sécurité juridique : en effet, le requérant ne connaissait pas la règle nouvelle au moment où il a introduit son recours.

Ainsi, dans la lignée de l'arrêt « AC ! et autres » (*supra*), le juge administratif va admettre qu'il peut moduler dans le temps la règle jurisprudentielle opérant un revirement de jurisprudence. A la différence de l'affaire « AC ! et autres », où le Conseil d'Etat reconnaît le pouvoir au juge administratif de ne pas faire produire tous les effets à une décision juridictionnelle ou d'en retarder la date d'application, dans le cas présent (revirement de jurisprudence), le juge va différer l'application de la règle jurisprudentielle qu'il découvre (CE ass 16 juillet 2007, Sté. Tropic Travaux signalisations, *Rec*. p. 360, concl. Casas).

– CHAPITRE II –

LES CONTRATS ADMINISTRATIFS

Pour faire fonctionner ses services, l'administration recourt très souvent au processus contractuel : il est l'un des moyens d'action dont elle dispose pour accomplir ses missions. L'administration recourt à cette technique lorsqu'il n'est pas nécessaire d'utiliser les moyens d'actions unilatéraux (expropriation, réquisition, etc.). Ce faisant, lorsque la puissance publique contracte, c'est parce qu'elle estime préférable de recourir à la « persuasion » plutôt qu'à la « contrainte ».

L'administration y recourt tout particulièrement lorsqu'il s'agit de gérer un service public (utilisation classique) ou se procurer des biens dont elle a besoin pour accomplir ses missions. Mais le recours à la technique contractuelle connaît de nouveaux développements : le contrat est désormais utilisé comme moyen « d'action indirecte » pour obtenir de certains administrés, entrepreneurs, professions, entreprises publiques ou même collectivités territoriales, qu'ils adoptent tel comportement ou atteignent tel objectif fixé par l'administration.

Ainsi, le contrat tend à devenir un instrument de régulation et d'orientation économique, et un moyen d'obtenir la participation des administrés ou des collectivités à la réalisation des politiques publiques.

On notera encore qu'aujourd'hui, il y a un tel engouement pour la technique contractuelle que ce procédé est utilisé au sein d'un même département ministériel : ainsi un contrat est conclu entre un ministre, un préfet et une direction déconcentrée (*ie*. au sein d'une même personne morale !).

Toutefois, il est des domaines où l'administration ne peut recourir au contrat tels que la police administrative (*supra*) ou encore l'exercice du pouvoir réglementaire.

Le contrat, comme l'acte décisoire (*supra* chap. 1er), est un acte juridique. Mais à la différence de ce dernier, il naît de l'accord des volontés de deux ou plusieurs personnes. D'ailleurs, l'article 1101 du code civil peut être repris pour définir le contrat administratif :

« Le contrat est une convention par laquelle une ou plusieurs personnes s'obligent, envers une ou plusieurs autres, à donner, à faire ou à ne pas faire quelque chose ».

N.B. – Depuis le 1er octobre 2016 (cf. ordonnance du 10 février 2016), l'article 1101 a été modifié :

« Le contrat est un accord de volontés entre deux ou plusieurs personnes destinées à créer, modifier ou transmettre ou éteindre des obligations ».

Mais ces nouvelles dispositions ne sont pas applicables en Polynésie française.

Cependant, l'administration a la possibilité de passer deux types de contrats :

- soit, à l'instar des contrats passés entre particuliers, des contrats soumis au droit privé et qui relèvent de la compétence du juge judiciaire (exemple : gestion des SPIC) ;
- soit des contrats soumis à un régime juridique de droit public ; dans ce cas, le contentieux relève du juge administratif.

N.B. – Précisons qu'à la différence de l'acte administratif unilatéral ou d'une loi, le contrat n'est pas une source de la légalité. En conséquence, la violation d'un contrat, même administratif, n'est pas susceptible d'être invoquée à l'appui d'un recours pour excès de pouvoir (CE ass. 8 janvier 1988, ministre chargé du Plan et de l'Aménagement c/ Communauté urbaine de Strasbourg).

Enfin, alors que jusqu'à tout récemment, le droit des contrats administratifs (tout comme d'ailleurs les autres branches du « droit administratif ») était focalisé sur le respect de la légalité, on remarque que depuis peu (2009), il s'est approprié une notion du droit privé : l'exigence de loyauté entre les parties au contrat. Cette exigence découle d'une obligation générale de bonne foi contractuelle (qui jusqu'à récemment n'était pas directement invocable dans le contentieux administratif).

Après avoir exposé la distinction existante entre les contrats administratifs et les contrats de droit privé que peuvent conclure les personnes publiques (section I), nous étudierons ensuite le régime juridique du contrat administratif (section II).

– SECTION I –

LA DISTINCTION CONTRAT ADMINISTRATIF CONTRAT DE DROIT PRIVÉ

Lorsque l'administration conclut un contrat, il y a lieu de s'interroger sur la nature juridique de celui-ci : s'agit-il d'un contrat administratif ou d'un contrat de droit privé ? La distinction est importante car selon le cas, le régime juridique diffère : s'il s'agit d'un contrat administratif, l'administration dispose de prérogatives de puissances publiques qui s'imposent à son cocontractant.

À quoi reconnaît-on un contrat administratif ?

Parfois des textes de rang législatif qualifient eux-mêmes la nature d'un type de contrat (qualification directe). Ou encore, et c'est le cas le plus fréquent, les textes indiquent l'ordre de juridiction compétent ; ainsi, le fait qu'un contrat relève de la compétence du juge administratif suffit à entraîner la qualification juridique du contrat (qualification indirecte) : le contrat est administratif ; et il est inutile de s'attacher à d'autres éléments.

Dans ces deux cas, la qualification du contrat est aisée.

À défaut, le juge a recours à des critères généraux, élaborés par la jurisprudence.

§ 1 – La qualification législative

A – Les contrats administratifs par détermination de la loi

Il faut distinguer la situation de la Métropole de celle de la Polynésie puisque toutes les lois applicables en Métropole ne le sont pas nécessairement en Polynésie.

Cette qualification législative est soit « directe » (le contrat est alors qualifié de « contrat administratif »), soit indirecte (le contentieux du contrat est confié au juge administratif par exemple et dans ce cas s'applique le principe selon lequel, « la compétence suit le fond » : c'est parce que la juridiction administrative est compétente que l'on en déduit qu'il s'agit d'un contrat administratif).

1 – Le cas de la Métropole

Sont ainsi qualifiés de contrats administratifs ou sont attribués à la juridiction administrative :

- les ventes domaniales d'immeubles de l'État, même si les immeubles font partie du domaine privé : loi du 28 pluviôse an VIII, art 4 ;
- les marchés passés en application du code des marchés publics : art. 2 de la loi du 11 décembre 2001 ; mais cette loi a été abrogée par l'ordonnance n° 2015-899 du 23 juillet 2015 relative aux marchés publics, *infra* ;
- les marchés publics conclus par l'État, y compris en Polynésie française (mais ne sont pas concernés les marchés publics conclus par la Polynésie ou les communes de Polynésie) : ordonnance n° 2015-899 du 23 juillet 2015 relative aux marchés publics ; cette ordonnance abroge les anciens codes :

  • « Article 3 – Les marchés publics, relevant de la présente ordonnance, passés par des personnes morales de droit public sont des contrats administratifs. (...)

  • Article 97 – La présente ordonnance est applicable en Polynésie française aux marchés publics, définis à l'article 4, conclus par l'État ou ses établissements publics sous réserve des compétences dévolues à cette collectivité et des dispositions suivantes : (...). »

- les concessions de travaux et de service : ordonnance n° 2016-65 du 29 janvier 2016 relative aux contrats de concession. Cette ordonnance est applicable aux concessions conclus par l'État en Polynésie française;

N.B. – Attention, les concessions de service englobent les concessions de service public mais leur champ est plus large puisque toutes les concessions conclues par l'État (même quand elle n'est pas une délégation de service public) sont désormais des contrats administratifs.

  • « Article 3 – Les contrats de concession, relevant de la présente ordonnance, passés par des personnes morales de droit public sont des contrats administratifs.

  • Article 66 – La présente ordonnance est applicable en Polynésie française aux contrats de concession, définis à la section I du chapitre Ier du titre Ier de la présente ordonnance, conclus par l'État et ses établissements publics sous réserve des dispositions suivantes : (...). »

- les contrats d'occupation du domaine public : décret-loi du 17 juin 1938, devenu art L 84 du code du domaine de l'État et désormais art. 2331-1 du CG3P;
- les contrats d'emprunt public de l'État.

2 – Le cas de la Polynésie française

Sont ainsi qualifiés de contrats administratifs :

- les marchés passés en application du code des marchés publics : art. 2 de la loi du 11 décembre 2001 ; mais cette loi a été abrogée par ordonnance n° 2015-899 du 23 juillet 2015 relative aux marchés publics, *infra* ;

N.B. – Ces dispositions sont applicables en Polynésie française, non seulement à l'État mais aussi aux communes et à la Polynésie française elle-même, en vertu de l'article 5 de l'ordonnance n° 2010-137 du 11 février 2010.

Mais aux termes de l'article 102 de l'ordonnance n° 2015-899 du 23 juillet 2015, ces dispositions ont été abrogées en tant qu'elles concernent les personnes soumises à ladite ordonnance, c'est-à-dire uniquement l'État (*supra*). Aussi les marchés passés en application du code des marchés publics de la Polynésie demeurent des contrats administratifs par détermination de la loi.

- En revanche, en ce qui concerne les contrats d'occupation du domaine public de la Polynésie, ceux-ci ne sont pas des contrats administratifs par détermination de la loi[80]. Il faut donc recourir aux critères jurisprudentiels pour les qualifier de contrats administratifs.

B – Les contrats de droit privé par détermination de la loi

Il s'agit là de l'hypothèse inverse de la précédente et qui ne concerne que la métropole.

Les contrats conclus par l'administration sont, du fait de la loi, des contrats soumis au juge judiciaire (et sont donc de droit privé) :

- les contrats d'affermage des taxes communales (décret du 17 mai 1809) ;
- les contrats (et du reste tous les litiges) entre la Poste et France Télécom et les usagers, fournisseurs ou tiers (art 25 loi du 2 juillet 1990) ;
- les contrats emplois-jeunes (loi du 16 octobre 1997) ;
- le contrat d'avenir (art. L 322-4-12 code du travail, loi du 18 janvier 2005) ;
- le contrat d'accompagnement pour l'emploi (art. L 322-4-7 code du travail, loi du 18 janvier 2005) ;
- le contrat de service civique (loi n° 2010-241 du 10 mars 2010).

---

80. En effet le dispositif législatif qui fonde la compétence du juge administratif (*supra* : art. 2331-1 CG3P) n'est applicable qu'au domaine de l'État. Au demeurant ces contrats d'occupation du domaine public sont systématiquement des contrats administratifs en raison des prérogatives dont dispose l'autorité administrative (ici : la Polynésie) pour gérer ses biens.

§ 2 – La qualification jurisprudentielle

Nous sommes à présent dans l'hypothèse où aucun texte n'a déterminé (même indirectement) la nature juridique des contrats.

C'est donc le juge qui a posé des critères permettant de qualifier les contrats. La jurisprudence se fonde ainsi sur deux critères :

- un critère organique, relatif à la qualité des parties au contrat (A) ;
- un critère matériel relatif à l'objet ou au contenu du contrat (B) : il s'agit d'un critère alternatif car nous verrons que le contrat peut être administratif :
  - soit par son objet (exécution du service public),
  - soit par son contenu (procédé de gestion publique : clause exorbitante).

Seuls ces éléments sont pris en compte. Toute autre considération est sans effet sur la détermination de la nature juridique du contrat. Ainsi, la forme employée pour la conclusion du contrat importe peu (exemple : est sans influence le fait que le contrat a été conclu par adjudication, ou encore sous forme verbale).

A – Le critère organique

Ce critère intéresse la qualité des contractants.

1 – Le principe

Le principe est simple : pour qu'un contrat soit administratif, il faut que l'un au moins des contractants soit une personne publique. En effet, en principe, le régime des contrats administratifs ne peut s'appliquer aux contrats entre particuliers.

Ce principe a une portée générale et s'applique aussi aux contrats conclus entre deux personnes privées :

- lorsque ledit contrat contient des clauses exorbitantes;

Exemples :

  - TC 23 novembre 1992, Préfet de l'Yonne c/ Gendreau et association jeunesse Auxerroise ;
  - CAA Lyon 25 janvier 1996, Sté Bouygues SA.

- ou si une des personnes privées contractantes est chargée de l'exécution d'un service public et passe des contrats identiques à ceux que conclurait une personne publique placée dans les mêmes conditions et poursuivant les mêmes objectifs.

Exemple :

- TC 3 mars 1969, Sté. Interlait.

2 – Les exceptions

Il arrive que par dérogation au principe énoncé (ci-dessus), des contrats conclus entre personnes privées soient des contrats administratifs. Tel est le cas dans les cinq hypothèses développées ci-après :

a) La théorie du mandat ;

b) Les personnes privées transparences ;

c) La théorie du mandat administratif implicite ;

d) Les contrats portant occupation du domaine public (décret-loi du 17 juin 1938, devenu art L 84 du code du domaine de l'État et désormais art. 2331-1 du CGPPP) ;

e) Et enfin, les travaux routiers : cette hypothèse est développée mais il convient de noter que cette exception a été abandonnée en 2015.

N.B. – Il faut toutefois que les autres éléments (objet ou contenu) du critère soient réunis.

a) La théorie du mandat

Lorsqu'une personne privée agit comme mandataire (au sens de l'art. 1984 du Code civil), d'une personne publique, le contrat est administratif.

Exemple :

CE 2 juin 1961, Leduc ; TC 23 septembre 2002, Stés Sotrame et Metalform *AJDA* 2002, p. 1437 : un G.I.E. personne privée est considéré comme le mandataire des caisses d'assurances maladie.

b) Les personnes privées transparentes

Le Conseil d'État a apporté des précisions au sujet des « associations administratives » lorsqu'elles concluent des contrats. Si ces contrats sont administratifs, ce n'est pas en vertu de la théorie du mandat (inexistence d'un mandat) mais sur le fondement de la théorie de la transparence.

Depuis longtemps, existent de nombreuses associations (loi de 1901) en matière sociale ou culturelle, qui sont initiées, organisées et contrôlées par les collectivités publiques. On les qualifie *d'administratives* car elles exercent souvent, à la place des personnes publiques, les missions de service public échouant normalement à ceux qui les ont « initiées ».

Le Conseil d'État a estimé que les contrats conclus par une association administrative pour l'exécution de la mission de service public qui lui a été confiée ont un caractère administratif[81], car au travers de l'organisme privé, c'est bien la personne publique qui est partie au contrat : CE 21 mars 2007, Commune de Boulogne-Billancourt (*AJDA* 2007, p. 915 note J.-D. Dreyfus).

c) La théorie du mandat administratif implicite

La jurisprudence *Peyrot* (*infra* « e ») n'a pas été étendue à d'autres objets que les travaux routiers. Cependant, la jurisprudence a consacré une nouvelle exception où une société d'économie mixte a pu passer un contrat administratif avec une entreprise privée (un entrepreneur). Pour ce faire, le juge s'est référé aux relations existant entre la société d'économie mixte et la collectivité publique et en a déduit que la société d'économie mixte était censée agir pour le compte de la collectivité publique.

Notons que ce 3e type de dérogation au critère organique concernait jusqu'alors des sociétés d'aménagement urbain.

Exemples :

- CE sect 30 mai 1975, Sté. d'équipement de la région Montpelliéraine ;
- TC 7 juillet 1975, Commune d'Agde.

La différence entre la jurisprudence Peyrot et la jurisprudence *Commune d'Agde* s'explique ainsi : dans la jurisprudence *Peyrot*, le « mandat administratif » est identifié à partir d'un critère matériel : c'est parce qu'il s'agit de travaux routiers (objet) ; au contraire, dans la jurisprudence *Comme d'Agde*, le juge utilise un critère relationnel : c'est en raison des relations spécifiques conclues entre la personne publique et la société d'économie mixte que l'on en déduit qu'a été conclu un mandat administratif implicite.

Cette relation spécifique se caractérise par un certain nombre d'indices ; notamment, les clauses des cahiers des charges des concessions aménagent des relations juridiques privilégiées pour la société : absence de risque financier pour le maître de l'ouvrage, prise de possession des ouvrages par la personne publique dès l'achèvement des travaux, substitution de responsabilité, etc.

Le Conseil d'État a ainsi qualifié de marché de travaux publics les contrats conclus pour la réalisation de voies publiques (CE sect. 30 mai 1975 Sté. d'équipement de la région montpelliéraine, *Rec*. p. 326). Le Tribunal des Conflits a adopté la même solution pour la construction d'un réseau d'assainissement (TC 7 juil. 1975 Cne d'Agde, *Rec*. p. 797).

81. Précisons qu'en matière de responsabilité, le juge administratif a admis la responsabilité pour faute simple de la personne publique du fait d'une association transparente : CE 5 décembre 2005, Département de la Dordogne, *AJDA* 2006, p. 656, note F. Brénet.

Le juge, dans ces cas, a été sensible à la destination des biens concernés qui devaient être remis en propriété aux collectivités publiques. En revanche, si les travaux n'aboutissent pas à la construction d'ouvrages (par exemple : une démolition – voir CE 7 juil. 1976 Sté. d'aménagement de la région de Rouen, Rec. p. 805), ou aboutissent à la construction de locaux commerciaux ou d'habitation cédés à des particuliers, la société d'aménagement est réputée agir pour son propre compte (CE sect. 20 mars 1981 Sté. entreprise Auclair, *Rec.* p. 153 ; TC 8 nov. 1982 Commissaire de la République de la région Midi Pyrénées, *AJDA* 1983 p. 200).

d) Les contrats conclus entre personnes privées et portant occupation du domaine public

Le fait qu'un contrat conclu entre personnes privées entraîne occupation du domaine public ne lui confère pas pour autant un caractère administratif puisque l'élément organique fait défaut. Mais il en va autrement si l'une des personnes privées, partie au contrat, l'a conclu en qualité de délégataire de service public. Cette solution classique a d'ailleurs été confirmée par le code général de la propriété des personnes publiques (art. L 2331-1 1° CGPPP).

e) Les travaux routiers [abandon de cette exception en 2015]

Cette exception a été précisée dans un arrêt rendu par le TC 8 juillet 1963, Sté. entreprise Peyrot c/ Sté. de l'autoroute Esterel-Côte d'Azur (*GAJA*).

Cette décision a été rendue à propos de contrats de travaux conclus par une société d'économie mixte (donc société de droit privé), concessionnaire (de l'État) de la construction et de l'exploitation d'une autoroute.

Il faut noter que dans le « considérant » de principe, nous trouvons l'expression *agissant... pour le compte de l'État*. En principe, cette expression fait référence à la théorie du mandat administratif dit « implicite » (voir *supra* c).

Dans cette hypothèse, le « mandat administratif » est identifié à partir d'un critère matériel : c'est parce qu'il s'agit de travaux routiers (objet) confiés à des entrepreneurs que l'on prétend qu'il s'agit d'un mandat car en principe (autrefois), seul l'État construisait des routes.

En effet et c'est l'opinion d'une grande partie de la doctrine, le juge s'est référé à l'objet du contrat pour le qualifier de contrat d'administratif ; en d'autres termes, les expressions *pour le compte* et *construction des routes nationales* – donc l'objet – doivent être rapprochées ; car pour un tout autre objet, le juge n'aurait pas admis que la société avait « agi pour le compte de l'État ».

En réalité, si les juges ont admis que la société d'économie mixte pouvait conclure des contrats administratifs, c'est tout simplement pour des raisons d'opportunité : il paraissait anormal en effet que la nature de ces contrats de construction routière se modifie selon que le maître d'œuvre était une personne publique (cas le plus fréquent) ou une personne privée concessionnaire : la nature des problèmes soulevés reste identique et seul le critère organique s'opposait à la qualification administrative.

Depuis cette décision du TC 8 juillet 1963, Sté. entreprise Peyrot c/ Sté. de l'autoroute Esterel-Côte d'Azur, on a pu remarquer :

- d'une part, que cette solution ne concerne que les contrats relatifs à la voirie nationale (route, autoroute, tunnel, pont restaurant sur une autoroute) ; il s'agit de la construction de ces ouvrages mais aussi de leur exploitation et de leur entretien : TC 12 novembre 1984, SEM du tunnel de Ste. Marie aux Mines.

À propos des travaux routiers et plus précisément des autoroutes :

• Sont des contrats administratifs les contrats portant sur :

→ les travaux non nécessaires à la structure même de l'ouvrage dès lors qu'ils conduisent à réaliser une « installation intégrée » à celui-ci;

Exemple :

À propos d'un réseau de fibres optiques incorporé à l'assiette de l'autoroute et permettant au concessionnaire de valoriser économiquement le domaine public que l'État lui a confié : CE 12 janvier 2011, Sté. des Autoroutes du Nord et de l'Est de la France, précité ;

→ des travaux impliqués nécessairement par cet ouvrage;

Exemple :

Travaux d'insonorisation réalisés sur un immeuble privé voisin : TC 4 novembre 1996, Espinosa c/ Escoa, rec. p. 553 ;

→ la réalisation d'une esquisse et d'une maquette pour une sculpture sur une aire de service d'autoroute ; il s'git là encore d'un contrat administratif « conclu pour le compte de l'État » ;

Exemple :

Cass. 1re civ., 17 février 2010, Sté. ASF c/ Rispal, DA 2010, n° 76, obs. F. Brennet) ;

→ En revanche, le contrat passé par un concessionnaire d'autoroute pour la construction d'un immeuble destiné à abriter la direction de l'exploitation d'autoroute n'est pas administratif: CE 9 février 1994, Sté. Autoroutes Paris-Rhin-Rhone ;

- d'autre part, que cette jurisprudence spécifique, donc aux travaux routiers s'applique non seulement aux sociétés d'économie mixte (ce que l'on savait depuis l'origine) mais aussi aux sociétés privées concessionnaires d'autoroute : CE 3 mars 1989, Société des autoroutes de la région Rhône-Alpes.

Cette jurisprudence, en principe réservée aux « travaux routiers nationaux », a été utilisée pour deux autres types d'activités :

- la construction des centrales nucléaires (action « pour le compte de »);
  Exemple :

TC 10 mai 1993, Sté. Wanner Isofi Isolation et Sté Nersa, (note D. Pelpirou, CJEG 1994, p. 95) : il s'agit d'un marché passé entre deux personnes privées. Mais une des sociétés a été réputée agir « pour le compte » d'EDF pour la construction de centrales nucléaires ;

- les contrôles de sécurité dans les aéroports;

Exemple :

- CE 3 juin 2009, Sté. ADP, n° 323594 : mission d'inspection et de filtrage des passagers, des personnels et des bagages confiés par Aéroport de Paris à un prestataire privé :
- « (...) qu'il ressort de l'ensemble de ces dispositions que la mission d'inspection et de filtrage des passagers, des personnels et des bagages exécutée par les cocontractants des exploitants d'aéroports, est réalisée pour le compte de l'État et sous son autorité dans le cadre de son activité de police administrative des aérodromes et des installations portuaires ; qu'il en résulte que les contrats par lesquels les exploitants d'aérodromes confient à des sociétés, dans le cadre fixé par le législateur, l'exécution des missions de police relevant de l'article L. 213-2 du code de l'aviation civile sont des contrats de droit public et que le contentieux relatif aux manquements aux obligations de publicité et de mise en concurrence constatés lors de leur passation relève, en vertu des dispositions précitées de l'ordonnance du 6 juin 2005, du juge des référés du tribunal administratif (...) ».

Cette jurisprudence Peyrot était critiquée par la doctrine. Nous ne sommes en effet plus dans les années 1960 où effectivement, l'État et les sociétés d'économie mixte (en fait composées uniquement de fonctionnaires, donc en quelque sorte des « entités transparentes ») réalisaient exclusivement ce type de travaux routiers. Cette époque est révolue et c'est une des raisons pour lesquelles la doctrine demanda l'abandon de cette exception pour les travaux routiers. Et il s'avère que la doctrine a été entendue. En effet, la jurisprudence *Peyrot* a été abandonnée. Le Tribunal des conflits a récemment opéré un revirement de jurisprudence : désormais, c'est le juge judiciaire qui est compétent pour connaître des litiges relatifs à l'exécution d'un contrat de travaux conclu par une société concessionnaire d'autoroute avec une personne privée : TC 9 mars 2015, Mme RISPAL c/ Société d'Autoroutes du Sud, n° 3984. En effet le tribunal estime que l*a construction, l'exploitation ou l'entretien de l'autoroute* ne confère pas au concessionnaire la qualité *d'agir pour le compte* de l'État.

Mais il faut signaler toutefois que la jurisprudence Peyrot va continuer à produire ses effets encore une ou deux décennies (sinon plus) étant donné que la nature juridique d'un contrat s'apprécie à la date à laquelle il a été conclu ; les nouvelles règles n'ont donc pas vocation à s'appliquer aux contrats en cours à moins qu'un impératif d'ordre public, ou les exigences de l'intérêt général, n'en disposent autrement. Ainsi par exemple, tous les contrats relatifs aux autoroutes conclus avant le 9 mars 2015 continueront à être régis par le droit public et relèveront encore des juridictions administratives.

3 – Le cas des contrats conclus entre deux personnes publiques

Si la jurisprudence continue de faire de la présence d'une personne publique au contrat la condition nécessaire pour que l'on soit en présence d'un contrat administratif, elle n'a jamais fait de cette présence, ni même de celle de deux personnes publiques (les deux parties contractantes) une condition suffisante pour qu'il y ait un contrat administratif.

Pendant très longtemps, lorsqu'il devait apprécier les relations contractuelles entre deux personnes publiques, le juge recherchait si le contrat était administratif en application du critère matériel (alternatif), exactement comme il le fait pour les personnes privées (*supra* B) :

- le contrat a pour objet l'exécution d'un service public ;
- ou le contrat comporte des clauses exorbitantes.

Mais depuis la décision du TC 21 mars 1983, secrétariat d'État aux postes et télécommunications, le juge a, semble-t-il (car la réalité est toute autre), écarté l'application des critères classiques à ces contrats, et plus particulièrement celui tiré de la présence de clause exorbitante car ce critère s'avère mal adapté à ce type de relations contractuelles : en effet, il semble curieux de recourir à des clauses exorbitantes entre deux personnes publiques ; critère inopérant.

Désormais, la jurisprudence adopte un critère spécifique (une nouvelle clé) :

« un contrat conclu entre deux personnes publiques revêt en principe un caractère administratif, impliquant la compétence des juridictions administratives pour connaître des litiges portant sur les manquements aux obligations en découlant, sauf dans les cas où, eu égard à son objet, il ne fait naître entre les parties que des rapports de droit privé ».

Ainsi (théoriquement), les contrats conclus entre personnes publiques constituent une catégorie spéciale de contrats, car déterminés par un critère spécifique.

Ces contrats sont présumés administratifs car il s'agit de la rencontre de deux gestions publiques. Mais la présomption n'est pas irréfragable. En effet, le seul fait que le contrat soit conclu par deux personnes publiques lui imprime un caractère administratif.

Néanmoins, ils sont de droit privé si par leur *objet*, ils ne font naître entre les personnes publiques contractantes que des *rapports de droit privé*.

Exemple :

Contrats conclus conformément « aux lois et usages du commerce » :

- CE 11 mai 1990, Bureau d'aide sociale de Blénod Les Pont-à-Mousson ;
- CE 3 novembre 2003, Union des Groupements d'achats public.

Or, le juge n'indique pas sur quels critères il convient de se fonder pour en déduire que les rapports nés entre les personnes publiques n'ont fait naître que des rapports de droit privé.

En réalité, il s'avère que pour déterminer la qualification des contrats conclus entre personnes publiques, les juridictions continuent à se référer aux anciens critères.

Exemples :

- TC 7 octobre 1991, Centre régional des œuvres universitaires et scolaires de l'académie de Nancy-Metz ;
- Cour cass. 1° civ. 30 septembre 2003, Syndicat mixte pour la production de chaleur à Bondy (SMPDC) c/ Sté. CGU courtage et autres.

B – Le critère matériel

Il s'agit d'un critère qui se dédouble et qui n'est pas cumulatif mais alternatif :

- soit le contrat a été conclu en relation avec le service public (critère relatif à l'objet) ;
- soit le contrat contient une ou des clauses exorbitantes (critère relatif au contenu).

1 – Le critère relatif à l'objet : la relation du contrat avec le service public

Avant d'aborder l'étude de ce critère, faisons une observation : lorsque le contrat passé entre l'administration et une personne privée a pour objet de concéder (ou déléguer) au cocontractant la charge d'assurer tout ou partie d'un service public, ce contrat est invariablement administratif, que la concession soit celle d'un SPA ou d'un SPIC (a).

En revanche, les contrats qui ont pour objet l'exécution du service public sans que celui-ci ne soit délégué, et qui associent directement et étroitement le cocontractant à cette exécution sont qualifiés de contrats administratifs, à la condition qu'ils se rapportent à « l'exécution même » d'un SPA (b et c).

a) Les contrats ayant pour objet de charger le cocontractant de l'exécution même du service public (SPA ou SPIC)

Dans cette hypothèse, c'est le cocontractant privé qui exécute le service public et non plus l'administration elle-même. En effet, le contrat confie au cocontractant l'exécution même du service public : il y a donc une véritable participation et non pas une simple collaboration. Cette solution fut consacrée pour la première fois dans l'arrêt Époux Bertin, CE 20 avril 1956, *GAJA*.

Dans cette espèce, le contrat fait du cocontractant le gérant du service public : les époux Bertin se sont vus confier par l'administration le soin de nourrir (après la seconde guerre mondiale) les ressortissants soviétiques placés dans un centre d'hébergement.

b) Les contrats confiant au cocontractant des fonctions le faisant participer directement à l'exécution d'un service public (SPA)

Dans la présente hypothèse, le contractant privé n'est pas le gérant exclusif ou essentiel du service, mais il est « étroitement » ou « directement » associé à l'exécution du service public (TC 24 juin 1968, Sté. d'approvisionnement alimentaire).

On peut distinguer pour les besoins de l'exposé deux rubriques :

- d'une part, les hypothèses où l'administration recrute une personne pour la faire participer à l'exécution du service public ;
- et d'autre part, les cas où une personne (physique ou morale) participe à l'exécution du service public

1°) – *1re hypothèse* : celle où l'administration recrute une personne pour la faire participer à l'exécution du service public

N.B. – Cette première hypothèse a subi une importante évolution.

Cette hypothèse vise par exemple les cas où pour l'exécution d'un SPA, l'administration recrute par contrat un collaborateur. Ce contrat est administratif s'il fait participer directement le collaborateur à l'exécution du service public.

Il n'est plus nécessaire de se référer aux fonctions confiées à ces agents contrairement à ce qui a pu se pratiquer dans le passé.

En effet, pendant longtemps, le juge a considéré que n'étaient administratifs que les contrats qui confiaient aux personnes recrutées des fonctions de direction ou encore de contrôle et d'inspection.

Mais en 1954, dans les arrêts Vingtain et Affortit (CE sect 4 juin 1954), le Conseil d'État a modifié sa jurisprudence : désormais, sont des contrats administratifs ceux qui investissent l'agent engagé dans le SPA de fonctions correspondant à la « raison d'être » du service et telle que l'agent participe ou collabore « directement » à l'exécution du service public.

Il faut bien faire attention que ce ne sont pas toutes les personnes recrutées qui bénéficient d'un contrat administratif. Ainsi par exemple, si l'activité exercée par le contractant n'a aucun rapport avec l'objet « la raison d'être » du service, le contrat sera qualifié de contrat de droit privé.

- C'est le cas par exemple d'une personne chargée de l'entretien et du ménage des locaux d'une école : sa fonction n'a aucun rapport avec la surveillance des enfants et encore moins avec l'enseignement. Mais dès lors que cette même personne est chargée de garder des enfants dans un service municipal de garderie, son contrat est administratif (voir la fameuse décision du TC 25 novembre 1963, dame veuve Mazerand). Dans un tel cas, il y a donc deux types de prestations : la première prestation relevait du droit privé (donc du juge judiciaire) ; la seconde relevait du droit public (donc du juge administratif).
- De même, est un contrat de droit public celui par lequel est recruté un vétérinaire chargé dans un abattoir municipal de l'inspection des denrées animales (CE sect. 23 avril 1971, Mornet).

Remarques sur ce nouveau critère (issue de la jurisprudence Vingtain et Affortit):

Cette évolution jurisprudentielle constituait un progrès par rapport à l'état du droit antérieur ; davantage de personnes bénéficient ainsi d'un contrat administratif et donc, des avantages résultant de cette qualification. Il s'est avéré cependant que le nouveau critère (*fonctions correspondant à la raison d'être du service*) pouvait lui aussi engendrer des situations complexes, sources d'incertitudes (voir notamment le cas de cette malheureuse veuve Mazerand dont le contrat est pour partie administratif et pour partie privé) et il est très fréquent que le juge des conflits soit saisi, preuve d'un dysfonctionnement dans le système.

Dès lors, certains membres de la doctrine ont souhaité que la jurisprudence évolue encore, *ie*. plus précisément, qu'elle abandonne le critère précédemment rappelé (*fonctions correspondant à la raison d'être du service*) pour en consacrer un nouveau, plus simple (proposé par René Chapus) : seraient des contrats administratifs tous les contrats ayant pour objet de confier un emploi dans un SPA (ainsi, il n'est plus nécessaire de prendre en considération la relation entre la fonction et l'objet du service).

Dans un premier temps, le Tribunal des conflits a simplifié la jurisprudence Dame veuve Mazerand de la manière suivante : lorsqu'il y a contentieux, il est inutile de rechercher si le contrat relève du droit privé ou du droit public (*ie.* s'il y a participation ou non au service public). Il n'y a plus double contrat. On considère uniquement la fonction conférée à l'origine à l'intéressé, que celui-ci conserve tout le temps de son engagement et qui n'est pas modifiée par le fait que la personne publique lui demande une seconde prestation : TC 22 juin 1992, Mme Rouquier ; en l'espèce, la première prestation étant de droit public, car participant au service public, l'ensemble du contentieux relève du juge administratif.

Enfin, dans un arrêt du 25 mars 1996 (TC Préfet de la région Rhône-Alpes, préfet du Rhône et autres c/ Conseil de prud'hommes de Lyon ; dite aussi jurisprudence « Berkani »), le Tribunal des conflits a adopté la solution préconisée par René Chapus en disant pour droit que :

> « les personnels statutaires travaillant pour le compte d'un service public à caractère administratif sont des agents contractuels de droit public quel que soit leur emploi ».

Cette solution a été reprise par le juge administratif ainsi que le juge judiciaire.

Exemple :

Cass. ch. soc. 9 juillet 1996, Syndicat intercommunal Jean-Wiener c/ Leclère.

N.B. –

1/ Certaines personnes publiques (établissement public par exemple) peuvent gérer deux types de service (SPA et SPIC) et des difficultés peuvent donc apparaître : le juge recherche alors dans quel service l'agent recruté est affecté : SPA ou SPIC (TC 22 octobre 2001, Cabanel).

2/ Autre nouvelle difficulté : TC 23 novembre 2009, Melle Véronique Tourdot, C/ Université de Valenciennes et du Hainaut-Cambrésis n° 3733 (arrêt qualifié par certains auteurs de a*u secours, le retour de Dame Veuve MAZERAND*) :

En raison de l'intervention du législateur qui a créé des contrats jeunes et a attribué expressément le contentieux au juge judiciaire, lorsqu'un agent a été successivement titulaire de contrat de droit privé et de droit public (auprès d'un même employeur : en l'occurrence une université) l'agent doit, pour obtenir ses diverses indemnités de fin d'emploi, aller devant les deux ordres de juridiction.

2°) – 2e *hypothèse* : les cas où une personne (physique ou morale) participe à l'exécution du service public :

Dans ce cas, il s'agit de tous les contrats conclus avec des « tiers », en particulier des fournisseurs. Ces contrats font collaborer, ou coopérer, des tiers au fonctionnement du service dont la personne publique conserve l'entière maîtrise.

Bien entendu, il ne peut y avoir contrat administratif s'il n'y a aucune participation à l'exécution du service, ou si cette participation n'est pas directe ou est suffisamment étroite. Dans ce cas, le contrat est de droit privé car il a été *conclu seulement pour les besoins du service public*. Pour qu'il soit administratif, il faut que la participation du cocontractant à l'exécution du service public soit suffisamment direct, qu'elle manifeste son implication personnelle dans la bonne marche de ce service (ainsi, le simple transport de marchandises destinées au service public ne suffit pas à imprimer un caractère administratif à un contrat : CE sect. 11 mai 1956, Soc transport Gondrand).

Il ne faut pas cacher que la mise en œuvre du critère est souvent délicate, sans compter que parfois, il faudra d'abord définir s'il y a activité de service public.

Exemples illustrant ce critère :

Il faut au préalable (et à chaque fois) circonscrire l'étendue du service public pour déterminer si le contrat fait bien collaborer les tiers à l'exécution même du service public : là encore, on remarque la difficulté de l'entreprise :

– Ainsi :

→ le juge administratif avait estimé, en 1994, que le contrat portant sur la location de téléviseurs à des malades hospitalisés est « administratif », car, aux termes de la loi, le service hospitalier comprend, outre la dispense de soins, l'aménagement des conditions de séjour des malades ; dès lors, la fourniture d'appareils de télévision aux malades relève des éléments de confort proposés pendant leur hospitalisation : CE 8 juin 1994, Sté. Codiam.

→ De même plus récemment, en 2003 et 2004, les contrats relatifs à l'exploitation des services de télévision et de téléphone dans des hôpitaux sont des contrats de délégation de service public :

- CE 28 mai 2003, Assistance publique-Hôpitaux de Paris ;
- CE 6 oct 2004, Sté. la communication hospitalière et AP-HP.

→ En revanche, un contrat portant sur le même objet (location de téléviseurs) pour les « pensionnaires » d'une maison d'arrêt est de « droit privé », car la distraction des personnes incarcérées n'est pas au nombre des missions du service public pénitentiaire : TC 23 novembre 1998, Bergas c/ État.

– Mais le Tribunal des conflits, dans un arrêt du 21 mai 2007 (SA Codiam), toujours à propos de location de téléviseurs à un hôpital, a tranché la question en estimant que dans tous les cas (hôpital, prison, etc.), l'exploitant du service de télévisions ne se voit confier aucune mission de service public. Le contrat est conclu pour « les besoins du service ».

– Cependant, le Conseil d'État a « contourné » cette jurisprudence, ou plus exactement il ne l'a pas accepté : en d'autres termes, le juge administratif a maintenu sa propre jurisprudence. Il considère, en effet, qu'un contrat de location de téléviseurs, téléphones, tablettes aux usagers d'un hôpital constitue bien un contrat administratif. Pour ce faire, le juge administratif identifie « un service public de la communication extérieure des patients » dans l'hôpital : CE 7 mars 2014, CHU de Rouen, n° 372897, *DA* mai 2014, n° 32, p. 4042, note Arnaud SEE.

– De même, est un contrat de droit privé, conclu entre une administration et un déménageur : la prestation est étrangère au service public – TC 13 décembre 1993, Sté. Calberson (il n'y a aucun lien étroit entre la prestation du cocontractant et le service public).

– De même encore, est un contrat de droit privé conclu seulement pour les besoins du service, celui par lequel une société privée loue des photocopieurs à un lycée (EPA gérant un SPA) : en effet, il n'est pas de la mission même du service public de l'éducation de faire des photocopies, même si l'arrêt précise que ces contrats :

« permettaient à l'établissement de disposer de matériels nécessaires à l'accomplissement de sa mission » TC 15 novembre 2004, Préfet de la Moselle, SA Loxxia Bail Slibail c/ Lycée régional Hélène Boucher.

– En revanche, est un contrat administratif celui par lequel le service de la communication d'une collectivité locale confie à une société l'élaboration et la gestion d'un fichier permettant d'identifier toute cible géographique en vue d'une action de communication : l'élaboration d'un tel fichier est indispensable à la réalisation rationnelle d'une action de communication et dès lors, le cocontractant de l'administration participe à l'exécution même du service de communication de la collectivité : CAA Nantes 31 mai 2001, Brunet.

– Dans le même sens, est un contrat de droit administratif le contrat confiant des opérations de communication et de publicité visant à promouvoir l'image d'une collectivité locale, car il fait participer le cocontractant à l'exécution même du SPA : TC 5 juillet 1999, Sté. international Management Group.

– Dans le même sens encore, TC 22 janvier 2001, Préfet de Seine Maritime : le contrat de *sponsoring* conclu entre la région Haute Normandie et la société Multicom du navigateur Paul Vatine présente un caractère administratif, dès lors qu'il confie à ladite société la mission d'assurer, par ses actions de publicité et de communication, la promotion de la région et la fait ainsi participer à une mission de service public.

- De même, un contrat de crédit-bail peut faire participer le crédit-bailleur au service public et, partant, le contrat est de nature administrative: TC 23 févr. 2004, Sté. Leasecom c/ CHG du pays d'Aix-en-Provence, *DA* juin 2004, n° 92. En l'espèce, le Tribunal des conflits juge qu'un contrat de crédit-bail conclu par un centre hospitalier en vue de la location d'un appareil conditionnant et délivrant de manière automatique des médicaments aux malades, doit être considéré comme administratif parce qu'ayant

« pour objet de faire participer le co-contractant à l'exécution du service public hospitalier ».

c) Les contrats constituant une modalité d'exécution d'un service public (SPA)

Ce sont des contrats tels, que, grâce à leur conclusion, l'accomplissement d'un service public est assuré: au lieu de prendre des décisions pour assurer le fonctionnement du service public, l'administration conclut des contrats avec des particuliers.

Il faut bien voir que, dans cette 3e hypothèse, ce n'est pas le cocontractant privé qui exécute le service public, c'est l'administration elle-même, mais elle le fait grâce au contrat qu'elle passe avec un tiers (le contrat est alors un moyen d'exécution du service public).

Exemples :

- C'est le cas lorsqu'une personne publique, en l'espèce un établissement public, le Fond d'Organisation et de Régularisation des Marchés Agricoles s'acquitte de sa mission par le moyen de contrats conclus avec les exportateurs: TC 24 juin 1968, Sté. distilleries Bretonnes.
- Ont un caractère administratif, les contrats par lesquels l'État assure, sur les propriétés privées, l'exécution du service public de reboisement: CE 20 avril 1956, consorts Grimouard, *GAJA*.

On signalera que de nombreuses conventions de reboisement ont été conclues en Polynésie française sur le fondement de la réglementation suivante:

→ délibération n° 68-128 du 28 novembre 1968 autorisant la passation de conventions de reboisement des propriétés privées par les soins de l'administration publique;

→ arrêté n° 298 ER du 21 novembre 1977 autorisant la passation de conventions de reboisement des propriétés privées par les soins de l'administration publique (TA Polynésie française 11 avril 2017, M. Robert Brosious, n° 1600458).

– C'est encore le cas pour le contrat passé par une commune avec une entreprise et qui accorde à cette dernière certains avantages en raison de son installation dans la commune ; ce faisant, il s'agit pour la municipalité d'un moyen d'exercer l'une de ses missions de service public (interventions économiques) : CE 26 juin 1974, Sté. la maison des isolants de France.

2 – Le critère relatif au contenu : la présence de clauses exorbitantes

a) Le sens du critère

Ce critère est ancien puisque déjà, par une interprétation *a contrario*, le Conseil d'État y a fait allusion pour la première fois, semble-t-il (il y a une discussion doctrinale à ce sujet), dans l'arrêt du 31 juillet 1912, Sté. des Granits porphyroïdes des Vosges, *GAJA*.

La présence dans le contrat de clauses exorbitantes suffit à lui donner le caractère administratif.

Mais il faut préciser que l'appréciation de la clause (*ie*. de son caractère exorbitant) ne se fait pas toujours clause par clause ; en effet, le juge est fréquemment conduit à resituer chaque clause dans son « équilibre contractuel » (sa « contexture »).

Ainsi, par exemple, la même clause sera ou ne sera pas regardée comme exorbitante selon l'objet du contrat dans lequel il s'insère.

Exemple :

– Une clause de résiliation unilatérale n'est pas exorbitante si elle s'insère dans un contrat marqué par la précarité : TC 20 février 2008, M. et Mme Verfrière C/ Communauté urbaine de Lyon.

Ce faisant, lorsque le juge analyse le contrat pour rechercher la présence de clause exorbitante, il adopte une « approche finaliste » : la clause est le révélateur de la nécessité de soumettre le contrat au « régime exorbitant des contrats administratifs ». Est-ce que l'intérêt général justifie que l'on applique ce régime exorbitant ?

En d'autres termes, il faut que le contrat soit véritablement dominé par l'intérêt général et appelle ainsi l'application d'un régime de droit public. C'est ce qu'indique le Tribunal des conflits :

> « clause impliquant que, dans l'intérêt général, le contrat soit soumis au régime exorbitant des contrats administratifs » (TC 13 octobre 2014, Société Axa France Iard c/ MAIF, *AJDA* 2014, p. 2180-2185).

Signalons que dans cet arrêt du Tribunal des conflits du 13 octobre 2014, SA Axa France IARD, n° 3963, le juge des conflits donne une nouvelle définition de la clause exorbitante ; désormais elle n'est plus une *clause exorbitante* du *droit commun.* Elle est seulement exorbitante :

> « (...) que le contrat litigieux ne comporte aucune clause qui, notamment par les prérogatives reconnues à la personne publique contractante dans l'exécution du contrat implique, dans l'intérêt général, qu'il relève du régime exorbitant des contrats administratifs ».

Le Conseil d'État a admis que, même en l'absence d'une clause exorbitante individualisée, le fait pour un contrat d'être dans son ensemble soumis à un régime exorbitant lui conférait le caractère administratif: CE 19 janvier 1973, Sté. d'exploitation de la rivière du Sant. Les textes en effet avaient soumis ce contrat à des règles de fond relevant du droit public : il était donc logique d'en attribuer la compétence au juge administratif.

Au sujet de cette jurisprudence (il est vrai quelque peu en déclin), on parlait de *l'identification directe* du contrat administratif: ainsi, un contrat conclu entre une personne publique et une personne privée est administratif même s'il ne contient pas de clause exorbitante (ou s'il ne présente pas un lien étroit avec l'exécution d'un service public) ; s'il est soumis à un régime exorbitant du droit commun, c'est l'*ambiance de droit public* dans laquelle « baigne » le contrat qui prime, autrement dit:

> « [la] prise en considération, pour la qualification du contrat, de règles exorbitantes étrangères à la volonté des parties et formant le cadre juridique dans lequel s'insère le contrat » (A. de Laubadère et P. Delvolvé, Traité des contrats administratifs, LGDJ 2e édit. 1983, n° 176).

À ce sujet, René Chapus fait remarquer que :

> « ces contrats occupent une place à part. Ils concrétisent un renversement de l'ordre normal des choses. Normalement le régime d'un contrat est la conséquence de sa qualification et c'est pour déterminer son régime (de droit privé, de droit public) qu'on entreprend de le qualifier » (*Droit administratif général* tome I, Montchrestien 15 éd. 2001, n° 738).

C'est pourquoi d'ailleurs, une partie de la doctrine érige ce « cas » (régime exorbitant) en troisième critère matériel (à côté de la participation au service public et de la clause exorbitante).

Le Tribunal des conflits vient de rééditer la jurisprudence « rivière du Sant » à propos de location à l'Office national des forêts d'une forêt appartenant à une personne privée : il était prévu que le contrat s'intégrait dans un cadre fixant des règles de droit public (donc exorbitantes) ; le contrat est administratif selon l'application de la règle de « *l'identification directe* » : TC 28 mars 2011, Groupement forestier de Beaume Haie c/ ONF, (*DA* juin 2011, n° 59, p. 36-38, note F. Melleray).

Mais il faut tout de même souligner que les exemples jurisprudentiels sont très rares.

b) La notion de clause exorbitante

Ce critère vient de connaître, nous venons de l'indiquer (TC 13 octobre 2014, Société Axa France Iard c/ MAIF) :

- une *reformulation* : on parle désormais de *clause impliquant que, dans l'intérêt général, le contrat soit soumis au régime exorbitant des contrats administratifs* ;
- et une *clarification*, pour reprendre l'expression du commissaire du gouvernement dans l'affaire Société Axa France Iard.

En liminaire, il faut avouer que la « clause exorbitante » est une notion difficile à définir de façon générale et encore plus difficile à mettre en œuvre, comportant beaucoup de flou et même d'ambigüité.

La jurisprudence a tenté d'en donner une définition qui, pour être juste, ne couvre pas le champ matériel de ces clauses : la clause exorbitante est celle qui confère à la personne publique des droits ou met à la charge du cocontractant des obligations;

> « étrangers par leur nature à ceux qui sont susceptibles d'être librement consentis par quiconque dans le cadre des lois civiles et commerciales » (CE sect. 20 octobre 1950, Stein, Rec p. 505).

De cette définition, il apparaît en premier lieu que la clause exorbitante est celle qui est impossible (*ie.* inenvisageable) dans un contrat de droit privé. Et il en va ainsi tout simplement parce qu'il s'agit là de la manifestation de l'exercice de prérogatives de puissance publique.

Exemples :

- clause consentant une exonération fiscale au cocontractant : TC 2 juillet 1962, Consorts Cazautets, rec p. 823 ;
- clause ne prévoyant le recouvrement des créances que par l'état exécutoire : TC 27 juillet 1950, Peulaboeuf, rec p. 668.

En second lieu, la clause exorbitante est aussi (voire avant tout) une clause « inusuelle » dans les contrats de droit privé. René Chapus précise qu'il s'agit d'une clause

> « créatrice d'inégalité, en conférant à la personne publique une position de supériorité par rapport au cocontractant » (*Droit administratif général*, 15e éd. t1, n° 724 et 726).

En dernier lieu, il peut encore s'agir d'une clause qui serait « illicite » dans un contrat de droit privé. C'est ce caractère d'illicéité qui conduit le juge à regarder la clause comme le signe de la soumission à un régime de droit public.

Exemples de clause « inusuelle » ou « illicite »:

- la résiliation unilatérale du contrat en dehors de tout manquement aux obligations contractuelles: TC 5 juillet 1999, UGAP c/ Sté. SNC Activ CSA, *AJDA* 199, p. 554 ;
- ou encore la clause qui confère à l'administration un pouvoir de contrôle poussé de l'activité du cocontractant: TC 7 juillet 1980, Sté. d'exploitation touristique de la Haute-Maurienne.

c) Exception

On rappellera pour mémoire, que les contrats conclus entre un SPIC et ses usagers sont des contrats de droit privé même s'ils contiennent des clauses exorbitantes (CE 13 oct 1961, Établissements Companon-Rey ; TC 17 décembre 1962 dame Bertrand c/ commune de Miquelon). C'est pour une raison de simplicité que cette solution a été admise: soumettre l'ensemble des litiges pouvant surgir entre les SPIC et leurs usagers au même juge (constitution d'un « bloc de compétence au profit du juge judiciaire »).

Cependant, le Tribunal des conflits vient d'ouvrir une brèche dans ce bloc de compétence relatif aux contrats: un contrat conclu entre le SPIC et un usager, en principe, est un contrat de droit privé même s'il contient une prérogative de puissance publique. Tel ne sera plus le cas si le SPIC est géré par un établissement public industriel et commercial (EPIC).

En effet, à propos des relations entre l'Office National des Forêts (qui est un EPIC) et ses usagers, le Tribunal des conflits a reconnu que le contrat conclu entre cet office et un usager, contrat portant sur l'exploitation des bois de l'usager par l'EPIC et contenant une prérogative de puissance publique (constatation des infractions et poursuites), est un contrat administratif: la présomption n'est donc plus irréfragable pour les contrats conclus par les EPIC (TC 28 mars 2011, Groupement forestier de Beaume Haie, *JCP. A.* 12 décembre 2011, note Julien Martin, p. 16-20.

Voir aussi:

« sauf disposition législative contraire, lorsqu'un établissement public tient de la loi la qualité d'établissement industriel et commercial, les contrats conclus pour les besoins de ses activités relèvent de la compétence de la juridiction judiciaire, à l'exception de ceux comportant des clauses exorbitantes du droit commun ou relevant d'un régime exorbitant du droit commun ainsi que de ceux relatifs à celles de ses activités qui ressortissent par leur nature de prérogatives de puissance publique (*i.e.* qui ne se rattache pas aux missions industrielles et commerciales) » (TC 7 avril 2014, n° C 3949, Sté. Services d'éditions et de ventes publicitaires).

N.B. – L'insertion de clauses attributives de compétence à l'un des deux ordres de juridiction est sans effet si la juridiction désignée n'est pas celle qui est effectivement compétente en conséquence des clauses du contrat (sinon elles sont superfétatoires). Autrement dit, la seule volonté des parties est inopérante à ranger un contrat dans l'une ou l'autre catégorie, si elle ne s'accompagne pas d'éléments destinés à concrétiser cette option.

– SECTION II –

LE RÉGIME DU CONTRAT ADMINISTRATIF

Comme tout contrat, le contrat administratif comporte des effets obligatoires pour les parties : chacune des parties est tenue d'exécuter ses engagements contractuels, et cette exécution doit être correcte, intégrale et intervenir dans les délais prévus (ces obligations fondamentales sont sanctionnées par l'allocation de dommages et intérêts, voire la résiliation à la charge de la partie défaillante et par l'engagement de la responsabilité contractuelle).

Cependant, le contrat administratif se définit par le fait qu'il est passé (le plus souvent) dans le cadre de l'exécution d'un service public (ou, à tout le moins, il participe à l'intérêt général) et le cocontractant de la personne publique y collabore à des degrés divers. Or, le service public a ses exigences particulières et l'administration est responsable de son bon fonctionnement : cette responsabilité prime sur toute autre considération, et prévaut éventuellement sur les relations contractuelles. Il en résulte que le régime juridique du contrat administratif est marqué par des traits particuliers, distincts de ceux qui prévalent en droit privé.

Ainsi par exemple, si l'administration ne respecte pas ses engagements, son partenaire (le cocontractant) n'est pas dispensé de poursuivre l'exécution du contrat : l'exception d'inexécution n'est pas admise dans les contrats administratifs (CE 7 janvier 1976, Ville d'Amiens) dès lors qu'ils ont pour objet l'exécution même d'un service public.

> **N.B.** – En revanche, si le contrat administratif n'a pas pour objet l'exécution même d'un service public, les cocontractants peuvent prévoir une clause spécifique de résiliation unilatérale, dont la mise en œuvre est conditionnée par l'inexécution de la personne publique et l'information préalable de cette dernière. Il en résulte néanmoins (puisque l'administration doit obligatoirement être informée de cette imminente résiliation) que l'administration peut opposer à cette résiliation, un motif d'intérêt général obligeant le cocontractant à poursuivre l'exécution. Tout manquement de la part de ce dernier pourrait alors entraîner la résiliation du contrat à ses torts exclusifs : CE 8 octobre 2014, Société Grenke Location.

On précisera encore, avant d'aborder l'étude de l'exécution des contrats administratifs, qu'en principe, l'administration est libre de conclure un contrat avec la personne qu'elle souhaite. Tel est par exemple le cas pour les contrats d'occupation du domaine public (CE sect. 3 décembre 2010, Ville de Paris et ass. Paris Jean-Bouin[82]). Mais en réalité, l'autorité administrative doit le plus souvent suivre une procédure de conclusion, généralement longue car comprenant plusieurs étapes. En effet, le plus souvent, les contrats administratifs sont soumis à des règles de publicité préalable et d'appel à la concurrence, en fonction de l'importance des prestations (seuils définis). Ainsi, par exemple, pour les marchés publics, c'est l'offre qui est « économiquement la plus avantageuse » qui sera retenue.

Le contrat administratif est marqué par des traits particuliers suffisamment nets (sans équivalents en droit privé), dus au fait que le contrat est un instrument d'action du service public et qu'à cet effet, y figurent les prérogatives que détient la personne publique contractante.

Ce faisant, nous allons constater qu'il va s'instaurer un équilibre particulier dans les relations contractuelles de droit public entre les parties :

- l'égalité est rompue au profit de l'administration dès lors que le service public l'impose (le contrat n'est pas une « loi » pour les parties au sens de l'art 1134 du Code civil) : la partie administrative dispose du droit, en effet, d'utiliser certaines prérogatives particulières ;
- mais pour éviter que le cocontractant ne soit lésé, celui-ci bénéficie de contreparties à un autre niveau, par le jeu du principe de l'équilibre financier (compensation financière).

§ 1 – Les pouvoirs de l'administration

Les pouvoirs de l'administration en la matière résultent de prérogatives exorbitantes du *droit commun*. Celles-ci permettent à la partie administrative de disposer de moyens particuliers pour assurer une bonne exécution du contrat, nécessaire à la bonne marche du service (A). De plus, si le service public l'exige, l'administration sera autorisée à adapter le contrat (B).

82. Mais en réalité, cette jurisprudence vient d'être « condamnée » par la Cour de Justice de l'Union Européenne : 14 juillet 2016, aff. C-458/14, *AJDA* 2016, p. 2176-2179, note Rozen Noguellou. En effet la Cour indique clairement que la délivrance d'un titre d'occupation du domaine public à un opérateur économique suppose la mise en œuvre d'une procédure transparente. Et par ailleurs, l'ordonnance n° 2017-562 du 19 avril 2017 impose désormais qu'une procédure de sélection (publicité, transparence, impartialité…) soit instituée avant que ne soit délivré un titre (autorisation unilatérale ou convention d'occupation du domaine public) d'occupation ou d'utilisation du domaine public.

A – Les pouvoirs administratifs relatifs à la bonne exécution du contrat

1 – Pouvoir de direction et de contrôle

Dans le cadre des relations contractuelles de droit privé, l'exécution des prestations se fait sous la responsabilité de chacune des parties. S'agissant des contrats administratifs, en principe, le cocontractant de l'administration est libre du choix des modalités d'exécution du contrat (dans le respect des obligations consenties).

Cependant, l'administration a souvent la possibilité permanente de contrôler, vérifier et diriger, à tout moment, les opérations d'exécution *en vertu des règles générales applicables aux contrats administratifs* (CE 5 juillet 2013,Véolia Transport Valenciennes Transvilles, n° 367760).

Ce qui implique de sa part une intervention directe par ordre de service que le cocontractant doit respecter : bien sûr, les prérogatives de l'administration varient selon l'objet du contrat ; elles sont plus étendues par exemple pour les marchés de travaux publics.

Mais pour autant, ces prérogatives ne sont pas sans limite : ce qui veut dire que l'administration ne peut utiliser ce pouvoir dans des conditions telles que le cocontractant se trouverait dans la situation d'un simple exécutant.

2 – Pouvoir de sanction

En cas d'inexécution de ses obligations par le cocontractant, l'administration a le pouvoir d'infliger unilatéralement des sanctions par décision exécutoire, sous réserve d'une mise en demeure préalable ; ainsi, il n'est pas nécessaire que l'administration s'adresse au juge comme c'est le cas dans le cadre des contrats de droit privé ; comme l'écrit très justement Jean Rivero :

> « il y a là, au sein de l'opération contractuelle, une réapparition du procédé de la décision exécutoire et du privilège du préalable, caractéristique de la puissance publique » (*Droit administratif*, *Dalloz*, 1983, p. 129).

Par ailleurs, à l'exception des sanctions pécuniaires dont le montant doit être indiqué, il n'est pas nécessaire que ces sanctions soient expressément prévues dans les contrats ; elles appartiennent de droit à l'administration.

Diverses sanctions peuvent être prononcées : pécuniaires, coercitives ou encore résolutoires.

N.B. – Toutes les sanctions contractuelles doivent être motivées en application de la loi du 11 juillet 1979.

a) Sanctions pécuniaires

Il s'agit de pénalités (si le contrat le prévoit car il s'agit d'une sanction pécuniaire ; voir *supra*) qui permettent à la personne publique qui achète une prestation ou une fourniture :

- de prévoir contractuellement une sanction des éventuels retards subis du fait du cocontractant de l'administration dans l'exécution de sa contrepartie,
- et de réparer un préjudice, sans que les réparations soient nécessairement proportionnelles au préjudice.

L'application des clauses pénales s'effectue dès que le manquement se produit (amendes de plein droit). L'administration les exécutera sur le cautionnement du cocontractant. Mais l'application de ces pénalités reste une faculté pour l'administration qui a toujours la possibilité de renoncer à leur perception : l'administration a donc un pouvoir discrétionnaire en matière de pénalités de retard (CE 15 mars 1999, Jarnac).

Jusqu'à une période récente, l'application de ces pénalités était automatique et le juge administratif s'interdisait d'intervenir dans l'application d'intérêts de retards d'origine contractuelle. Mais le Conseil d'État a opéré un revirement de jurisprudence (CE 29 décembre 2008, OPHLM de Puteaux, *DA* mai 2009, n° 70, p. 34) : désormais, le juge administratif a la possibilité d'appliquer les principes dont s'inspire le Code civil dans son article 1152, à savoir que le juge peut modérer ou augmenter la peine si elle est manifestement excessive ou dérisoire ; en d'autres termes, le juge dispose du droit d'intervenir sur le montant des pénalités de retard à la demande d'une des parties. Ainsi, si les pénalités sont disproportionnées, le juge peut les moduler.[83]

b) Sanctions coercitives

Elles peuvent être prononcées en dehors de toutes stipulations contractuelles (*ie*. même si le contrat ne le prévoit pas).

Les sanctions pécuniaires peuvent s'avérer insuffisantes pour assurer l'exécution du contrat. L'administration applique alors une sanction très lourde au cocontractant, en se substituant à ce dernier pour l'exécution du contrat aux frais et risques du cocontractant sanctionné, sans pour autant qu'il y ait rupture de contrat.

83. Ce pouvoir de modulation a été appliqué à l'indemnité de résiliation prévue par le contrat et mis à la charge d'une personne publique : CAA Nancy, 7 juillet 2016, Société Grenke location c/ Collège Thomas Masaryk, n° 15NC02137, *AJDA* 2016, p. 2095-2097, Jean-Marc Favret.

Cette sanction porte des noms variés suivant le type de contrat :
- *mise en régie* pour les marchés de travaux publics ;
- *achat par défaut* pour les marchés de fourniture ;
- *mise sous séquestre* pour les concessions de service public.

c) Sanctions résolutoires

Là encore, la terminologie est variable : on parle de résiliation aux torts (pour les marchés) et de déchéance (pour les concessions).

Ces cas de résiliation-sanction ne doivent pas être confondus avec la résiliation dans l'intérêt du service (*infra*).

B – Les pouvoirs administratifs permettant d'adapter le contrat aux nécessités du service

Il s'agit là sans doute des pouvoirs les plus exorbitants dont dispose l'administration. Cette dernière peut en effet modifier et même interrompre unilatéralement les engagements souscrits : ce qui met en cause directement le caractère obligatoire du contrat et le principe d'immutabilité, qui sont des éléments essentiels de la théorie générale des contrats : cf. art 1134 c civil :

> « les conventions légalement formées tiennent lieu de loi à ceux qui les ont faites ».

1 – Le pouvoir d'inviter le cocontractant à adapter le contrat aux nouvelles exigences du service

→ Positionnement du problème :

Le progrès technique et l'évolution des besoins du public peuvent rendre inadaptés certains contrats conclus pour une longue durée.

Exemples :
- un contrat de fourniture de fourrage à une unité militaire qui s'est motorisée ;
- la concession de l'éclairage urbain au gaz alors que l'électricité a été découverte, etc.

Dans de tels cas, on ne peut raisonnablement admettre que l'administration reste liée par ses engagements.

→ Solution du problème :

Le juge a alors admis que l'administration puisse obliger son cocontractant à adapter ses prestations à la nouvelle situation. Ce dernier peut bien entendu refuser cette adaptation mais il s'expose alors à une éventuelle résiliation du contrat : CE 10 janvier 1902, Cie Nouvelle du gaz de Deville-Les-Rouen, *GAJA*.

De cette jurisprudence découle la reconnaissance expresse du pouvoir accordé à l'administration contractante de modifier unilatérale le contrat à son profit de (ci-dessous).

2 – Le pouvoir de modifier unilatéralement le contrat

Jusqu'au début du XXe siècle, la jurisprudence n'admettait pas que l'administration puisse modifier unilatéralement les contrats, alors même que les besoins du public évoluaient et que les contrats n'étaient plus toujours adaptés à ces évolutions. Ainsi, le cocontractant pouvait refuser d'exécuter les modifications demandées par l'administration (en d'autres termes, l'accord des parties était requis pour modifier le contrat).

Mais cette jurisprudence sera abandonnée dans l'arrêt du Conseil d'État du 11 mars 1910, Cie générale française des Tramways (*GAJA*). Dans cet arrêt, le juge administratif accorde au préfet des Bouches du Rhône le droit d'exiger de la compagnie concessionnaire des tramways une augmentation du nombre de convois circulant sur les lignes, quitte à ce que la compagnie demande une indemnité. Ainsi, la modification unilatérale du contrat devient possible pour tenir compte de l'évolution des besoins du public.

Le fondement de cette prérogative réside dans les exigences de l'intérêt général qui peuvent, à un moment donné, nécessiter que soient imposées au cocontractant des obligations (de nouvelles prestations) qui n'avaient pas été prévues au contrat.

L'administration détient cette prérogative au titre de sa compétence exclusive en matière d'organisation du service public (le Conseil constitutionnel a rappelé l'existence de ce principe dans sa décision n° 84-185 DC du 18 janvier 1985).

Quel est le champ d'application de cette prérogative ? La réponse a été donné en 1983 dans un arrêt Union des transports publics urbains et régionaux, du 2 février 1983 ; le Conseil d'État reconnaît l'existence d'un pouvoir de modification unilatérale dans le silence du contrat et en fait une règle générale du droit des contrats administratifs :

> « Considérant (…) qu'en disposant, dans l'article 14, alinéa 1, que l'autorité organisatrice [du service] peut, en cours de contrat, apporter unilatéralement des modifications à la consistance des services et à leurs modalités d'exploitation, que l'usage de cette prérogative peut entraîner une révision des clauses financières du contrat, et, enfin, que les modifications ainsi apportées ne doivent pas être incompatibles avec le mode de gestion choisi, les auteurs du décret attaqué se sont bornés à faire application des règles générales applicables aux contrats administratifs ».

Pour un exemple récent :

- CE 27 octobre 2010, Synd. Intercommunal des transports publics de Cannes, Le Cannet, Mandelieu-la Napoule (*DA* janv. 2011, p. 26).

Cette prérogative s'exerce dans les conditions suivantes :

- d'une part, les modifications unilatérales du contrat doivent être fondées sur la nécessité d'adapter le service à une situation nouvelle ; elles ne sont justifiées que par ce motif tiré des besoins du service public ;
- d'autre part, ce ne sont pas toutes les clauses du contrat qui peuvent faire l'objet d'une telle modification. Seules sont concernées celles qui intéressent le fonctionnement du service public et mettent ainsi en jeu ses besoins.

Ce cadre permet de fixer d'étroites limites à cette prérogative.

3 – Le pouvoir de résilier unilatéralement le contrat

L'administration peut à tout instant mettre fin au contrat en dehors de toute faute de son cocontractant : elle est en effet habilitée à résilier un contrat dès lors que celui-ci n'est plus en harmonie avec les nécessités du service public.

Il s'agit d'un pouvoir de résiliation unilatérale pour motif d'intérêt général (sous réserve d'indemnisation si la résiliation cause un préjudice : CE ass. 2 mai 1958, Distillerie Magnac-Laval) qui s'applique quelle que soit la qualité du cocontractant (*ie.* même si le contrat a été conclu entre personnes publiques : CE 21 décembre 2007, Région Limousin, rec. P. 534) :

- ce pouvoir est général : il s'applique à tous les contrats administratifs ;
- ce pouvoir est d'ordre public : il existe même s'il n'a pas été prévu dans le contrat et l'administration ne peut renoncer à l'exercer.

Bien évidemment, si ce pouvoir cause un dommage au cocontractant, ce dernier bénéficiera d'une indemnité couvrant à la fois le dommage subi (*dammum emergens*) et le manque à gagner résultant de l'intervention administrative (*lucrum cessans*).

N.B. – Retenons que les prérogatives accordées à l'administration contractante n'ont pas un caractère arbitraire ; elles sont en effet subordonnées aux besoins du public, et nous allons voir à présent qu'elles sont assorties de contreparties au profit du cocontractant afin que soit conservé un certain équilibre. L'idée essentielle qu'il faut retenir est que le fondement des prérogatives de l'administration se trouve dans les responsabilités particulières qui lui incombent en matière d'organisation et de fonctionnement du service public.

De cette prérogative de résiliation unilatérale découle la possibilité de conclure des contrats sans détermination de durée (il existe toutefois des textes contraires : par exemple le CGCT interdit cela pour les délégations de service public).

Exemple :

– Pour une convention d'occupation du domaine public : CE 5 février 2009, Ass. Sté. centrale d'agriculture, d'horticulture et d'acclimatation de Nice et des Alpes-Maritimes, *AJDA* 2009, p. 704.

Lorsque le cas se présente entre deux personnes publiques (exemple : CE 24 novembre 2008, Synd. Mixte d'assainissement de la région du Pic Saint Loup, *DA* février 2009, n° 19), chaque partie (publique) peut mettre fin au contrat de façon unilatérale (sous réserve d'un délai et d'un préavis). Comme dans les autres cas, cette résiliation unilatérale existe même dans le silence du contrat (elle est d'ordre public) et peut être exercée à tout moment, pour tout motif. Elle n'entraîne toutefois pas de droit à indemnisation au profit du cocontractant (en ce sens, ce cas se distingue de la jurisprudence : CE ass. 2 mai 1958, Distillerie Magnac-Laval, ci-dessus).

§ 2 – Les droits du cocontractant

Si le cocontractant de l'administration doit subir l'exercice par celle-ci de ses prérogatives (étant donné que sa collaboration au fonctionnement du service public lui impose une telle sujétion), il n'en demeure pas moins qu'un contrat ne peut se concevoir sans un certain équilibre ; d'autant plus que sans cet équilibre, l'administration ne trouverait plus aucun candidat pour exécuter ses marchés (il s'agit cependant d'un équilibre particulier défini par Léon Blum dans ses conclusions sur CE 21 mars 1910, Cie générale française des tramways, sous l'expression d'équation financière).

Par ailleurs, le cocontractant dispose parfois lui-même de prérogatives pour assurer la bonne exécution de ses obligations contractuelles : droit d'occuper des propriétés privées, extraction de matériaux, droit de prélever des taxes, etc.

A – Le droit à l'équation financière

C'est en fin de compte le principe de l'équation financière qui tient lieu de garantie fondamentale au cocontractant de l'administration (de la même façon que le principe de l'immutabilité du contrat de droit privé est la garantie des relations particulières).

Lorsqu'un particulier conclut un contrat, il prend en considération un certain équilibre entre les obligations auxquelles il souscrit et les avantages qu'il escompte retirer. Le contrat peut être modifié mais cet équilibre doit être maintenu (si un terme est aggravé, une contrepartie est allouée, équivalente à la charge supplémentaire imposée).

Cette construction originale (notamment parce qu'inconnu en droit civil) permet de garantir les droits légitimes du cocontractant, tout en sauvegardant l'impératif premier du fonctionnement du service public.

B – Les contreparties du cocontractant de l'administration

1 – Le droit à être indemnisé des charges supplémentaires imposées

Ce problème se résout dans le cadre de la responsabilité contractuelle.

- La responsabilité administrative peut découler d'un manquement, c'est-à-dire une faute de l'administration (exemple : l'administration viole un de ses engagements convenu dans le contrat en payant avec retard un acompte dû). Elle pourra être condamnée (par le juge du contrat) à verser des dommages et intérêts.
- Mais même en l'absence d'un manquement, le cocontractant a le droit d'obtenir une indemnité si l'équilibre financier du contrat se trouve rompu du fait de modifications unilatérales de l'administration :
  - le contrat peut avoir lui-même prévu ces modifications (ou plutôt certaines d'entre elles) et indiquer que le contractant aura droit à une certaine indemnité ;
  - si le contrat ne contient pas de telles dispositions (*ie.* si rien n'est prévu au sujet de ces modifications unilatérales), les parties doivent tenter de se mettre d'accord. Il est normal que lorsque l'administration impose une modification, elle doive rétablir l'équilibre du contrat, selon les cas soit en augmentant les prestations qu'elle délivre à son cocontractant, soit en réduisant les prestations exigées de celui-ci. À défaut, le juge saisi appliquera le principe d'une indemnisation devant couvrir totalement le préjudice, à savoir le dommage subi et le manque à gagner.

Ainsi la responsabilité de l'administration peut être engagée sans qu'une faute n'ait été commise du fait de l'usage légitime par la partie administrative d'une de ses prérogatives : il s'agit là d'un système original de responsabilité contractuelle sans faute.

2 – L'administration contractante ne doit pas prendre de mesures susceptibles d'empêcher son cocontractant de poursuivre son activité

Si seul le législateur peut ériger une activité en monopole et la confier à un seul délégataire (car cela touche aux garanties fondamentales accordées aux citoyens : limitation des libertés économiques), l'administration (donc le pouvoir réglementaire) peut conférer des droits exclusifs à un délégataire (CE 26 janvier 2007, Syndicat professionnel de la géométrie, *AJDA* 2007, p. 744, note Sophie Nicinski) et ce, d'autant plus lorsque l'activité a son siège sur le domaine public (CE sect. 29 janvier 1932, Sté. des autobus antibois, *GAJA*). Dans cette hypothèse, si l'administration contractante ne respecte pas cette clause, elle engage sa responsabilité contractuelle.

Mais lorsque le contrat ne comporte aucune clause de ce type, la même obligation pèse-t-elle sur l'administration ?

La réponse a d'abord été apportée par la Cour administrative d'appel de Paris dans un arrêt du 4 juin 1992, SA Tahiti Moorea Service *AJDA* 1993 :

> « même en l'absence de toute clause expresse de limitation de la concurrence, il appartient au concédant de ne pas prendre de mesures susceptibles d'empêcher le concessionnaire de poursuivre son activité de service public ».

Cet arrêt a été très critiqué et il est convenu, aujourd'hui, qu'il ne reflète pas l'état du droit positif. Au contraire même. En effet, la jurisprudence va cesser d'exiger que l'administration protège de la concurrence les titulaires d'une autorisation.

C'est ainsi que dans un premier temps, la Haute Juridiction administrative a estimé qu'en l'absence de toute clause expresse instaurant un privilège d'exploitation, l'autorité administrative n'était pas tenue de s'abstenir de tout acte susceptible d'exposer son cocontractant (il s'agissait d'un contrat non relatif à une délégation de service public) à une concurrence – ou à une plus grande concurrence (CE 25 juillet 2001, Ville de Toulon, Revue *Contrats et Marchés publics,* octobre 2001, n° 192, p. 23). Mais le juge précise aussi que si le comportement de la personne publique est tel qu'il empêche l'opérateur privé de continuer son activité, l'administration commet une faute de nature à engager sa responsabilité contractuelle, même en l'absence de toute clause expresse instaurant un privilège d'exploitation.

Puis, dans un second temps, le Conseil d'État est allé jusqu'à préciser :

> « [qu'] il ne peut être utilement invoqué un principe général de protection du concessionnaire contre la concurrence par le concédant, indépendamment de toute clause contractuelle posant une telle obligation à ce dernier » (CE 10 octobre 2007, Société SPS Tarbes, n° 255213, *AJDA* 2007, p. 2350-2351 chronique Laurent Richer, Pierre-Alain Jeanneney, Sophie Nicinski).

3 – Le droit à résiliation du contrat

Les modifications imposées par l'administration ne sont obligatoires que si elles n'entrainent pas un « bouleversement » du contrat.

En revanche, si l'intervention administrative est trop considérable, et aboutit à rompre totalement l'équilibre du contrat, le cocontractant a le droit de se retirer; plus précisément, il peut demander au juge de résilier le contrat. En effet, il ne peut être tenu à remplir des charges sans rapport avec celles pour lesquelles il s'était engagé.

Exemples :

- l'administration fixe au contrat un objet entièrement nouveau (modification de l'ouvrage à construire);
- l'administration réduit dans une proportion importante les prestations fournies par son partenaire en prétendant réduire le prix au prorata;
- l'administration prétend augmenter dans une proportion importante les prestations que son partenaire s'est engagé à fournir.

§3 – L'influence des faits nouveaux sur le contrat administratif

On entend par fait nouveau, tout évènement soit émanant de l'autorité administrative soit indépendant de sa volonté (phénomène naturel ou économique).

Lorsque ces faits nouveaux se produisent et qu'ils modifient les conditions d'exécution d'une convention, le cocontractant n'est pas libéré de ses engagements (sauf cas de force majeure qui rend l'exécution impossible et définitive: le contrat sera alors résilié), le principe de continuité du service public imposant l'obligation de poursuivre l'exécution.

Mais en contrepartie, pèse sur l'administration une obligation d'indemnisation (application là encore de la théorie de l'équation financière).

Les modalités d'application de cette obligation diffèrent bien évidemment selon la nature des circonstances nouvelles intervenues.

A – La théorie du fait du prince

Cette théorie permet d'indemniser le préjudice causé au cocontractant lorsqu'il résulte de mesures prises par l'administration contractante en vertu de pouvoirs autres que ceux qu'elle tient du contrat. Il s'agit, là aussi, d'un système de responsabilité sans faute.

1 – Les conditions d'application de la théorie du fait du prince

La théorie s'applique dans deux hypothèses qu'il faut bien distinguer.

Dans chacune de ces hypothèses, il faut que la mesure soit prise par la personne publique contractante (s'il s'agit d'une autorité publique autre que celle qui a conclu le contrat, c'est la théorie de l'imprévision qui s'applique, *infra*) mais cette dernière intervenant dans une qualité autre que celle de contractant.

a) Cas d'une mesure particulière affectant l'exécution du contrat

La personne publique contractante prend une mesure qui a pour conséquence de rendre plus difficile l'exécution du contrat.

Cela vise les situations où, en vertu d'une compétence sans rapport avec le contrat, la personne publique prend certaines initiatives qui atteignent indirectement le cocontractant.

Exemples :

- Une décision de réorganisation du service : changement d'horaire de travail rendant plus difficile l'exécution d'un contrat de nettoyage des locaux administratifs ;
- Ce peut être une opération matérielle : une opération de voirie entravant l'accès à un chantier de travaux publics (CE 28 avril 1948, ville d'Ajaccio).

b) Cas d'une mesure générale portant directement atteinte aux stipulations contractuelles

Cette seconde hypothèse vise le cas de toutes mesures générales : législatives ou réglementaires.

Ce qui importe, ce sont les effets de telles mesures : elles doivent porter directement atteinte aux stipulations contractuelles (de manière spécifique ; en d'autres termes, la mesure doit avoir une répercussion directe sur l'un des éléments essentiels du contrat). Selon la formule jurisprudentielle : il faut que la mesure générale modifie *l'état de choses en considération duquel les parties ont contracté*.

Exemples :

- des mesures de police, comme la modification d'un sens interdit rallongeant exagérément le tracé d'un réseau de transport urbain assuré par un concessionnaire ;
- l'instauration de dispositifs de sécurité importants sur les routes, s'imposant à un entrepreneur de travaux publics en cours de construction de chaussée ;
- ou encore des mesures économiques, sociales ou fiscales ayant un impact important sur l'objet du contrat. Mais si la mesure générale aggrave les charges du cocontractant au même titre que les autres administrés, la théorie ne joue pas.

2 – Les effets de la théorie du fait du prince

Ces effets sont simples :

- d'une part, le cocontractant est tenu de poursuivre l'exécution du contrat (en raison du principe de la continuité du service) ;
- d'autre part, le cocontractant a droit à la réparation intégrale des charges supplémentaires entraînées. Cette réparation porte sur le dommage subi et sur le manque à gagner résultant de l'intervention administrative.

B – La théorie de l'imprévision

Comme son nom l'indique, cette théorie est destinée à faire face à une situation imprévue.

1 – Origine et intérêt de la théorie de l'imprévision

Cette théorie a été élaborée pour permettre au cocontractant de continuer à exécuter ses engagements lorsque l'économie du contrat a été bouleversée par suite d'évènements imprévisibles (une crise économique internationale par exemple). Dans ce cas, le cocontractant est tenu de poursuivre l'exécution du contrat, à charge pour la partie administrative d'accorder une assistance financière.

Cette théorie est née d'un arrêt du Conseil d'État rendu à propos de difficultés d'application d'une concession de fourniture de gaz de ville produit à partir du charbon dont le prix s'est accru de façon extrême en raison de la première guerre mondiale (1914-1918). La faillite de l'entreprise – et par suite l'interruption du service public – ont été évitées grâce à une participation de la commune concessionnaire (CE 30 mars 1916, Cie générale d'éclairage de Bordeaux, *GAJA*).

La stabilité économique régnait jusqu'alors, et les parties contractantes n'avaient pas prévu de telles circonstances. Depuis lors, l'inflation est quotidienne et les contrats de longue durée prennent soin d'aménager soigneusement des systèmes de variation de prix (la théorie de l'imprévision n'en est pas périmée pour autant : elle peut jouer lorsque les clauses sont insuffisantes à rétablir la situation : CE 19 février 1992, SA Dragages et travaux publics et autres).

2 – Les conditions d'application de la théorie de l'imprévision

a) Un bouleversement de l'économie du contrat

Un simple manque à gagner ne suffit pas. Il faut que soit créée *une situation extracontractuelle*, se traduisant par un déficit dont l'importance n'aurait pu être prise en compte au moment de la conclusion du contrat.

En effet, les contrats de longue durée comportent toujours certains risques que prennent en compte les contractants : un certain déficit comme un certain profit font partie des prévisions nécessaires à toute entreprise.

La situation extracontractuelle n'apparaît qu'au-delà du seuil normalement prévisible (dont le niveau est fixé par le juge selon les situations d'espèces).

b) Un bouleversement imprévisible

L'évènement perturbateur doit nécessairement ne pas pouvoir être prévu au moment de la conclusion du contrat. C'est un aléa.

Son origine peut être économique (hausse inattendue des prix résultant d'une crise économique, comme ce fut par exemple le cas en 1973 avec la crise du pétrole), ou encore ce peut être une guerre ou un évènement naturel comme une catastrophe.

Mais l'aléa peut être aussi administratif, lorsque le bouleversement résulte d'une intervention des pouvoirs publics (autre que l'autorité concédante), telle qu'une mesure de réglementation des prix ou toute mesure d'économie dirigée (à condition que toutes ces mesures fussent imprévisibles dans leur survenance ou dans leurs conséquences : en d'autres termes, il n'est pas nécessaire que le fait lui-même soit imprévisible, il suffit que ses conséquences le soient).

c) L'évènement doit être indépendant de la volonté des parties au contrat

L'évènement ne doit pas être provoqué par la partie administrative contractante. Il doit résulter d'une autre personne publique que celle qui a contracté, agissant par voie générale ou individuelle.

3 – Les conséquences de la théorie de l'imprévision

Comme pour le « fait du prince », les conséquences sont doubles :

- le cocontractant doit continuer à assumer ses engagements, nécessaires à la continuité du service public ;
- mais il reçoit en contrepartie une indemnité.

Il existe cependant une différence essentielle : l'indemnité d'imprévision ne couvre pas la totalité du déficit subi par le cocontractant. En effet, la contribution financière administrative est doublement limitée : en importance et dans le temps.

a) La participation financière administrative est limitée en importance

L'administration participe à la couverture du déficit sans l'assumer entièrement.

La contribution ne s'applique en effet que sur la charge extracontractuelle, *ie*. la partie du déficit non prévisible. Et il ne s'agit là que d'une contribution, car le cocontractant doit assumer une partie de cette charge extracontractuelle (environ de 5 à 10 % du déficit). Cette contribution est déterminée :

> « en fonction des circonstances de l'affaire et, en particulier, des diligences du contractant pour surmonter ses difficultés » (concl. Bergeal sous CE 14 juin 2000, Commune de Staffelfelden).

b) La participation administrative est limitée dans le temps

L'imprévision est conçue comme un moyen permettant de franchir un mauvais cap, elle ne doit avoir qu'un caractère provisoire, temporaire, en attendant le rétablissement de la situation.

Mais, si le bouleversement est définitif, nul n'est tenu de demeurer dans la situation provisoire adoptée.

En effet, s'il n'est plus possible de rétablir l'équilibre du contrat, c'est que celui-ci n'est plus adapté et ne doit donc plus être maintenu ; dès lors, la situation s'analyse comme un cas de force majeure, rendant possible la résiliation du contrat (CE 9 décembre 1932, Cie des tramways de Cherbourg, *GAJA*).

Exemple :

– CE 14 juin 2000, Commune de Staffelfelden :

> « cons. que, au cas où des circonstances imprévisibles ont eu pour effet de bouleverser le contrat et que les conditions économiques nouvelles ont en outre créé une situation définitive qui ne permet plus au concessionnaire d'équilibrer ses dépenses avec les ressources dont il dispose, la situation nouvelle ainsi créée constitue un cas de force majeure et autorise à ce titre le concessionnaire, comme d'ailleurs le concédant, à défaut d'un accord amiable sur une orientation nouvelle à donner à l'exploitation, à demander au juge la résiliation de la concession, avec indemnité s'il y a lieu, et en tenant compte tant des stipulations du contrat que de toutes les circonstances de l'affaire ».

– CINQUIÈME PARTIE –

LA RESPONSABILITE ADMINISTRATIVE

Dans le cadre de ses activités, l'administration peut générer des dommages qui engagent sa responsabilité. Le problème est identique en droit civil : l'activité des particuliers peut être génératrice de dommages. Mais en droit administratif, cette question va être solutionnée par des règles :

- originales, car l'administration est censée poursuivre l'intérêt général et pour ce faire, elle dispose de prérogatives de puissance publique,
- et d'origine jurisprudentielle.

Ces règles se distinguent du droit civil, même si pour les définir, le juge administratif s'est largement inspiré du Code civil. Cette spécificité est bien exposée dans le fameux arrêt Blanco du Tribunal des conflits du 8 février 1873 :

> « cons. que la responsabilité, qui peut incomber à l'État pour les dommages causés aux particuliers par le fait des personnes qu'il emploie dans le service public, ne peut être régie par les principes qui sont établis dans le Code civil, pour les rapports de particulier à particulier ; que cette responsabilité n'est ni générale, ni absolue ; qu'elle a ses règles spéciales qui varient suivant les besoins du service et la nécessité de concilier les droits de l'État avec les droits privés ».

La responsabilité administrative est de nature civile et est, avant tout, « réparatrice ». Il s'agit d'une matière législative (art 34 de la Constitution : la loi détermine les principes fondamentaux du régime des obligations civiles) et, depuis l'entrée en vigueur de la loi organique statutaire du 27 février 2004, la Polynésie française est compétente pour intervenir et « légiférer » cette matière lorsqu'est en cause son action.

Mais la COM n'est intervenue que très peu dans ce domaine et dès lors, le régime de la responsabilité qui pèse sur les administrations de la Polynésie française est essentiellement de nature jurisprudentielle et ne diffère donc guère du régime applicable en Métropole.

En outre il s'agit d'une responsabilité extracontractuelle (encore appelée « responsabilité délictuelle » ou « quasi délictuelle ») car le dommage ne prend pas sa source dans un contrat.

Cette responsabilité administrative constitue le régime applicable aux problèmes soulevés par l'activité des services publics à gestion publique (« service public administratif » – SPA).

En revanche, les services publics à gestion privée (« service public industriel et commercial » – SPIC) restent en principe soumis au régime de responsabilité civile du droit privé (posé par les articles 1382[84] et s. du Code civil). Toutefois, lorsque le service (qu'il soit « administratif » ou « industriel et commercial ») est géré par une personne privée, les litiges relatifs à la responsabilité doivent toujours être portés devant le juge judiciaire, à l'exception de ceux dont le dommage résulte de l'emploi par la personne privée (chargée d'une mission de SP) d'une « prérogative de puissance publique » (CE 23 mars 1983, ministre des Transports c/ SA Bureau Véritas; CE 21 décembre 2007, Mme Lipietz et autres).

Nous commencerons par exposer le régime général de la responsabilité de la puissance publique (chapitre I). Cette étude préalable des différentes règles qui déterminent l'engagement de la responsabilité de la personne publique nous permettra d'aborder ensuite avec profit le délicat problème des rapports entre cette responsabilité et celle des agents de l'administration (chapitre II).

84. Les nouvelles dispositions introduites par l'ordonnance n° 2016-131 du 10 février 2016 portant réforme du droit des contrats, du régime général et de la preuve des obligations a notamment modifié la numérotation des articles du Code civil. Mais cette réforme n'est pas applicable en Polynésie française. L'ancienne numérotation demeure

– CHAPITRE I –

LE RÉGIME GÉNÉRAL DE LA RESPONSABILITE PUBLIQUE

Après l'étude des caractères généraux de cette responsabilité (section I), nous préciserons les conditions d'engagement de la responsabilité publique (section II), puis nous verrons comment elle est mise en œuvre (section III).

– SECTION I –

LES CARACTÈRES GÉNÉRAUX

§ 1– Historique

Le principe de la responsabilité de l'administration n'a été admis que fort tard dans le droit positif. Mais à l'irresponsabilité de l'État succéda fort heureusement le principe inverse.

A – Le principe de l'irresponsabilité de l'État

1 – Origine

En raison de l'origine divine du pouvoir de la monarchie (théocratie), les victimes de l'administration ne pouvaient obtenir une quelconque réparation des préjudices qu'elles subissaient. Après la révolution française et pendant la majeure partie du XIXe siècle, le droit français a continué à reposer sur le principe de l'irresponsabilité de la puissance publique, considéré comme un corollaire inévitable de la souveraineté de l'État.

Ce principe d'irresponsabilité est un héritage de la période de l'Ancien régime où l'on considérait que *le Roi ne peut mal faire*, principe qui repose donc sur l'idée que « la souveraineté » est conçue

> « comme la volonté d'une personne supérieure pouvant s'imposer sans compensation aux individus », Paul Duez, La responsabilité de la puissance publique, Dalloz 1938, p. 10.

Ce legs monarchique était d'autant moins contesté que les règles du droit privé en matière de responsabilité semblaient inadaptées pour encadrer juridiquement les activités publiques. En effet, la responsabilité civile repose sur l'idée de faute qui comporte une connotation subjective : culpabilité, faute morale... Appliquée à l'État, cela supposerait l'existence de lois supérieures à cette entité, ce qui était théoriquement incompatible avec la conception alors en usage de la souveraineté de l'État.

2 – Atténuations

Cette conception - au demeurant choquante - était cependant acceptable dans la mesure où les activités administratives étaient relativement limitées, conformément à la philosophie libérale de l'époque (les contacts « services publics/usagés » sont peu fréquents et donc, les dommages provoqués par ces « services » sont rares).

De plus cette irresponsabilité était écartée lorsqu'il s'agissait de dommages causés par des travaux publics : le contentieux était – expressément – confié aux Conseils de préfecture par la loi du 28 pluviose An VIII.

De même, cette irresponsabilité ne s'étendait ni à la gestion du domaine privé, ni à l'activité des collectivités locales (à savoir, à l'époque, les communes puis les départements) puisque ces dernières n'étaient pas souveraines. Elles pouvaient donc voir leur responsabilité engagée devant les juridictions judiciaires.

Enfin, si l'administration ne pouvait être déclarée responsable, il était possible de poursuivre directement ses agents devant le juge judiciaire, même si un mécanisme rendait difficiles ces poursuites (sorte d'immunité des agents) (*infra*).

B – Le principe de la responsabilité de l'État

Le principe de l'irresponsabilité de l'État est devenu difficilement acceptable vers la fin du XIXe siècle, dans la mesure où l'État intervenait de plus en plus dans tous les domaines (la conception de l'État providence a succédé à celle de l'État gendarme).

D'ailleurs, il convient de remarquer que le principe de l'irresponsabilité était contraire à la DDHC du 26 Août 1789, qui proclame, d'une part, dans son article 13 que les citoyens sont égaux devant les charges publiques et d'autre part, dans son article 15, que :

> « La société a le droit de demander des comptes à tout agent public de son administration »,

ce qui pose le principe de la responsabilité personnelle des agents publics devant la société.

Or, à partir du moment où la justice administrative sera « déléguée » au Conseil d'État, celui-ci fera un effort pour assujettir l'administration au principe de responsabilité.

Ainsi, le principe de responsabilité de l'État est posé pour la première fois en 1873, dans l'arrêt Blanco (TC 8 février 1873, *GAJA*) en même temps d'ailleurs qu'est reconnue l'autonomie de ce droit (*supra* introduction).

Depuis lors, cette responsabilité va s'étendre et gagner au fur et à mesure tous les secteurs : y compris les services de police. Le juge ira même jusqu'à reconnaître la responsabilité de l'État pour des actes qui pourtant ne relèvent pas au sens strict de l'activité administrative ; par exemple : responsabilité du fait des lois et des conventions internationales (*infra*).

Parallèlement à cette extension du champ d'application de la responsabilité administrative, on remarque que le juge administratif a abaissé constamment les seuils d'engagement de la responsabilité : ainsi est abandonnée l'exigence d'une f*aute d'une exceptionnelle gravité*. Puis seront admis des cas de responsabilité sans faute.

Si bien qu'aujourd'hui, les cas d'irresponsabilité sont limités :

- seule la loi (et non le règlement) ou encore un Traité international peut instituer un régime d'irresponsabilité : le Conseil constitutionnel, ainsi que les Cours européennes, en reconnaissent la possibilité, mais ces actes fautifs ne doivent ni porter atteinte de façon disproportionnée aux droits des personnes qui en sont victimes, ni porter atteinte au droit à un recours effectif (Cons. cont. 11 juin 2010, n° 2010-2 QPC cons. n° 11).
- La loi a prévu quelques cas d'irresponsabilité mais ils sont anciens ; exemple : pour les postes et télécommunications, de vieilles lois datant de l'époque révolutionnaire ainsi qu'une loi de 1850 ont prévu que l'État était irresponsable en cas de perte de courriers ordinaires. Dans de tels cas, le juge estime toutefois qu'en cas de commission d'une faute lourde, la responsabilité de l'État est tout de même engagée.
- Enfin, la jurisprudence maintient encore quelques autres cas d'irresponsabilité :
  - le cas des actes de gouvernement qui, on le sait, n'ouvrent pas droit à réparation (immunité juridictionnelle de ces actes, *supra*) ;
  - le cas des *opérations militaires* (nouvelles appellations des « faits de guerre ») ; pour un exemple récent d'irresponsabilité de l'État français à la suite des bombardements des forces françaises en Yougoslavie en 1999, voir CE 23 juillet 2010, Société Touax et Société Touax Rom, (*AJDA* 2010, p. 2269) ;
  - le cas de l'exercice par l'administration de son pouvoir de mesure gracieuse (CE 27 mars 1987, Ville de Tarbes c/ Mme Di Constanzo, CE 19 mai 2010, n° 316421) ;
  - le cas des dommages causés par les changements d'assiette ou d'orientation des voies publiques ou encore de création de voies nouvelles (atténuation de cette jurisprudence :« il en va autrement dans le cas où ces modifications ont pour conséquence d'interdire

ou de rendre excessivement difficile l'accès des riverains à la voie publique », CE 11 février 2015, n° 367342).

- enfin, certains cas concernant la justice administrative (en fait : l'État) (voir *infra*) : irresponsabilité de l'État en raison du contenu même des décisions juridictionnelles définitives.

§ 2 – Le problème du titulaire de la responsabilité

A – Positionnement du problème

Comme toute personne morale, l'administration ne commet pas elle-même de faute, étant une fiction juridique. Si des fautes sont commises dans l'exercice des activités des services administratifs, elles le sont par des individus : les agents, dans le cadre de l'exercice de leur fonction. Ce sont les auteurs des fautes, lesquelles peuvent notamment porter préjudice à des particuliers ; exemple : une tranchée sur la chaussée n'est pas signalée et une personne tombe dedans.

D'où la question : qui, de l'administration ou de l'agent, est la personne responsable du dommage causé à un particulier ?

Plusieurs solutions st théoriquement envisageables :

1. *1re hypothèse* (qui semble *a priori* logique) : la seule responsabilité de l'agent publique (auteur du dommage) est engagée.

Cette solution présente cependant plusieurs inconvénients :

- d'une part, elle risque de supprimer toute initiative de la part des agents, par crainte d'une éventuelle mise en cause de leur responsabilité,
- d'autre part, les victimes risquent de se heurter à l'insolvabilité de l'auteur du dommage.

On retiendra que cette solution fut appliquée un temps au XIXe siècle.

2. *2e hypothèse* : la responsabilité de l'agent est complètement écartée, la personne publique prenant seule en charge la réparation des dommages causés par ses agents.

Cette solution est favorable à la victime – elle est toujours indemnisée –, mais elle est de nature à encourager le laisser-aller et l'irresponsabilité des agents car ils sont certains d'être systématiquement couverts quelle que soit la faute commise.

Cette solution n'a jamais été retenue dans son intégralité par le droit positif, mais force est de constater que l'on s'en rapproche (notamment avec la jurisprudence sur les cumuls, *infra* chapitre II).

3. 3e hypothèse : la victime dispose de la possibilité de mettre en jeu soit la responsabilité de l'agent public, soit celle de la personne publique qui l'emploie. C'est en fait la solution du droit privé qui organise la coexistence de responsabilité (art 1384 du Code civil) : celle du préposé et celle du commettant.

Cette dernière solution, plus équilibrée et nuancée, n'a toutefois pas été retenue par le droit administratif : nous verrons que, certes la victime peut parfois mettre en jeu la responsabilité de l'agent ainsi que celle de l'administration, mais le mécanisme spécifique mis en œuvre ne s'inspire pas du droit privé et fonctionne selon des règles propres qui ont évolué depuis leur origine.

B – Évolution des solutions

Un an après la révolution, c'est-à-dire en 1790, l'Assemblée constituante pose le principe suivant : toute action en responsabilité exercée contre un agent est subordonnée à autorisation administrative (il faut se rappeler du contexte historique : profonde hostilité des révolutionnaires à l'égard des anciens parlements ; conception française de la séparation des pouvoirs : non-immixtion du judiciaire dans l'exécutif).

Ce système de la garantie des fonctionnaires est repris par l'article 75 de la Constitution de l'an VIII aux termes duquel, nul ne pouvait poursuivre un fonctionnaire devant les tribunaux s'il n'avait obtenu au préalable du Conseil d'État une autorisation de poursuite, autorisation qui n'était délivrée que lorsque le fonctionnaire avait agi en dehors du service, dans le cadre de sa vie privée.

Cet article 75 survécut à la Constitution de l'An VIII, c'est-à-dire qu'il fut appliqué après la chute de l'empire avec force de loi. Mais cette solution avait un impact très négatif pour les victimes car elle consacrait l'irresponsabilité de fait du fonctionnaire et l'impossibilité pour l'administré d'obtenir réparation de son préjudice. Ce système garantissait en effet une protection totale des fonctionnaires et aboutissait en pratique à une situation d'irresponsabilité à peu près totale, et donc à un déni de justice.

C'est pourquoi le décret-loi du 19 septembre 1870 abrogea cet article 75, symbole d'arbitraire, renversant du même coup les perspectives : les agents publics devenaient dès lors soumis au droit commun et aux tribunaux judiciaires ; en effet en supprimant les autorisations de poursuites, le décret-loi de 1870 aboutissait en pratique à l'instauration d'un système de responsabilité exclusive du fonctionnaire coupable, puisque l'on n'admettait pas encore dans son principe la responsabilité des personnes publiques.

Mais en 1873, le Tribunal des conflits va consacrer une solution bien différente de l'intention des auteurs du décret-loi, en interprétant de façon très restrictive un texte pourtant très clair. En effet, dans une décision du 30 juillet 1873, PELLETIER (*GAJA*), le juge des conflits a précisé ce qui allait être les bases du système actuel reposant sur la coexistence des deux responsabilités (afin d'éviter que les agents publics ne soient laissés sans protection) :

M. Pelletier avait décidé de poursuivre devant le Tribunal civil un général, un préfet et un commissaire de police qui, dans le cadre de la législation sur l'état de siège, avaient procédé à la saisie d'un journal dont il assurait la publication. Le préfet ayant décidé d'élever le conflit, chacun pensait que la juridiction des conflits allait annuler l'arrêté de conflit par application du décret-loi de 1870 autorisant les poursuites sans l'intervention du Conseil d'État et se prononcer pour la compétence du juge judiciaire.

Or, le Tribunal des conflits devait rejeter cette solution sur la base du raisonnement suivant :

1. Le système de la « garantie des fonctionnaires » établissait une double protection :
- Une protection des agents contre l'animosité des administrés ;
- Une protection de l'administration contre l'ingérence des tribunaux judiciaires.
2. Le décret-loi de 1870 entendait supprimer uniquement la première protection, relative aux fautes personnelles des agents, mais non la seconde, relative aux fautes de service imputables à l'administration. Voilà qui fonde la distinction entre faute personnelle et faute de service.

Le décret-loi de 1870 supprimait effectivement la garantie des fonctionnaires, mais il n'établissait pas pour autant une responsabilité exclusive des fonctionnaires. Il était donc nécessaire d'opérer une distinction :

- ou bien la faute commise par le fonctionnaire constituait une faute personnelle détachable du service et dans ce cas, le fonctionnaire devait être poursuivi devant les juridictions judiciaires ;
- ou bien la faute du fonctionnaire constituait une faute de service commise en sa qualité de fonctionnaire et dans ce cas, seule l'administration pouvait être condamnée par le juge administratif.

Dans l'affaire Pelletier, c'est cette deuxième éventualité qui fut choisie.

Cette nouvelle interprétation du décret de 1870 aboutissait par conséquent à un système de coexistence des deux responsabilités :

- responsabilité du fonctionnaire pour faute personnelle ;
- ou responsabilité de la personne publique pour faute de service.

Cette distinction entre la faute personnelle et la faute de service servira désormais de base à toute la construction de la responsabilité en droit administratif.

En outre, la coexistence des deux responsabilités sera poussée par la suite bien plus loin qu'en 1873. En effet, rappelons que dans l'arrêt Pelletier, il n'y avait que deux possibilités : soit la responsabilité de l'agent, soit la responsabilité de la personne publique.

Le Conseil d'État allait en effet reconnaître l'existence d'une troisième possibilité : celle du cumul des responsabilités, la responsabilité de l'agent et celle de la personne publique pouvant être engagées simultanément à propos d'une même affaire (*infra* chapitre II).

§ 3 – Le régime juridique applicable

A – Le principe

Le principe est simple et très logique : la responsabilité de l'administration est gouvernée par un régime de droit public et son contentieux relève des juridictions administratives.

Cette solution est définitivement établie :

- pour l'État :
  - depuis les arrêts Rotschild du 6 décembre 1855 (CE) et Blanco du 8 février 1873 (TC) (*GAJA*),
- pour les collectivités locales :
  - TC 29 février 1908, Feutry (*GAJA*) (département),
  - TC 11 avril 1908, commune de Fonscolombe (commune),
- pour les établissements publics :
  - TC 23 mai 1908 Jouillé.

On relèvera encore que ce régime de droit public peut aussi être appliqué par le juge judiciaire : Cour cass, ch civ. 23 novembre 1956, Dame Giry (*idem* : Cour cass civ 10 juin 1986, Consorts Pourcel). En effet, lorsqu'il s'agit de mettre en jeu la responsabilité de la police judiciaire, ce sont les juridictions judiciaires qu'il faut saisir et celles-ci vont appliquer les règles et principes du droit public (*ie.* les mêmes solutions que celles dégagées et appliquées par le juge administratif). Il en va ainsi parce que les dispositions des articles 1382 et s. du code civil [devenus en Métropole : art 1240 et s.] ne permettrait pas de donner satisfaction aux victimes (sur l'origine de cette jurisprudence en première instance auquel participa indirectement le doyen Georges Vedel, voir le témoignage de ce dernier : *in Jurisprudence et doctrine : deux discours, RA* n° spécial 1997, p. 11 et 12).

Pour un exemple récent :

– Cour cass. 1er ch.civ. 7 février 2007, Mme de Panafieu :

Un maire refuse de célébrer un mariage entre deux personnes dont l'une est en situation irrégulière sur le territoire, au motif que la femme a presque 30 ans de moins que l'homme, et parce que surtout elle a l'air d'être un peu déficiente sur un plan médico-psychologique. Les futurs époux poursuivent le maire pour faute personnelle (application de la responsabilité civile) devant le juge judiciaire. La cour de cassation, casse l'arrêt car le maire a agi en sa qualité d'officier d'état civil. Or l'état civil est un service public d'État placé sous le contrôle de l'autorité judiciaire. Donc c'est bien aux juridictions judiciaires de connaître de cette affaire mais l*e juge doit se référer aux règles du droit public*.

Reste à donner une dernière précision sur ce régime de droit public : on sait (*supra* introduction), que ce droit est autonome par rapport au droit privé. Toutefois, il ne faut pas exagérer cette spécificité du droit public (*ie*. cette autonomie). Aujourd'hui, tous les auteurs soulignent au contraire les rapprochements entre les solutions du droit privé et celles du droit public ; par exemple :

> « le système de la responsabilité administrative, en se perfectionnant, s'est rapproché, quant au fond, du droit de la responsabilité privé. L'autonomie subsiste ; les règles du Code civil interprétées par la jurisprudence judiciaire demeurent étrangères à la responsabilité des personnes publiques ; mais l'originalité s'est fortement atténuée : les « règles propres » de l'arrêt BLANCO tendent à ressembler aux règles du droit commun » (Jean Rivero, Droit administratif, Dalloz 1987, p. 328).

B – Les exceptions

En fait, toutes les activités administratives ne relèvent pas du droit public. Ainsi, dans de nombreux cas, la responsabilité de l'administration obéit à un régime de droit privé.

Il suffit par exemple de rappeler que par le jeu combiné des règles de compétences juridictionnelles, les SPIC, le domaine privé et le fonctionnement de la juridiction judiciaire sont soumis aux règles du droit privé.

De plus, le législateur a dérogé parfois aux règles générales de compétences en soumettant telle ou telle activité administrative au juge judiciaire, qui, dans ce cas, appliquera le droit privé ; exemples : responsabilité de l'administration pour les dommages causés par ses véhicules (loi du 31 décembre 1957) ; responsabilité en matière d'enseignement public (loi du 5 avril 1937).

– SECTION II –

LES CONDITIONS D'ENGAGEMENT DE LA RESPONSABILITÉ PUBLIQUE

Nous allons à présent étudier le « fait dommageable » (ou encore « le fait générateur du dommage »).

Tout fait dommageable n'entraîne pas *ipso facto* la responsabilité de l'administration. Ce fait doit en effet présenter des caractères précis.

Le principe est que la responsabilité de l'administration est engagée pour faute de service public (sous-section 1). Mais en fait, il existe d'autres hypothèses permettant d'engager la responsabilité de l'administration : diversifications des faits dommageables susceptibles d'être réparés par l'administration : un fait administratif non fautif, une activité non administrative (responsabilité du fait des lois) (sous-section 2), et nous constaterons enfin dans le chapitre II, que même la faute personnelle de l'agent peut entraîner la responsabilité de la personne publique.

Sous-section 1 – La responsabilité pour faute de service

C'est le régime de droit commun de la responsabilité de la puissance publique.

Classiquement, on définit la faute comme un *manquement à une obligation préexistante* (Planiol). Il s'agit donc du manquement d'un agent public à ses obligations, dans l'exercice de ses fonctions, et qui cause un dommage à autrui.

Il est important de ne pas confondre cette notion avec celle d'illégalité qui est plus restrictive (*infra*). Nous verrons en effet que si toute illégalité constitue une faute, l'inverse n'est pas vrai (exemple, la maladresse d'un chirurgien est une faute mais pas une illégalité).

Ces deux notions n'ont d'ailleurs pas la même fonction :

- la faute s'inscrit dans le cadre du plein contentieux ou du contentieux de la répression et débouche sur une réparation pécuniaire ou sur une sanction ;

- alors que l'illégalité prend place dans le contentieux de l'annulation ou dans le contentieux de l'appréciation de la légalité et entraîne l'annulation ou l'inapplication de l'acte illégal.

§ 1 – La notion de faute de service

La faute de service se distingue de la faute du droit civil.

En effet, si toute faute (de service ou civil) constitue un manquement à une obligation, la faute civile comporte une certaine connotation subjective : l'idée de culpabilité, de faute morale n'en est pas totalement absente.

Il n'en va pas de même en droit administratif : l'élément humain avec ses motivations et l'attitude des agents n'occupent qu'une place secondaire ; et c'est ce qui confère à la faute de service cette notion d'objectivité.

Précisons aussi qu'il s'agit nécessairement d'une faute commise dans le cadre du service et qui, n'étant ni intentionnelle ni d'une gravité inadmissible (*infra* chap. II), n'est pas détachable de celui-ci (comme l'a suggéré le célèbre juriste Laferrière, la faute de service *révèle un administrateur... plus ou moins sujet à erreur, et non l'homme avec ses faiblesses, ses passions, ses imprudences.*).

Nous allons observer qu'il y a faute, pour l'administration, lorsque celle-ci n'a pas agi comme elle aurait dû le faire, soit au regard des règles précises qu'elle devait suivre, soit en considération du comportement qu'elle aurait dû « raisonnablement » adopter. Cette appréciation est très dépendante des « circonstances de fait ».

A – Les caractères de la faute de service

1 – L'indifférence quant à l'origine de la faute

Toute faute de service, comme on le sait, est commise par un ou plusieurs agents. Mais les motivations, l'attitude de ces individus sont relativement secondaires, voire indifférentes. Parfois d'ailleurs :

- Si l'agent concerné est inconnu ou ignoré : c'est une faute anonyme que l'on désigne parfois sous le terme de « faute du service » (en d'autres termes, l'auteur de la faute importe peu : le service a connu un dysfonctionnement et/ou une carence).
- Si l'auteur de la faute est connu, on parle de « faute de service », car c'est la faute d'un agent et elle n'a pas le caractère d'une faute personnelle. Cette faute est individualisée mais l'attitude de l'homme est secondaire par rapport au résultat.

En fait dans ces deux cas : faute « du » service ou faute « de » service, le fait n'est pas imputable aux agents personnellement : ainsi, il est inutile de recourir à ce genre de distinction qui n'apporte rien au débat juridique.

Dans tous les cas de faute de service, la responsabilité administrative est « primaire », à savoir que l'administration n'endosse pas une responsabilité qui est d'abord née de l'agent qui est effectivement à l'origine du dommage.

2 – Une faute révélée par le résultat

La méthode d'analyse de la faute commise est essentiellement objective : elle consiste en une comparaison entre ce que l'on est en droit d'attendre d'un service « moyen » et ce qui a été fait.

Le dommage résulte d'une activité ou d'un acte concret, réel (exemple : un trou dans la chaussée ; un bac qui chavire ; une brutalité policière...). Il y aura faute si cette situation témoigne d'une carence, d'une défectuosité que le comportement normal, moyen du service aurait évitée.

La démarche consiste donc à fixer un standard (ou canon) du comportement, non pas parfait, mais moyen d'un service administratif, auquel on rapproche la situation litigieuse. C'est donc le résultat qui importe beaucoup plus que les raisons, ou les motifs de cette carence. Ce faisant, le juge est amené à apprécier successivement le contexte général du service, puis le comportement individuel de l'agent.

3 – Une appréciation souple et nuancée

La recherche d'une faute de service est donc effectuée selon une méthode d'analyse objective (résultant, on vient de le préciser, d'une comparaison entre une situation concrète et une situation moyenne qui est la référence).

Mais, et ce point est important, cette référence, loin d'être figée, est au contraire souple et nuancée ; elle est l'œuvre de la jurisprudence. Autrement dit, la notion de « comportement normal » n'est pas défini abstraitement mais concrètement (*in concreto*) : face à une situation donnée, le juge va s'efforcer de dégager ce qu'aurait dû être, dans les circonstances concrètes, le comportement normal du service.

Cette façon de procéder présente quelques inconvénients : l'administration ne cherche pas à calquer son action sur un modèle idéal mais sur un modèle disposant d'une marge de faute tolérable, car le juge n'hésite pas à prendre en considération les moyens dont dispose le service.

B – Les principaux cas de faute de service

Il ne saurait être question ici d'envisager tous les cas de fautes de service. Nous prendrons les exemples les plus courants illustrant le plus largement possible le panorama des fautes commises par l'administration.

1 – Actes administratifs illégaux

L'illégalité s'analyse comme un manquement commis par l'administration à l'une de ses obligations (c'est la violation d'une règle de droit).

Or, depuis un arrêt de 1973 (CE 26 janvier 1973, Driancourt), toute illégalité constitue une faute susceptible d'ouvrir un droit à réparation : on dit encore qu'il y a équipollence (*ie.* équivalence ou équation), entre faute et illégalité.

Mais toute illégalité n'est pas de nature à engager la responsabilité de l'administration. Le juge recherche en effet si l'illégalité a pu être à l'origine du dommage subi par le requérant, en d'autres termes, si la décision qui a lésé l'administré n'aurait pas été prise si l'administration avait respecté la règle de droit.

C'est pourquoi, en principe, une illégalité vénielle ne suffira pas, en principe, à engager la responsabilité de l'administration.

De même, le plus souvent, lorsque l'administration peut reprendre la même décision purgée de son illégalité, la victime ne peut alors pas prétendre à indemnité (mais il n'y a pas d'automaticité).

Ainsi par exemple, en cas d'illégalité reposant sur un vice de forme ou de procédure, le fait que la décision soit justifiée sur le fond, légitime l'absence d'engagement de la responsabilité administrative ; en d'autres termes si la décision illégale dans la forme, devait de toute façon être prise, il n'y a pas de lien de causalité entre le préjudice qu'elle a pu causer et l'illégalité qu'elle recelait.

Exemples :

- CAA Nantes 10 janvier 1996, Shum King : un licenciement justifié sur le fond mais entaché d'une irrégularité formelle :

« cette irrégularité de pure forme n'a pas entraîné un préjudice dont [l'intéressé] puisse demander réparation »,

- CE 12 oct. 2006, M. A (*AJDA* 2007, p. 649) : un chercheur est exclu illégalement de son laboratoire de recherche. L'acte d'exclusion est entaché d'un vice de procédure : l'intéressé n'a pas été préalablement averti de l'intention de l'autorité administrative de l'exclure du laboratoire. Le juge annule la mesure d'éviction et l'intéressé demande une indemnité à l'université : le juge rejette cette demande car la mesure était justifiée (au fond) par l'intérêt du service.

- CE 9 février 2011, M. A : professeur dans un collège a été condamné par la juridiction pénale à une peine d'emprisonnement avec sursis pour avoir commis l'infraction d'atteinte sexuelle sur une personne mineure. Il est révoqué par le ministre. Cette sanction a été annulée pour erreur de droit. L'intéressé demande réparation à l'État du préjudice qu'il a subi du fait de cette révocation. Refus du Conseil d'État ; l'infraction commise :

« était incompatible avec la nature des fonctions et des obligations qui incombent au personnel enseignant ; (...) que compte tenu de la gravité de ces agissements, le ministre aurait pris la même mesure de révocation s'il n'avait pas commis l'erreur de droit (...) que dès lors, la faute commise par l'administration en prenant cette décision illégale n'est pas à l'origine du préjudice résultant pour M. A de sa révocation en 1998 ».

Le Conseil d'État dans un arrêt du 30 janvier 2013, M. I., n° 339918 vient de synthétiser la jurisprudence en ce domaine :

« Considérant qu'en principe, toute illégalité commise par l'administration constitue une faute susceptible d'engager sa responsabilité, pour autant qu'il en soit résulté un préjudice direct et certain ; que la responsabilité de l'administration ne saurait être engagée pour la réparation des dommages qui ne trouvent pas leur cause dans cette illégalité mais découlent directement et exclusivement de la situation irrégulière dans laquelle la victime s'est elle-même placée, indépendamment des faits commis par la puissance publique, et à laquelle l'administration aurait pu légalement mettre fin à tout moment ».

Parfois cependant, alors que l'acte est entaché d'un vice de légalité externe, le juge accordera malgré tout une indemnité.

Exemples :

- Par décret, l'État impose aux communes une nouvelle dépense obligatoire : la gestion des passeports. Or, en vertu du principe de libre administration des collectivités locales (voir aussi art. L1611-1 du CGCT), seul le législateur peut imposer une telle dépense. La mesure est donc illégale et le Conseil d'État a annulé le décret : la même mesure sera reprise par une loi. Mais les communes ont-elles subi un préjudice ? Réponse du juge dans un avis : cette illégalité commise par le pouvoir réglementaire engage la responsabilité de l'État mais il faut que la victime établisse la réalité de son préjudice et le lien direct de causalité qui le relie à l'illégalité commise (CE avis 6 avril 2007, Commune de Poitiers).
- Un agent est révoqué en raison de fautes qu'il a commises. La procédure est viciée car l'agent n'a pas pu présenter ses observations. Le Conseil d'État juge que l'administration a commis une faute en ne permettant

pas à l'intéressé de présenter sa défense sans même se prononcer sur la gravité des fautes reprochées, constatant que cette omission a pu avoir une incidence sur le sens de la décision finalement prise (CE 21 octobre 1983, Mme Grenier).

N.B. important – La recevabilité du recours n'est pas subordonnée au respect du délai du recours pour excès de pouvoir (deux mois). Il n'est même pas nécessaire d'avoir attaqué l'acte pour illégalité (ce sont deux recours indépendants).

2 – Organisation et fonctionnement défectueux du service

La mauvaise organisation du service public est susceptible d'engager la responsabilité de l'administration : il en va ainsi par exemple lorsqu'un incendie est aggravé en raison de la mauvaise organisation du service pour la lutte contre l'incendie : matériel en mauvais état, défaut de signalisation et/ou d'entraînement... (CE 29 février 1952, dame veuve Friches).

Autre cas classique : introduction accidentelle d'un germe microbien dans l'organisme du patient pendant son séjour à l'hôpital. Ce fait révèle une faute d*ans l'organisation et le fonctionnement du service* (CE sect. 15 décembre 2000, Castanet).

Les cas de mauvais fonctionnement du service public sont particulièrement nombreux :

- Renseignements erronés donnés à un importateur sur les droits de douane dont il devait s'acquitter (CE 26 octobre 1939, Deydier) ;
- Promesses de l'administration non tenues - CE 2 octobre 2002, Nicolas : responsabilité d'un établissement public à l'égard d'une personne à qui il avait fait des promesses de recrutement qui avaient conduit cette dernière à abandonner l'emploi qu'elle occupait auparavant, pour finalement renoncer à l'embauche promise ;
- Voir aussi CE 30 mai 2005, Tordjman : l'État promet à un haut-fonctionnaire un emploi doté de la hors-échelle et finalement, l'État ne tient pas ses promesses ; compte tenu des assurances qui lui avait été données, condamnation de l'Etat ;
- Défaut de surveillance d'usagers du service public dont la situation particulière requiert une attention constante : la surveillance défectueuse d'une piscine municipale ; un enfant se noie (CE 14 juin 1963, épx Hébert) ;
- Fonctionnement tardif du service : l'administration tarde à réparer un monument historique qui s'effondre et cause des dommages (CE 13 février 1942, commune de Sarlat).

– Absence de fonctionnement du service (carences diverses) :
  - carence de l'État à organiser dans un établissement scolaire l'enseignement de matières obligatoires (CE 27 janvier 1988, ministre de l'Éducation nationale) ;
  - carence fautive de l'État dans la prévention des risques liés à l'exposition des travailleurs à l'amiante : CE ass. 3 mars 2004, min. Emploi et Solidarité (4 espèces) : l'État a le devoir de se tenir informé des risques professionnels et de prendre les mesures nécessaires pour les limiter et, si possible, les éliminer ;
  - carence de l'État à assurer la scolarisation des enfants handicapés (CE sect. 6 mars 2009, L, D mai 2009, n° 80).

§ 2 – La gradation des fautes

Nous l'avons déjà précisé, contrairement au droit privé, toute défaillance même minime, ne constitue pas forcément une faute ; en ce sens l'arrêt Blanco (TC 8 février 1873, *GAJA*) : la responsabilité administrative n'est ni *générale ni absolue*.

Dans la plupart des cas, la faute est établie dès lors qu'un certain seuil de défectuosité est constaté : c'est la notion de faute simple.

Parfois en revanche, le seuil sera plus élevé et la responsabilité ne sera engagée que si la défaillance est plus grave.

N.B. – Lorsque le juge se réfère à la notion de faute de service sans autre « qualification », c'est qu'il exige une « faute simple » et non une faute lourde.

A – Les degrés de faute

Le juge administratif distingue entre :

– *la faute simple* : qui qualifie une faute légère, c'est-à-dire celle que ne commettrait pas un agent dont les aptitudes correspondent à son emploi. Mais en analysant de plus près la jurisprudence administrative, on est conduit à considérer que la faute simple n'est pas pour autant une *simple faute*. C'est une faute *de nature à engager la responsabilité de l'administration*. Le juge prend en compte la difficulté intrinsèque de l'activité administrative ;

– *et la faute lourde* : c'est une faute grave qu'un agent de qualité moyenne ne commettrait pas ;

On notera que depuis le début des années soixante, le juge n'utilise plus une troisième catégorie : la faute d'une particulière gravité (ou encore la faute manifeste et d'une exceptionnelle gravité), qui était une faute absolument inexcusable (utilisée à l'époque pour engager la responsabilité de services considérés comme exceptionnellement difficiles : services fiscaux, psychiatriques, de police).

B – Les domaines respectifs

1 – La raison d'être de la faute lourde

En principe, la responsabilité de l'administration est engagée dès lors qu'une faute simple a été commise.

L'exigence d'une faute lourde tient généralement à l'existence d'activités dont l'exercice présente des *difficultés particulières*.

Par exemple, l'activité est particulièrement difficile à gérer ou encore, l'activité suppose des interventions rapides, des techniques particulières, etc.

Mais ce n'est pas la seule justification. Il faut prendre en compte d'autres facteurs et les combiner, sous forme d'arbitrage ou de balance : il faut en effet combiner

> « d'une part, la nature, la difficulté et les nécessités du service, d'autre part, la nature et le degré de protection des intérêts en jeu » (chron. *AJDA* 2002, p. 134).

On remarque en effet que les domaines où la faute lourde a été abandonnée sont ceux qui touchent à la préservation de la vie humaine (responsabilité médicale, service de secours). Peu importe dans ce cas l'éventuelle difficulté inhérente à l'activité en cause (exigence sociale de bénéficier d'un service infaillible).

Mais parfois, l'exigence de la faute lourde s'explique par d'autres raisons que les difficultés rencontrées par l'administration. Il en va ainsi lorsque le juge souhaite éviter des substitutions de responsabilités (c'est le cas en matière d'activité de contrôle) ou encore lorsque le juge ne veut pas gêner l'administration dans l'exercice de ses missions (exemple : activités des services des postes et télécommunications). Parfois enfin, il n'y a aucune justification convaincante pour expliquer l'exigence d'une faute lourde ; tel était le cas suivant mettant en cause les services fiscaux : l'exigence d'une faute lourde *ressemble fort à de l'indulgence coupable* (Jean Waline, EDCE 1994, p. 463).

Compte tenu de ces diverses raisons justifiant le recours à la notion de faute lourde, il se trouve que le régime de responsabilité n'est pas uniforme pour l'ensemble d'un service public : ainsi, l'existence d'une faute lourde ne concerne que le secteur des activités du service rencontrant des difficultés particulières (appréciations qui peuvent d'ailleurs varier en fonction des circonstances de temps et de lieu).

2 – La réduction du champ d'application de la faute lourde

Il existe une tendance depuis le début des années 1990, à restreindre le champ d'application de la faute lourde. Il reste encore quelques îlots (*ie.* des services ou activités) où seule une faute lourde engage la responsabilité de l'administration. Il ne semble pas que le Conseil d'État veuille abandonner totalement cette notion. Un arrêt relativement récent rappelle de façon solennelle l'existence et la légitimité de cette notion (CE ass. 30 nov. 2001, min. de l'Écho, des Fin. et de l'Industrie c/ M. et Mme Kechichian et autres, *AJDA* 2002, chron p. 133 et s).

La liste ci-dessous mentionne les services où la faute lourde a été abandonnée depuis 1990 :

1. *Les services destinés à lutter contre les périls* : tels que la lutte contre l'incendie, le sauvetage en mer ou encore, la prévention des inondations. La faute lourde jouait tant en ce qui concernait l'organisation que le fonctionnement du service. Désormais la faute simple suffit à engager la responsabilité de ces services (CE 29 avril 1998, Communes de Hannapes, *RFDA* 1998, p. 658 ; CE sect. 20 juin 1997, M. Theux).

N.B. – Il s'agit d'une forme d'activité de police administrative car ces services visent à la protection de la sécurité publique. Cependant, toutes les activités de secours ne se rattachent pas à la police administrative : c'est par exemple le cas des services médicaux d'urgence : si ces services poursuivent une finalité liée à la protection de la sécurité publique, ils sont assurés par les hôpitaux publics, lesquels ne constituent pas des autorités de police mais gèrent le service public hospitalier (concl. J.-H Stahl sur CE sect. 20 juin 1997, Theux).

2. *Les services publics hospitaliers* : jusqu'en 1990 la faute lourde était exigée lorsque le dommage résultait de l'accomplissement d'actes médicaux ou chirurgicaux (erreur de diagnostic, erreur opératoire...). Mais la faute simple suffisait pour les dommages résultant d'un mauvais fonctionnement du service (mauvaise transmission d'un dossier...) ou encore pour de simples actes de soins.

Mais le juge administratif a abandonné l'exigence d'une faute lourde dans le cas où le dommage causé à un usager du service public hospitalier résulte d'une faute imputable à un médecin ou chirurgien (CE ass. 10 avril 1992, M. et Mme V. *GAJA*). L'abandon de la faute lourde dans le domaine hospitalier s'explique par des raisons *d'images de marque* (cf. les conclusions du commissaire du gouvernement dans cette affaire : on voit que le Conseil d'Etat est très soucieux de l'image qu'il donne de lui dans l'opinion publique [stratégie de relégitimation] : le commissaire du gouvernement précisait que la faute lourde desservait la haute assemblée et faisait *peser sur le juge un soupçon de complaisance à l'égard du corps médical et du service public*).

Par ailleurs, certes la faute lourde disparaît mais on voit apparaître la notion de *faute médicale*. De quoi s'agit-il ? Il s'avère que le juge administratif a substitué la notion de faute médicale à celle de faute lourde, mais il continue toutefois à appréhender cette nouvelle notion de faute selon les mêmes critères que la faute lourde médicale (en ce sens, les conclusions du commissaire du gouvernement : *qualifiée ou quelconque, la faute médicale est et ne peut que demeurer une faute spécifique*. Voir aussi : Alix Toublanc, « De la prétendue disparition de la faute lourde en matière de responsabilité médicale », *AJDA* 14 juin 2004, p. 1173-1178).

3. *Les services pénitentiaires* : pour engager la responsabilité de l'administration pénitentiaire, désormais la faute simple suffit – CE 23 mai 2003, Mme Chabba : la responsabilité de l'administration pénitentiaire du fait du suicide d'un détenu peut être engagée sans qu'il soit nécessaire de démontrer l'existence d'une faute lourde. Voir aussi : CE 9 juillet 2007, M. D. n° 281205.

4. *Les services fiscaux* : Amorcé par un arrêt d'assemblée de 1990 (27 juillet 1990, Bourgeois), la Haute Assemblée a supprimé les dernières hypothèses où la faute lourde devait être invoquée pour engager la responsabilité de l'administration fiscale (CE sect. 21 mars 2011, Krupa, conclusions Claire Legras, *RFDA* 2011, p. 340 et s.).

   De même avant 2011, il fallait faire une distinction selon la qualité de la victime. En effet, la Haute Assemblée continuait d'exiger la commission d'une faute lourde du fisc pour ouvrir droit à indemnisation aux personnes publiques. Mais par un arrêt du 16 novembre 2011, Commune de Cherbourg-Octeville, n° 344621, le Conseil d'État a étendu la solution de l'arrêt Bourgeois à la faute commise par le fisc à l'égard des collectivités territoriales.

5. *Les services de police* :

La police administrative (en tant qu'activité) est soumise à de multiples régimes de responsabilité.

D'abord, il faut rappeler que l'abandon de l'irresponsabilité de l'État pour les services de police date du début du siècle dernier (CE 10 février 1905, Tomaso Grecco, *GAJA*). À l'origine, ces services de police sont soumis au régime de la faute lourde. En effet, le juge exige qu'une faute lourde soit commise par le service pour engager la responsabilité de celui-ci (CE 13 mars 1925, Clef).

Mais l'activité de la police peut être régie par un régime de responsabilité sans faute :

- tel est le cas des mesures de police légales (réglementaire ou individuelle) prises sur le fondement de la rupture de l'égalité devant les charges publiques (*infra*. CE 30 nov 1923, Couitéas, *GAJA* : non-exécution d'une décision individuelle et évacuation de grévistes ; CE sect. 22 fév. 1963, Commune de Gavarnie : réglementation de police interdisant un passage).
- C'est encore le cas (*ie*. responsabilité sans faute) lorsque les services de police font usage d'armes à feux et que des tiers au regard de l'opération de police sont atteints (*infra*.). Mais la faute simple suffira pour les personnes poursuivies par l'opération (*infra*).
- C'est enfin aussi le cas si le pouvoir de police est fondé sur une loi et que la responsabilité sans faute, du fait de la loi, peut être mise en œuvre (*infra*, sous-section 2). Exemple : CE sect. 25 juillet 2007, M. Leberger, M. et Mme Cortie, *AJDA* 2007, p. 1559 : un camping est fermé définitivement à cause du risque d'inondation. Le Conseil d'État estime que la loi qui fonde ce pouvoir de police (du maire ou du préfet) n'a pas exclu que l'exploitant du camping puisse être indemnisé s'il subit un préjudice grave et spécial, ce qui était le cas en l'espèce.

En dehors de ces régimes (jurisprudentiels) de responsabilité particuliers (sans compter les régimes législatifs particuliers, exemple : régime des attroupements et rassemblements), les activités de police répondent en principe à un régime de responsabilité pour faute. Il pouvait s'agir soit d'une faute lourde, soit d'une faute simple (avec une tendance à la diminution de la responsabilité pour faute lourde mais pas un abandon total).

Le degré de faute exigé dépendait de la conjonction de deux séries de critères :

- la prise en compte de la difficulté de l'activité en cause ;
- la nature de l'activité en cause : les activités de police peuvent en effet consister :
  - soit en activités juridiques (l'édiction de mesures réglementaires ou individuelles tendant au maintien de l'ordre public) ;
  - soit en activités matérielles (exécution des actes de police ; opérations de maintien de l'ordre : mesures prises dit-on *dans le feu de l'action* ou encore *opération sur le terrain*)

En principe les activités matérielles sont présumées délicates, en raison des circonstances dans lesquelles elles se déroulent (délai d'intervention très bref ; mesures difficiles à prendre) : exigence d'une faute lourde.

En revanche, les activités juridiques sont censées (être présumées) ne pas présenter de difficulté particulière : une faute simple suffit pour engager la responsabilité des services de police.

Mais ces principes appelaient des exceptions : selon les circonstances, certaines activités matérielles se déroulent sans rencontrer de difficultés particulières, alors qu'inversement, certaines activités juridiques sont particulièrement délicates. Dans ces hypothèses, la présomption est alors inversée, ce qui démontre le caractère prépondérant du critère de la difficulté.

L'état du droit était le suivant : en principe donc, lorsqu'il s'agit d'activités juridiques, réglementaires ou de « conception » (*ie.* bureaucratique) des autorités de police (par opposition aux activités matérielles, d'exécution), la faute simple suffit.

Exemple :

– Le maire de la Rochefoucault (en Gironde) avait tenté d'enrayer le pullulement des pigeons, nuisible aux cultures de maïs environnantes, par une méthode de stérilisation. Le procédé était inoffensif pour la santé des hommes et des autres animaux, mais s'était en revanche révélé fort peu efficace. Saisi par la voie de la cassation d'une affaire née du rejet d'une demande d'indemnité opposé à un cultivateur de la commune, le Conseil d'État censure d'abord la CAA pour n'avoir recherché l'éventuelle responsabilité du maire que sur le seul terrain de la faute lourde. Puis, évoquant l'affaire au fond, il recherche s'il y a eu faute simple dans l'édiction de la mesure de police (le principe de la « dépigeonnisation « et le choix de la méthode) ou faute lourde dans sa mise en œuvre : CE 4 décembre 1995, Dellavade.

Mais attention, il n'en va pas toujours ainsi : certaines activités juridiques sont parfois exercées dans des conditions particulièrement difficiles qui justifient que la responsabilité des services de police ne soit engagée que pour faute lourde : CE ass 20 oct. 1972 Villes de Paris contre Marabout. C'est aussi le cas lorsqu'il faut prendre des mesures d'extrême urgence (CE 21 juin 1972, Foucault). De même, la prévention des risques naturels :

> « la faute lourde est seule de nature à engager sa responsabilité dans la prescription des mesures de police destinées à prévenir les accidents naturels tels que les éboulements de terre et de rochers » (CE 29 décembre 1989, M. et Mme Soussan).

Mais cette exception a vécu. En effet, le Conseil d'État a fait un nouveau pas pour réduire encore le champ de la faute lourde en matière de police : CE 14 avril 1999, Sté. AGF. Était en cause une activité juridique de police administrative : une personne est affectée de troubles mentaux manifestes comportant un danger imminent pour la sûreté des personnes. Son comportement nécessite un placement d'office. Bien qu'il s'agisse d'une activité juridique, la jurisprudence traditionnelle estimait que seule une faute lourde engageait la responsabilité de la puissance publique en raison des difficultés à retenir

« la bonne décision », vu l'urgence de prendre une mesure de placement. Dans cet arrêt « Sté. AGF », le juge estime ainsi que la faute simple du maire suffit à engager la responsabilité communale.

De même, les décisions prises en matière de police sanitaire (police administrative spéciale) les autorisations de mise sur le marché (autorisation de médicament) engagent la responsabilité de l'État pour faute simple (CE 9 novembre 2016 (3 espèces), Faure ; Bindjouli ; Georgel, *DA* janvier 2017, n° 3, note Caroline Lantero, p. 37-40).

Quelle portée peut-on donner à ces arrêts ? On doit estimer que l'application à l'activité juridique de la police administrative d'un régime de faute simple, n'admet plus, aujourd'hui, d'exception.

Inversement, la faute simple suffit parfois alors même qu'il s'agit de mesures matérielles, mais celles-ci ne présentent pas de difficultés particulières : exemple, mesures de sécurité en matière de feu d'artifice, destinées à protéger le public (CE 30 mars 1979, Moisan).

Par ailleurs, dans le domaine de l'activité matérielle, le champ de la faute lourde se réduit. Il en va ainsi en matière de police du bruit : CE 28 novembre 2003, Commune de Moissy-Cramayel (*DA* février 2004, p. 31), la Haute Assemblée a abandonné l'exigence de la faute lourde en matière de police du bruit. Le juge revient sur une jurisprudence antérieure qui se plaçait sur le terrain de la faute lourde, qu'il s'agisse de prise de mesures pour faire cesser des nuisances sonores (CE 21 juillet 1970, Ville du Croisic) ou des défaillances à les exécuter (CE 23 juin 1976, Laty c/ Commune de Vaux-sur-Mer) : ainsi, le champ de la faute lourde se restreint dans le domaine classique de l'exécution matérielle du service de la police.

Il faut signaler ensuite, que dans un avis du 29 juillet 2008 de la section des Travaux publics (n° 381725, *DA* août-septembre 2009, n° 120, p. 35 et s. note F. Melleray), le Conseil d'État semble indiquer que désormais, quelle que soit l'activité en cause (juridique ou matérielle), les services de police sont soumis au régime de la faute simple. Cet avis a été rendu à propos des désordres que peuvent causer les ours réimplantés dans les Pyrénées :

> « La responsabilité des personnes investies d'un pouvoir de police peut être recherchée devant le juge administratif pour faute simple résultant soit de l'illégalité de décisions ou d'agissements contraires aux objectifs de protection de l'ours soit, à l'inverse, d'une carence à prendre les mesures nécessaires ou à faire appliquer les mesures prises, qu'il s'agisse de la protection de l'animal ou de la prévention des risques qu'il cause ».

Dans le même sens, la CAA de Bordeaux a appliqué un régime de faute simple à un cas où était en cause l'exécution de mesures de police, et non pas à l'édiction de mesures de police : CAA Bordeaux 1er mars 2012, M. Y, n° 10BX01273, *AJDA* 2012, p. 1014 et s.).

Enfin, le Conseil d'État vient de confirmer que la faute lourde n'a plus lieu d'être en matière de responsabilité des services de police administrative, tant en ce qui concerne l'activité juridique que l'activité matérielle : CE avis Assemblée 6 juillet 2016, n° 399135, *DA* novembre 2016, n° 58, note Gweltaz Eveillard, p. 25-31. En effet la portée de cet abandon ne fait aucun doute, puisque même des mesures adoptées dans le cadre de circonstances exceptionnelles (comme en l'espèce : législation sur l'état d'urgence) engagent la responsabilité des services de police administrative pour faute simple.

N.B. – Précisons toutefois que dans le domaine du terrorisme (service de renseignement dans l'évaluation de la dangerosité de Mohamed Merah), une cour administrative d'appel a maintenu la nécessité de prouver une faute lourde pour engager la responsabilité de l'État : CAA Marseille 4 avril 2017, ministre de l'Intérieur c/ consorts Chennouf, n° 16MA03663, concl. Michaël Revert, *AJDA* 2017, p. 1239 et s.

Reste à savoir si le Conseil d'État confirmera cette exception.

N.B. – Certains auteurs se fondent sur des arrêts de 2007 pour estimer que la faute lourde est maintenue en matière de police administrative. Le Conseil d'État estime que l'État engage sa responsabilité pour faute lourde dans le cadre de son pouvoir de substitution.

Ainsi le maire n'a pas exercé ses pouvoirs de police et le préfet ne s'est pas substitué à sa carence. Dans ce cas, si le préfet a commis une faute lourde, l'État voit sa responsabilité engagée : CE 25 juillet 2007 (deux espèces), Sté. France Télécom, Société AXA corporate solutions assurances / ministre d'État, ministre de l'Intérieur et de l'Aménagement du territoire. Cette appréciation est normale.

En effet, ce régime de la faute lourde n'est pas propre à l'activité de police mais à l'activité de contrôle (quel que soit le domaine, en principe le juge n'engage la responsabilité de l'administration que pour faute lourde, sauf s'il s'agit de contrôle de type technique, *infra*).

3 – Le maintien de la faute lourde

Aujourd'hui, les services dont la responsabilité n'est engagée qu'en cas de faute lourde sont les suivants.

a) L'exercice de l'activité de tutelle et de contrôle

Traditionnellement l'ensemble des activités de tutelle et de contrôle obéissaient à un régime de responsabilité pour faute lourde (cf. arrêt de principe CE ass. 29 mars 1946, Caisse départementale d'assurances sociales de Meurthe-et-

Moselle c/ l'État, *GAJA*). Il est à noter que la faute lourde était exigée pour la réparation des dommages causés aux particuliers (car en ce qui concerne le préjudice subi par le « contrôlé », la responsabilité du contrôleur ne peut être engagée que dans des conditions très restrictives : CE ass. 27 décembre 1948, commune de Champigny-sur-Marne).

Après l'entrée en vigueur des lois de 1982 sur la décentralisation, qui ont introduit le contrôle *a posteriori* des actes des collectivités territoriales (le déféré préfectoral), la faute lourde a été maintenue pour que soit engagée la responsabilité du contrôleur (*ie.* du préfet ou, en Polynésie, du haut-commissaire, représentant l'État; CE 25 avril 1987, ministre de l'Intérieur et ministre de l'Éducation. nat. c/ école notre dame de Kersitra).

Exemples :

- CE 21 juin 2000, ministre de l'Équipement c/ Commune de Roquebrune-Cap-Martin : abstention du préfet à déférer au juge administratif un POS d'une commune ; en l'espèce l'abstention ne revêt pas le caractère d'une faute lourde ;
- CE 6 octobre 2000, min. Intérieur c/ Commune de St-Florent : le préfet a commis une faute lourde en s'abstenant pendant 3 années successivement de déférer au tribunal administratif des délibérations d'un syndicat de communes

« dont l'illégalité ressortait avec évidence des pièces qui lui étaient transmises, et dont les conséquences financières étaient graves pour les communes concernées ».

Ainsi, en matière de contrôle de légalité exercé sur les actes des collectivités territoriales par le représentant de l'État, seule une faute lourde permet d'engager la responsabilité de l'État du fait de l'exercice de cette activité de contrôle.

Trois justifications sont avancées :

- la 1re (très classique) : l'activité de tutelle est délicate à exercer ;
- la 2e : la tutelle est un pouvoir discrétionnaire, c'est-à-dire que l'État n'est pas obligé de déférer un acte illégal au tribunal administratif; l'État doit donc disposer d'une marge de manœuvre importante ;
- la 3e : on souhaite éviter de trop fréquents glissements de la responsabilité du contrôlé vers la responsabilité du contrôleur ; en effet, la responsabilité du dommage incombe au premier chef à l'attitude de l'organisme contrôlé. La responsabilité du contrôleur ne peut être que subsidiaire.

Le Conseil d'État a récemment introduit un nouveau domaine de responsabilité de l'État pour faute lourde, concernant les autorités administratives indépendantes dites de régulation et plus particulièrement la commission de contrôle des banques (commission bancaire) (CE ass. 30 nov. 2001, min.

de l'Économie, des Finances et de l'Industrie c/ M. et Mme Kechichian et autres, *AJDA* 2002, chron. p. 133 et s.). Ces organismes de régulation doivent surveiller et contrôler des secteurs où se déploie une activité économique. Aussi, une justification particulière, qui vient s'ajouter à celles évoquées ci-dessus à propos du contrôle de légalité, motive le recours à la faute lourde pour engager leur responsabilité. En effet, ces autorités de régulation constituent une nouvelle façon d'administrer. Elles sont garantes du respect des règles du jeu et de la sécurité des agents économiques dans un contexte d'économie libérale. Il faut donc que tout en étant crédible, elle respecte l'autonomie des opérateurs économiques. Or, la mise en jeu trop aisée de leur responsabilité par l'intermédiaire d'un régime de faute simple risquait de les conduire à exercer un contrôle tatillon afin de se soustraire à un risque contentieux, néfaste à la bonne régulation du secteur économique.

De même le Conseil d'État, dans deux arrêts rendus le même jour en 2007, considère que l'État peut être déclaré responsable des dommages causés au tiers du fait de la décision du préfet de ne pas se substituer au maire dans l'exercice de ses pouvoirs de police (application de l'article L 2215-1 du CGCT), mais cette responsabilité n'est engagée qu'en cas de faute lourde (CE 25 juillet 2007, [1re espèce] Société France Télécom, Société AXA Corporate solutions assurances ; [2e espèce] ministre d'État, ministre de l'Intérieur et de l'Aménagement du territoire).

Mais dans le domaine du contrôle, on a pu aussi relever un changement, c'est-à-dire un déclin de la notion de faute lourde. Ainsi la faute simple suffit-elle pour engager la responsabilité de l'État dans les exemples suivants :

- dans l'exercice du contrôle l'activité de transfusion sanguine : CE ass. 9 avril 1993, G., D., B ;
- dans son activité de surveillance et de conservation d'une forêt communale : CE 25 mars 1994, Commune de Kintzheim c/ ONF : responsabilité de l'Office National des Forêts à raison ;
- dans ses missions de contrôle technique des navires : CE sect. 13 mars 1998, Améon ; CAA de Nantes, 4 nov. 1999, min. équip. log. transp. et tourisme c/ Crochemore.

On peut expliquer cette jurisprudence de la manière suivante : la responsabilité administrative du fait des activités de tutelle et de contrôle obéit, en principe, à un régime de faute lourde, mais cette présomption peut être renversée dans trois cas (*ie.* que la faute simple suffit) (Chron. *AJDA* 2002, p. 135) :

- lorsque l'activité de contrôle présente un caractère purement mécanique : cas du contrôle technique des navires (*supra*) ;

- lorsque les intérêts en jeu font l'objet d'une protection particulière : cas du contrôle du licenciement des salariés protégés (CE sect. 9 juin 1995, min des affaires sociales et de l'emploi c/ Lesprit) ;
- lorsque les pouvoirs de tutelle traduisent une réelle emprise du contrôleur sur le contrôlé : c'est le cas des centres de transfusion sanguine (*supra*, fort degré d'immixtion du contrôleur).

b) Exercice de la fonction juridictionnelle administrative

La jurisprudence Darmont (CE ass. 29 décembre 1978, Darmont) fonde qu'il n'est pas possible d'engager la responsabilité de la justice (même pour faute lourde), lorsque la faute résulte du contenu même de la décision juridictionnelle devenue définitive (sauf la nouvelle exception du CE 18 juin 2008, Gestas, ci-dessous).

Ce point laisse toutefois dubitatif; en effet, qu'est-ce qui fonde l'assertion qui suppose que l'activité juridictionnelle est particulièrement difficile à exercer et qui justifie que l'on continue à exiger une faute lourde ? Les juges sont en effet rarement obligés de réagir instantanément, comme c'est le cas des policiers ou des contrôleurs par exemple.

On notera que la Cour EDH (26 mars 2002, Lutz c/ France) a condamné cette jurisprudence Darmont (précitée).

Cependant, plutôt que d'abandonner totalement celle-ci, le Conseil d'État s'est contenté d'y apporter une dérogation : la faute simple suffit à engager la responsabilité de la juridiction administrative lorsque celle-ci a dépassé le délai raisonnable pour juger une affaire : CE ass. 28 juin 2002, ministre de la Justice c/ Magiera.

Enfin, dans un arrêt du 18 juin 2008 M. Gestas, le Conseil d'État a encore fait évoluer sa jurisprudence en la matière :

> « Cons. qu'en vertu des principes généraux régissant la responsabilité de la puissance publique, une faute lourde commise dans l'exercice de la fonction juridictionnelle par une juridiction administrative est susceptible d'ouvrir droit à indemnité ; que si l'autorité qui s'attache à la chose jugée s'oppose à la mise en jeu de cette responsabilité dans les cas où la faute lourde alléguée résulterait du contenu même de la décision juridictionnelle et où cette décision serait devenue définitive, la responsabilité de l'État peut cependant être engagée dans le cas où le contenu de la décision juridictionnelle est entachée d'une violation manifeste du droit communautaire ayant pour objet de conférer des droits aux particuliers ».

Cette évolution jurisprudentielle a été effectuée pour mettre le droit français en conformité avec la jurisprudence de la CJCE (30 septembre 2003, Köbler). Cela vise le cas d'une juridiction qui aurait procédé à une violation caractérisée du droit communautaire ayant pour objet de conférer des droits aux particuliers et dont la décision est devenue définitive. Dans un tel cas, il est possible désormais d'engager la responsabilité de l'État pour faute lourde.

Enfin on relèvera que la faute lourde est aussi exigée lorsque le juge accepte d'engager la responsabilité de l'administration alors que le législateur a édicté un régime d'irresponsabilité. Dans cette hypothèse et contrairement aux cas précédents, la faute lourde vient restreindre l'irresponsabilité.

§ 3 – L'établissement de la faute

A – La responsabilité pour faute prouvée

La responsabilité pour faute est normalement une responsabilité pour faute prouvée, c'est-à-dire qu'il appartient au demandeur – la victime du dommage – de prouver qu'il y a faute ; en termes de procédure, on dira que la victime a la charge de l'administration de la preuve.

En réalité, la recherche de cette preuve et son établissement sont facilités grâce au caractère inquisitoire de la procédure juridictionnelle ; en effet, si les allégations de la victime paraissent le mériter, le juge administratif prescrira à l'administration – la défenderesse – de verser au dossier les éléments d'appréciation qu'elle détient, et souvent, le juge énoncera qu'il résulte de l'instruction que preuve est faite que la faute alléguée a effectivement été commise.

B – La présomption de faute

La jurisprudence a institué dans des hypothèses spécifiques la notion de présomption de faute.

La présomption de faute a pour effet de renverser la charge de la preuve en imposant au défendeur de prouver qu'aucune faute qui lui serait imputable n'est à l'origine du dommage ; s'il parvient à faire cette démonstration, il est exonéré et cela révèle que la responsabilité pour faute présumée est bien une responsabilité pour faute. Il suffit donc à la victime de prouver l'existence d'un lien de causalité entre le dommage et l'activité dont la faute est présumée.

Domaine d'application : ces présomptions tiennent au danger de certaines activités, aux difficultés que certains administrés rencontrent dans la preuve de la faute, ou encore à de pures raisons d'équités :

- ainsi tout d'abord, une présomption de faute a été instituée en matière de dommages subis par les usagers (pour les tiers : responsabilité sans faute, *infra*) d'un ouvrage public.

Exemple : supposons qu'un automobiliste ait un accident provoqué par le mauvais état de la route qu'il empruntait. Dès l'instant où le dommage est réalisé, l'automobiliste n'a pas à démontrer la faute de l'administration. L'administration est présumée en faute, à moins qu'elle n'apporte la preuve qu'elle a entretenu correctement (*ie.* normalement) cette route. Ainsi, dans ce cas, le juge parle de *défaut d'entretien normal* de l'ouvrage (le défaut étant présumé). Et le défendeur (maître de l'ouvrage, entrepreneur) ne se dégagera de la responsabilité qui pèse sur lui qu'en rapportant la preuve (charge qui lui incombe) de l'absence de défaut d'entretien normal (cf. cours de licence de droit administratif des biens).

- deuxième hypothèse : les personnes en traitement dans les hôpitaux publics (depuis 1958). Cela vise le cas où un individu qui se fait soigner dans un hôpital public pour des soins banals et bénins voit surgir des conséquences anormales, inexplicables issus de ces soins.

Exemple :

- Le malade contracte en milieu hospitalier une affection différente de celle ayant motivé son hospitalisation (CE 18 novembre 1960, Savelli). Dans de tels cas, le juge administratif estime que ces conséquences traduisent nécessairement l'existence d'une faute de service public (faute commise dans l'organisation et le fonctionnement du service) ;
- Autre exemple : injection intraveineuse ayant provoqué la paralysie d'un membre inférieure (CE 23 février 1962, Meier, Rec. p. 122).

Il est à noter que le Conseil d'État vient d'abandonner le régime de la faute présumée au profit d'un régime de responsabilité sans faute (nouvelle hypothèse) en cas de défaillance dommageable des produits et appareils de santé (service public hospitalier : CE 9 juillet 2003, Assistance publique-Hôpitaux de Paris). D'une manière générale depuis 1993, le développement de la responsabilité sans faute en matière hospitalière tend à marginaliser cette hypothèse de présomption de faute dans les hôpitaux.

En dehors des deux hypothèses énoncées ci-dessus, le système de présomption de faute est rarement mis en œuvre.

Toutefois, on relève que depuis 1990, la responsabilité des départements est engagée pour faute présumée dans le cas de dommages créés par des pupilles de l'État : il appartient en effet à l'administration de rapporter la preuve que la famille d'accueil ne pouvait empêcher les faits à l'origine du dommage. (CE sect. 19 octobre 1990, Ingremeau).

Par ailleurs, le Conseil d'État vient de consacrer encore une nouvelle hypothèse de « présomption de faute » : CE 17 octobre 2012, Bussat, n° 348440. Cette présomption concerne les services départementaux de l'aide sociale à l'enfance lorsque la mère d'un enfant né sous X obtient des informations sur le nouvel état civil de son enfant. Sous certaines réserves, ces informations sont couvertes par un secret professionnel imposé par la loi. Effectivement, la divulgation par le service est bien constitutive d'une faute (il y a dysfonctionnement du service).

Toutefois, non seulement cette faute est présumée et n'a donc pas à être prouvée par la victime, mais aussi, et contrairement aux autres hypothèses de faute présumée, celle-ci est irréfragable, à savoir que le Conseil d'État ne mentionne pas la possibilité pour le service de l'Aide sociale à l'enfance de rapporter la preuve d'une quelconque absence de faute de sa part… ce qui transforme quelque peu ce régime de responsabilité pour faute en régime de responsabilité sans faute.

Sous-section 2 – La responsabilité sans faute

§ 1 – Les caractères généraux

Nous constaterons que dans certaines hypothèses, le juge administratif engage la responsabilité de l'administration sans que celle-ci ait commis de faute.

A – Le principe

Ce type de responsabilité, « sans faute », est une invention de la jurisprudence administrative (CE 21 juin 1895, CAMES, GAJA) dont le législateur puis le juge judiciaire se sont inspirés.

Ainsi, par exemple, la Haute Assemblée vient de consacrer une nouvelle hypothèse de responsabilité sans faute de l'administration : lors d'une perquisition si la police administrative cause un préjudice à un tiers, celui-ci sera indemnisé sur le fondement de la responsabilité sans fautre pour cause de rupture d'égalité devant les charges publiques (au nom de l'intérêt général, la puissance publique fait supporter à ces tiers une sujétion dépassant les contraintes normales de la vie en société) CE avis Assemblée 6 juillet 2016, n° 399135, *DA* novembre 2016, n° 58, note Gweltaz Eveillard, p. 25-31.

L'administration doit réparer les conséquences provoquées par son action auprès de la ou des victimes. Mais le fait générateur n'est pas fautif : on ne reproche pas à l'administration d'avoir agi comme elle l'a fait ; on s'éloigne donc des dispositions de l'art. 1382 du Code civil (ou art 1240 en Métropole).

La responsabilité sans faute, même si elle apparaît comme un régime d'exception par rapport à la responsabilité pour faute[85] (régime de droit

85. On remarque en effet que si le juge administratif a progressivement (et de manière

commun), a un champ d'application important en droit public. Pourquoi ? Parce que les activités administratives, davantage que toutes autres, génèrent des risques, ces derniers résultants notamment de l'usage de prérogatives de puissance publique et de moyens exceptionnels.

Il convient de noter que ce régime est extrêmement favorable aux administrés puisque la victime obtient réparation dès lors qu'elle prouve le lien de cause à effet entre l'activité administrative et le préjudice subi.

Par ailleurs l'administration ne peut pas exonérer sa responsabilité (c'est ce qui permet de distinguer la responsabilité sans faute de la responsabilité pour faute présumée). Cependant, en cas de faute de la victime ou en cas de force majeure et seulement dans ces deux cas, l'administration verra sa responsabilité atténuée ou supprimée (*infra* section III).

Enfin cette responsabilité est « d'ordre public », ce qui veut dire que lors d'un procès, le juge peut soulever d'office la responsabilité sans faute pour la substituer à la responsabilité pour faute.

B – Le fondement

Quelles sont les hypothèses où le juge accepte de condamner l'administration à réparer un dommage sans exiger de faute ?

L'analyse de la jurisprudence administrative montre qu'il existe classiquement deux grandes rubriques de responsabilité sans faute (catégories toutefois quelque peu artificielles) :

- la responsabilité pour risques créés par l'administration (théorie dite aussi du *risque-profit*) ;
- la responsabilité pour rupture d'égalité devant les charges publiques.

N.B. –

1. Si nombre d'auteurs (exemple René Chapus) admettent cette dualité de justifications, d'autres membres de la doctrine estiment que seule la rupture d'égalité devant les charges publiques fournit une explication adaptée au droit administratif, la notion de risque étant une notion civiliste.
2. Une étude historique et anthropologique sur la responsabilité sans faute de l'État, menée par Denys de Béchillon, montre que c'est la rupture d'égalité des citoyens devant les charges publiques qui constitue le fondement de la responsabilité sans faute de l'État. Par exemple,

---

prétorienne), étendu le domaine de la responsabilité sans faute, il ne lui a pas donné une portée générale, en ce sens que le principe reste la responsabilité pour faute ; la responsabilité sans faute, donc, ne joue qu'en cas de circonstances et activités exceptionnelles, de situations ou préjudices anormaux.

le risque que fait courir l'État en armant les policiers ne constitue en fait qu'une variante de l'unique justification qu'est la rupture d'égalité... (Denys de Béchillon, *Changer dans le cadre. Genèse et structure de la responsabilité sans faute de l'État en droit administratif français*, Droit et Cultures n° 34, 1997 p. 73 et s.).

Parallèlement à ces jurisprudences, le législateur est venu créer de nombreux cas de responsabilité sans faute et d'indemnisation de dommages provenant non seulement d'activités administratives, mais aussi de l'activité de tiers ou de phénomènes naturels.

Le fondement de la création de tels régimes s'inspire de l'idée de « risque social », d'assistance et de solidarité.

Exemples : Législation sur :

- les dommages de guerre (lois du 17 avril 1919 et 28 octobre 1946),
- les catastrophes naturelles (loi du 13 juillet 1982),
- la lutte contre le terrorisme,
- les atteintes à la sûreté de l'État (loi du 9 septembre 1986),
- sur les attroupements (art L 133-1 et s du code des communes), etc.

Depuis 2005, un troisième fondement de responsabilité sans faute a été dégagé par le Conseil d'État qui l'a en fait « emprunté » au juge judiciaire : la garde d'autrui.

§ 2 – La responsabilité pour risque créé par l'administration

Il existe de nombreuses hypothèses où la responsabilité sans faute de l'administration est engagée dès lors que celle-ci a contribué à créer un risque exceptionnel, du fait notamment du caractère dangereux de son activité.

On distinguera les deux cas suivants :

- Les risques anormaux créés par l'administration (A) ;
- Les risques encourus par les collaborateurs de l'administration (B)

A – Les risques anormaux créés par l'administration

1 – Le risque résultant du fait de choses dangereuses

a) Les explosifs

Lorsqu'une activité administrative fait peser un risque exceptionnel sur les personnes installées à proximité, la jurisprudence a admis la possibilité d'engager la responsabilité sans faute de l'administration.

Exemples :

- Arrêt Regnault-Desroziers (CE 28 mars 1919, *GAJA*) : dans cette affaire, l'État a été déclaré responsable de dommages causés par l'explosion d'un stock considérable de grenades entreposé dans un fort militaire ;
- CE 21 mai 1920, Colas : à propos de l'explosion de stock de poudres transporté dans un cuirassé ;
- CE 15 mars 1945 SNC ; CE 21 octobre 1966, ministre des armées : explosion de wagons transportant des munitions dans une gare de triage.

b) Les armes à feu

Lorsque la police utilise des armes à feu, par exemple dans la poursuite de malfaiteurs, elle crée un risque anormal entraînant sa responsabilité sans faute (solution admise par l'arrêt d'assemblée du CE du 24 juin 1949, consorts Lecomte, *GAJA*).

À noter que pour que cette jurisprudence soit applicable, il faut :

- d'une part, que le dommage résulte de l'utilisation d'engins dangereux, tels que des mitraillettes, des pistolets.

En revanche cette solution est inapplicable lorsque les services de police utilisent des grenades lacrymogènes (CE 16 mars 1956, épx Domenech) ou encore des matraques (CE 8 juillet 1960, Petit) et elle ne s'applique pas non plus aux tirs de feu d'artifice ou de fusée pare grêle.

- d'autre part, il faut que la victime soit un tiers par rapport à l'opération de police et non pas la personne visée par celle-ci.

Dans cette dernière hypothèse, (*ie.* si la victime est la personne visée par l'opération de police), la responsabilité de l'administration n'est engagée que si elle a commis une faute simple (et non pas une faute lourde comme c'est en principe le cas, *supra*) : CE 27 juillet 1951, Dame Aubergé et Dumont ; TA Papeete, 27 mars 1990, FORABOSCO c/ État et autres.

Ajoutons encore que la Cour de cassation, compétente en matière de police judiciaire, (ch civ, 10 juin 1986, Consorts Pourcel) reconnaît cette responsabilité sans faute même si la victime (tiers) a été blessée du fait de l'usage d'armes à feu par la personne recherchée (malfaiteur ripostant aux tirs de police). Le Conseil d'État n'a pas eu encore à se prononcer sur un tel cas de figure.

2 – Le risque résultant de l'utilisation de méthodes dangereuses

Sur la base de ce fondement, le juge répare divers dommages, tels que :

- le cas classique des crimes, vols, etc. qui ont été causés par de jeunes délinquants, des malades mentaux, des détenus, des pensionnaires d'établissement utilisant des méthodes libérales de rééducation, de thérapeutique ou de réinsertion (telles que : les sorties d'essai, les permissions de sortir, libération conditionnelle, régime de semi-liberté, placement familial surveillé...) ;

- les cas plus récents relatifs au risque spécial pour les malades (par exemple, lors de l'utilisation d'une thérapeutique nouvelle ou lors d'une transfusion sanguine).

a) En matière de réinsertion sociale

La jurisprudence qui fait référence dans cette matière est la jurisprudence Thouzellier (CE sect. 23 février 1956, ministre de la Justice c/ Thouzellier).

Cette jurisprudence a d'abord été appliquée aux jeunes délinquants d'établissements d'éducation surveillée.

En cas de dommages créés par des mineurs placés par le juge des enfants hors de leur milieu familial en vue de leur réinsertion (l'enfant n'est plus enfermé), c'est la responsabilité de l'État qui est mise en jeu, à raison du risque (*risque spécial*) qu'il crée par l'application de méthode libérale. La responsabilité sans faute de l'État est engagée, que l'institution qui reçoit le mineur délinquant placé soit de droit public (Thouzellier, op. cit) ou de droit privé (CE 9 décembre 1969, Établissements Delanoy).

Cette jurisprudence a connu par la suite les extensions suivantes.

1. Cette jurisprudence n'était applicable que pour autant que l'enfant avait été placé au titre de l'ordonnance du 2 novembre 1945. Si l'enfant avait été placé au titre de l'assistance éducative prévue aux articles 375 et s. du Code civil (enfant en danger mais pas nécessairement dangereux), la situation de la victime était plus précaire : en effet, si l'institution était de droit privé, la victime pouvait mettre en jeu, devant le juge civil, la responsabilité de plein droit de l'institution (*ie.* responsabilité sans faute). Si en revanche, il s'agissait d'une institution publique, seule la preuve d'une faute lui ouvrait droit à indemnisation (devant le juge administratif).

   C'est pourquoi la section du contentieux a mis fin à cette différence choquante en consacrant un nouveau fondement à ce type de responsabilité : la garde d'autrui (*infra* § 4). Mais chose remarquable, la jurisprudence Thouzelier (fondée sur le risque) n'est pas abandonnée pour autant. Ces deux approches coexistent et la victime a le choix : elle attaque soit l'État à raison du risque, soit la personne qui a la garde de l'enfant en danger.

2. Puis, la jurisprudence Thouzellier a été étendue aux malades mentaux hébergés par des hôpitaux utilisant ces mêmes méthodes libérales : régime de sortie d'essai (CE sect. 13 juillet 1967, département de la Moselle). Mais le Conseil d'État a jugé que l'hospitalisation de jour ne constitue pas une méthode thérapeutique créant un risque spécial pour les tiers susceptibles d'engager sans faute la responsabilité de l'administration

et que l'hôpital de jour ne peut être tenu pour responsable des actes commis par son patient en dehors de l'établissement (CE 17 février 2012, Sté. MAAF assurances, n° 334766, *AJDA* 2012, p. 355).

3. Ensuite, la jurisprudence Thouzellier a été appliquée aux détenus : CE 2 décembre 1981, garde des Sceaux, ministre de la justice c/ Theys (permission de sortie) ; mesures de semi-liberté ; liberté conditionnelle. En revanche, l'État n'est pas responsable, en l'absence de faute, des dommages causés par une personne au motif qu'elle a bénéficié de réduction de peine, une telle réduction de peine ne créant pas de risque spécial susceptible d'engager, en l'absence de faute, la responsabilité de l'État (CE 15 février 2006, ministre de la Justice / Maurel-Audry).

On notera que ces extensions jurisprudentielles ont fait évoluer le fondement de la responsabilité sans faute. À l'origine, le juge invoquait la circonstance que l'utilisation des méthodes libérales créait un *risque spécial pour les voisins* (risque qui doit être pris en charge par l'administration). Mais cela posait le problème de la définition des critères fondant la qualité de voisin (périmètre). Aussi, la notion de voisinage a été abandonnée et remplacée par celle de *risque spécial pour les tiers* causé par les méthodes utilisées.

Le juge sera amené à apprécier s'il existe un lien direct de causalité entre le fonctionnement de l'institution incriminée et le préjudice subi ; il tiendra compte notamment de la proximité dans le temps : passé un certain délai, il n'y a plus de lien de causalité suffisant.

Enfin, il faut souligner que la responsabilité sans faute est exclue dès lors que le dommage n'a pas de lien avec l'utilisation de méthodes libérales (exemples : évasion d'un hôpital psychiatrique « traditionnel » ou encore dommage causé par une personne guérie ayant quitté définitivement l'hôpital psychiatrique).

La jurisprudence Thouzellier permet l'indemnisation des « tiers » mais pas celle des usagers du service. Ce qui est « classique » : les régimes de responsabilité sans faute de l'État sur le fondement du « risque spécial » résultant du danger ne bénéficient qu'à des « tiers » du service public mis en cause ; le Conseil d'Etat refuse d'admettre cette responsabilité au profit des « usagers ». Il existe cependant une exception : la responsabilité administrative pour risque au profit d'usagers d'un centre de transfusion sanguine : CE ass. 26 mai 1995, Consorts Nguyen, Jouan et consorts Pavant (*infra* b).

Exemple :

- Pas de régime de responsabilité pour risque au bénéfice des spectateurs d'un feu d'artifice (CE sect. 21 février 1958, Comme de Domme) ; il en va de même pour la personne visée par une opération de police.

Toutefois, depuis l'arrêt Conseil d'État ministre de la Justice c/ MAIF (sect. 1er février 2006), la victime d'un dommage causé par un mineur délinquant placé peut chercher à engager la responsabilité sans faute du gardien, y compris lorsqu'elle est usagère du service public (*infra* § 4).

b) En matière de santé publique

Le deuxième cas de responsabilité sans faute dû à l'utilisation d'une méthode dangereuse (actes de diagnostic ou thérapeutiques comportant des risques) se rencontre dans le domaine de la responsabilité hospitalière.

Traditionnellement, bénéficient de ce régime:

- les victimes de dommages causés par la vaccination obligatoire (loi du 1er juillet 1964, art. L 3111-9 code de la santé publique);
- les victimes de recherches biomédicales *sans bénéfice individuel direct* (loi du 20 décembre 1988 et du 23 janvier 1990, art L 1121-7 code de la santé publique) ;
- et les victimes d'infections nosocomiales (loi du 4 mars 2002, art L 1142-1 code santé publique).

À ces régimes législatifs, il convient d'ajouter le régime jurisprudentiel suivant: CE ass 9 avril 1993, Bianchi.

Cet arrêt vise les hypothèses dans lesquelles un acte médical nécessaire au diagnostic ou au traitement présente un risque thérapeutique dont l'existence est connue mais l'occurrence exceptionnelle, et dont aucune raison ne permet de penser que le patient y soit particulièrement exposé. Si le risque se réalise, cela entraîne la responsabilité sans faute de l'hôpital.

Il est à noter que dans le prolongement de la jurisprudence Bianchi, on peut citer l'arrêt: CE sect. 3 novembre 1997, Hôpital Joseph Imbert, qui présente quelques particularités par rapport à la jurisprudence Bianchi.

Tout d'abord, l'accident est survenu à la suite d'une anesthésie pratiquée à l'occasion d'une opération de circoncision dépourvue de fin thérapeutique; le bénéfice de la jurisprudence Bianchi ne pouvant être réservée aux seuls malades, elle est donc ainsi étendue à toutes les personnes accueillies par le service public de l'hôpital.

Ensuite, bien que l'anesthésie soit un acte fréquemment pratiqué, le Conseil d'État a jugé qu'il ne fallait pas pour autant exclure du champ de la jurisprudence Bianchi les conséquences des accidents anesthésiques; ainsi, la jurisprudence Bianchi, destinée à l'origine à ne réparer que les dommages d'une extrême gravité, a été étendue aux actes médicaux autres que les actes exceptionnels.

Toujours dans le domaine hospitalier, le Conseil d'État admet un cas de responsabilité sans faute lors de transfusion sanguine de sang contaminé.

Si le sang utilisé par l'hôpital provient d'un centre de transfusion privé, ou d'un centre publique mais distinct de l'hôpital (donc l'hôpital est seulement *l'utilisateur* du sang que l'on suppose contaminé), la responsabilité de l'hôpital est alors écartée : CE ass. 26 mai 1995, Cts PAVAN.

Cependant, on recherchera dans certains cas la responsabilité de l'hôpital sur le terrain de la faute : faute de service. Exemple : erreur sur le groupe sanguin du receveur.

En revanche si le centre de transfusion fait partie de l'hôpital (*ie.* que le centre ne possède pas de personnalité juridique distincte de l'hôpital), l'hôpital est responsable, même en l'absence de faute, des conséquences dommageables de la mauvaise qualité des produits fournis (responsabilité pour risque : produit dangereux) : CE ass. 26 mai 1995 : deux espèces : Cts N'Guyen ; Jouan.

N.B. – Le Conseil d'État a retenu ce nouveau cas de responsabilité sans faute, mais on a du mal à le rattacher à la théorie du risque car en fait c'est aussi en raison de la mission particulière des centres de transfusions sanguines que ce cas a été retenu. De plus, en principe, ce sont les tiers et non les usagers qui bénéficient habituellement de la responsabilité sans faute en matière de risque.

Enfin, la responsabilité sans faute de l'hôpital est engagée lorsque le préjudice résulte d'un appareil de santé défectueux (CE 9 juillet 2003, Mme Marzouk, *AJDA* 2003, p. 1946 : à propos d'un décès causé par le défaut de fonctionnement du respirateur artificiel d'un hôpital).

3 – Le risque résultant d'une situation dangereuse en raison d'obligations administratives

La jurisprudence relative au risque anormal créé par l'administration a été appliquée dans deux hypothèses :

1. il s'agit tout d'abord d'agents placés dans une situation dangereuse en raison de leurs obligations administratives.

C'est le cas par exemple, lorsque des dommages ont été causés à un enfant du fait de la rubéole contractée par sa mère, pendant sa grossesse, en exerçant les fonctions d'institutrice dans une classe où elle était en permanence exposée au risque de contagion de maladies infantiles (CE 6 novembre 1968, ministre de l'Éducation Nationale c/ dame Saulze).

2. Il s'agit en second lieu, de dommages causés à des tiers par le danger créé par les conditions de fonctionnement du service (là encore, le danger constitué par le fonctionnement du service résulte d'obligations administratives).

L'exemple suivant ne vise qu'une hypothèse, qui, de plus, n'a été admise que par le juge administratif de première instance (car il n'y a pas eu d'appel ni de cassation) :

Un inspecteur de police chargé de la sécurité de hautes personnalités étrangères venues skier en France, a provoqué un accident au cours d'une descente sur une piste de ski. Il convient de préciser que les personnalités étrangères allaient très vite car excellents skieurs, et l'inspecteur, en suivant leur rythme afin d'assurer sa mission de sécurité, a malencontreusement heurté et blessé une personne. Le tribunal administratif de Grenoble, dans un jugement en date du 4 novembre 1991, Colombier, décide :

« que si en principe, le service de police ne peut être tenu pour responsable que des dommages imputables à une faute lourde commise par ses agents dans l'exercice de leurs fonctions, la responsabilité de l'État se trouve engagée même en l'absence d'une telle faute dans le cas où, assurant la sécurité de hautes personnalités étrangères sur le territoire français, il crée, compte tenu des conditions dans lesquelles sont mis en œuvre cette police spéciale et des objectifs qu'elle poursuit, des risques exceptionnels pour les personnes et les biens et où les dommages subis dans de telles circonstances excèdent, par leur gravité, les charges qui doivent notamment être supportées par les particuliers (…) ».

Il faut noter que l'activité de police en elle-même n'est pas dangereuse mais ce sont les conditions de son exercice qui le sont devenues (extension de la jurisprudence Lecompte dans le cadre d'opération de police comportant certains risques).

4 – Le risque résultant du fait de travaux publics ou d'ouvrages publics

Nous avons eu l'occasion de préciser que lorsque la victime d'un accident causé par un ouvrage public est un « usager » de celui-ci, elle bénéficie d'une responsabilité pour faute présumée (*supra*). Mais si la victime a la qualité de « tiers » par rapport aux travaux ou à l'ouvrage public à l'origine du dommage, elle bénéficie d'un régime de responsabilité sans faute car la jurisprudence considère que les travaux publics et les ouvrages publics font courir aux tiers un risque auquel ils n'ont pas consenti (alors que l'usager en tire certains avantages et est donc censé en accepter des inconvénients).

Cependant, les tiers constituent une catégorie résiduelle : ce sont des victimes qui ne sont ni participants, ni usagers. Ils sont réputés subir le dommage alors qu'ils ne tirent aucun avantage de l'ouvrage ou du travail en cause. C'est pourquoi ils bénéficient de la situation la plus favorable, puisqu'ils peuvent obtenir réparation sans faute, ni prouvée ni même présumée, sur le fondement du risque.

Toutefois, bien que reposant sur le même fondement, le régime applicable ne sera pas le même selon l'origine du dommage subi par la victime tiers; la jurisprudence distingue à cet égard deux types de cas: le dommage dit accidentel, et le dommage dit permanent.

a) Le dommage accidentel

Il est dû au mauvais fonctionnement, ou au mauvais entretien de l'ouvrage public, ou à l'exécution défectueuse du travail public, à la suite d'un concours de circonstances impliquant, parfois, des fautes.

Exemples :

- la dégradation d'une habitation voisine d'un chantier d'autoroute (CE 16 nov. 1992 SA entreprise Razel frères),
- l'électrocution d'une téléphoniste après qu'un tir de mines dans le cadre d'un travail public ait rompu un câble électrique, entraînant la mise sous tension de la console sur laquelle elle opérait (CE sect. 7 nov. 1952 Grau, *Rec.* p. 503), etc.

b) Le dommage permanent

Il résulte de la présence même de l'ouvrage public, ou de la réalisation des travaux publics dont il est, en somme, la conséquence normale, et qui peut affecter indistinctement personnes, biens, activités.

À l'égard des personnes, certains ouvrages ou travaux publics peuvent engendrer diverses nuisances.

Exemples :

- pour une centrale nucléaire CE 2 oct. 1987 EDF c/ Spire, *Rec.* p. 302;
- pour une décharge d'ordures CE 3 juill. 1970 Cne de Dourgne, *Rec.* p. 464).

En ce qui concerne les biens, les dommages permanents peuvent varier selon les ouvrages en cause. Par exemple, le Conseil d'État considère comme tels les dégâts causés aux propriétés riveraines par les lapins qui prolifèrent dans les remblais des lignes de chemin de fer gérées désormais par Réseau ferré de France (CE (avis) 26 fév. 2003, Courson, n° 251172).

Il en va de même pour la dépréciation liée à l'existence de troubles de jouissance.

Exemple :

- CE 22 juill. 1977 Syndicat pour l'usine d'incinération des ordures ménagères de la région caennaise, *DA* 1977 n° 320 :

« la présence et le fonctionnement de cette usine, en raison du volume et de l'aspect de cet établissement, ainsi que de sa destination (...) affectent gravement le voisinage du pavillon, et déprécient sa valeur ».

Sur les activités, ouvrages et travaux peuvent entraîner des conséquences variables, allant de la simple réduction desdites activités à une interruption totale de ces dernières. Ainsi, la construction d'un barrage peut réduire le débit d'un torrent et, par là même, le caractère touristique d'un site exploité par un commerçant (CE 28 juin 1972 Sté. des gorges du Pont du Diable, *Rec.* p. 492).

B – Les risques encourus par les collaborateurs de l'administration

Cette hypothèse vise le cas des dommages subis par les collaborateurs de l'administration (*ie.* aussi bien les agents de l'administration que les collaborateurs des SP) dans l'exercice de leurs fonctions.

Il est tout à fait normal que l'administration qui tire profit de l'activité de ses agents, ou du concours d'administrés, les garantisse contre les risques inhérents à leur participation au service public.

La théorie de la responsabilité de l'administration pour risque est utilisée aussi bien pour les collaborateurs permanents que pour les collaborateurs occasionnels.

1 – Les collaborateurs permanents

Le Conseil d'État a pour la première fois fait appel à ce raisonnement (à cette théorie du risque) pour assurer la réparation des dommages subis par les collaborateurs permanents de l'administration : CE 21 juin 1895, Cames (*GAJA*). Les juges avaient en effet admis que lorsqu'un accident se produisait dans le travail et lorsqu'il n'y avait pas faute de l'agent, le service public était responsable et devait indemniser la victime.

Trois ans plus tard, le 9 avril 1898, le législateur venait confirmer cette solution, c'est-à-dire que depuis cette date, les textes organisent un régime de réparation forfaitaire (*ie.* que le montant est fixé par la loi) qui limite l'intérêt de cette jurisprudence pour les agents de l'administration.

Toutefois, il existe des cas exceptionnels non couverts par le régime spécial de réparation organisé par les textes, et qui donc donnent lieu à application de la théorie jurisprudentielle ; exemple : le consul de France à Séoul à qui le gouvernement avait demandé de demeurer à son poste pendant la guerre de Corée (CE 19 octobre 1962 Perruche) ; *idem* à propos d'un coopérant français au Laos (CE 16 oct 1970, Martin).

2 – Les collaborateurs occasionnels

Le prolongement le plus important de la jurisprudence Cames résulte de son application aux collaborateurs occasionnels de l'administration.

Ce sont des personnes qui apportent occasionnellement leur concours à l'administration (les intéressés n'entretiennent donc avec le service public qu'un lien éphémère et dépourvu de toute considération d'ordre pécuniaire) et qui ne sont pas couvertes par les statuts professionnels. Les accidents qu'elles subissent sont pris en charge automatiquement par l'administration (risque professionnel) : CE ass 22 novembre 1946 Commune de St Priest-la-Plaine, *GAJA*. Le plus souvent il s'agit de personnes qui portent secours à des blessés ou à des personnes en danger, ou encore des personnes qui prêtent main-forte dans les petites communes pour tirer un feu d'artifice, etc..

À l'origine (vers les années 1940), il était nécessaire que le collaborateur ait été requis par l'administration.

Exemple :

– Un automobiliste à qui l'on demande de transporter d'urgence avec son véhicule une personne démente à l'asile psychiatrique le plus proche ; le malade provoque un accident grave (CE 29 juin 1961, Chevalier).

On notera l'absence de tout formalisme dans la réquisition, la sollicitation d'une collaboration pouvant résulter par exemple d'une sonnerie de tocsin : on parle dans ce cas, d'ailleurs, de collaborateurs sollicités (qui ne sont donc plus vraiment requis mais plutôt bénévoles).

La sollicitation peut aussi être indirecte. À la suite d'un appel de détresse d'un navire de pêche français, dans le Golfe de Guinée et devant l'urgence, le centre français de secours a sollicité l'intervention d'une société privée située sur place, au Gabon : Elf. Celle-ci à son tour, a fait appel à un de ses prestataires, affréteurs d'hélicoptères, pour mettre en place sans délai l'opération de sauvetage. Le pilote, en dehors de ses obligations de travail et d'ailleurs de son contrat de travail, a accepté d'effectuer cette opération, mais hélas il s'est tué car les conditions étaient particulièrement difficiles et dangereuses. Le Conseil d'État a estimé que, contrairement aux premiers juges, ce pilote avait bien la qualité de collaborateur occasionnel du service public : CE sect. 12 octobre 2009, Mme Chevillard et autres (n° 297075, *AJDA* 2009, p. 2170 et s.).

Cette jurisprudence repose sur un triple présupposé :

– que l'intervention se situe bien dans le cadre d'un service public ;

– qu'elle soit justifiée ;

– et que l'accident ne soit pas dû à une faute du bénévole.

La jurisprudence a même admis qu'il pouvait exister des collaborateurs volontaires et spontanés (c'est-à-dire que l'administration n'a pas réclamé leur aide) qui sont intervenus (ou ont collaboré au service public) pour faire face à une défaillance caractérisée de l'administration ; ceci est possible en cas d'urgence de l'intervention (CE 16 juin 1989, Pantaloni, refus en l'espèce).

Il y aura urgence si les trois conditions suivantes sont réunies :

- d'une part, nécessité d'apporter une aide rapide (exemple : une personne se noie ; une personne plonge pour lui porter secours) ;
- d'autre part, il faut que la manœuvre à accomplir soit à la porter du sauveteur bénévole (et ne présente pas pour lui de risque caractérisé) ;
- enfin, il faut que la collectivité publique ne dispose pas de moyens mieux appropriés, susceptibles d'intervenir à bref délai.

Précisons aussi qu'en dehors de toute idée d'urgence, le Conseil d'État, dans un arrêt du 31 mars 1999, Hospices civils de Lyon (*AJDA* 1999, voir le commentaire p. 528-530), a appliqué pour la première fois aux bénévoles intervenant dans un service hospitalier le régime de la responsabilité sans faute du service public à l'égard de ses collaborateurs occasionnels (en l'occurrence, une femme apportait bénévolement aide à une pensionnaire d'un hospice civil et en allant chercher le plateau-repas de ladite pensionnaire, elle a glissé et s'est blessée).

De même, en dehors de toute urgence, des sapeurs-pompiers d'une commune, qui n'avaient pas été nommément sollicités par cette collectivité, ont aidé à dresser le bûcher de la Saint-Jean. Il s'agit là d'une manifestation de caractère traditionnel, à l'intention de l'ensemble des habitants de la commune, et qui répond à un besoin d'intérêt général. Mais ces pompiers ont été blessés lorsque le bûcher s'est écroulé. Aussi ont-ils été considérés comme des collaborateurs occasionnels du service public. Pour ce faire, le Conseil d'État relève que les sapeurs-pompiers ont agi sous les ordres de leur chef de corps, et dès lors, le bûcher a été exécuté par des personnes qui faisaient acte de volontariat, avec l'accord de la commune : CE 24 janvier 2007, Caisse nationale d'assurance.

À noter enfin que la théorie joue même lorsque la personne en danger est unie au sauveteur par des liens de solidarité particulière (exemple : familiale) : CE sect. 1er juillet 1977, commune de Coggia ; CE 22 juin 1984, Mme Nicolaï.

§ 3 – La responsabilité pour rupture de l'égalité devant les charges publiques

La seconde forme de responsabilité sans faute est fondée sur la *rupture de l'égalité devant les charges publiques*. Ce deuxième cas de figure présente un caractère encore plus exceptionnel que la responsabilité pour risque.

Cette forme de responsabilité sans faute connaît des cas d'applications différents selon que les activités concernées sont administratives (A) ou non administrative (B).

A – La responsabilité du fait d'activités administratives

1 – La responsabilité du fait d'un acte administratif légal

Lorsqu'un acte administratif est légal, la responsabilité de l'administration peut être engagée si l'application de cet acte cause à un particulier un dommage exceptionnel (l'acte entraîne un préjudice spécial et anormal d'une certaine gravité à une personne).

Précisons que cet acte administratif résulte de l'exercice du pouvoir réglementaire par les autorités administratives. On vise ici l'hypothèse :

- des « règlements autonomes » donc qui ne font pas application d'une loi ;
- ou encore le pouvoir réglementaire des autorités locales.

En effet, lorsqu'il s'agit du pouvoir réglementaire d'application des lois, le régime de responsabilité suit celui de la loi ; *infra* B.

Mais il peut s'agir aussi d'un acte individuel (exemple : un retrait d'agrément).

Problématique : absence de critère précis et d'une portée générale ; le juge apprécie au coup par coup et *les circonstances de l'espèce* jouent un rôle déterminant pour l'attribution du droit à réparation.

Exemple :

- Le Conseil d'État a admis en 1963 une telle responsabilité au profit d'un commerçant installé près du Cirque de Gavarnie (haut lieu touristique dans les Pyrénées) victime d'un règlement de police : la réglementation de la circulation des visiteurs ; cette réglementation était légale, parce que conforme à la sécurité publique, mais elle privait le commerçant, mal placé, de nombreux clients : le dommage anormal imposé dans l'intérêt général a été indemnisé : CE 22 février 1963, commune de Gavarnie.

Rare sont les arrêts qui ont admis ce principe :

« les mesures légalement prises, dans l'intérêt général, par les autorités de police peuvent ouvrir droit à réparation sur le fondement du principe de l'égalité devant les charges publiques au profit des personnes qui, du fait de leur application, subissent un préjudice anormal et spécial ». (CAA de Bordeaux, 17 février 2014, Sté. Lesqueroun)

On peut citer, depuis l'arrêt commune de Gavarnie, quelques rares arrêts en ce sens :

- CE 13 mai 1987, époux Aldebert ;
- CAA de Lyon, 8 février 1993, Epx Bougarel-Teissier et autres ;
- CE sect. 31 mars 1995, Lavaud, (*LPA* 5 juillet 1995, p. 4-9, concl. Jean-Claude Bonichot) : la décision légale de fermer plusieurs tours

d'habitation dans le quartier des Minguettes, à Vénissieux, engage la responsabilité sans faute de l'office public d'HLM vis-à-vis d'un pharmacien privé de clientèle ;

- CAA de Nancy, 6 janv. 2005, Mme M. : il s'agissait du retrait de l'agrément d'une assistance maternelle au motif que son mari était soupçonné de se livrer à des attouchements sur les enfants qui lui étaient confiés. Bien évidemment, compte tenu des soupçons, il était normal que le préfet suspende cet agrément dans l'intérêt des enfants. Il s'est avéré par la suite que les rumeurs n'étaient pas fondées : l'État a engagé sa responsabilité sans faute car le retrait n'était pas illégal ;
- CE 4 octobre 2010, Commune de Saint Sylvain d'Anjou : fermeture d'une route desservant la propriété et les ateliers d'un particulier ;
- CE 8 juin 2017, n° 390424 : un praticien hospitalier peut être légalement suspendu pendant toute la durée de la procédure pénale qui le vise, même lorsque cette suspension dure huit ans. Cependant, le préjudice grave qui résulte de la perte de compétence professionnelle du chirurgien constitue une charge anormale pour lui, de nature à engager la responsabilité sans faute de l'État, dès lors qu'aucune sanction pénale ou disciplinaire n'a été prise à son encontre au terme de la procédure :

« 6. Considérant que la responsabilité de la puissance publique peut se trouver engagée, même sans faute, sur le fondement du principe d'égalité des citoyens devant les charges publiques, lorsqu'une mesure légalement prise a pour effet d'entraîner, au détriment d'une personne physique ou morale, un préjudice grave et spécial, qui ne peut être regardé comme une charge lui incombant normalement ».

2 – La responsabilité du fait du refus de l'administration de prendre certaines mesures

Cette responsabilité est appliquée lorsque l'administration refuse d'exécuter une décision de justice. En principe, le justiciable nanti d'une décision judiciaire est en droit de compter sur la force publique pour l'exécution de ladite sentence judiciaire.

Théoriquement si la police refuse d'exécuter une décision de justice, cette carence constitue une faute. Mais ce refus cesse d'être fautif lorsque l'exécution de la décision de justice est susceptible de mettre en cause l'ordre public (exemple : risque de troubles plus importants en cas d'évacuation des lieux : terrain, usine occupée par son personnel, etc). Ainsi, le refus d'accorder au justiciable nanti d'une sentence judiciaire le concours de la force armée est possible si l'exécution de la décision judiciaire est dangereuse pour l'ordre public et la sécurité.

Exemples :

- CE 30 novembre 1923, Couiteas (*GAJA*) : refus d'exécuter l'ordre d'expulsion de terres occupées illégalement,
- pour une illustration plus récente : TA de Lille 11 juin 2009, Commune de Wattrelos, *AJDA* 2009, p. 2123 et s. Refus du préfet d'apporter le concours de la police pour empêcher des gens du voyage de s'installer en dehors de l'aire qui leur était consentie : responsabilité sans faute de l'État à l'égard de la commune, sur le fondement de la rupture d'égalité devant les charges publiques, car dans les circonstances de l'espèce, l'intervention de la police aurait occasionné des troubles à l'ordre public.
- CE 3 juin 1938, Société la Cartonnerie et imprimerie St. Charles (*GAJA*), refus d'expulser des grévistes occupant une usine.

Il s'avère que dans une décision du 29 juillet 1998 (Cons. const. n° 98-403 DC), le juge constitutionnel a encadré cette jurisprudence (à propos de la loi d'orientation relative à la lutte contre les exclusions). Après avoir rappelé que tout jugement peut donner lieu à exécution forcée, parce qu'une telle règle est le corollaire de la séparation des pouvoirs (cf. art. 16 DDHC), le Conseil constitutionnel reprend, mais de manière plus rigoureuse que la jurisprudence administrative, l'exception permettant à l'administration de ne pas exécuter les jugements : le juge constitutionnel en effet admet que

> « dans des circonstances exceptionnelles tenant à la sauvegarde de l'ordre public, l'autorité administrative peut, sans porter atteinte au principe sus-évoqué [de la séparation des pouvoirs], ne pas prêter son concours à l'exécution d'une décision juridictionnelle ».

Cette responsabilité sans faute a aussi été appliquée à un refus d'autoriser le licenciement de salariés qui auraient causé *une perturbation grave dans la vie économique locale* (CE 28 oct 1949, sté des Ateliers du Cap Janet) ; ainsi qu'à l'abandon non fautif d'un projet de l'administration : abandon d'une expropriation d'utilité publique cinq ans après l'annonce de l'ouverture d'une enquête préalable à la déclaration d'utilité publique (CE 23 décembre 1970, EDF c/ Farsat).

De même, cette dernière jurisprudence a été étendue à tout refus de l'administration d'exécuter ses obligations légales, le préjudice résultant de l'inertie de l'administration, cette inertie étant justifiée par le souci de ne pas provoquer des troubles graves à l'ordre public.

B – La responsabilité du fait d'activité non administrative

1 – La responsabilité du fait des lois

Il s'agit des lois et des règlements d'application des lois (le régime du règlement suit celui de la loi : CE 20 nov. 2005, Sté. coopérative agricole Ax'ion). Il peut même s'agir de la « loi constitutionnelle » : la Cour administrative d'appel de Paris, dans un arrêt du 8 oct. 2003, Mme Demaret a admis que la responsabilité sans faute de l'État pouvait être engagée du fait d'une disposition « constitutionnelle » (restriction au droit de vote). Mais en l'espèce, la requérante n'a pas obtenu gain de cause car la mesure de discrimination avait un objectif d'intérêt général prééminent.

Pendant longtemps, une telle responsabilité a été impossible en raison du dogme connu de la souveraineté législative (pas de contrôle juridictionnel sur les lois, la loi est l'expression de la volonté générale...).

L'arrêt du Conseil d'État du 14 janvier 1938, Sté. la Fleurette (*GAJA*) a consacré l'abandon de cette position de principe : une loi de 1934 avait interdit la fabrication en France d'un produit de remplacement du lait qui faisait l'objet de l'activité essentielle de la société La Fleurette. Cette dernière était donc seule à subir un préjudice du fait de l'application d'une mesure législative prise dans l'intérêt général. Le Conseil d'État décida de faire appel à l'idée de rupture de l'égalité devant les charges publiques pour fonder la responsabilité de la puissance publique et justifier l'octroi de dommages-intérêts à la société requérante. C'était ainsi la première application de l'idée de responsabilité du fait des lois.

Voir aussi :

- CE sect. 30 juillet 2003, Ass. pour le développement de l'aquaculture en région Centre et autres : préjudice né des ravages causés à des exploitations piscicoles par des grands cormorans, inscrits au nombre des espèces protégées.

Cependant les cas où cette responsabilité a été admise sont infimes. En effet, les conditions posées par la jurisprudence administrative sont très rigoureuses.

D'abord, il est des hypothèses où la loi exclut formellement cette responsabilité (CE 3 juillet 1991, Syndicat des psychiatres des hôpitaux).

Mais le régime de la responsabilité des lois a profondément évolué récemment. Tout d'abord, ont été levés les deux principaux obstacles devant lesquels les demandes indemnitaires échouaient systématiquement :

- l'intérêt général poursuivi par la loi ;
- et la volonté implicite du législateur d'exclure toute réparation.

Désormais, si la loi est muette (ce qui est le cas le plus fréquent), le juge estime :

- que d'une part, ce silence ne saurait être interprété comme excluant, par principe, tout droit à réparation des préjudices subis,
- et que, d'autre part, quel que soit le but poursuivi par la loi, il y a toujours place à la réparation du préjudice anormal qui en découle.

Ainsi, la responsabilité de l'État est engagée si le préjudice subi revêt un caractère grave et spécial et que ce préjudice ne peut être regardé comme une charge incombant normalement aux intéressés (rupture de l'égalité devant les charges publiques).

Exemple :

- CE sect. 25 juillet 2007, M. Leberger, M. et Mme Cortie, (*AJDA* 2007, p. 1559) : un camping est définitivement fermé car il y a risque d'inondation. Le Conseil d'État estime que la loi qui fonde ce pouvoir de police (du maire ou du préfet) n'a pas exclu que l'exploitant du camping puisse être indemnisé s'il subit un préjudice grave et spécial, ce qui était le cas en l'espèce.

Le Conseil d'État vient d'étendre la responsabilité sans faute du législateur lorsque la loi est inconventionnelle (violation du droit international, cf. art. 55 C : conventions internationales, droit dérivé de l'union européenne et PGD de l'union européenne) : CE, ass. 8 février 2007, M. Gardedieu.

La haute assemblée précise que la responsabilité de l'État du fait des lois est susceptible d'être engagée

> « en raison des obligations qui sont les siennes pour assurer le respect des conventions internationales par les autorités publiques, pour réparer l'ensemble des préjudices qui résultent de l'intervention d'une loi adoptée en méconnaissance des engagements internationaux de la France ».

Pourtant, la doctrine plaidait pour la reconnaissance de la responsabilité pour faute (il y avait en effet violation des engagements internationaux). Le commissaire du gouvernement dans cette affaire a invoqué un régime de responsabilité « objectif ».

Il s'agit d'une responsabilité sans faute « sui generis » puisqu'elle permet la réparation de plein droit des préjudices sans qu'ils aient à présenter un caractère anormal et spécial. En effet, le préjudice anormal susceptible de réparation ne s'entend plus du seul préjudice grave et spécial, mais de celui qui, en outre, *excède les aléas inhérents à l'activité* affectée par la loi (exigence apparue à l'occasion de l'arrêt CE 21 janvier 2003, Association pour le développement de l'aquaculture en région Centre).

Pour une application récente de cette condition :

- CE 9 mai 2012, Sté. GODET, n° 335613, DA août-septembre 2012, n° 79, p. 50-52, note Camille Broyelle.

2 – La responsabilité du fait des conventions internationales

Un raisonnement identique à celui relatif à la responsabilité du fait des lois est applicable aux conventions internationales.

Le Conseil d'État l'a admis depuis un arrêt d'assemblée du 30 mars 1966, Cie générale d'énergie radioélectrique (*GAJA*) ; voir aussi : CE 29 octobre 1976, ministre des Affaires. Étrangères c/ dame Burgat.

En fait, à l'instar de la responsabilité du fait des lois, la mise en cause de la responsabilité du fait des traités est assez exceptionnelle. On peut signaler néanmoins quelques applications positives sur la responsabilité de l'État du fait des traités internationaux :

- CE 29 décembre 2004, Almayrac et autres, *AJDA* 2005, p. 427 et s. ;
- CE sect 11 février 2011, Melle Susilawati, *JPC* adm cool n° 11, 14 mars 2011, p. 44 et s. note B. Pacteau : un salarié ne peut faire exécuter la condamnation de son employeur étranger -versement de sommes à titre de rappels de salaires et de diverses indemnités- à raison de ses immunités diplomatiques ; il est dès lors fondé à se faire garantir et dédommager par l'État français au titre de l'égalité devant les charges publiques, comme préjudice à la fois grave et spécial né de conventions internationales signées par la France et quand bien même il avait connu dès l'origine les privilèges de son employeur.
- Enfin, signalons l'arrêt de section du 14 octobre 2011, Mme Saleh et autres (*AJDA* 2011 p. 2482 et s.) : le Conseil d'État reconnaît explicitement la responsabilité sans faute de l'État du fait de l'application en droit interne d'une coutume internationale dès lors que le préjudice est grave et spécial.

§ 4 – La responsabilité fondée sur la garde

Désormais, le mineur en danger placé dans un service ou une institution publique et qui cause un préjudice, permet à la victime de ce préjudice de mettre en jeu la responsabilité sans faute de la personne publique qui « a la garde » du mineur :

CE sect. 11 février 2005, Gie AXA courtage : la Haute Assemblée soumet au régime de responsabilité sans faute les dommages causés à des tiers par des mineurs confiés par le juge des enfants à une personne publique dans le cadre de l'assistance éducative.

On remarque que le juge administratif a recouru non pas à la notion classique du droit public utilisée dans la jurisprudence Touzellier : la notion de « risque spécial », mais à une notion civiliste : la notion de *garde*, simplement pour aligner sa jurisprudence sur celle de la Cour de cassation, qui connaît des mêmes affaires si l'enfant est placé dans une institution de nature privée pour lesquelles la responsabilité est alors transférée à celle ou celui qui en a la garde.

Par un arrêt de section du 1er février 2006, garde des Sceaux, ministre de la justice c/ MAIF, le Conseil d'État, dans la ligne de la jurisprudence du 11 février 2005, précise que désormais, pour les enfants délinquants aussi, les victimes peuvent rechercher la responsabilité (même sans faute) de la personne (publique ou privée) qui a la garde de l'enfant. Mais elle ajoute, que

> « l'action ainsi ouverte (contre le gardien) ne fait pas obstacle à ce que soit également recherchée, devant la juridiction administrative, la responsabilité de l'État en raison du risque spécial créé pour les tiers du fait de la mise en œuvre d'une des mesures de liberté surveillée prévues par l'ord du 2 février 1945 ».

Il s'agit ainsi d'un système de responsabilité hybride qui cumule la « garde » et le « risque spécial ».

Il convient de s'arrêter quelques instants sur ce nouveau concept qui vient de faire son entrée dans le droit de la responsabilité administrative. Il résulte de cette nouvelle jurisprudence que les personnes publiques sont responsables des dommages causés par les personnes qu'elles ont sous leur garde. Ce régime de responsabilité sans faute est fondé sur le fait que la personne dont la responsabilité est engagée a la garde d'autrui du fait des pouvoirs dont elle est investie : organiser, diriger et contrôler la vie du mineur par exemple. Cela vise donc non pas directement la responsabilité des parents pour les mineurs, mais la responsabilité de celui qui est juridiquement responsable de la chose ou de la personne, c'est-à-dire celui qui a le pouvoir de contrôler et de diriger la personne.

En effet, la garde est un pouvoir abstrait, purement juridique. Elle sert à désigner « le responsable » qui est, non pas celui qui exerce la surveillance effective du mineur, mais l'autorité qui s'est vue confier la mission éducative, intellectuelle et abstraite, d'organiser et de contrôler la vie du mineur, d'en avoir la maîtrise juridique et non factuelle. Et cette responsabilité du gardien dure autant que dure la mission, quelles qu'en soient ses modalités concrètes (CE 3 juin 2009, garde des Sceaux, ministre de la Justice c/ Sté. Gan assurances).

En l'espèce, au moment des faits, le mineur qui avait provoqué un accident grave était hébergé chez ses parents, ces derniers ayant conservé tous les attributs de l'autorité parentale. Mais le Conseil d'État a néanmoins condamné l'État car l'enfant était sous la garde d'un foyer relevant de la direction de la protection judiciaire de la jeunesse du ministère de la justice.

Dans un arrêt récent : CE 13 novembre 2009, Garde des sceaux, ministre de la justice c/ Association tutélaire des inadaptés, n° 306517, la Haute Assemblée applique la jurisprudence GIE AXA COURTAGE aux dommages causés par des mineurs placés auprès des services judiciaires de l'Etat, et ce, même si la victime était elle-même sous le contrôle de ces mêmes services : ainsi, le fait que la victime et l'auteur de l'agression soient tous les deux usagers du service public de la justice ne fait pas obstacle à ce que la victime bénéficie du régime de réparation.

Le fondement de cette responsabilité se trouve dans l'article 1384 du code civil (même si le juge administratif ne vise pas celui-ci) qui dispose que

> l'« on est responsable non seulement du dommage que l'on cause par son propre fait mais encore de celui qui est causé par les personnes dont on doit répondre ou des choses que l'on a sous sa garde ».

> **N.B.** – La doctrine (voir Fabrice Melleray, *Les arrêts GIE AXA COURTAGE et GARDEDIEU remettent-ils en cause les cadres traditionnels de la responsabilité des personnes publiques ?, Mélanges Yves Jegouzo, Dalloz* 2009) est partagée quant à la conceptualisation de ce nouveau régime de responsabilité. Certains voudraient en faire un régime à part (autonome) et l'ajouter comme troisième cas de responsabilité sans faute (en plus de la rupture d'égalité devant les charges publiques et de la notion de risque). Mais nombre d'auteurs estiment que ce nouveau cas est une illustration de la responsabilité pour risque. Un fait est certain, c'est que la garde n'a rien à voir avec le risque créé (voir pour une critique de ce prétendu nouveau régime : Fabrice Lemaire, *Du prétendu risque de disparition de la responsabilité pour risque en droit administratif, DA* octobre 2011, p. 9-18) .

– SECTION III –

LA MISE EN ŒUVRE DE LA RESPONSABILITÉ PUBLIQUE

Dès lors qu'est remplie l'une des conditions d'engagement de la responsabilité publique (faute ou sans faute), celle-ci peut être mise en œuvre afin d'aboutir, pratiquement, au versement de l'indemnité.

Deux problèmes se posent alors :

- le premier concerne l'établissement des liens de causalité entre le dommage subi et la personne publique à qui incombe la charge de la réparation (§ 1),
- le second a trait à la réparation du préjudice lui-même, qui s'effectue selon certaines conditions (§ 2).

§ 1– L'imputabilité du dommage à la personne publique

Pour prétendre à une indemnisation, la victime doit établir que le dommage subi est imputable à la personne publique à laquelle sa réclamation est adressée (A) et elle doit démontrer le lien de causalité entre le dommage et l'activité administrative (B). Mais la personne publique peut invoquer des cas d'exonération pour dégager sa responsabilité (C).

A – La personne publique responsable

1 – Principe

En général, il est relativement aisé de déterminer la personne publique responsable : c'est celle pour le compte de laquelle a agi l'agent auteur de la faute ou de l'agissement dommageable, ou à laquelle est rattaché le service qui est à l'origine du dommage, ou encore, qui a la garde de la chose dommageable.

Bien entendu, seule l'administration responsable (*ie.* celle à laquelle le fait dommageable est imputé) peut être condamnée à réparation ; si le recours est introduit contre une autre administration, il sera rejeté comme « mal dirigé ».

Mais des difficultés peuvent survenir lorsqu'un agent agit pour le compte de plusieurs personnes publiques ou lorsque plusieurs personnes publiques sont intervenues dans la commission du dommage ; c'est ce que nous allons étudier à présent.

2 – Difficultés particulières

a) Le cas du dédoublement fonctionnel

Dans ce premier cas de figure, en fait la solution est assez simple : est responsable la collectivité publique pour le compte de laquelle agissait l'auteur du dommage. En théorie, il suffit donc de distinguer parmi les compétences de l'agent en cause, celle dans le cadre de laquelle il a commis l'acte dommageable, et de ce fait, de déterminer à quelle personne publique cette compétence appartient.

Exemple :

- Le maire agit au nom de l'État dans ses fonctions d'officier d'État civil, mais au nom de la commune dans ses activités courantes de gestion.

En pratique cette recherche est parfois délicate : dans le doute sur l'imputabilité précise d'un dommage, il est vivement conseillé au requérant de diriger son recours à l'encontre de l'ensemble des responsables apparents ; l'instruction du procès fera apparaître les véritables responsabilités, le juge prononçant le cas échéant, la mise hors de cause des défendeurs non responsables.

b) La collaboration de plusieurs personnes publiques

Dans ce deuxième cas de figure, des problèmes plus complexes peuvent se poser lorsque plusieurs collectivités sont en cause lors de la commission d'un dommage. En principe, chaque personne publique est responsable de ses propres fautes mais si la collaboration est trop intime pour que la victime puisse apprécier quelle est la part de responsabilité de telle ou telle personne publique, elle pourra s'adresser indifféremment à l'une ou à l'autre ou mettre les deux en cause pour le tout ; la charge définitive de la réparation sera ensuite effectuée entre ces personnes par le biais d'actions récursoires (*infra*).

Cependant, dans le cas où une personne publique prête ses services à une autre personne publique, c'est la collectivité bénéficiaire qui est responsable.

Exemples :

- En matière de police municipale, c'est toujours la commune du lieu du dommage qui est responsable, même si le dommage est imputable à des services non communaux mis à disposition de la commune : services de police et de gendarmerie (État) ;
- *Idem* pour les services d'incendie et de secours : une commune met à disposition son service à l'égard d'une autre commune dépourvue de tels moyens. Si un dommage est causé à autrui par la mise en œuvre du service d'incendie et de secours ainsi mis à disposition, c'est la

commune à qui l'on a prêté les moyens qui sera tenue pour responsable, sauf si celle qui a prêté ses services a commis une faute qui lui serait imputable ; dans ce cas la collectivité bénéficiaire pourra se retourner contre la première.

B – Le lien de causalité

Comme dans les autres branches du droit, la détermination du lien de causalité est sans doute le point le plus ambigu et le plus flou de la responsabilité (voir Nicolas Chifflot, *La causalité dans le droit de la responsabilité administrative. Passé d'une notion en quête d'avenir*, *DA* novembre 2011, p. 7-19).

René Chapus n'hésite pas à affirmer que

> « les arrêts sont muets sur la méthode d'appréciation du caractère causal du fait invoqué par la victime comme ayant été à l'origine du dommage », (Droit administratif général tome I, p. 1244).

Et certains membres du Conseil d'État, avoue que cette situation est due au fait que

> « la jurisprudence fuit sur ce point les constructions théoriques et tranche au coup par coup » (Rougevin-Baville, La responsabilité administrative, coll. Hachette supérieure, 1993, p. 123).

Le dommage doit être directement imputable à une activité administrative (on dit qu'il doit exister un lien de causalité directe entre le dommage et l'activité administrative). On appelle *théorie de la causalité adéquate* cette exigence jurisprudentielle d'un lien suffisamment direct de cause à effet entre le préjudice et le fait dommageable imputable à l'administration.

Cette théorie permet (dit-on) de rechercher parmi les évènements antécédents au dommage, le fait le plus adéquat, celui dont on peut considérer qu'il est la véritable cause. Cette théorie est séduisante à défaut d'être éclairante, comme toutes les autres théories de la causalité, car elle permet (dit-on encore) d'isoler une cause justifiant l'imputabilité d'un dommage.

Le plus souvent, heureusement, ce lien de causalité est évident. Ainsi par exemple, peuvent se prévaloir d'une causalité adéquate :

- le riverain d'une voie publique dont le mur s'effondre du fait de travaux de creusement d'un fossé sur le bas-côté de la route (CE 18 mai 1973, Djian) ;
- les personnes contaminées par le virus du SIDA à l'occasion d'une intervention chirurgicale, à cause de la mauvaise qualité du sang fourni par les centres publics de transmission sanguine (CE ass. 26 mai 1995, Consorts N'Guyen, Jouan et consorts Pavan).

Cependant, tous les faits qui ont concouru à la réalisation d'un dommage n'ont pas nécessairement un lien de causalité directe, c'est-à-dire qu'un dommage est réputé avoir un lien de causalité directe s'il est objectivement la conséquence normale du fait incriminé. Ainsi, parmi les évènements sans lesquels le dommage ne se serait pas produit, le juge ne retient que ceux (ou celui) qui sont (ou qui est) la cause adéquate du dommage, c'est-à-dire qui ont (ou qui a), avec les caractéristiques du dommage, les liens les plus étroits.

Exemple :

- Une voiture non fermée à clef est volée et un accident se produit, causant un dommage ; la cause de l'accident est non pas le fait d'avoir laissé la voiture non fermée à clef, mais « le vol » de la voiture.

Or, sur ce point, la jurisprudence est parfois discutable : ainsi, l'État est responsable des agressions commises par un détenu à l'occasion d'une permission de sortie si celles-ci ont eu lieu quelques jours après sa délivrance ; en revanche, l'État n'est plus responsable lorsque ces agressions débutent plusieurs mois après cette permission (CE 27 mars 1985, Dame Henry). Pourtant, les victimes sont « objectivement » dans la même situation. Certains membres de la doctrine souhaiteraient que le juge adopte une attitude plus généreuse de la causalité adéquate.

Cependant, il est plusieurs cas où le juge admet largement la notion de causalité directe :

- il existe un lien entre la rubéole contractée par une institutrice en service et les anomalies congénitales présentées par l'enfant dont elle était enceinte, lorsqu'elle a contracté cette maladie (CE 6 novembre 1968, Dame Saulze) ;
- de même il existe un lien entre le dommage causé au propriétaire d'une salle de cinéma dont les tapis et les moquettes avaient été tachés par du goudron provenant des chaussures des spectateurs qui, pour venir à la représentation, avaient traversé une place récemment goudronnée et non interdite aux piétons (conséquence directe de l'opération de goudronnage : CE 7 mars 1969, Société des établissements Lassailly et Bichebois).

Enfin, la jurisprudence considère – classiquement – que certains préjudices ne sont jamais indemnisables, même si le lien de causalité est suffisamment direct entre eux et un fait imputable à l'administration :

- dépréciations d'immeubles et perte de clientèle dues aux *modifications apportées à la circulation générale* et résultant *soit de changements effectués dans l'assiette ou dans la direction des voies publiques, soit de la création de voies nouvelles* (dans cette hypothèse : la solution s'explique par de simples considérations économiques : limiter le coût des travaux) ;

- naissance d'un enfant à la suite de l'échec d'un avortement ou d'une stérilisation (CE ass. 2 juillet 1982, Delle R), sauf si l'enfant est atteint d'une infirmité imputable à l'intervention manquée (CE 27 septembre 1989, Dme Karl) ; solution qui s'explique par des raisons éthiques.

C – Les cas d'exonération

Lorsqu'un fait dommageable est apparemment imputable à l'administration, la responsabilité de celle-ci peut disparaître ou être atténuée, si le dommage résulte en tout ou en partie, d'une cause étrangère. Ces causes d'exonération constituent donc des moyens de défense grâce auxquels l'administration peut se décharger totalement ou partiellement de sa responsabilité.

Ainsi quatre causes peuvent exonérer l'administration de sa responsabilité ou atténuer celle-ci :

1. La faute de la victime,
2. La force majeure,
3. Le fait du tiers,
4. Le cas fortuit.

1 – La faute de la victime

Ce premier cas de figure (le fait de la victime) constitue toujours une cause d'exonération si le dommage est bien entendu totalement imputable à la victime ou d'atténuation de la responsabilité de l'administration, que l'on soit dans le cadre de la responsabilité pour faute ou sans faute.

Il peut s'agir de faits directs et personnels du demandeur mais aussi de ceux des personnes qui engagent le demandeur.

Exemples :

Constituent des fautes de la victime :

- une vitesse excessive à l'origine d'un accident imputé à l'entretien de la route ;
- le défaut de surveillance des parents sur leur enfant victime d'un accident ;
- l'imprudence commise par une personne qui pénètre dans un lieu interdit (par exemple un poste à haute tension).

Mais l'administration est totalement exonérée de sa responsabilité lorsqu'une personne a accepté en toute connaissance de cause un risque dont elle a finalement été victime (*l'exception de risque accepté*).

Exemple :

- Non-indemnisation des promeneurs victimes d'une avalanche car celle-ci est la réalisation d'un risque que les promeneurs avaient accepté, (CE sect. 11 avril 1975, Départ. De la Haute-Savoie).

2 – La force majeure

La force majeure a un effet totalement (ou partiellement) exonératoire dans tous les systèmes de responsabilité.

C'est un évènement imprévisible dans sa survenance, irrésistible dans ses effets, et extérieur à l'auteur du dommage. Ce cas de figure recouvre principalement les évènements climatiques exceptionnels (tempêtes extrêmement violentes, pluies d'une abondance exceptionnelle, etc.) et n'est retenu que rarement, essentiellement dans le contentieux des travaux publics. En effet, compte tenu du caractère cumulatif des trois conditions qui la définisse, la force majeure est rarement admise.

Lorsqu'elle est admise (v. par exemple : CE 26 juin 1963 Calkus, *Rec.* p. 401 : pluies d'un niveau exceptionnel à Paris), il ne lui est souvent imputé qu'une part de responsabilité dans le dommage, l'ouvrage ou le travail mis en cause ayant contribué à aggraver ses effets nuisibles (CE 12 mars 1975 Cne de Boisssy le Cutte, *Rec.* p. 1303 : un orage très violent constitue une force majeure, mais ses conséquences ont été aggravées par le mauvais état du réseau d'évacuation).

3 – Le fait du tiers

Lorsqu'un dommage résulte, en tout ou en partie, du fait d'une tierce personne, c'est à celle-ci que la charge totale ou partielle de la réparation incombe et la responsabilité de l'administration en est dégagée d'autant.

La victime doit donc poursuivre et l'administration (devant le juge administratif), et le tiers (devant les tribunaux judiciaires).

Mais le fait du tiers n'est une cause d'exonération que dans le cadre de la responsabilité pour faute. Il ne joue pas en cas de responsabilité sans faute ; toutefois, si ce fait du tiers est sans influence sur la responsabilité sans faute de l'administration, la personne publique déclarée entièrement responsable à l'égard de la victime peut appeler en garantie le tiers ou exercer contre lui une action récursoire.

Il existe cependant une exception en matière de responsabilité pour dommage de travaux publics : le fait du tiers est sans conséquence sur la responsabilité de l'administration défenderesse, que l'on soit dans le cadre de la responsabilité pour faute ou sans faute.

4 – Le cas fortuit

Ce dernier cas d'exonération est d'application tout à fait exceptionnelle ; la jurisprudence y recourt de moins en moins et cette notion est très critiquée car elle n'est qu'une variante de la force majeure (mais le fait n'est pas étranger au défendeur) et donc devrait produire les mêmes effets, ce qui n'est pas le cas (Philippe Ségur, *Le cas fortuit en droit administratif*, *AJDA* 1994, p. 171 et s.). En droit privé, le cas fortuit est assimilé à la force majeure.

Le cas fortuit est l'évènement résultant d'une cause inconnue (on ne peut découvrir quelle est la cause du dommage), mas il présente, comme la force majeure, un caractère imprévisible et irrésistible : il recouvre les accidents dont la cause est inconnue et dont on ne peut, dès lors, reconnaître l'administration responsable.

À noter, là encore, que comme pour le fait du tiers, le cas fortuit ne constitue une cause d'exonération qu'en cas de responsabilité pour faute (*ie*. qu'il n'exonère la responsabilité de l'administration que lorsque cette responsabilité est subordonnée à l'existence d'une faute ; il est sans influence dans les hypothèses de responsabilité sans faute).

§ 2 – La réparation du préjudice

Ces conditions ne sont pas spécifiques au droit administratif et on relève que non seulement il n'y a que très peu d'originalité par rapport au droit privé, mais qu'au contraire, un rapprochement s'opère entre les solutions du droit privé et celles du droit public.

A – Les caractères du préjudice indemnisable

Pour être indemnisable, le préjudice doit présenter certains caractères : il a été précisé précédemment que le préjudice devait être direct (*supra* § 1, B) ; il doit en outre présenter les caractères suivants :

- Être certain ;
- Être spécial et anormal ;
- Porter atteinte à une situation légitime.

1 – Le caractère certain

Le préjudice invoqué doit être certain et non éventuel (*ie*. simplement possible). En effet, un préjudice purement éventuel et hypothétique n'ouvre pas droit à réparation (par exemple : la perte de l'aide matérielle qu'aurait pu apporter à sa mère un enfant victime d'un accident mortel, CE 21 février 1951, veuve Lion).

Mais ce préjudice peut être soit né et actuel, déjà réalisé, ou encore simplement futur, si sa réalisation est certaine (ainsi l'enfant victime d'un accident qui le rend invalide sera certainement handicapé dans son activité professionnelle future).

La perte d'une chance (par exemple la perte d'une chance de réussite à un examen par un élève blessé la veille de l'examen) constitue aussi un préjudice réparable, dès lors que la chance était sérieuse (si par exemple le dossier scolaire le prouve).

Autres exemples :

- Une étudiante doit redoubler en BTS à la suite d'une erreur commise par l'administration :
  - 1er préjudice : les frais d'hébergement pendant l'année de redoublement et les frais d'inscription ;
  - 2e préjudice : si l'étudiante avait eu son BTS, elle aurait été employée par une société qui lui avait fait une proposition de travail. Dès lors dit le juge administratif l'étudiante a perdu une chance sérieuse d'obtenir un emploi auprès de la société qui lui avait fait une offre dès l'obtention de son diplôme (TA de Rennes, 6 juillet 1994, Melle Daniel, *LPA* 24 février 1995, p. 12).
- Perte d'une chance sérieuse de percevoir des allocations d'assurance-chômage : en l'espèce, le maire a oublié de transmettre à l'ANPE la demande de l'intéressé (obligation de communiqué prévue par le Code du travail dans les communes où une agence n'est pas implantée) : CAA Lyon 30 nov 1995, ANPE.

2 – Les caractères spécial et anormal

Ces deux caractères sont indissociables et sont spécifiques à la responsabilité sans faute (*ie*. que ces conditions ne jouent pas en cas de responsabilité pour faute : aucune exigence de spécialité et d'anormalité n'a besoin d'être établie par rapport au préjudice subi).

Toutefois, en matière de responsabilité sans faute, il existe deux exceptions (*supra*) :

- pas de condition de spécialité et d'anormalité en ce qui concerne la responsabilité encourue par les collaborateurs occasionnels du service public ;
- *idem*, en matière de responsabilité du législateur lorsque la loi est inconventionnelle (CE ass. 8 février 2007, M. Gardedieu).

Un préjudice spécial est celui qui est propre à une personne ou à un nombre restreint de personnes (par rapport à la collectivité considérée).

Un préjudice anormal est celui qui excède les charges normales de la vie en société. Sur ce point, le caractère normal ou anormal du dommage est fonction de son importance matérielle, de sa durée, de sa nature. On remarque que dans l'ensemble, la jurisprudence est relativement stricte dans son appréciation ; elle est cependant plus libérale lorsque la responsabilité est engagée sur le terrain du risque que lorsqu'elle met en cause la rupture de l'égalité devant les charges publiques.

3– Le préjudice doit porter atteinte à une situation légitime

En ce qui concerne cette troisième condition, on note une évolution de la jurisprudence tout à fait favorable à la victime.

En effet, alors que pendant longtemps, la réparation était subordonnée à l'atteinte à un droit ou à une *situation juridiquement protégé* (pour reprendre l'expression jurisprudentielle), désormais, toute personne qui justifie d'un intérêt lésé, de troubles dans ses conditions d'existence imputables à l'administration peut prétendre à réparation, à condition bien entendu que la situation à laquelle il est porté atteinte soit licite.

En revanche, n'est pas indemnisé le préjudice résultant d'atteinte à des situations de pur fait, ou à des avantages acquis irrégulièrement.

Exemple :

- l'élevage des truites (pisciculture) est une activité soumise à autorisation administrative ; or, un éleveur a omis de demander le renouvellement de son autorisation pourtant périodique, quand brusquement, un mauvais traitement des eaux par l'usine située en amont provoque une pollution et par conséquent la mort des truites. Le juge administratif refuse d'indemniser le préjudice car le requérant (victime) se trouvait dans une situation juridique non protégée : utilisation irrégulière des eaux (CAA de Nantes, 9 décembre 1993, Sté. morlasienne des eaux, *AJDA* 1994, p. 16).

Ainsi, l'administration est totalement exonérée de sa responsabilité lorsque la victime n'a subi un dommage que parce qu'elle se trouvait dans une situation illégitime ; outre l'exemple ci-dessus, on peut encore signaler celui-ci :

- n'ouvre droit à aucune réparation le dommage subi par un occupant sans titre du domaine public lors de son éviction forcée (CE sect. 20 juin 1980, commune d'Ax-les-Thermes). Au demeurant cela n'a rien de surprenant puisqu'il s'agit de l'application de l'adage *nemo auditur propriam suam turpitudinem allegans*.

Si la victime est dans une situation illégitime, l'administration soulève l'exception d'illégitimité devant le juge : ainsi par exemple, un cyclomotoriste se blesse à moto en raison du mauvais état de la route (défaut d'entretien normal de l'ouvrage public) mais il n'avait plus de permis de conduire car celui-ci avait été annulé par le juge ; cette victime ne sera pas indemnisée par la personne publique (TA Marseille 17 janvier 2011, M. P., *AJDA* 2011, p. 973-974, concl. Philippe Grimaud).

Cependant, le Conseil d'État a une approche pragmatique de cette situation illégitime et qui peut être intéressante pour la victime.

Exemples :

- Dans une affaire où une personne exploitait sans autorisation (donc illégalement) un élevage de sangliers, le préfet avait ordonné l'abattage du cheptel. Mais la juridiction administrative avait annulé cette décision préfectorale. Aussi, l'exploitant de l'élevage de sangliers a demandé réparation de son préjudice. Si les juridictions inférieures ont refusé cette indemnisation car elles considéraient que le préjudice était la cause du comportement fautif de l'exploitant, le Conseil d'État a infirmé cette solution et a estimé que la faute commise par le préfet est à l'origine du préjudice subi par l'exploitant, ou d'au moins une partie de celui-ci (CE 30 janvier 2013, Imbert, n° 339918, *DA* mai 2013, n° 38, p. 44-46, note Gweltaz Eveillard).

Enfin, depuis 1978, la concubine en cas de décès de son compagnon à droit d'être indemnisée du préjudice que lui cause ce décès (CE 3 mars 1978, Dame Muesser : le juge administratif a aligné sa jurisprudence sur celle du juge judiciaire).

B – Nature du préjudice

Tous les types de préjudice sont réparables :

- Préjudices physiques et matériels : dommages corporels et dommages de toute nature causés aux biens (meubles et immeubles). En principe, il n'y a pas de problème pour indemniser ces préjudices (y compris les souffrances physiques qui accompagnent les dommages corporels).
- Préjudices moraux : ces préjudices sont plus problématiques car étant de l'ordre des sentiments, ils sont extrêmement difficiles à évaluer financièrement. Ils sont classés par la jurisprudence en trois catégories : les *troubles dans les conditions d'existence* ; les atteintes *à la partie sociale du patrimoine moral* ; les atteintes à *la partie affective du patrimoine moral*. Le Conseil d'État a refusé pendant longtemps d'indemniser ce dernier préjudice en se fondant sur l'adage *les larmes ne se monnaient pas*. Puis en 1961, la Haute Assemblée a accepté d'indemniser ce préjudice (CE ass. 24 novembre 1961, Letisserant, *GAJA*).

N.B. – Un même élément peut être à l'origine de plusieurs types de préjudices. Par exemple : la défiguration d'un acteur constitue à la fois un préjudice matériel (manque à gagner) et moral (préjudice esthétique). De même, la renonciation à poursuivre des études ou un projet a des conséquences pécuniaires mais aussi morales (troubles dans les conditions d'existence).

C – Les modalités de la réparation

Si la responsabilité de l'administration est engagée, le juge va accorder à la victime une indemnisation.

1 – Les formes de la réparation

En droit administratif, le préjudice subi doit faire l'objet d'une *réparation par équivalent*, c'est-à-dire pécuniaire et non d'une réparation en nature. En effet, l'administration ne peut être tenue qu'à verser des dommages et intérêts.

Ceci résulte du principe (déjà étudié) selon lequel le juge ne peut adresser d'injonction à l'administration, c'est-à-dire lui imposer des obligations de faire, car cela correspondrait à une immixtion dans les affaires administratives.

La réparation du préjudice, qui doit être intégrale, peut se présenter sous diverses formes :

- condamnation de l'administration à verser soit une indemnité en capital, soit une rente viagère (par exemple en cas d'accident mortel, la veuve reçoit une rente) ;
- l'indemnité peut ne pas être définitive : si le dommage par exemple est destiné à durer et si les modalités futures sont incertaines, des compléments d'indemnités pourront être accordés ;
- lorsque le juge n'est pas immédiatement en mesure de chiffrer le préjudice, il peut accorder une provision. Il peut aussi se contenter de fixer les principes de l'indemnité et renvoyer la victime devant l'administration pour la liquidation.

Par ailleurs, la victime a droit aux intérêts moratoires. Il s'agit des intérêts qu'aurait rapporté l'indemnité principale, jusqu'au jour de son versement effectif si elle avait fait l'objet d'un placement rémunéré au taux légal du loyer de l'argent prévu par les articles 1153 et 1153-1 du Code civil (dont le juge administratif s'inspire) :

- Si la victime demande le versement de ces intérêts, ceux-ci courent à compter du jour où la demande d'indemnité a été reçue par l'administration saisie en vue d'une décision préalable, ou du jour de l'enregistrement de la requête si l'affaire est dispensée de demande préalable, comme c'est par exemple le cas en matière de travaux publics.

– Si la victime ne les réclame pas, les intérêts moratoires courent quand même de plein droit, mais seulement à compter du jugement accordant l'indemnité principale.

Dans tous les cas, le taux des intérêts moratoires est majoré de 5 points à l'expiration d'un délai de deux mois à compter de la date à laquelle le jugement de condamnation est devenu exécutoire, afin d'inciter le débiteur récalcitrant à procéder au plus vite au versement de l'indemnité principale.

Enfin, les « intérêts des intérêts » sont une indemnité que le créancier de l'indemnité principale peut obtenir au titre de la capitalisation des intérêts moratoires, pour la période pendant laquelle ceux-ci n'ont pas été payés. Régis par l'art. 1154 Code civil, dont s'inspire le juge administratif, ces intérêts ne sont accordés que sur demande de capitalisation ; cette demande ne doit intervenir que lorsque les intérêts moratoires sont dus pour une période d'au moins douze mois.

2 – L'évaluation du dommage

En ce qui concerne les dommages aux personnes, la date d'évaluation est généralement celle du prononcé de la décision ; mais le juge doit tenir compte de tous les éléments existant au jour de sa décision : par exemple aggravation ou amélioration de l'état de santé, variations économiques depuis l'accident, etc.

En ce qui concerne les dommages aux biens, l'évaluation est faite au jour du dommage. Ce qui est critiquable car la solution est sévère pour les victimes. Cette solution ne prend notamment pas en compte l'aggravation des dégâts susceptibles d'intervenir dans le laps de temps (plusieurs années parfois) qui sépare la date de réalisation des dommages et la date de jugement.

Seul le préjudice direct est indemnisable : le préjudice indirect né de l'aggravation du préjudice direct pendant la période d'attente jugement, ne l'est pas.

– CHAPITRE II –

LE PARTAGE DE LA RESPONSABILITE ENTRE L'ADMINISTRATION ET SES AGENTS

Un problème de partage de responsabilité entre l'administration et ses agents peut se poser dans la mesure où l'agent peut commettre deux types de fautes : soit une faute de service (*supra* chap. I) soit une faute personnelle. Ce problème a été réglé par la jurisprudence administrative.

– SECTION I –

LA RESPONSABILITÉ PERSONNELLE DE L'AGENT PUBLIC

Après avoir distingué la faute personnelle de la faute de service (§ 1), nous préciserons la notion de faute personnelle (§ 2).

§ 1 – La distinction entre la faute personnelle et la faute de service

Cette distinction est importante parce que dans l'hypothèse où l'agent a commis une faute de service, il ne peut être tenu responsable des conséquences dommageables de son acte ; en d'autres termes, il est « irresponsable ». Ce n'est que dans l'hypothèse où il aurait commis une faute personnelle qu'il sera tenu de réparer son acte.

A – L'irresponsabilité de l'agent auteur d'une faute de service

Comme nous l'avons observé au chapitre précédent, la collectivité publique est responsable si la faute qui est à l'origine du dommage présente le caractère d'une faute de service.

Dans ce cas, l'agent auteur de la faute est irresponsable et ne peut être mis en cause devant les tribunaux, ni directement par la victime, ni indirectement par la collectivité publique par le biais d'une action récursoire. Cette solution a été posée par l'arrêt Pelletier (TC 30 juillet 1873, *GAJA*, déjà cité).

Toutefois, si malgré ce principe, l'agent est poursuivi par la victime devant la juridiction judiciaire, le préfet, ou le haut-commissaire en Polynésie française, est tenu d'élever le conflit. S'il s'abstient de le faire ou s'il n'a pas été informé de cette action judiciaire (et par erreur un tribunal judiciaire condamnerait un fonctionnaire pour simple faute de service) et que l'agent public est condamné alors qu'une faute de service a été commise (à l'exclusion de toute faute personnelle), la collectivité publique est alors dans l'obligation de l'indemniser. Pour ce faire, il faut que l'agent se « retourne » contre son administration. Il s'agit là d'un principe général du droit (CE 26 avril 1963, CH Besançon, rec. p. 243) qui a été repris dans le statut général des fonctionnaires :

> « Lorsqu'un fonctionnaire a été poursuivi par un tiers pour faute de service et que le conflit d'attribution n'a pas été élevé, la collectivité publique doit, dans la mesure où une faute personnelle détachable de l'exercice de ses fonctions n'est pas imputable à ce fonctionnaire, le couvrir des condamnations civiles prononcées contre lui » (art 11 de la loi du 13 juillet 1983).

On précisera que le Conseil constitutionnel a constitutionnalisé cette solution :

> « L'État (...) ne peut mettre en cause la responsabilité personnelle [des agents publics] qu'en cas de faute personnelle de leur part » (Cons. const. n° 83-162 DC du 20 juillet 1983).

B – La responsabilité de l'agent auteur d'une faute personnelle

Dans le cas où la faute commise par l'agent présente le caractère d'une faute personnelle, celui-ci voit sa responsabilité personnelle susceptible d'être engagée devant les juridictions judiciaires sur le fondement de l'article 1382 Code civil.

On remarque donc que le système élaboré par l'arrêt Pelletier (distinction entre faute personnelle et faute de service) a une fonction de procédure, c'est-à-dire qu'il doit permettre d'orienter l'action de la victime :

- s'il y a faute personnelle, la victime doit poursuivre l'agent public coupable comme n'importe quel autre citoyen devant les juridictions judiciaires ;
- s'il y a faute de service, la victime doit poursuivre l'administration devant la juridiction administrative.

Mais comment définir la faute personnelle ?

La faute personnelle est une notion essentiellement relative, car elle ne repose sur aucun critère précis et incontestable. Tout au plus peut-on tenter de la préciser en ayant recours à la définition avancée par Laferrière (conclusions sur TC 5 mai 1877, Laumonier-Carriol, Rec. p. 437) :

> « Si l'acte dommageable est impersonnel, s'il révèle un administrateur plus ou moins sujet à l'erreur et non l'homme avec ses faiblesses, ses passions, ses imprudences, l'acte reste administratif et ne peut être déféré aux tribunaux judiciaires ; si au contraire la personnalité de l'agent se révèle par des fautes de droit commun, par une voie de fait, une imprudence, la faute est imputable au fonctionnaire et non à la fonction, et l'acte perdant son caractère administratif ne fait plus obstacle à la compétence judiciaire ».

Pour sa part, Léon Blum, dans ses conclusions sur l'affaire Lemonnier – CE 26 juillet 1918, *GAJA* – en donne la définition suivante :

« la faute personnelle est la faute détachable des pratiques du service, qui se caractérise par une circonstance détachable de ce que peut être le fonctionnement même défectueux du service ».

En fait, ces approches théoriques n'ont qu'une portée pratique limitée. La jurisprudence est nuancée et très empirique. Deux éléments sont pris en compte : « *la gravité* de la faute », et « *l'intention* de l'auteur de la faute » (*ie.* le but poursuivi).

En tout état de cause, il est impossible de définir la faute personnelle par opposition à la faute de service. En effet, depuis l'arrêt Lemonnier (*infra*) la jurisprudence a évolué : le même fait peut être qualifié de faute personnelle et de faute de service. Aussi, les qualifications ne sont plus parallèles et antinomiques : elles ne sont plus exclusives l'une de l'autre ; elles peuvent se cumuler (*infra*).

§ 2 – La notion de faute personnelle détachable du service

Lorsqu'on dit que la faute personnelle est détachable du service, cela signifie qu'elle est suffisamment due à la personne de l'agent pour pouvoir être appréciée sans que soit porté un jugement sur le fonctionnement du service (elle peut être jugée en elle-même, dans le comportement personnel de son auteur qui apparaît nettement, indépendamment de ses obligations de fonctions).

Ce caractère détachable apparaît dans trois situations différentes :

- La faute personnelle commise en dehors de l'exercice des fonctions et dépourvue de tout lien avec le service (A) ;
- La faute personnelle commise en dehors de l'exercice des fonctions mais non dépourvue de tout lien avec le service (B) ;
- La faute personnelle commise dans le cadre de l'exercice des fonctions (C).

A – La faute personnelle commise en dehors de l'exercice des fonctions et dépourvue de tout lien avec le service

Dans cette hypothèse, on parle de faute détachable matériellement car elle n'a aucun rapport avec l'exercice des fonctions, ni par son « but » ni par son « objet » : la faute personnelle est dépourvue de tout lien avec le service.

Accompli par l'agent en dehors de toute fonction, dans sa vie privée, c'est-à-dire en dehors des heures de travail ou encore pendant ses congés, c'est un acte privé comme tout particulier peut en commettre.

Exemples :

- Un pompier, en dehors des heures de service, provoque un incendie parce qu'en fait il a des tendances à la pyromanie (CE 13 mai 1991, Sté. d'assurance les Mutuelles Unies).
- De même, un officier, en poste en Côte d'Ivoire, s'étant procuré auprès d'un tiers une arme à feu pour un ami afin que ce dernier assure sa défense, blesse accidentellement l'ami en lui expliquant le maniement de l'arme. L'officier a agi en dehors de toute instruction de ses supérieurs, en dehors de ses heures de service et seulement en raison des relations personnelles qu'il entretenait avec la victime (TC 6 juillet 2009, Geny c./ Ph. Blaise, n° 3709).

B – La faute personnelle commise en dehors de l'exercice des fonctions mais non dépourvue de tout lien avec le service

On considère aussi que, même si ces fautes sont matériellement détachables du service, elles ne sont toutefois pas dépourvues de tout lien avec le service. Comme le précise le professeur René Chapus :

> « en général, il s'agit de fautes qui sont personnelles, moins par elles-mêmes, que par les circonstances de leur commission. Commises dans l'exercice des fonctions, elles auraient été (sauf cas particuliers) des fautes de service » (*Droit administratif général*, tome I, 14e édtion, p. 1363)

On distingue, dans ce second cas, deux types de fautes.

1 – La faute commise à l'occasion de l'accomplissement du service

Ce premier cas de faute est illustré par une abondante jurisprudence relative aux chauffeurs.

Exemples :

- Un chauffeur en mission doit suivre un itinéraire pour arriver « à bon port ». Mais au cours du trajet, il s'écarte de cet itinéraire à des fins personnelles (pour aller voir sa famille par exemple). Et à l'occasion de cette « escapade », il cause un préjudice (accident : il blesse ou tue quelqu'un) : CE 27 février 1981, Commune de Chouville-Malaumont.
- C'est le cas aussi du policier chargé de surveiller un bal (veiller au maintien de l'ordre public). Il a beaucoup bu et veut encore boire : il entre dans un bar (donc il abandonne son poste), boit, se dispute et blesse un client qui tentait de le désarmer : CE sect. 1er octobre 1954, Bernard.

2 – La faute commise en dehors du service mais avec des moyens fournis par le service

Ce cas est beaucoup plus rare. Il a été admis en 1973 (CE ass. 26 octobre 1973, Sadoudi) : un gardien de la paix nettoie à son domicile son arme et malencontreusement, une balle part et tue involontairement un collègue qui était là.

Cependant, cette jurisprudence ne s'applique pas à tous les moyens du service : il faut que le règlement du service oblige à garder l'objet (ici l'arme) et que celui-ci soit dangereux.

C – La faute personnelle commise dans le cadre de l'exercice des fonctions

1 – Problématique

Ce cas est différent des précédents, puisque c'est dans le cadre du service, dans l'exécution des fonctions que la faute est commise. Elle n'est donc pas détachable matériellement du service.

Une telle faute peut néanmoins présenter un caractère personnel si elle se détache intellectuellement (moralement) ou psychologiquement du service, en prenant en considération les mobiles qui ont dicté la conduite de son auteur.

Cette catégorie de faute personnelle correspond ainsi à l'acte effectué dans de telles conditions qu'il ne peut plus être considéré comme un mauvais fonctionnement du service, mais comme une défaillance personnelle inexcusable.

Le Conseil d'État insiste sur la gravité de cette faute et vient de préciser que c'est au regard des fonctions exercées par l'agent public (en l'occurrence un magistrat judiciaire) que doit être évaluée la gravité de la faute commise à l'occasion de l'exercice de ses fonctions pour la regarder comme personnelle :

> « 3 Considérant qu'une faute d'un agent de l'État qui, eu égard à sa nature, aux conditions dans lesquelles elle a été commise, aux objectifs poursuivis par son auteur et aux fonctions exercées par celui-ci est d'une particulière gravité doit être regardée comme une faute personnelle justifiant que la protection fonctionnelle soit refusée à l'agent, alors même que, commise à l'occasion de l'exercice des fonctions, elle n'est pas dépourvue de tout lien avec le service et qu'un tiers qui estime qu'elle lui a causé un préjudice peut poursuivre aussi bien la responsabilité de l'État devant la juridiction administrative que celle de son auteur devant la juridiction judiciaire et obtenir ainsi, dans la limite du préjudice subi, réparation ; » (CE 11 février 2015, n° 372359, *AJDA* 2015, p. 311).

Le juge judiciaire retient aussi la gravité de la faute pour qualifier un agissement de faute personnelle. Toutefois, on doit citer un arrêt (isolé ?) en sens contraire : la Cour de cassation casse un arrêt d'une cour d'appel parce que, dit-elle,

« la faute, quelle que soit sa gravité, commise par un agent du service public, dans l'exercice de ses fonctions, n'est pas détachable de ses fonctions » (cass. crim 30 novembre 2010, n° 10-80.447, *ADJA* 2011, p. 349).

2 – Les différentes catégories de fautes

On distingue trois types de fautes :

a) La faute intentionnelle ;

b) Les comportements excessifs ;

c) La faute inexcusable.

a) La faute intentionnelle

Le caractère personnel résulte de l'intention de l'auteur de l'agissement fautif, qui est étrangère à l'intérêt du service (bien qu'agissant dans le cadre de ses fonctions, l'auteur de la faute a poursuivi des intentions qui lui sont personnelles).

C'est le cas des fautes commises par rancune, passion ou malveillance, dans l'intention de nuire à autrui.

Exemples :

- campagne de dénigrement systématique lancée par le directeur d'un hôpital à l'encontre d'un médecin, témoignant ainsi d'une animosité personnelle (TC 12 juin 1961, Picot) ;
- un préfet multiplie les mesures de vexations à l'encontre de sa voisine dans la gestion de sa résidence de fonction (TC 27 juin 1955, dame Gasquet c/ Vignon).

En revanche, la malveillance n'est pas retenue dans le cas suivant :

- le maire d'une commune corse, mécontent d'une action judicaire menée par des « continentaux » car ces derniers procèdent à une expulsion en lieu et place de la commune pour occupation illégale et construction illégale sur le domaine de la commune, fait afficher *une mise au point de la municipalité*. Ce comportement n'est pas une faute personnelle : car la faute est commise dans l'exercice des fonctions et avec les moyens du service (et sans doute sans excès…) : TC 12 février 2001, préfet de Corse c/ M. Albert.

Entre également dans cette catégorie la faute commise par intérêt personnel.

Exemples :

- l'agent cherche son profit pécuniaire ou sa satisfaction propre au détriment du service ; cas le plus fréquent : l'utilisation des véhicules administratifs à des fins privées de promenade : CE 28 juillet 1951, Laruelle, *GAJA* ;
- le policier, au cours d'une opération de police administrative (il était chargé de régler la circulation automobile), arrête une personne avec qui il avait eu auparavant un différend, sort volontairement son arme et fait feu sur celle-ci : il s'agit *d'une faute personnelle détachable du service* : TC 21 juin 2004, Quitman c/ ministre de l'Intérieur.

b) Les comportements excessifs

Ces hypothèses sont illustrées par les trois cas de figure suivants :

- l'excès de boisson :

Si l'agent n'avait pas bu, la faute aurait été de service ; le fait de boire pendant le service imprime un caractère personnel à la faute : TC 9 octobre » 1974, commune de Lusignan (voir aussi CE 28 juillet 1951, Delville, *GAJA*)

- l'excès de langage :

Au cours d'une réunion, un agent tient des propos calomnieux, injurieux, orduriers, obscènes : cas d'un inspecteur général de l'urbanisme qui se livre dans un lieu public à une critique en termes désobligeants et acerbes du projet d'un architecte : TC 17 juillet 1952, Paray (ce fait aurait pu être considéré comme une faute personnelle en raison de l'intention malveillante de son auteur, *supra*).

- la violence physique et les brutalités non justifiées :
  - violences graves, sans motifs personnels, de la part de policiers : TC 9 juillet 1953, Delaître ;
  - un policier blesse une personne qu'il arrête après lui avoir provoqué des fractures faciales : Cour cass., Chambre criminelle 10 février 2009 ;
  - un receveur d'un bureau de poste tente de contraindre par la force une femme de ménage à le suivre dans son bureau pour lui demander des explications sur la cessation prématurée de son service ; ce geste injustifié au regard des pratiques administratives normales, et accompli dans des circonstances révélant l'existence entre les intéressés d'une certaine animosité personnelle, constitue une faute personnelle (TC 14 janvier 1980, Mme Techer c/ Pahon).

c) La faute inexcusable

C'est une défaillance inadmissible de la part de son auteur (une faute d'une particulière gravité) qui a gravement violé les devoirs de sa charge (et qu'un agent même des plus médiocre ne commettrait pas).

Exemples :

- peur d'un commissaire de police qui craint de protéger un individu menacé de mort : TC 9 juillet 1953, Dame veuve Bernadas ;
- affolement d'un médecin abandonnant une malade en danger car l'hôpital est en feu ; le médecin et ses aides s'enfuient de la salle d'accouchement en abandonnant la femme qui accouchait ; elle meurt dans l'incendie : Cass crim 2 octobre 1958, Porchas ;
- incendie provoqué par un pompier, pendant son service, ayant jeté une cigarette allumée : CE 27 février 1981, commune de Chonville-Malaumont ;
- manquement volontaire et inexcusable à des obligations d'ordre professionnel et déontologique de la part d'un médecin :
  - gynécologue de garde qui refuse de se déplacer alors qu'il est sollicité par une sage-femme et que l'état de la malade est dramatique ; l'enfant ainsi né reste atteint gravement : Cour cass, ch crim, 2 avril 1992, S... ;
- caractère inexcusable du comportement d'un professeur de médecine au regard de la déontologie de la profession :
  - une grave erreur est commise dans le service d'un professeur : un médecin injecte de l'eau non stérile ce qui provoque chez le patient un choc septique. Or, ce n'est que trois jours plus tard que l'information sera donnée afin d'expliquer l'état du patient : CE 28 décembre 2001, M. Valette ;
- un appelé meurt car un officier tire à balle réelle en dehors de tout exercice organisé par l'autorité supérieure (faute inexcusable) : CE 17 décembre 1999, Moine ;
- un intendant de lycée favorise une entreprise dans le cadre d'un marché public : TA Grenoble 19 décembre 2002, A ; *AJPF* 2003, n° 4, p. 31 ;
- enseignants qui commettent des atteintes sexuelles sur des mineures ; deux affaires : TA Lille 5 décembre 2002, M. S. c/ Recteur de l'académie de Lille ; TA Melun 25 février 2003, M. B. c/ Recteur de l'académie de Créteil.

Il convient de remarquer que ce type de faute – la faute inexcusable – est difficile à cerner car ses caractères dépendent de l'appréciation des tribunaux beaucoup plus nettement que pour les autres types de fautes personnelles. En effet, entre d'une part la négligence, l'irrégularité ou encore la faiblesse excusable, ne constituant pas des fautes personnelles, et d'autre part, les mêmes défauts, cette fois jugés suffisamment graves pour constituer des fautes personnelles, la frontière est parfois délicate ; il incombe au juge d'estimer le caractère impardonnable de l'acte en cause.

Exemples :

– Un médecin de garde refuse de se déplacer pour un accouchement alors que les indications données par téléphone laissaient entendre qu'il fallait que la patiente soit vue par un médecin ; finalement l'enfant décède :

La Cour d'appel de Versailles (arrêt du 23 février 2006) estime que le médecin a commis un manquement inexcusable à ses obligations d'ordre professionnel et déontologique ; que cette faute est d'une telle gravité qu'elle ne peut être assimilée à une faute de service.

• Mais la Cour de cassation casse cet arrêt (cass. crim. 13 février 2007) et décide que les faits reprochés au médecin ne sont pas détachables de ses fonctions.

– Dans un second arrêt où des faits similaires étaient reprochés à un médecin (ce dernier refuse de se déplacer et se contente de donner quelques indications à la mère d'un enfant déshydraté ; finalement, l'enfant décède), la Cour de cassation casse aussi un arrêt d'une cour d'appel parce que, dit-elle

« la faute, quelle que soit sa gravité, commise par un agent du service public, dans l'exercice de ses fonctions, n'est pas détachable de ses fonctions » (cass. crim 30 novembre 2010).

D – L'autonomie de la notion de faute personnelle

Un même agissement peut recevoir plusieurs qualifications relevant de divers systèmes juridiques et constituer par exemple, une faute personnelle et une faute pénale. Mais cette coïncidence n'est nullement obligatoire : chaque notion s'apprécie dans le cadre du système auquel elle appartient. Plus précisément, la notion de faute personnelle s'apprécie uniquement en fonction des critères que nous venons d'exposer et elle n'est aucunement influencée par une qualification donnée par un autre système d'où le terme de « notion autonome ».

1 – Faute personnelle et faute pénale

La faute commise par un agent peut être passible d'une condamnation pénale si elle constitue une des infractions prévues par le Code pénal.

Elle peut en même temps être une faute personnelle : c'est notamment le cas des fautes personnelles intentionnelles, commises par malveillance. Dans ce cas, la juridiction pénale peut se prononcer sur l'action publique et sur l'action civile (responsabilité personnelle de l'agent).

Mais cette coïncidence n'existe pas toujours. Certaines infractions pénales ne constituent pas des fautes personnelles : délits commis par imprudence involontaire (s'ils sont inexcusables il n'ont pas pour autant le caractère intentionnel de la faute personnelle ; ils constituent seulement une faute de service et donc, son auteur, s'il peut être l'objet de poursuite pénales, ne pourra être condamné à réparation (TC 14 janvier 1935, Thépaz, *GAJA* : coup de volant malencontreux donné par le chauffeur d'un véhicule administratif, ayant provoqué un accident au détriment d'un cycliste).

2 – Faute personnelle et voie de fait

Nous avons déjà eu l'occasion de préciser (*supra* ...) que la voie de fait s'analyse comme une grave irrégularité portant atteinte à la liberté individuelle ou entraînant l'extinction du droit de propriété, et a pour effet de dénaturer l'opération administrative en cause, qui est considérée comme un acte non administratif relevant de la compétence des juridictions judiciaires.

Une voie de fait ne constitue pas nécessairement une faute personnelle, notamment lorsque son auteur a commis une erreur juridique, certes grave, mais de bonne foi, ou en poursuivant ce qu'il pensait être un intérêt public, et sur cette base, le tribunal judiciaire saisi peut mettre l'agent hors de cause (TC 8 avril 1935, Action Française, *GAJA*).

N.B. – L'articulation entre ces deux notions (voie de fait et faute personnelle) n'est pas toujours évidente. Un tel problème a donné lieu à un arrêt du Tribunal des conflits intéressant la Polynésie française : le directeur du centre pénitencier de Nutania avait utilisé des détenus pour faire couper des arbres qui gênaient la vue depuis son logement privé. Un sérieux problème de compétence se posait ainsi notamment. Ont été ainsi commises en même temps une voie de fait et une faute personnelle. (TC 15 février 2010 Mme Tarahu c/ Haut commissaire de la République en Polynésie française, n° 3722, *AJDA* 2010, p. 372 et s).

— SECTION II –

LA RESPONSABILITÉ DE L'ADMINISTRATION PAR SUITE D'UNE FAUTE PERSONNELLE COMMISE PAR UN DE SES AGENTS

Nous savons que, depuis la décision Pelletier, l'agent public peut commettre deux types de fautes : une faute de service ou une faute personnelle. Anciennement, c'est-à-dire de 1873 jusqu'à 1911, ces types de fautes étaient exclusives l'une de l'autre, en ce sens que la victime ne disposait d'aucun choix. En effet, dès lors qu'elle avait subi un préjudice résultant :

- d'une faute personnelle : elle devait s'adresser au juge judiciaire ;
- et inversement d'une faute de service : elle ne pouvait que saisir le juge administratif.

Or, ce système posait parfois un problème pour les administrés victimes de fautes personnelles en raison de l'insolvabilité de certains agents publics. Aussi la jurisprudence est-elle venue progressivement admettre (par étapes : 1911, 1918, 1949), que les victimes de fautes personnelles pouvaient intenter leur action contre l'administration devant les juridictions administratives. Vis-à-vis de l'administré, la responsabilité de l'administration peut donc désormais se cumuler et se substituer à celle du fonctionnaire. En d'autres termes, l'administration garantit ainsi les administrés des fautes personnelles que commettent ses agents (mais nous verrons, [*infra* section III] que la personne publique dispose du droit de se retourner contre l'agent ; ce dernier supportera alors la charge finale de la réparation s'il est établi que le dommage a été causé par une faute personnelle).

§ 1 – Les conditions du cumul

Deux situations doivent être distinguées :

- Le cumul des fautes (A);
- Le cumul des responsabilités (B).

A – Le cumul de fautes

On est en présence d'un cas de cumul de fautes lorsque le dommage a été causé par deux fautes distinctes : une faute de service et une faute personnelle.

Tel était le cas dans l'affaire Anguet (CE 3 février 1911, *GAJA*).

M. Anguet se trouvait dans un bureau de poste pour y réaliser des opérations quelques minutes avant l'heure de fermeture des locaux au public. Pour sortir de ce bureau, il fut contraint de passer par une porte de service, sur les indications d'un employé car la porte principale était déjà fermée. Or en principe, les usagers n'ont pas à pénétrer dans la partie des bureaux réservés aux agents de l'administration (*interdit au public)*. Aussi, voyant passé M. Anguet, les agents du service l'expulsent brutalement, il en résulte une mauvaise chute et se retrouve dans la rue avec une jambe cassée.

Dans cette affaire, il y avait effectivement deux séries de fautes :

- d'une part, une faute personnelle des agents qui l'ont brutalisé ;
- d'autre part, une faute de service puisque la porte principale avait été fermée vraisemblablement avant l'heure normale et de toute manière, avant que l'intéressé ait achevé son opération (donc mauvais fonctionnement du service).

De telles situations sont fréquentes, comme l'illustre l'exemple suivant :

- Un accident a été provoqué par un chauffeur en état d'ébriété (faute personnelle) conduisant un véhicule administratif aux freins défectueux (faute de service) : CE ass 28 juillet 1951, Delville, *GAJA*.

Ce système de cumul de fautes est souvent utilisé lorsque la faute de service a permis à l'agent de commettre une faute personnelle. Ainsi, une faute personnelle a été commise, qui est directement à l'origine du dommage, mais elle n'a pu être produite que par suite d'une négligence du service (défaut de surveillance par exemple), que seule la commission de la faute personnelle révèle (la faute de service est révélée par la faute personnelle).

Exemple :

- Escapade d'agents publics à bord d'un véhicule administratif irrégulièrement emprunté (faute personnelle) mais qui n'a pu se faire que parce que ce véhicule était mal surveillé ; CE ass 28 juillet 1951, Laruelle, *GAJA* ; CAA Nancy 13 octobre 2005, ministre de la Défense, *AJDA* p. 216 :

« M. Grosier a, sans autorisation des autorités militaires, utilisé à des fins personnelles le véhicule dont il était le conducteur et pris à son bord des passagers civils ; qu'il a ainsi, en méconnaissant les consignes militaires, commis une faute personnelle ; que, toutefois, cette faute a été rendue possible par l'insuffisance des contrôles opérés dans la soirée du 27 février 1990 par la sentinelle de garde qui a laissé le véhicule sortir du camp sans avoir procédé aux formalités de contrôles élémentaires... ») .

Voir pour un exemple récent et ayant défrayé la chronique :

- CE 12 avril 2002, Papon, *GAJA*.

B – Le cumul de responsabilité

Dans cette hypothèse, le juge administratif a accepté de faire jouer le cumul de responsabilité à l'occasion d'évènements provoqués par une seule faute.

Mais deux cas doivent être distingués.

1 – La faute personnelle non détachable du service

On rencontre ce premier cas de figure lorsque la faute personnelle est commise dans le service ou à l'occasion de l'exercice du service, et avec les moyens que ce dernier met à la disposition des agents. Ainsi, la faute est personnelle mais n'a pu être accomplie (n'a été rendue possible) qu'en raison desdits moyens mis à la disposition de l'agent.

Dans cette hypothèse, le dommage est provoqué par une faute unique qui présente la double qualité de faute de service et de faute personnelle (la faute s'analyse sous les deux aspects).

Cette solution a été dégagée par la jurisprudence Époux Lemonnier (CE du 26 juillet 1918, *GAJA*).

Une petite commune organise un concours de tir à l'occasion de sa fête foraine annuelle. Or, le maire, responsable de la sécurité des passants en tant qu'autorité de police administrative, n'a pas pris les précautions suffisantes, et un accident survient : une personne (madame Lemonnier) est gravement blessée par une balle perdue.

Il y avait donc incontestablement une faute de la part du maire, mais encore fallait-il se prononcer sur la qualification de cette faute : faute personnelle ou faute de service ? Le commissaire du gouvernement Léon Blum développa à cette occasion l'argumentation suivante : certes, la faute commise par le maire est suffisamment grave pour être qualifiée de faute personnelle, toutefois, cette faute a été commise dans le service et à l'occasion de l'exercice de ce service, ce dernier était donc indissociable de la faute. En d'autres termes, la faute était sans doute détachable du service, mais le service n'était pas détachable de la faute.

Ainsi, la coexistence d'une faute personnelle et d'une faute de service pour un même fait (double qualité donc) a permis au Conseil d'État de se prononcer pour le cumul de responsabilité.

2 – La faute personnelle détachable du service mais non dépourvue de tout lien avec le service

Dans cette dernière étape, le juge administratif décida de faire jouer la règle du cumul de responsabilité à l'occasion d'une faute personnelle commise en dehors du service voire même *en dehors* de l'exercice du service (et donc pour des fins personnelles) à condition qu'elle ne soit pas dépourvue de tout lien avec le service.

N.B. – La faute n'est pas dépourvue de tout lien avec le service mais elle n'est pas une faute de service, c'est uniquement une faute personnelle : aucune faute de service n'a été commise, le fait unique ne constitue plus, ici, à la fois une faute de service et une faute personnelle.

Exemple :

- Solution dégagée par le Conseil d'État (CE ass. 18 novembre 1949, demoiselle Mimeur) :

Un conducteur de l'administration qui venait d'effectuer une livraison d'essence, s'est écarté de son itinéraire normal sur le chemin du retour afin de rendre visite à sa famille. C'est à l'occasion de ce détour d'itinéraire qu'il commet une faute de conduite, renversant et blessant la demoiselle Mimeur. Logiquement, il s'agit d'une faute personnelle puisque le conducteur est volontairement sorti de son itinéraire de retour, donc du cadre de sa mission.

Néanmoins, le Conseil d'État décida d'engager la responsabilité de l'administration car l'accident s'était produit avec un véhicule fourni par le service, pour l'exécution d'une mission. Autrement dit, la faute n'était pas dépourvue de tout lien avec le service, ce qui justifiait la mise en œuvre du cumul des deux responsabilités.

L'important à saisir est que l'arrêt dissocie la notion de «lien avec le service » (nécessaire à l'engagement de la responsabilité de l'administration) de l'existence d'une quelconque faute de service.

Exemples :

- CE 2 mars 2007 - Société Banque française commerciale de l'ouest africain : le maire signe de faux certificats administratifs établissant la réalisation de travaux de voirie. Lorsque la banque demande le paiement, la commune refuse le paiement car les travaux n'ont pas été effectués. Il s'agit, dit le Conseil d'État, d'une faute qui est détachable du service en raison de sa gravité mais elle n'est pas dépourvue de tout lien avec le service et par conséquent la banque peut rechercher la responsabilité de la commune pour obtenir réparation du préjudice subi du fait de cette faute. Mais si l'administration doit assumer les conséquences de cette faute personnelle, elle pourra toutefois engager une action récursoire contre son agent (*infra*).

- Au cours d'une opération de police administrative, un sous-brigadier de la police de l'air et des frontières règle la circulation automobile aux abords de l'aéroport. Il arrête une personne pour la contrôler puis sort son arme, la pointe sur le conducteur et enfin fait feu : la faute est personnelle et détachable du service, et donc, le policier est responsable à titre personnel. Mais cette circonstance n'est pas de nature à exclure la compétence du juge administratif pour connaître d'une action de la victime tendant à la condamnation de l'État. En effet, cette faute est commise

« à l'occasion de l'exercice des fonctions de police administrative, avec l'arme du service et donc elle n'est pas dépourvue de tout lien avec le service » (TC 21 juin 2004, Quitman c/ ministre de l'Intérieur).

Pour faire jouer ce nouveau type de cumul de responsabilité, le juge exige un minimum de continuité dans le temps et dans l'espace entre l'accomplissement proprement dit du service et les circonstances dans lesquelles la faute personnelle a été commise.

Ainsi, ce minimum de continuité était constitué dans l'affaire Bernard (CE 1er oct. 1954).

Un gardien de la paix, chargé de veiller au maintien de l'ordre dans un bal populaire sort son révolver et blesse une personne au cours d'une altercation avec un consommateur dans un débit de boissons. Manifestement, la faute commise par ce gardien de la paix s'est déroulée en dehors du service puisqu'il est dans un bar et non à son poste au moment de l'accident.

Néanmoins, le Conseil d'État décida de faire jouer le cumul de responsabilité, car il estima que si l'agent n'avait pas été désigné comme surveillant dans ce bal populaire, il n'aurait pas eu l'occasion de se rendre dans ce débit de boissons et que donc, dans ces conditions, il était possible d'admettre que la faute ne soit pas dépourvue de tout lien avec le service.

Selon la jurisprudence actuelle, la seule circonstance que le service ait fourni l'occasion ou le moyen de commettre la faute personnelle ne suffit pas à faire jouer le cumul de responsabilité. Cependant, le Conseil d'État a admis le cumul de responsabilité à propos d'un dommage causé par un gardien de la paix en dehors de son service avec l'arme que son statut autorise à conserver en permanence (CE ass 26 octobre 1973, Sadoudi, cf. aussi : CE 23 décembre 1987, Bachelier).

Mais il faut bien noter que dans ces précédentes affaires, il y a cumul, car un certain nombre de conditions sont réunies :

- d'une part, les règles particulières de fonctionnement du service font que les agents peuvent conserver leur arme à leur domicile ;
- d'autre part, l'instrument fourni par le service présente un caractère dangereux (arme à feu : et on sait que si l'arme est utilisée dans le service, elle entraîne la responsabilité de l'administration sans faute, sur la base du risque ; ce qui n'est pas le cas lorsque l'arme est utilisée en dehors de l'activité du service) ;
- enfin, le caractère purement accidentel des faits imputés à l'agent, ce qui exclut les fautes trahissant manifestement l'intention délictuelle de leur auteur (exemple : CE 12 mars 1975, Pothier : policier qui avec son arme tue sa maîtresse et l'amant de cette dernière ; cf aussi CE 23 juin 1954, Dame veuve Litzler : un douanier tue avec son arme de service un rival).

En définitive, seules les fautes personnelles commises par les agents comme n'importe quel citoyen, pendant leur congé par exemple, n'entraînent pas de cumul de responsabilité.

§ 2 – Les conséquences du cumul

Il est indispensable de distinguer ici la situation de la victime de celle de l'agent dans ses rapports avec l'administration.

L'avantage essentiel du cumul (qu'il y ait une seule faute ou deux fautes comme dans la jurisprudence Anguet) est de permettre à la victime d'actionner à sa guise le fonctionnaire devant le juge judiciaire (sur la base du droit privé, art 1382 Code civil) ou l'administration devant le juge administratif (sur la base du droit public). Il va de soi que pour des raisons de solvabilité, la victime a tout intérêt à poursuivre l'administration devant le juge administratif.

Exemple :

- Cour cass., Chambre criminelle 10 février 2009 : l'agent a commis une faute grave (brutalité) au cours de l'exécution du service. Il s'agit d'une faute personnelle mais la victime peut poursuivre soit l'administration à raison du cumul de responsabilité (car la faute n'est pas dépourvue de tout lien avec le service), soit l'agent à raison de sa faute personne.

Quelle que soit la solution choisie par la victime, elle pourra réclamer à l'une comme à l'autre l'intégralité du préjudice. Il va de soi cependant que la victime ne peut pas cumuler les réparations.

C'est pourquoi, lorsque les deux ordres de juridictions peuvent être saisis et sont compétents, le Tribunal des conflits (TC 19 mai 2014, Berthet c/ Filippi, n° 3939) précise :

« Considérant que, eu égard à sa gravité et aux objectifs purement personnels poursuivis par son auteur, la faute commise par le maire de la commune de Ventabren doit être regardée comme une faute personnelle détachable du service ; que la juridiction judiciaire, saisie d'une action civile exercée accessoirement à l'action publique, est dès lors compétente pour connaître de la demande d'indemnisation présentée par Mme B...contre M.D... ;

Considérant, toutefois, que la faute du maire de Ventabren, commise à l'occasion de l'exercice de ses fonctions, n'est pas, alors même qu'elle a fait l'objet d'une condamnation par le juge pénal, dépourvue de tout lien avec le service ; que Mme B...ne saurait dès lors être privée de la possibilité de poursuivre, devant la juridiction administrative, la responsabilité de la commune ;

Considérant qu'il appartiendra seulement à la juridiction judiciaire et à la juridiction administrative, si elles estiment devoir allouer une indemnité à Mme B...en réparation du préjudice dont elle se prévaut, de veiller à ce que l'intéressée n'obtienne pas une réparation supérieure à la valeur du préjudice subi du fait de la faute commise ».

Une fois la condamnation prononcée par le juge, se pose un nouveau problème : celui des rapports entre le débiteur des dommages-intérêts et la partie qui n'a pas été condamnée ; autrement dit, le problème des rapports entre l'agent et son administration.

En effet après que la victime ait obtenu réparation, il faut trancher la question du règlement définitif. À cet égard, la règle veut que celui qui a été condamné à payer l'intégralité des dommages-intérêts puisse intenter une action récursoire contre celui qui a été épargné par le requérant.

– SECTION III –

LES ACTIONS RÉCURSOIRES

La jurisprudence du cumul de responsabilité fausse le principe posé par la décision Pelletier (TC 30 juillet 1873) selon lequel l'administration n'est responsable qu'en cas de faute de service, l'agent étant tenu de réparer les conséquences de ses fautes personnelles. Aussi, sont aménagées des actions récursoires permettant de répartir définitivement la charge de la réparation.

§ 1 – Le mécanisme de l'action récursoire

Cette action est généralement exercée par l'administration qui a indemnisé la victime contre son agent auteur de la faute personnelle ; la procédure inverse (c'est l'agent qui va l'exercer en se retournant contre l'administration) peut – exceptionnellement – se produire, si la victime a préféré poursuivre l'agent devant le juge judiciaire et qu'une double faute – personnelle et de service – par exemple a été commise.

A – Le recours de l'administration contre son agent

1 – Le principe de l'action récursoire

Le principe de ce recours a été rejeté pendant longtemps. Le juge estimait en effet que l'administration ne pouvait mettre en cause la responsabilité pécuniaire de son agent, même si elle avait été amenée à indemniser une victime de la faute personnelle commise par ce dernier.

Ce n'est qu'en 1951 que le Conseil d'État opéra un revirement de jurisprudence (CE ass 28 juillet 1951, Laruelle, *GAJA*) : par cet arrêt, est admis le principe selon lequel la collectivité publique est fondée à mettre en cause la responsabilité pécuniaire de son agent auteur d'une faute personnelle que celle-ci a dû indemniser.

2 – Le fondement de l'action récursoire

Cette action n'existe que lorsque l'agent en cause a commis une faute qualifiée de faute personnelle ; elle est exclue si la faute a le caractère d'une faute de service : la commission de cette faute personnelle est donc le fondement de l'action récursoire.

Celle-ci relève du droit administratif (d'autant qu'elle prend en compte le type particulier de relations qui peut exister à l'intérieur du service, entre l'administration et ses agents : lien hiérarchique : TC 26 mai 1954, Moritz).

3 – La procédure de l'action récursoire

Il faut noter en premier lieu que cette action est à l'initiative de la collectivité publique qui peut librement décider de demander à son agent réparation. Or à ce sujet, on remarque que l'administration ne se retourne pas systématiquement contre ses agents : plus celui-ci est haut placé dans la hiérarchie et dispose d'appui, plus il a de chance de ne pas se voir réclamer les sommes qu'il devrait pourtant reverser ; au contraire, plus l'agent est au bas de la hiérarchie, moins il a de chance d'échapper à cette action récursoire (situation critiquée par le commissaire du gouvernement Khan concl. sur CE 22 mars 1957, Jeannier).

Cette action peut s'exercer selon plusieurs modalités :

- elle peut être exercée par l'administration qui a été condamnée à indemniser la victime, ou qui a indemnisé spontanément la victime, estimant sa responsabilité engagée, sans attendre l'intervention d'un jugement. Cette action est alors intentée devant le juge administratif;
- mais plus généralement, la collectivité publique utilisera les prérogatives dont elle dispose qui consistent à constituer débiteur l'agent, par décision unilatérale, en lui adressant un état exécutoire ou un ordre de reversement. C'est à l'agent contestant le bien-fondé de cette décision, que revient alors l'initiative de saisir le juge administratif.

B – Le recours de l'agent contre l'administration

Cette action récursoire peut se produire dans deux hypothèses :

- d'abord, dans le cas où l'agent a été condamné à réparer les conséquences d'une faute qui en réalité, est une faute de service. Il y a eu une erreur qui a été commise par le tribunal et le préfet n'a pas élevé le conflit (art. 11 § 2 de la loi du 13 juillet 1983, *supra.* section I, § 2, A);
- ensuite, dans l'hypothèse d'un cumul de fautes (CE ass 28 juillet 1951 Delville, *GAJA*). Cas où la victime s'adresse directement à l'agent et non pas à l'administration alors qu'il y a deux fautes distinctes : une faute de service et une faute personnelle. Dans ce cas l'agent est tenu d'indemniser pour le tout, quitte à se retourner contre la collectivité publique pour la part de la réparation correspondant à la faute de service.

Cette action récursoire est portée devant le juge administratif.

§ 2 – Les modalités du partage de la charge de la réparation

Le partage de la charge de la réparation s'effectue normalement entre l'administration et l'agent auteur de la faute. Il faut néanmoins distinguer le cas où plusieurs agents sont à l'origine du dommage. Dans tous les cas, ce partage s'opère selon les règles du droit administratif.

A – Le partage entre l'administration et son agent

Ce partage s'opère sur la base des fautes commises, imputables respectivement à la collectivité publique (faute de service) et l'agent (faute personnelle).

Si le dommage est dû uniquement à une faute personnelle, l'agent doit être condamné à rembourser à l'administration la totalité de l'indemnité versée à la victime (il peut toutefois contester le montant de cette indemnité, s'il l'estime trop élevé, ou remettre en cause le principe même de la responsabilité vis-à-vis de la victime au cas où l'administration aurait réparé spontanément).

S'il y a cumul de fautes, la charge est partagée. Le partage s'effectue selon la gravité respective des fautes commises, plutôt que selon le lien de causalité entre ces fautes et le dommage (on voit réapparaître les relations de type disciplinaire qui unissent la collectivité publique et ses agents).

B – Le partage entre co-auteurs du dommage

Le dommage peut résulter de l'action conjuguée de plusieurs agents, tous auteurs de fautes personnelles.

Exemple classique :

- L'équipée ou la virée de plusieurs agents à bord d'un véhicule emprunté à l'administration et se terminant par un accident.

Certaines règles particulières s'appliquent.

L'administration est fondée à réclamer réparation à chacun de ses agents. Mais ceux-ci ne sont pas tenus à une responsabilité solidaire (pas de condamnation *in solidum*).

Le partage s'effectue selon la gravité respective des fautes commises et non selon le lien de causalité de ces fautes et du dommage subi par la victime. Ainsi, dans l'exemple précédent, tous les membres de « l'équipée » sont responsables, et non, seulement le chauffeur, pourtant seul responsable civilement vis à vis de la victime.

L'appréciation de ces fautes s'effectue en tenant compte des règles du service (exemple, le gradé peut être davantage sanctionné).

– SIXIÈME PARTIE –

LE CONTRÔLE JURIDICTIONNEL DE L'ADMINISTRATION

Dans le cadre de son activité, il peut arriver que l'administration occasionne des dommages aux particuliers, ou encore ne respecte pas la légalité.

Lorsque tel est le cas, il semble indispensable de prévoir une sanction à l'encontre de l'administration (en cas de dommage, nous avons vu que la sanction était la réparation du préjudicie par l'octroi de dommages et intérêts, *supra*. 5e partie).

Il faut donc :

- Dans un premier temps, que soit aménagée la possibilité de « recours » (chapitre Ier).
- Puis, dans un second temps, envisager la nature de ces recours : les illégalités commises par l'administration sont sanctionnées par les recours en annulation : le recours pour excès de pouvoir (chapitre II).

N.B. – Ne seront pas étudié dans cette sixième partie, tous les recours contentieux ni l'ensemble des règles de la procédure administrative juridictionnelle (voir le cours de Droit juridictionnel public).

– CHAPITRE I –

LE REGIME JURIDIQUE DES RECOURS CONTENTIEUX

La section I s'attachera à la distinction entre les recours administratifs des recours contentieux ; puis seront présentés les différents recours contentieux (section II).

– SECTION I –

RECOURS ADMINISTRATIF ET RECOURS CONTENTIEUX

Le particulier qui a un différend avec l'administration, soit parce qu'il conteste une décision prise par celle-ci, soit plus généralement parce qu'il est en désaccord sur un point de droit, dispose de deux voies de recours :

- le recours administratif,
- et le recours contentieux.

Nous constaterons que ces deux types de recours sont distincts, mais que des relations entre eux ont été aménagées.

§ 1 – La distinction des deux types de recours

Après avoir défini ces deux types de recours (A), nous nous attacherons à voir ce qui les différencie : les recours administratifs se distinguent en effet des recours contentieux par leur procédure (B) et la portée des décisions auxquelles ils aboutissent (C).

A – Définition

1 – Les recours administratifs

Les recours administratifs sont des recours portés devant une autorité administrative et aboutissent à une décision administrative (revêtue de l'autorité de la chose décidée).

Il existe deux types de recours administratifs :

- le recours gracieux (parfois appelé *recours à l'autorité la mieux informée*) : ce recours est porté devant l'autorité même qui a pris la décision contestée ;
- le recours hiérarchique : porté devant l'autorité supérieure à la celle auteur de la décision contestée, et qui dispose, en vertu du pouvoir hiérarchique, des moyens de résoudre le litige. Il arrive que ce recours ne puisse pas être actionné, faute pour l'autorité administrative d'être soumise à un supérieur hiérarchique.

Exemple :

- Recours gracieux contre la décision d'un maire, lorsqu'il agit comme autorité décentralisée pour le compte de la commune.

En revanche, il est possible de faire un recours hiérarchique devant le préfet ou, en Polynésie par exemple, devant le haut-commissaire de la République, contre un acte pris par un maire agissant comme autorité de l'État (dans le cadre du dédoublement fonctionnel).

2 – Les recours contentieux

Ces recours sont portés devant une autorité juridictionnelle (TA, CAA, CE) et tendent à aboutir à une décision de caractère juridictionnelle, c'est-à-dire un jugement (ou arrêt) bénéficiant de l'autorité de la chose jugée.

B – Procédure

D'une manière générale, le recours administratif est exercé selon une procédure plus simple que celle du recours contentieux.

En effet, ce recours est moins formaliste ; le plus souvent (il n'est même prévu par aucun texte mais il n'en existe pas moins de droit), et il n'est soumis à aucune règle particulière de forme, de procédure ou de délai ; sur ce dernier point, il n'y a pas de forclusion, mais nous verrons ci-dessous que le recours administratif doit être formé dans un certain délai si le requérant veut se réserver la possibilité de former ensuite un recours contentieux.

Lorsqu'un texte prévoit un recours administratif, des conditions sont parfois posées, notamment quant à l'autorité destinataire et au délai.

À l'inverse, le recours contentieux est soumis à une procédure très stricte.

Ainsi :

- il existe une différence quant aux moyens (*ie.* les « arguments ») pouvant être développés à l'appui d'un recours :
  - le recours administratif peut être appuyé sur tous moyens, d'ordre juridique mais aussi d'opportunité, d'équité (et même d'humanité) ;
  - au contraire, seuls des moyens de droit, *ie.* ayant une portée juridique, peuvent étayer un recours contentieux.
- il existe aussi une différence en matière d'instruction :
  - dans le recours administratif, l'instruction n'est pas contradictoire ;
  - au contraire, la marque de la procédure contentieuse est qu'elle est nécessairement contradictoire (règle fondamentale de procédure, *supra*).

C – Portée

L'issue de chacun de ces types de recours est également très différente.

- Le recours administratif est en effet une demande tendant à inciter une autorité à exercer à nouveau sa compétence administrative. Il en résulte que cette autorité dispose, à l'égard de ce recours, de ses pouvoirs généraux :
  - elle est libre de donner ou non suite à ce recours (sauf si un texte, ou les principes généraux l'obligent à prendre une décision ; exemple : le retrait d'une décision illégale est obligatoire) ;
  - elle peut examiner ou non les moyens invoqués, et prendre la décision qu'elle estime souhaitable en droit ou en opportunité (dans le respect de la légalité, bien entendu).

  De plus, l'acte pris par l'autorité administrative ne peut être qu'un acte administratif c'est-à-dire « contestable » (et n'ayant pas la même autorité qu'une décision juridictionnelle).
- Il en va différemment sur tous ces points avec le recours juridictionnel :
  - le juge saisi est tenu de statuer (sinon il y a déni de justice punissable) et de statuer en droit, en examinant tous les moyens invoqués (dans le cadre d'une décision juridictionnelle de rejet ; en revanche, si le juge accueille un « moyen », il n'examine pas les autres moyens soulevés selon la technique de « l'économie de moyens ») ;
  - quant à la décision prise : il s'agit d'un acte juridictionnel bénéficiant de l'autorité de la chose jugée (sous réserve évidemment des éventuelles voies de recours).

§ 2 – Les relations entre recours administratifs et recours contentieux

Si ces deux types de recours sont indépendants (A), il n'en demeure pas moins que parfois, le recours administratif est un préalable nécessaire (B).

A – L'indépendance des deux recours

Ces deux types de recours sont en principe indépendants (sauf textes contraires). Il en résulte trois conséquences :

1. Le requérant a la possibilité d'exercer le recours de son choix ;
2. Le requérant a toujours la possibilité de cumuler les deux recours, s'il le souhaite.

Ces deux voies peuvent être engagées simultanément ou successivement. Dans ce dernier cas, on considère le recours administratif comme *un préliminaire de conciliation* (selon Jean Rivero, cf. son manuel) et de plus, il proroge les délais du recours contentieux (sous réserve qu'il soit formé à une période où ce dernier était encore recevable, et dans ce cas, le point de départ du délai du recours contentieux est reporté à l'issue du recours administratif).

Exemple :

- Notification d'une décision administrative à M. X... le 2 mars (délai contentieux pour contester cet acte : deux mois). Mais M. X... fait d'abord un recours administratif : le 25 avril ; l'administration répond négativement à ce recours le 8 juin. À compter de cette date, M. X... a encore deux mois pour contester devant le juge administratif cette décision.

3. Enfin, les deux recours n'ont pas d'effet l'un sur l'autre : la formation d'un recours ne porte pas atteinte aux pouvoirs détenus par l'autorité saisie d'un recours de l'autre type (ainsi l'autorité administrative peut statuer librement même si un juge est également saisi et inversement).

De plus, l'issue de l'un des deux recours est sans effet automatique sur l'issue de l'autre recours.

Exemple :

- Une décision rendue sur recours administratif n'a aucune influence sur le juge (sauf bien entendu si cette décision fait disparaître l'acte attaqué : il y a alors non-lieu à statuer pour le juge).

Idem dans la situation inverse : le juge se prononce d'abord et par exemple rejette le recours ; l'autorité administrative peut accorder par décision administrative rendue à la suite d'un recours administratif, ce qu'avait sollicité le requérant (pour des raisons d'opportunité par exemple). Il faut cependant que l'administration respecte l'autorité de la chose jugée.

B – Le recours administratif est parfois un préalable nécessaire

Parfois en effet, un recours administratif doit obligatoirement précéder le recours contentieux ; cela peut résulter du jeu de deux règles :

- l'une est la règle dite de la décision préalable ;
- l'autre est la règle du recours administratif préalable obligatoire.

1 – La règle de la décision préalable

En cas de désaccord, de différend (de litige) entre une personne et une « l'administration », et dans l'hypothèse où aucune solution ne peut être trouvée, c'est le juge administratif (pour autant qu'il soit compétent, *supra*) qui est appelé à trancher le litige. Mais le juge ne peut être saisi d'un litige informe ou évolutif : le litige doit nécessairement prendre naissance dans une « décision », sauf quelques exceptions.

a) Le principe de la règle de la décision préalable

Un particulier ne peut pas saisir directement le juge administratif, il doit au préalable porter le différend devant l'administration compétente. Et ce n'est qu'au cas où celle-ci prend une décision de rejet de sa demande, qu'il peut saisir le juge administratif (en respectant un délai de deux mois à compter de cette décision).

L'origine de cette règle remonte à la vieille théorie dite du « ministre-juge » (*supra* : CE 13 déc 1889, Cadot, *GAJA*).

Le juge ne peut ainsi se prononcer, en matière administrative, que par rapport à une décision administrative : l'administration doit donc avoir exprimé sa volonté sur la question en jeu avant que le juge n'intervienne ; tout procès devant la juridiction administrative, en effet, peut se définir comme une demande dirigée contre une décision de l'administration manifestant le refus opposé par celle-ci aux prétentions du requérant. S'il n'y a pas une telle décision, un recours administratif doit être formé afin de l'obtenir (afin dit-on de lier le contentieux). Notons que si l'administration répond favorablement à la demande du particulier, en acceptant par exemple de lui verser l'indemnité qu'il demande, il n'y a bien évidemment pas de contentieux et il devient alors inutile de saisir le juge.

Cette règle a été maintenue en raison des avantages évidents qu'elle génère ; elle permet en effet, parfois, d'apporter une solution au « différend » existant entre l'administration et un usager et ainsi on évite d'encombrer le prétoire. De plus, si le juge est saisi, la décision préalable permet de fixer clairement le cadre du litige : l'administration a pris position et le recours est dirigé contre cette prise de position. Le litige est ainsi délimité.

Le principe est donc que la juridiction administrative ne peut être saisie que par voie de recours formée contre une décision, précise l'article R 421-1 al. 1er du CJA, que l'on soit dans le contentieux de l'annulation ou dans le plein contentieux. Il faut en effet, selon l'expression de Hauriou, « lier » le contentieux.

Mais la règle de la décision préalable s'applique différemment selon les catégories de contentieux.

En matière d'excès de pouvoir, la règle de la décision préalable ne pose guère de difficulté dans la mesure où la requête est nécessairement introduite à l'encontre d'une décision administrative, expresse ou implicite, et le délai au terme duquel une décision implicite est acquise est de deux mois (*Supra* 4e partie, chap.1er).

Dans le plein contentieux, la procédure qui consiste à provoquer la décision préalable est illustrée par l'exemple suivant : un particulier estimant avoir subi un préjudice de X Fcfp doit solliciter auprès de l'administration le versement de cette somme. Le refus explicite ou implicite de l'administration constitue la décision préalable.

b) Les exceptions à la règle de la décision préalable

Les exceptions résident dans une dispense de décision préalable.

- La principale exception à la règle de la décision préalable concernait le contentieux des travaux publics, en matière de dommages de travaux publics, comme par exemple dans le contentieux contractuel[86] (art R 421-1 CJA). Mais voilà que le décret n° 2016-1480 du 2 novembre 2016 a supprimé cette exception séculaire… Désormais, il faut provoquer une décision préalable dans le contentieux des travaux publics pour pouvoir lier le contentieux.
- En second lieu, la dispense de décision préalable est de mise pour le contentieux électoral régi par le code électoral. Cette exception est logique : aucune autorité administrative n'est en effet légitime pour pouvoir prétendre contrôler des opérations électorales. Dès lors, on considère que les résultats des élections (proclamation) constituent l'acte attaquable.

N.B. – L'exception ne s'applique pas pour les élections professionnelles ou administratives où la décision préalable est requise.

Exemple :

– Les élections pour désigner les personnes qui siègeront dans les différents conseils à l'université.

- En troisième lieu, l'exception à la règle de la décision préalable s'applique pour le référé-conservatoire, le référé-constat, le référé-instruction et le référé-liberté.
- En quatrième lieu, l'exception joue pour les recours formés contre les contrats (recours « Tropic » ; recours « Béziers 1 »).
- En dernier lieu, quand une autorité administrative agit devant le juge administratif à l'encontre de personnes privées, elle est alors

86. Cette exception jouait même lorsque le requérant s'adressait au juge, alors qu'il avait préalablement saisi l'administration d'une décision qu'il attaquait postérieurement au délai de recours contentieux (CE sect. 26 mars 1976, Colboc, REC, p. 184).

dispensée du respect de la règle de la décision préalable. L'exception ne s'applique pas lorsqu'elle agit contre une autre personne publique.

2 – Le recours administratif préalable obligatoire

Il est toujours possible pour le requérant (mais c'est une simple faculté), de faire un recours administratif de droit commun lorsqu'il dispose d'une décision préalable, et ce, avant de saisir le juge (ou en même temps, *supra*), : *ie*. recours gracieux (devant l'auteur de la décision administrative) ou hiérarchique (devant le supérieur hiérarchique de l'auteur de la décision, si tant est qu'il en existe un).

Cela permet éventuellement à l'autorité administrative de reconsidérer la décision initiale et donc d'éviter peut-être un procès.

Avec le « recours administratif préalable obligatoire » (le RAPO), la procédure est différente. Ce recours permet aussi éventuellement d'aboutir à un procès, mais il sert aussi de filtre ayant pour effet de limiter le recours au procès.

L'institution du recours administratif préalable obligatoire présente ainsi trois qualités ou propriétés, destinées à lui conférer l'efficacité.

1. Tout d'abord, si le juge est saisi sans que ce recours obligatoire n'ait été respecté, le juge doit systématiquement déclarer la requête irrecevable, sans possibilité de régularisation.

Cependant, l'irrecevabilité tenant à l'absence de recours préalable n'est pas encourue si la notification de la décision initiale ne mentionne pas l'existence et le délai de recours préalable (on notera qu'il n'est pas nécessaire à l'administration de mentionner le caractère obligatoire de ce recours).

Par ailleurs, l'effet du filtrage ne concerne pas les moyens : il est toujours possible d'invoquer devant le juge des moyens non invoqués au stade du recours préalable.

2. Ensuite, ce recours à un effet substitutif. La décision prise sur recours administratif préalable obligatoire se substitue totalement à la décision initiale, qu'elle soit explicite ou implicite. Le recours contentieux doit donc être formé contre cette décision et non contre la décision initiale.
3. Enfin, la troisième propriété consiste en le report de l'effet générateur des droits acquis à la date de la décision prise sur recours administratif préalable obligatoire, si ce recours est exercé. Aussi, l'autorité saisie du recours obligatoire doit tenir compte des changements de droit et de fait éventuellement survenus depuis la décision initiale.

Reste à préciser quel est le champ d'application de ces recours administratifs préalables obligatoires.

Ce type de recours est obligatoire dans les domaines suivants :

- En matière de contentieux fiscal : règle de la réclamation préalable obligatoire, en ce qui concerne le contentieux de l'assiette de l'impôt comme celui de son recouvrement ;
- En matière de remembrement : le préalable obligatoire à la saisine du juge est la saisine de la commission départementale d'aménagement foncier
- En matière de contentieux de la fonction publique : l'article 23 de la loi du 30 juin 2000 a prévu que les recours contentieux des fonctionnaires civils et militaires à l'encontre des actes relatifs à leur situation personnelle (à l'exception du recrutement et de la discipline) doivent être précédés d'un recours administratif préalable obligatoire. Cependant, cela n'est valable que pour les militaires, car les décrets d'application concernant les fonctionnaires civils n'ont jamais vu le jour.

Observations complémentaires à propos d'un recours juridictionnel exercé après un recours administratif

Quelle est la décision contestée : la décision initiale ou la décision rendue sur le recours (qui, dans ce cas, se substituerait à la décision initiale que l'on a contestée) ?

- Lorsque la décision prise sur recours administratif est différente de la décision initiale, elle s'y substitue. Dans ce cas, c'est cette dernière décision qui devra être attaquée ;
- Lorsque la décision prise sur recours administratif confirme la décision initiale (*ie* qu'elle rejette le recours), se présentent alors deux cas :

- il n'y a pas substitution si le recours préalable était facultatif : le requérant doit en conséquence agir contre les deux décisions ;
- il y a au contraire substitution (et obligation de contester la seule décision prise sur le recours) si le recours était obligatoire.

– SECTION II –

LES DIFFÉRENTS RECOURS CONTENTIEUX

Le juge administratif peut être saisi de recours très divers : un recours en annulation contre un décret réglementaire ou un arrêté municipal, une demande d'indemnité formulée par la victime d'un accident imputable à l'administration, une demande de décharge d'impôt, un recours en matière électorale : tous ces recours constituent des recours contentieux.

Il existe plusieurs sortes de recours contentieux selon la nature des problèmes posés par le litige en cause. Il a donc fallu procéder à un classement de ces différentes sortes de recours, pour des raisons scientifiques (analyse différente), pédagogiques et pratiques.

Comme toutes les classifications, celle relative aux recours contentieux fait l'objet de controverses doctrinales. La doctrine dominante classe les recours devant les juridictions administratives en fonction des pouvoirs que le juge peut exercer : il s'agit de la classification proposée par Édouard Laferrière au XIXe siècle : *Traité de la juridiction administrative et des recours contentieux : LGDJ, 1887, t. 1, réimpr. 1989.*

Cette classification demeure la plus fidèle présentation du droit positif, malgré d'une part, les tentatives doctrinales de classification fondée sur l'objet du recours (contentieux objectif ou subjectif, *L. Duguit, Traité de droit constitutionnel : E. de Boccard, 1928. – M. Waline, Vers un reclassement des recours du contentieux administratif ? : RDP1935, p. 205*), et d'autre part, l'évolution du contentieux administratif qui tend à rapprocher deux catégories de recours – les recours en annulation et ceux de plein contentieux –, ce qui aura pour conséquence de devoir envisager une nouvelle classification.

Édouard Laferrière avait ainsi dégagé quatre branches du contentieux administratif, selon que le juge exerçait des pouvoirs :

- d'annulation : recours pour excès de pouvoir ;
- de condamnation ou de réformation : recours de plein contentieux ;
- de déclaration : de la validité ou de l'interprétation d'un acte ;
- ou de répression : des atteintes portées au domaine public - contraventions de grande voirie.

Cette classification demeure aujourd'hui en grande partie valable, mais certains auteurs proposent de classer « les recours en déclaration » pour les uns, dans la branche de l'excès de pouvoir (pour l'appréciation de la légalité et la déclaration d'inexistence), et pour les autres, dans le plein contentieux (pour le recours en interprétation).

La quasi-totalité des recours contentieux administratifs se répartissent donc entre les deux branches que sont les recours de plein contentieux et l'excès de pouvoir. La distinction entre ces deux branches n'est pas seulement théorique. Le classement d'un recours dans l'une ou l'autre branche emporte des effets importants tant en ce qui concerne les règles de recevabilité applicables que les pouvoirs du juge.

Étant donné que cette classification est la plus usitée, c'est celle que nous retiendrons.

> **N.B.** – En raison de l'évolution récente du contentieux, notamment en matière contractuelle, il apparaît que la classification des recours présentée par la doctrine ne reflète plus l'état du droit. Actuellement d'ailleurs, aucune classification n'est réellement admise : toutes sont critiquées. Les auteurs se contentent ainsi d'un inventaire des recours : voir l'étude d'Hélène Lepetit-Collin et Alix Perrin, *La distinction des recours contentieux en matière administrative. Nouvelles perspectives, RFDA* 2011, p. 813-828 ; voir aussi Didier Truchet, *Office du juge et distinction des contentieux : renoncer aux « branches, RFDA* 2015, p. 657

Dans un « souci informatif », nous présenterons la classification la plus traditionnelle qui est encore celle de nombreux auteurs, même si cette classification ne reflète plus la réalité. On remarque dans cette classification traditionnelle que les recours contentieux peuvent être classés en quatre catégories dont les deux premières sont de loin les plus importantes.

§ 1 – Le contentieux de l'annulation

A – Définition

Ce contentieux est souvent défini comme étant (selon l'expression d'Édouard Laferrière) un procès fait à un acte pour violation de la légalité. Son objet est en effet de vérifier si l'acte en cause est conforme au droit, et, dans la négative, de prononcer la disparition de l'acte illégal.

Il en résulte que les seuls moyens pouvant être utilisés à l'appui du recours sont des moyens de droit, tendant à démontrer la violation de la légalité, et les pouvoirs du juge saisi se limitent à constater la violation éventuelle de l'acte et à en tirer les conséquences, en prononçant soit l'annulation de l'acte déféré (totalement ou partiellement), soit le rejet du recours. Mais le juge ne peut ni modifier l'acte en cause, ni substituer à l'acte une décision conforme au droit, ni condamner à des dommages et intérêts.

Cependant, depuis la loi du 8 février 1995, le juge peut adresser des injonctions à l'administration (sous astreinte), pour que celle-ci prenne l'acte qu'appelle la décision d'annulation.

Par ailleurs, la conception du rôle du juge de l'excès de pouvoirs a évolué. En effet, par de nouvelles techniques contentieuses (*infra.* chapitre. II : substitution de motifs), le juge administratif accepte désormais de substituer son appréciation à celle de l'administration (CE sect. 6 février 2004, Mme Hallal).

B – Le contenu du contentieux de l'annulation

Le contentieux de l'annulation, que l'on appelle plus couramment le REP (recours pour excès de pouvoir), est un recours formé contre un acte administratif unilatéral. Son objet est d'obtenir l'annulation d'une décision administrative.

De ce fait, il constitue la principale sanction du principe de légalité. Comme le précise en effet, le Conseil d'État dans l'arrêt Dame Lamotte, le REP a :

> « pour effet d'assurer (…) le respect de la légalité » (CE 17 février 1950, min de l'Agriculture c/ Dame Lamotte, *GAJA*).

Tout en permettant la protection du justiciable, il assure en même temps la défense de la légalité.

Ce recours est ouvert contre tous les actes administratifs (PGD, dame Lamotte).

Deux autres recours sont assimilés au REP :

- Le « déféré » préfectoral, recours contre les actes des collectivités locales (recours peu utilisé) ou déféré du haut-commissaire. Contre les actes des communes, ce déféré est régi par les articles L 2131-1 et s. du CGCT, et contre les actes émanant de la Polynésie française, par les articles 171 et 172 de la loi organique statutaire.
- Le recours en déclaration d'inexistence, pour les actes entachés d'un vice particulièrement grave : l'acte est dit « nul et de nul effet » ou « nul et non avenu », (*supra*). C'est le juge le plus souvent qui peut requalifier un REP en recours en déclaration d'inexistence (mais un tel recours demeure tout à fait exceptionnel).

§ 2 – Le contentieux de pleine juridiction

Ce contentieux est encore appelé « plein contentieux », en raison – comme son nom l'indique – des pouvoirs dont dispose le juge qui vont bien au-delà d'une annulation.

A – Définition

Le rattachement d'un recours au plein contentieux dépend principalement des pouvoirs et du régime juridique dont le juge a besoin au regard des finalités du recours.

Ce contentieux est très différent du précédent ; c'est en effet un procès entre deux parties : l'administration et un administré en général, qui se contestent l'existence ou l'étendue d'un droit. Dès lors, le juge doit se prononcer sur un « droit subjectif » (*ie*. une situation juridique particulière, propre à un individu déterminé ; exemple : le droit à une indemnité, le contenu d'une obligation contractuelle).

Tous les arguments tendant à établir le bien-fondé de cette situation peuvent être utilisés comme moyens, aussi bien des éléments de droit (tirés de l'application de la loi ou du contrat) que des éléments de fait ayant une portée juridique (une faute, un préjudice subi).

Le juge de pleine juridiction détient des pouvoirs plus importants que le juge de l'annulation (d'où la dénomination de ce contentieux) ; il a le pouvoir :

- de constater les situations juridiques en cause ;
- de se prononcer sur leur régularité et sur l'étendue des droits ou des obligations ;
- d'annuler ou réformer éventuellement une décision ;
- de prononcer des sanctions (en matière contractuelle) ;
- de condamner à des dommages et intérêts (le juge de pleine juridiction dispose en matière administrative, de pouvoirs sensiblement identiques à ceux du juge civil) ;
- de substituer sa décision à celle prise par l'administration ;
- de rectifier les résultats d'une élection.

B – Le contenu du contentieux de pleine juridiction

Ce contentieux est majoritairement constitué de deux catégories de litiges :

- le contentieux de la responsabilité publique (extracontractuelle) d'une part (*supra*),

– et d'autre part, le contentieux des contrats administratifs *(supra)*.

On y range également d'autres types de litiges (parfois appelés « contentieux spéciaux »), très différents mais qui se rattachent par certains aspects au plein contentieux, en raison des pouvoirs importants dont dispose le juge administratif :

– le contentieux fiscal ;
– le contentieux électoral ;
– le contentieux des installations classées (installations dites classées en raison de leur caractère dangereux, incommode ou insalubre ou encore potentiellement nuisible à l'environnement);
– et le contentieux des édifices menaçant ruine : le juge peut ordonner la démolition d'immeubles alors que l'autorité de police avait prescrit des réparations.

Précisons que, du fait de l'étendue des pouvoirs conférés au juge, le plein contentieux connaît depuis quelques années un développement important. Ce recours, en effet, est de nature à assurer un résultat plus efficace que le REP.

Enfin, il faut signaler qu'il n'existe pas un seul régime juridique uniforme valable pour tous les recours de pleine juridiction. En effet, à la différence du REP qui a un régime juridique unique et uniforme, le recours de pleine juridiction se caractérise par une hétérogénéité importante. Il n'existe pas « un » mais « des » recours de pleine juridiction. Il n'y a dès lors que peu de règles communes et chaque recours est régi par des règles qui lui sont propres.

§ 3 – Le contentieux de la répression

Dans cette catégorie, le juge exerce des pouvoirs de répression ; il est chargé de réprimer une infraction commise par un individu (ce contentieux relève normalement des tribunaux judiciaires répressifs proprement dits ; mais la particularité de certaines infractions amène à en confier la répression à des juridictions particulières).

On y trouve les deux catégories suivantes :

1. *les contraventions de grandes voiries* : ce sont des atteintes portées au domaine public et dont le contentieux relève des juridictions administratives (étudié dans le cours de 3e année de licence de droit administratif des biens) ;
2. *la répression disciplinaire juridictionnalisée* :

Alors que les mesures disciplinaires ne constituent en général que des décisions administratives dans la fonction publique, le souci d'accorder des garanties particulières à certaines catégories d'agents - membres du corps enseignant et étudiant de l'université -, ou d'assurer une répression spéciale cour de discipline budgétaire - ou encore l'organisation corporatiste de certaines professions (ordre professionnel), ont amené à mettre en place de véritables juridictions disciplinaires ayant le caractère de juridictions administratives.

§ 4 – Le contentieux de l'interprétation et de l'appréciation de légalité

Ce dernier contentieux est constitué de deux catégories de recours.

1. En premier lieu, le recours en appréciation de légalité (ou « en appréciation de validité ») : qui porte sur la régularité (la légalité) d'un acte administratif (décret, arrêté, mais aussi contrat, directive, circulaire...). Mais à la différence du REP :

- D'une part, cette question est posée au juge de façon incidente (*supra* : recours qui dérive d'une instance en cours devant le juge judiciaire), à l'occasion d'un litige principal ; le problème est de savoir si l'illégalité éventuelle de l'acte en cause ne s'oppose pas à son application. L'appréciation de la légalité de cet acte est alors nécessaire.
- D'autre part, le jugement n'entraîne pas l'annulation de l'acte à apprécier, mais simplement – au cas où l'acte serait illégal – la non-application de la décision.

2. En second lieu, le recours en interprétation :

Ce contentieux est constitué des litiges où le problème posé est celui du sens d'un acte ou d'un contrat administratif non clair, ou dont la portée est discutée. Comme pour le recours en appréciation de légalité (ou de validité), il s'agit pour le requérant d'obtenir du juge une « déclaration ».

Mais contrairement à celui-ci, il peut s'agir aussi bien d'un recours incident (dérivant dans ce cas d'un procès judiciaire) que d'un recours exercé à titre principal (une difficulté d'interprétation d'un acte administratif crée une situation litigieuse entre un particulier et l'administration) : on parle dans ce cas de recours direct en interprétation.

– CHAPITRE II –

LE RECOURS POUR EXCÈS DE POUVOIR

Comme vu précédemment (*supra* chap. 1er, sect. II), le REP est un recours contentieux par lequel celui qui l'exerce demande à une juridiction administrative de constater l'illégalité d'une décision administrative et donc, d'en prononcer l'annulation ; la notion d'excès de pouvoir se rapporte à la notion d'illégalité : *ie.* que lorsque la décision de l'administration est illégale, cette illégalité constitue de la part de l'administration, un excès de pouvoir.

L'étude du REP nous amènera tout d'abord à étudier les conditions de recevabilité de ce recours (section I), puis nous aborderons le contenu du contrôle : le juge de l'excès de pouvoir vérifie si l'acte déféré remplit les conditions exigées par la légalité (section II).

– SECTION I –

LES CONDITIONS DE RECEVABILITÉ DU RECOURS POUR EXCÈS DE POUVOIR

Un certain nombre de conditions doivent être remplies pour que la requête soit examinée au fond par le juge. Elles sont le résultat d'une longue évolution législative et jurisprudentielle dont l'esprit général tend vers un assouplissement afin de faciliter l'introduction des requêtes et de faire du REP un instrument aisé à utiliser.

Ces conditions sont au nombre de quatre, touchant respectivement :

- à la nature de l'acte attaqué (qui doit être une décision administrative) ;
- à la qualité du requérant, qui doit avoir intérêt à agir ;
- à la forme et au délai dans lesquels la requête doit être présentée ;
- à l'absence d'un recours parallèle pouvant parvenir au même résultat.

§ 1 – La nature de l'acte attaqué

Le REP ne peut être introduit qu'à l'encontre de certains actes de l'administration. Plus précisément, ce recours n'est recevable que s'il est introduit à l'encontre d'un acte administratif de caractère unilatéral et faisant grief au requérant (*ie*. un acte décisoire ; exception : les actes de droit souple, *supra* IVe partie, chap. 1er, sect.I). En effet, lorsqu'il s'agit d'un contrat, le REP n'est pas possible, sous réserve des deux exceptions suivantes :

1. Les clauses réglementaires : depuis l'arrêt : CE ass. 10 juillet 1996, Cayzelle, les tiers et usagers peuvent demander l'annulation des clauses des contrats administratifs présentant un caractère réglementaire.
2. les contrats de recrutement des agents publics, cette seconde exception concernant le cas du recrutement des agents publics par contrat. Sans doute par souci de réalisme et pour éviter que les agents contractuels ne soient mieux protégés que les agents publics titulaires (recrutés par un « acte unilatéral »), le juge administratif a ouvert le REP contre ce type de contrats administratifs (CE sect. 30 octobre 1998 ville de Lisieux : à propos du recrutement d'un agent par une collectivité territoriale ;

CE 2 février 2015, Commune d'Aix-en-Provence, n° 373520, *AJDA* 2015 p. 990 et s.).

Le juge administratif est compétent pour le contentieux de l'entrée au service, en d'autres termes pour le recrutement. Mais il intervient aussi dans le renouvellement d'un contrat à durée déterminée (par exemple par un nouveau contrat ou par transformation en contrat à durée indéterminé : CE 4 mars 2009, Département du Nord, DA mai 2009 n° 79, p. 49) et la fin du contrat.

§ 2 – La qualité de l'auteur de la requête

Pour que la requête soit recevable, le requérant doit être capable juridiquement et disposer d'intérêt à agir.

Il faut préciser que la recevabilité des recours dirigés contre l'administration est largement admise dans le contentieux de l'annulation, car la légalité et elle seule est en cause (pour autant, le requérant n'est pas procureur de la légalité et il existe des limites en ce domaine). Dans le plein contentieux, la recevabilité du recours est plus étroite car il ne s'agit pas d'un contentieux objectif: le requérant invoque un droit subjectif, il doit donc être touché personnellement.

A – La capacité d'agir en justice

La notion de capacité à ester en justice tient uniquement à la situation de l'intéressé et à son aptitude à participer au commerce juridique. Cette capacité s'apprécie selon les règles du droit civil.

Le droit administratif ne pose à cet égard aucune règle particulière par rapport au droit commun judiciaire, si ce n'est qu'il accepte les recours émanant de personnes morales n'ayant plus ou n'ayant pas encore la personnalité juridique, lorsque l'objet du recours porte sur l'octroi (ou le refus d'octroi) ou la perte de cette capacité.

Exemple :

- Association dissoute par acte administratif, ou qui se voit refuser l'octroi de la personnalité.

La personne physique doit jouir de ses droits civils, *ie.* n'est pas civilement incapable, soit en tant que mineur non émancipé, soit en tant que majeur « protégé » (*ie.* placé sous tutelle ou curatelle).

Si la personne est civilement incapable, la personne chargée de ses intérêts agit pour son compte : les parents pour un mineur non émancipé, le tuteur ou le curateur pour un majeur protégé.

La capacité d'agir en justice d'une personne morale s'exerce par 'intermédiaire d'une personne physique ayant qualité à agir pour son compte, et désignée à cet effet.

Pour les personnes morales de droit public, les règles sont les suivantes :

- l'État est représenté par le Premier ministre, un ministre ou un préfet (dans le cadre de la déconcentration) ;
- les collectivités territoriales et les établissements publics sont en principe représentés par leur organe exécutif, sur habilitation par leur organe délibérant.

N.B. – Ce n'est pas le cas par exemple pour la Polynésie française : le président du Pays est habilité par le gouvernement.

Le plus souvent, les exécutifs peuvent recevoir une habilitation générale, ce qui évite qu'à chaque contentieux, l'organe délibérant ne délibère pour conférer une habilitation à l'exécutif (le maire, par exemple).

Précisons aussi que l'urgence permet à l'exécutif d'agir sans être habilité.

Exemple :

- Pour un référé suspension, le maire est dispensé d'avoir reçu un mandat du conseil municipal.

Pour les personnes morales de droit privé, les règles sont les suivantes : ces personnes sont représentées par les personnes régulièrement habilitées (les dirigeants), conformément à la loi ou aux statuts les régissant.

B – L'intérêt à agir

La notion d'intérêt à agir est propre au droit administratif : elle correspond à un certain rapport entre le requérant et l'acte attaqué, dont l'existence est nécessaire pour que le recours soit recevable. Cela veut dire encore que la personne doit être « affectée » par l'acte ou la situation qu'elle conteste ou soumet au juge. Il faut aussi que l'exercice du recours soit de nature à améliorer la situation de son auteur.

1 – Problématique

Une conception trop étroite de l'intérêt à agir (assimilable par exemple au droit violé) limiterait considérablement le champ des requérants autorisés à contester un acte, et par suite, restreindrait l'exercice de la fonction de contrôle de la légalité par le REP.

Mais à l'inverse, une conception trop large, autorisant toute personne à contester n'importe quel acte, risquerait de conduire à une multiplication des recours, de nature à paralyser l'action administrative.

La solution adoptée (progressivement par la jurisprudence) réside en un compromis entre ces deux exigences contraires : l'intérêt à agir est une notion plus compréhensive que celle de droit violé, afin de permettre une large ouverture du REP. Elle comporte néanmoins des limites : le requérant ne doit pas être totalement étranger à la mesure attaquée, il doit justifier d'un certain intérêt à la mise en cause de la légalité de cette mesure.

Il est difficile de donner des formules plus nettes à partir d'une jurisprudence peu explicite : la notion « d'intérêt froissé » (exprimée par la doctrine) résume l'esprit de la solution. D'une part, le requérant doit justifier d'un certain intérêt sur la nature duquel la jurisprudence est très souple ; et cet intérêt doit d'autre part être froissé par la décision administrative, ce qui suppose une certaine individualisation.

On ajoutera encore la précision suivante : l'intérêt à agir est conçu de manière plus restrictive dans le contentieux de pleine juridiction que dans le contentieux de l'annulation : seuls ont intérêt à agir ceux qui ont été atteints dans une situation juridiquement protégée. En revanche, dans le cadre du REP, l'intérêt à agir est très libéralement conçu.

N.B. – Il faut avoir à l'esprit que l'intérêt à agir s'apprécie au cas par cas et en conséquence, tous les auteurs soulignent la difficulté d'en présenter une « systématisation ».

Il faut préciser aussi que l'intérêt s'apprécie à la date d'introduction du recours et non pas à celle de l'édiction de l'acte attaqué ni à celle où le juge se prononce.

Par ailleurs, l'intérêt à agir s'apprécie par rapport aux conclusions du requérant et non par rapport aux moyens. Il en résulte que, dès lors que le requérant justifie d'un intérêt à agir, il est recevable à invoquer tous les moyens à l'appui de sa demande. En d'autres termes, il est interdit d'écarter un moyen au motif qu'il ne correspondrait pas à l'intérêt invoqué.

Enfin, l'intérêt peut n'être que partiel.

2 – La nature de l'intérêt lésé

Nous soulignerons que l'intérêt à agir peut être de nature très différente. Il comprend cependant certaines limites.

a) Le principe

L'intérêt peut être :

- matériel : lésion d'un intérêt financier par la mesure attaquée.

Exemple : intérêt commercial, patrimonial (concurrent évincé d'un appel d'offres ; voisin du bénéficiaire d'un permis de construire) ; intérêt professionnel (agent révoqué ou sanctionné).

- moral : le requérant est atteint dans sa réputation, ses convictions, dans ce à quoi il est attaché.

Exemple :

- Anciens élèves d'une école qui contestent une atteinte au prestige de l'école ; une association familiale qui demande l'annulation de l'autorisation de projeter un film portant atteinte à la moralité.
- individuel (propre à une personne physique ou à une personne morale) ou collectif ;

Exemple :

- Syndicat ; association, etc. qui prennent en charge les intérêts « collectifs » des membres.

b) Les limites

D'abord, l'intérêt doit être légitime : on ne peut pas défendre une situation irrégulière par le biais d'un REP.

Ensuite, l'intérêt doit être certain, ce qui veut dire que la mesure attaquée doit causer véritablement un désagrément au requérant. Toutefois l'intérêt éventuel est admis : ainsi sont recevables les recours formés par les membres d'un corps de la fonction publique contre la nomination illégale dans ce corps d'un nouvel agent pouvant dans l'avenir, entrer en concurrence avec les premiers pour l'avancement (CE 11 décembre 1903, Lot, *GAJA*).

Enfin, il existe des limites spécifiques aux recours formés à propos de relations ou litiges nés à l'intérieur des structures administratives :

- Ainsi un agent peut se pourvoir contre des décisions l'atteignant dans son statut et touchant à ses intérêts propres (exemple : REP contre une sanction disciplinaire, refus de promotion...). En revanche il ne peut pas attaquer les mesures d'organisation du service auquel il appartient, par exemple, la refonte des structures d'une administration, la modification de ses attributions, l'adoption de nouvelles techniques de travail, etc. ;

  N.B. – Toutefois, en ce qui concerne les membres de l'enseignement supérieur et les praticiens hospitaliers, une jurisprudence particulière ouvre à ces personnes la possibilité de se pourvoir contre les mesures d'organisation du service public, même si elles ne portent pas atteinte aux droits statutaires, ou pécuniaires, ou encore aux prérogatives du corps. Il en a été jugé ainsi à propos d'un recoursd'un professeur d'université contre un décret modifiant les structures internes de son université (CE sect 10 novembre 1978, Chevallier)

- Par ailleurs, l'usager du service public peut se pourvoir contre les mesures réglementaires relatives à l'organisation ou au fonctionnement du service, mais n'a pas intérêt à contester les actes portant nomination d'agents administratifs.

3 – Les conditions à remplir pour que soit reconnu l'intérêt à agir

Deux conditions sont à remplir pour se voir reconnaître l'« intérêt à agir » : il faut d'une part invoquer une « qualité » et, d'autre part, démontrer que l'intérêt invoqué s'analyse en une liaison.

a) Une qualité précise

La qualité désigne la situation particulière dans laquelle se trouve le requérant par rapport à l'acte attaqué. Ce dernier doit se trouver dans une catégorie définie et limitée (ou précise et ciblée).

Exemples :

– La qualité de contribuable local (contribuable des collectivités territoriales) autorise l'introduction d'un REP contre les mesures portant engagement de dépenses publiques, car le contribuable participant à la couverture des dépenses publiques a un intérêt patrimonial à ce que ces dépenses soient régulières.

Ainsi a-t-il été jugé que le contribuable d'une commune peut, en sa qualité de contribuable, se pourvoir contre une décision du conseil municipal portant organisation d'un service d'assistance médicale gratuite (CE 29 mars 1901, Casanova, *GAJA*). Mais encore faut-il que la décision du conseil municipal ait des conséquences directes sur les finances de la commune, et que ces dernières soient suffisamment importantes (CE 1er juin 2016, Commune de Rivedoux-Plage, n° 391570).

– En revanche, le contribuable national n'a pas d'intérêt à agir contre les mesures portant engagement de dépenses publiques : on estime que, dans le cas contraire, le REP serait en quelque sorte « une action populaire ».

– De même, la qualité de citoyen n'est pas suffisante pour contester une décision.

– Celui qui se prévaut uniquement de sa qualité de consommateur n'est pas recevable (à ce seul titre) à attaquer une décision ayant un impact sur les modalités de distribution et le prix d'un produit (CE 29 décembre 1995, Beucher).

– On retrouve les mêmes idées à propos du recours des groupements (syndicats et associations).

Un groupement, en effet, défend un certain nombre d'intérêts généraux communs à tous ses membres (intérêt professionnel pour un syndicat, intérêt moral pour une association); dès lors, il est admis à se pourvoir contre les mesures à caractère réglementaire ou collectif portant atteinte à ses intérêts (exemple: un syndicat de fonctionnaires peut attaquer la modification d'un statut de la fonction publique).

Il en va différemment des mesures individuelles (selon l'adage: « nul ne plaide par procureur »). C'est à l'intéressé (ou aux intéressés) de prendre l'initiative personnelle du recours; le syndicat ne peut se substituer à lui (exemple: pour les sanctions), car l'action est individuelle (en revanche l'intervention à l'instance du groupement est largement admise).

Néanmoins, le recours du groupement est admis si l'acte individuel contesté à une portée collective; il faut entendre par là les actes portant atteinte aux intérêts généraux des membres du groupement, ou aux intérêts personnels d'une partie de ces personnes.

Exemple :

- Une promotion, une nomination illégale dans un corps de la fonction publique: CE 28 décembre 1906, Syndicat des patrons coiffeurs de Limoges, *GAJA*.

Enfin, pour terminer ces quelques précisions sur l'intérêt pour agir des associations : le juge se contente de rechercher si l'acte en cause touche d'une manière ou d'une autre à l'objet de l'association tel qu'il résulte de ses statuts (donc tout dépend de la rédaction des statuts).

b) La nécessité d'une certaine individualisation de l'intérêt en cause

On n'exige pas de la part du requérant un intérêt propre et spécial; celui-ci n'a pas à établir qu'il est personnellement touché par la mesure contestée.

Exemples :

- Un automobiliste peut attaquer un arrêté de police comportant interdiction de stationner.
- Un marchand ambulant peut attaquer un arrêté de police municipale interdisant ou limitant le commerce ambulant et forain sur telle place publique.

Néanmoins, un certain rapport doit exister entre la mesure prise et l'intérêt évoqué : celui-ci doit être suffisamment concerné par la décision ; une certaine individualisation, très relative doit exister. En d'autres termes, le requérant doit être lésé par l'acte et son intérêt doit être personnel, direct et certain (mais la lésion éventuelle est admise : un randonneur qui attaque la réglementation des campings dans une commune d'Île de France : CE sect. 14 février 1958, Abisset, rec. P. 98).

C'est ainsi que la décision attaquée doit avoir des effets négatifs ou des inconvénients pour le requérant : sa situation, ses droits, ses convictions doivent être affectés d'une manière ou d'une autre par cet acte.

§ 3 – La forme et les délais du recours

A – Conditions de forme

La requête est un document écrit rédigé sur papier libre. Parfois, elle peut se présenter sous une forme dématérialisée (électronique) dans les cas autorisés par le CJA.

Elle doit être rédigée en langue française, indiquer le nom et le domicile (adresse) des parties (art R 411-1 CJA) et être signée par son auteur (ou son avocat).

Elle doit ensuite comporter l'exposé des faits et moyens, ainsi que l'énoncé des conclusions soumises au juge.

N.B. – Attention au délai du recours. Si le temps presse, on agit en deux temps :

- On introduit d'abord une requête sommaire exposant de manière succincte les faits et moyens (qui seront développés ultérieurement).
- Ensuite, même après l'expiration du délai de recours (à peine d'irrecevabilité), le requérant doit produire un mémoire complémentaire (autrefois : « ampliatif ») présentant de façon détaillée les faits et moyens.

La structure du recours est libre. Aucun plan type n'est officiel. Mais il est d'usage pour les professionnels :

- d'exposer d'abord les faits et la procédure ;
- puis d'évoquer les questions relatives à la recevabilité de la requête (ou au contraire développer des « fins de non-recevoir ») ;
- de poursuivre par la rubrique discussion où sont exposés les moyens de droit et de fait ;
- et enfin de conclure par une demande : annuler l'acte ; rejeter le recours ; condamner l'administration à verser la somme de « X Fcfp » en réparation de tel préjudice, etc.

Précisons que la requête doit être accompagnée d'une copie de la décision attaquée, ou d'une pièce justifiant le dépôt de la réclamation si elle n'a pas reçu de réponse dans les délais fixés.

Observations complémentaires : on peut fort bien présenter dans la même requête des conclusions d'annulation pour excès de pouvoir et des conclusions le plein contentieux (exemple : indemnité). Mais dans ce cas, il faut se souvenir de deux règles :

- d'une part, le ministère d'avocat est nécessaire, sauf si l'on rentre dans l'une des catégories de dispense telle que celle des agents publics (en son absence, les conclusions de plein contentieux sont irrecevables),
- d'autre part, s'agissant du recours de plein contentieux, il ne faut pas oublier de respecter la règle de la décision préalable (rappel : pour le REP, la liaison du contentieux par la décision préalable résulte de la nature même du recours ; le REP visant à l'annulation d'un acte, c'est cet acte qui constitue la décision préalable liant le contentieux).

Dès lors, avant tout recours, il faut demander à l'administration une indemnité. Il faut provoquer une décision distincte en demandant une indemnité à l'administration et c'est contre cette décision que l'on formera un recours de plein contentieux joint (ou non) au REP.

B – Conditions de délai

Les situations administratives ne peuvent être mises en cause que pendant un certain délai. C'est pendant le « temps » de ces délais que les requérants peuvent agir. Passé ces délais, ils sont forclos.

Il faut donc trouver un équilibre entre la nécessaire stabilité des situations juridiques, facteur de sécurité juridique, qui ne peuvent éternellement être remises en cause et le délai suffisant pour pouvoir agir (à noter la différence avec la procédure civile où, en principe, l'exercice d'une action n'est enfermé dans aucun délai).

1 – La règle du délai

a) La durée du délai

Le principe en la matière est que le délai est de deux mois à partir de la notification ou de la publication de la décision attaquée (car même en plein contentieux, on attaque une décision préalable que l'on a provoquée). Il faut que le recours soit enregistré au greffe ou au secrétariat de la juridiction avant l'expiration de ce délai.

Parfois la durée du délai est plus longue :

- Droit commun : deux mois.

Jusqu'à l'intervention du décret n° 2015-1145 du 15 septembre 2015, la durée du délai était de trois mois devant les tribunaux administratifs de Polynésie française, Mayotte, Mata-Utu et de Nouvelle-Calédonie (art R 421-6 CJA). Mais le décret n° 2015-1145 précité a abrogé cet article. Ainsi, en Polynésie, le délai de recours est désormais celui de droit commun qui a cours en métropole : deux mois.

- Devant la Commission nationale des comptes de campagne (Art L 52-15 Code électoral) : six mois.
- Délai de distance :
  - le délai applicable est augmenté d'un mois lorsque :

    → la demande est portée devant une juridiction qui a son siège en France métropolitaine, pour les personnes domiciliées outre-mer

    → ou, lorsque la demande est portée devant une juridiction qui a son siège outre-mer, par les personnes qui ne demeurent pas dans la collectivité où ce tribunal a son siège.

Exemples :

→ Un requérant en Polynésie française demande l'annulation au Conseil d'État d'un décret : délai normal : 2 mois + 1 mois de délai de distance = trois mois de délai.

→ Pour une demande présentée devant le tribunal administratif de Polynésie française par une personne qui ne demeure pas sur ce territoire (TA Papeete 5 novembre 1991, M. André-Michel Graillet c/ Territoire de la Polynésie française).

- Le délai applicable est augmenté de deux mois pour les personnes demeurant à l'étranger.

Parfois la durée du délai est plus brève :

- *Délai réduit à un mois* pour se pourvoir devant le Conseil d'État contre une décision du tribunal administratif statuant sur une demande d'autorisation d'exercer une action appartenant à la commune, au département, à la région ou un de leurs groupements, à la Polynésie française, etc. ;
- *en matière électorale* :
  - 5 jours (le cinquième jour qui suit l'élection) pour les réclamations devant le tribunal administratif contre les résultats des élections municipales (article R 113 et 119 code électoral).

  N.B. – En Polynésie française, en vertu de l'art R 265 du code électoral, ce délai est porté à quinze jours.

  - 5 jours en cas de contestation des résultats de l'élection du président de la Polynésie française (Article 70 LOPF) :

  « Les résultats de l'élection du président de la Polynésie française peuvent être contestés par tout représentant à l'assemblée de la Polynésie française, par tout candidat à l'élection ou par le haut-commissaire, devant le Conseil d'État statuant au contentieux dans le délai de cinq jours à compter de cette proclamation » ;

- 10 jours en matière de contestation d'élection régionale ou européenne ;
- 15 jours en cas de contestation des résultats de l'élection des membres de l'assemblé de la Polynésie française (Article 116 LOPF) :

« Les élections à l'assemblée de la Polynésie française peuvent être contestées dans les quinze jours suivant la proclamation des résultats, par tout candidat ou tout électeur de la circonscription, devant le Conseil d'État statuant au contentieux. »;

- 48 heures contre l'arrêté de reconduite à la frontière d'un étranger.

b) L'absence de délai

Certains recours peuvent être déposés à tout moment, sans avoir à respecter un quelconque délai :

- les recours en interprétation et en appréciation de validité (qui ne sont pas à proprement parler dirigés contre une décision) ; exercé à titre principal, le recours ne peut tendre qu'à l'interprétation ;
- les recours en déclaration d'invalidité du contrat ;
- les recours en déclaration d'inexistence (formés contre un acte réputé ne pas exister juridiquement) ;

N.B. – Certains recours peuvent certes être introduits sans condition de délai, mais sous réserve de l'application des règles de la prescription quadriennale (appelée autrefois « déchéance quadriennale »).

Explications relatives aux règles de la prescription quadriennale :

→ La prescription quadriennale s'applique à toutes les dettes de l'État, des collectivités territoriales et des établissements publics dotés d'un comptable public ; elle ne s'applique en revanche pas aux dettes des autres administrations dont les dettes st éteintes par les prescriptions du droit privé.

→ La prescription quadriennale a un effet absolu : les dettes de l'administration sont prescrites *ie*. qu'il ne peut plus en être obtenu le paiement, le 31 décembre à minuit de la 4e année qui suit l'année où la dette est née (par exemple : le 31 décembre 2020 pour une dette née en 2016).

Pour apprécier les effets de la prescription quadriennale, il faut donc connaître l'année de rattachement de sa créance contre l'administration : le délai de 4 ans court à compter du 1er janvier suivant. L'année de rattachement se détermine généralement par l'année où le dommage a été causé : accident, notification de la décision illégale ayant causé un préjudice.

– les recours contre certaines décisions implicites de rejet (silence gardé par l'administration pendant deux mois) :

1. *Dans le contentieux de l'excès de pouvoir*, quand le silence de l'administration fait naître une décision qui ne pouvait être prise que par décision ou sur avis des assemblées locales ou de tous autres organismes collégiaux ;
2. Dans *le contentieux de l'exécution des décisions des juridictions administratives* pour les recours contre les décisions rejetant une demande tendant à ce que l'administration prenne les mesures nécessaires à l'exécution d'un jugement de tribunal administratif ou d'un arrêt de cour administrative d'appel » (art R 421-3 CJA).

N.B. – Le décret n° 2016-1480 du 2 novembre 2016 a abrogé la principale exception qui existait en la matière : les recours en matière de plein contentieux n'étaient forclos qu'en cas décision expresse de rejet. En cas de décision implicite de rejet, l'intéressé pouvait introduire sa requête à tout moment (sauf à respecter les règles de la prescription quadriennale).

Dans ces hypothèses toutefois, la notification d'une décision expresse, postérieure à la décision implicite et se substituant à elle, faisait courir le délai de deux mois à compter de cette décision expresse, sans attendre l'expiration du délai initial pendant lequel le recours devait être formé pour être recevable (Art 421-2 et R 921-2 CJA).

2 – Le calcul du délai

Les délais de recours contentieux, en droit administratif, sont des délais francs. Ainsi, pour le délai de « droit commun » de deux mois, ne sont décomptés ni le jour du départ du délai, ni le jour d'expiration ; le délai est calculé de quantième en quantième (sans tenir compte du nombre de jours par mois) et il est reporté au premier jour ouvrable suivant, dans le cas où il devrait expirer un samedi, un dimanche ou un jour férié.

a) Le point de départ du délai (dies a quo)

Le point de départ du délai est fixé le lendemain à 0 heure, du jour où l'existence et le contenu de la décision ont été portés à la connaissance du requérant. Le recours ne peut s'effectuer qu'à partir du moment où l'administré a connaissance de l'acte. Il faut donc prendre en compte le mode de publicité des décisions administratives et envisager le cas des décisions implicites.

N.B. – Cependant, le point de départ du délai peut être différent pour un même acte concernant plusieurs personnes. Ainsi, le délai du recours contre un acte individuel court à partir du lendemain du jour de la notification pour le principal intéressé, mais seulement à compter de la publication à l'égard des tiers éventuellement intéressés. Si cet acte n'est pas publié, il pourra être attaqué sans délai imposé par ces derniers.

Par ailleurs, aux termes de l'article R 421-5 CJA :

« Les délais de recours contre une décision administrative ne sont opposables qu'à la condition d'avoir été mentionnés, ainsi que les voies de recours, dans la notification de la décision. »

Mais il existe une exception : la théorie de la connaissance acquise. Cela concerne les membres d'un organisme collégial ou d'une assemblée délibérante : ils sont réputés avoir connaissance des décisions de ces organes collégiaux au plus tard à la date de la séance au cours de laquelle ces décisions ont été adoptées, qu'ils aient participé ou non à cette séance, à condition d'y avoir été convoqués, et ce, même si la décision est relative à une question qui n'était pas inscrite à l'ordre du jour figurant dans la convocation.

De plus, dans un arrêt d'assemblée, le Conseil d'État a précisé qu'une décision administrative notifiée sans indication des voies et délais de recours ne peut être contestée au-delà d'un délai raisonnable qui sera, en règle générale, d'un an pour les décisions individuelles expresses (CE ass. 13 juillet 2016, M. Czabaj. N° 387763, (*AJDA* 2016, p. 1629-1635, chronique Louis Dutheillet de Lamothe et Guillaume Odinet ; *R.F.D.A.* 2016, concl. Olivier Henrard, p. 927-942).

1) Les actes réglementaires

Les actes réglementaires ainsi que les décisions d'espèce (ni réglementaires ni individuelles) doivent être publiés :

- JORF pour les décrets par exemple ;
- JOPF pour les actes réglementaires pris par les autorités de la Polynésie française ;
- recueil administratif (bulletin officiel) pour les actes ministériels ;
- publication en mairie pour les actes des communes de moins de 3 500 habitants ;
- etc.

Si un acte fait l'objet de plusieurs modes de publicité (publication dans un recueil et affichage), la première publicité déclenche normalement le délai.

Si l'acte n'a pas été publié, le délai n'est pas déclenché.

2) Les actes individuels

Il faut distinguer selon qu'il s'agit d'actes explicites ou implicites.

2.1) – Les décisions explicites

Les décisions explicites doivent être notifiées pour être portées à la connaissance de leurs destinataires, le délai courant à compter de cette notification.

La notification s'effectue par envoi d'une lettre recommandée avec demande d'avis de réception ou par la remise en main propre par un fonctionnaire (gendarme, policier, etc., moyennant signature d'un reçu). Le refus de recevoir notification n'empêche pas le délai de courir. Si l'intéressé refuse le pli ou refuse de signer le reçu, la notification est réputée faite à la date de son refus (*supra* 4e partie, chap. 1er).

Précisons encore que la notification est régulièrement faite à une personne dont on peut raisonnablement penser qu'elle remettra le pli à son destinataire : conjoint, parent, enfant suffisamment âgé, concierge... Elle doit être faite au domicile ou à la résidence du destinataire.

En cas de changement d'adresse, la notification est régulièrement faite à la dernière adresse connue de l'administration.

2.2) – Les décisions implicites

On a précisé qu'une décision implicite de rejet prenait naissance au terme du silence gardé pendant plus de deux mois par l'autorité compétente sur une réclamation. On a aussi observé que ce délai peut varier (*ie.* être différent) en Polynésie française (*supra* partie IV, chap. 1er).

Les intéressés disposent d'un délai de deux mois pour se pourvoir contre cette décision implicite, à compter du lendemain du jour où la décision est réputée être intervenue. Cependant, lorsqu'une décision explicite de rejet intervient dans ce délai, elle fait à nouveau courir le délai.

Exemple :

- Lorsque le requérant présente une demande le 4 octobre, le délai de deux mois court à compter du 5 octobre à 0 h ; si l'administration garde le silence, la décision implicite de rejet est acquise le 4 décembre à 24 heures et le délai du REP commence immédiatement à courir (le 5 décembre à 0 h) et expire le 4 février (dans cet exemple, le 5 octobre, les 4 et 5 décembre et le 4 février ne sont ni un samedi, ni un dimanche, ni un jour férié) : le recours est encore recevable le 5 février ou le premier jour ouvrable suivant, si le 5 février est un samedi, un dimanche ou un jour férié.

Les intéressés peuvent demander à l'administration qu'elle leur adresse une demande d'accusé de réception de leur réclamation, avant même toute prise de décision. Mais la règle ne s'applique pas pour les relations entre les administrations et leurs agents.

- L'accusé de réception doit préciser :
- la date de réception de la demande ;
- la date à laquelle, à défaut d'une décision expresse, celle-ci sera réputée acceptée ou rejetée ;
- l'adresse postale ;
- le numéro de téléphone du service chargé du dossier ;
- et enfin, si la demande est susceptible de donner lieu à une demande implicite de rejet ou d'acceptation.

Sont considérés comme des « demandes », les demandes et réclamations y compris les recours gracieux ou hiérarchiques.

Précisons que pour les décisions implicites d'acceptation, en principe, seules les tiers sont recevables à les attaquer. Ils peuvent le faire à compter du lendemain du jour où la décision est réputée connue des intéressés.

b) La prorogation du délai

Un délai est dit prorogé si son échéance normale est reportée à une date ultérieure (cela allonge donc la période pendant laquelle le recours est recevable).

Certains évènements intervenant pendant le cours du délai prorogent celui-ci.

1. La première cause de prorogation du délai de recours contentieux, est due à l'exercice d'un recours administratif préalable.

En effet, toute décision administrative peut faire l'objet, dans le délai imparti pour l'introduction d'un recours contentieux, d'un recours administratif (gracieux ou hiérarchique) qui interrompt le cours dudit délai. Le point de départ du délai est reporté à la date de la réponse, expresse ou implicite, de l'administration.

À noter cependant une exception : le recours administratif préalable n'interrompt pas le délai de recours contentieux lorsqu'on est dans le cadre d'une action en reprise des actions contractuelles :

- CE 21 mars 2011, commune de Béziers : cette jurisprudence reconnaît au cocontractant dont le contrat est résilié, la possibilité de former un recours en annulation de la décision de résiliation ; le Conseil d'Etat considère que l'exercice d'un recours gracieux à l'encontre de la décision de résiliation n'a pas pour effet d'interrompre le délai du recours contentieux ;
- CE 30 mai 2012, SARL PRORESTO, *AJDA* 2012, p. 1593 et s. : faute d'avoir été déférée au juge dans les deux mois suivant sa notification, la décision de résiliation est ainsi devenue définitive et sa légalité ne peut plus être contestée par voie d'exception.

Mais le recours administratif ne proroge le délai de recours contentieux que s'il parvient à l'administration avant l'expiration de ce délai.

En principe, le recours doit être adressé à l'autorité administrative compétente (l'auteur de l'acte pour le recours gracieux ou le supérieur hiérarchique pour le recours hiérarchique). Cependant, une autorité administrative incompétente saisie d'un tel recours à l'obligation de le transmettre à l'autorité compétente.

Lorsque, dans le délai initial du recours contentieux ouvert à l'encontre d'une décision administrative, sont exercés un recours gracieux et un recours hiérarchique, le délai de recours contentieux est prorogé jusqu'à ce que les deux recours administratifs aient été rejetés : CE 7 octobre 2009, M. Ouahrirou, n° 322581 :

> «… le délai du recours contentieux, prorogé par l'exercice de ces recours administratifs [recours gracieux et recours hiérarchique], ne commence à courir à l'égard de la décision initiale que lorsqu'ils ont été l'un et l'autre rejetés ».

2. La seconde cause de prorogation résulte de la saisine d'une juridiction incompétente. Cela interrompt la prescription, dès lors que cette juridiction saisie l'a été dans les délais applicables à la juridiction compétente. C'est dans les deux mois de la signification du jugement d'incompétence que le requérant doit saisir la juridiction administrative.
3. La troisième cause de prorogation consiste à demander au préfet d'exercer un déféré (déféré provoqué ou déféré sur demande) : un nouveau délai commence à courir à compter du refus exprès ou implicite du préfet ;
4. Enfin, la quatrième et dernière cause de prorogation du délai de recours contentieux consiste à faire une demande d'aide juridictionnelle. Là encore, il faut que cette demande soit présentée dans le délai de recours. La requête doit ainsi être présentée dans les deux mois suivant la notification de la décision du bureau d'aide juridictionnelle, que l'aide soit accordée ou refusée.

c) Le terme du délai (dies ad quem)

1°) Le principe

Nous avons précisé à propos du calcul du délai que l'on ne tenait pas compte, pour la computation du délai, ni du jour de son déclenchement (*dies a quo*), ni du jour de son terme (*dies ad quem*).

Le délai commence à courir à 0 heure et expire à 24 heures.

Exemples :

- Si une décision explicite est notifiée le 1er mars, le délai court du 2 mars à 0 heure et expire le 2 mai à 24 heures. Le recours est donc recevable le 3 mai. Si le 3 mai est un samedi (ou un dimanche), le recours est reporté au premier jour ouvré suivant : ainsi au cas d'espèce, le recours est encore recevable le lundi 5 mai (*idem* pour un jour férié).

- Si une demande est reçue par l'autorité administrative le 1er mars, le délai de deux mois au terme duquel la décision implicite est constituée court à partir du 2 mars à 0 heure. La décision implicite est acquise le 1er mai à 24 heures, le délai ayant commencé à courir le 2 mai à 0 h et doit être attaquée avant le 2 juillet à 24 heures.

Il est à noter que si le mois de l'expiration du délai ne comporte pas de quantième identique à celui de son point de départ, le délai expire le dernier jour du mois de son terme (par exemple le 28 février, dernier jour du mois, au lieu du 29, 30 ou 31, si le délai a commencé à courir le 29, le 30 ou le 31 décembre).

2°) Les effets de l'expiration du délai

On va distinguer les effets selon qu'il s'agit de la décision préalable attaquée ou des conclusions de la requête.

2°.1) Sur la décision

En dehors de l'hypothèse où le recours n'est enfermé dans aucun délai, l'expiration du délai provoque deux effets :

- d'une part, le recours introduit passé ce délai est irrecevable et celle-ci est d'ordre public (comme toutes les irrecevabilités). Il ne peut y avoir d'examen « au fond » d'un recours direct (par voie d'action) contre la décision ;
- d'autre part, sont aussi irrecevables les recours contre d'éventuelles décisions confirmatives *ie.* les décisions ayant le même objet et la même cause juridique, en l'absence de changement des circonstances de droit ou de fait (peu importe que la décision confirmative ait fait l'objet d'un nouvel examen du dossier).

La décision est donc devenue définitive et dès lors, le recours est forclos. Mais l'acte n'est pas pour autant « irréprochable ». En effet :

- S'agissant des « règlements » : il est possible, perpétuellement (donc sans délai) d'invoquer par la voie de l'exception leur illégalité, et il est aussi possible de demander à tout moment leur abrogation (*supra*). Il est encore possible, à tout moment, d'invoquer l'illégalité fautive d'un règlement pour que l'administré obtienne réparation de son préjudice.
- S'agissant des décisions non réglementaires : il n'est plus possible d'invoquer l'exception d'illégalité, ni de demander leur abrogation (sauf pour les actes à exécution successive, *supra*) : les situations sont

acquises. Il reste toutefois le recours indemnitaire, fondé sur le préjudice causé par la faute que représente son édiction illégale.

2°.2) Sur les conclusions et les demandes

Tout d'abord, lorsque la requête a été formée dans le délai du recours contentieux, l'expiration du délai rend irrecevables les conclusions nouvelles. Certes, le requérant peut réduire ses prétentions, mais il ne peut les augmenter.

Ensuite, après l'expiration du délai, toute demande nouvelle est irrecevable. Il y a demande nouvelle quand le requérant invoque un ou des moyens nouveaux relevant d'une cause juridique distincte de celle à laquelle se rattachent les moyens invoqués avant le terme du délai. Par exception, les moyens d'ordre public sont invocables à tout moment.

Dans le contentieux de l'excès de pouvoir, il n'existe que deux causes juridiques : la légalité externe et la légalité interne. Si le requérant a invoqué dans le délai au moins un moyen de légalité externe et un moyen de légalité interne, il peut, passé ce délai, soulever tout autre moyen. En revanche, s'il n'a soulevé qu'un moyen de légalité interne, il ne peut soulever hors délai aucun moyen de légalité externe ; et réciproquement (rappel : si le requérant a fait précéder son recours contentieux d'un recours préalable, il peut invoquer au contentieux d'autres moyens que ceux développés dans son recours préalable).

Dans le plein contentieux, la notion de cause juridique varie suivant la matière.

Ainsi par exemple, dans le contentieux de la responsabilité, constituent des causes juridiques distinctes, le fondement de la responsabilité pour faute et celui de la responsabilité sans faute.

Dans le contentieux contractuel, sont des causes juridiques distinctes : la faute dans l'exécution du contrat, la nullité du contrat et l'imprévision.

En matière de contentieux électoral, presque chaque grief constitue une cause juridique distincte.

§ 4 – La fin de non-recevoir tirée de l'existence d'un recours parallèle

Ce développement est spécifique au REP.

A – Généralité

Afin de limiter le développement du REP qui risquait de se substituer à la plupart des autres recours, le Conseil d'État a décidé que le recours n'était pas recevable si le requérant disposait d'un autre recours juridictionnel pouvant lui procurer une satisfaction équivalente (exception de recours parallèle).

Le requérant doit s'adresser à la juridiction qui est en mesure de lui donner satisfaction : il dispose d'un recours parallèle ; le juge de l'excès de pouvoir prononcera alors l'irrecevabilité de la requête.

Exemples :

- La personne partie à un contrat administratif ne peut attaquer la décision prise par l'administration dans l'exécution de ce contrat. Elle dispose en effet d'un recours dans le cadre du contentieux contractuel : CE 15 février 1993, Commune de Nay-Bourdettes c/ Syndicat mixte d'alimentation en eau potable de la région Nord-Est de Pau ;
- de même, le contribuable qui estime être illégalement imposé ne peut exercer un REP contre l'acte individuel d'imposition ; en effet, le recours fiscal devant le juge de l'impôt lui permet d'obtenir la disparition de l'acte d'imposition.

B – Le cas particulier de l'option entre le REP et le recours de pleine juridiction

Pour bien comprendre cette option entre le REP et le recours de pleine juridiction, nous allons partir d'abord d'exemples concrets :

- une personne est en litige avec l'administration parce que cette dernière ne lui a pas attribué une prime de 10 000 Fcfp mensuelle à laquelle elle estime avoir droit ;
- une autre personne conteste une amende administrative pour infraction à la législation économique. Théoriquement, les personnes qui contestent ces décisions accordant ou refusant un avantage *pécuniaire* devraient introduire un recours de plein contentieux.

On sait que la différence principale entre ces deux recours repose sur le critère des pouvoirs du juge (il annule dans un cas, il répare dans l'autre). Par ailleurs, dans le contentieux de l'annulation, le ministère d'avocat n'est jamais obligatoire (en 1re instance) alors que c'est l'inverse dans le contentieux de pleine juridiction (hormis quelques exceptions).

Or, la plupart des litiges avec l'administration portent sur des sommes minimes. On peut dès lors s'interroger : le requérant ne pourrait-il pas, plutôt que d'introduire un recours de plein contentieux, contester tout simplement la légalité de la mesure (accordant ou refusant l'avantage pécuniaire) et demander au juge de condamner l'administration à lui verser la somme dont il a été indûment privé par suite d'une illégalité commise par cette dernière ?

En d'autres termes, se trouveraient ainsi dans la même requête des conclusions en annulation et des conclusions en réparation.

Pour des raisons d'opportunité, le Conseil d'État a admis que les requérants disposaient dans de tels cas d'une telle option : voir CE 8 mars 1912, Lafage, *GAJA*. Cette solution se fonde sur le fait que, si la voie du REP n'était pas ouverte, alors les requérants, même dans leur bon droit, seraient dissuader d'intenter un recours du fait de l'obligation du ministère d'avocat entraînant des frais qui dépasseraient de beaucoup le résultat positif escompté d'une décision du juge ; ce qui entraînerait un véritable déni de justice.

En principe donc, tous ces requérants disposent d'une faculté de cumul : ils peuvent utiliser l'une des deux voies, voire même les deux. Mais il faut bien avoir à l'esprit que cette faculté n'est ouverte que dans les contentieux à objet strictement pécuniaire (traitements, soldes, indemnités diverses accordés aux fonctionnaires, refus de subvention à une association, amendes administratives, etc....).

Cependant, au début des années 1990, en raison de la création des cours administratives d'appel et pour diminuer sa charge de travail, le Conseil d'État inverse la solution jusque-là retenue.

En effet :

– dans un premier temps, le juge administratif restreint cette faculté d'option des recours et les requérants ne peuvent qu'introduire un recours de plein contentieux.

C'est le cas pour :

- *les recours contre les états exécutoires* : CE sect 27 avril 1988, Mbakam *AJDA* 1988 p. 438,
- et *les ordres de versement* : CE sect 23 décembre 1988, Cadilhac, *AJDA* 1989 p. 254.

– Puis le Conseil d'État pose le principe suivant lequel, lorsqu'un requérant conclut à l'annulation d'une décision lui refusant une somme d'argent et au versement de ladite somme, il donne à l'ensemble de sa requête le caractère d'une demande en plein contentieux (CE 7 novembre 1990, min. de la Défense c/ Delfau, *AJDA* 1991, p. 142) ; et le Conseil d'État applique ce principe aux litiges relatifs au paiement d'intérêts moratoires : ceux-ci ont le caractère de litige de plein contentieux, ce qui interdit au requérant de demander au juge de l'excès de pouvoir d'annuler la décision refusant le versement desdits intérêts (CE 11 juillet 1991, Crégut Rec T. p; 1032).

Mais en 2011, le Conseil d'État opère un revirement de jurisprudence à propos de ces deux dernières jurisprudences (min. de la Défense c/ Delfau et Crégut) : CE sect. 9 décembre 2011, Marcou (*DA* février 2012, p. 54, note F. Melleray).

En effet, il abandonne la solution suivant laquelle le fait de présenter des conclusions en annulation et en réparation du préjudice causé par l'illégalité de la décision querellée donne à cette requête le caractère d'une demande de plein contentieux. Ainsi, le Conseil d'État en est revenu à la jurisprudence Lafage de 1912 : on peut désormais saisir le juge de l'excès de pouvoir pour obtenir l'annulation du refus de verser une somme d'argent et la condamnation à verser cette somme, par injonction si le requérant le demande.

– SECTION II –

LES CAS D'OUVERTURE DU RECOURS POUR EXCÈS DE POUVOIR

Si le recours est jugé recevable (capacité à agir, qualité pour agir, intérêt à agir, etc.), il reste à déterminer s'il est fondé : ce qui est en cause, c'est le *fond* du recours et non plus sa recevabilité.

C'est en effet dans l'examen du fond qu'interviennent les cas d'ouverture du REP ; on parle encore :

- des moyens d'annulation que l'on peut faire valoir à l'appui d'un recours ;
- et aussi parfois « des cas de nullité des actes administratifs ».

Ces termes qualifient les différents types d'irrégularités pouvant affecter une décision administrative et conduire à son annulation, et, par conséquent pouvant être invoqués à l'appui du REP.

Les cas d'ouverture sont apparus progressivement depuis le début du XIXe siècle, et se sont précisés à mesure que s'ouvrait davantage le REP.

On distingue ainsi quatre catégories de moyens (ou cas d'ouverture).

Ces quatre catégories sont :

- l'incompétence ;
- le vice de forme ;
- le détournement de pouvoir ;
- et la violation de la loi, cette dernière catégorie recouvrant en pratique toutes les illégalités autres que celles constituant une incompétence, un vice de forme ou un détournement de pouvoir.

Ces catégories se réunissent en deux groupes :

1. *l'incompétence* et *le vice de forme* constituent les moyens de légalité externe, ainsi appelés parce qu'ils concernent la présentation extérieure de l'acte ; le contrôle du juge portera sur la façon dont l'administration a décidé ;
2. *le détournement de pouvoir* et *la violation de la loi* constituent les moyens de légalité interne de l'acte, ainsi appelés parce qu'ils se rapportent au

contenu même, au fond de l'acte : le contrôle du juge portera ici sur ce qui a été décidé.

Ce regroupement des moyens présente un intérêt autre que purement pédagogique : en effet, les moyens de légalité externe comme les moyens de légalité interne se rattachent chacun à une même cause juridique, ce qui autorise (nous l'avons déjà précisé, *supra*) à introduire, après expiration du délai de recours, un moyen nouveau si un moyen se rattachant à la même cause a été soulevé pendant ce délai.

Exemple :

- Le détournement de pouvoir peut être soulevé hors délai si la requête initiale s'appuie sur une violation de la loi, mais non si celle-ci se fonde exclusivement sur des moyens de légalité externe.

N.B. – Certains auteurs distinguent six cas d'ouverture, car ils distinguent :

1. d'une part, le vice de forme du vice de procédure,
2. et d'autre part, en ce qui concerne la violation de la loi, la violation directe de la règle de droit du contrôle des motifs.

Sous-section 1 – Le contrôle de la légalité externe

Il s'agit de cas d'ouverture relatifs à l'incompétence (§1), ou aux règles de procédure ou de forme (§2).

§ 1 – L'incompétence

Après avoir rappelé les cas d'incompétence (A), nous constaterons qu'il existe quelques limites permettant d'éviter que l'acte entaché d'une telle illégalité ne soit annulé (B).

A – Les cas d'incompétence

On ne s'attardera pas sur ce premier cas d'ouverture étant donné que nous avons déjà étudié « la compétence », et qu'à cette occasion, nous avons distingué les différentes formes d'incompétence (*supra* : 4e partie, chap. I, sect. III).

Nous avions alors défini la compétence administrative comme l'aptitude d'une autorité administrative à prendre un ou plusieurs actes juridiques au nom de la personne publique.

Il en résulte alors qu'un acte est entaché d'incompétence lorsqu'il a été pris par une autorité administrative qui n'avait juridiquement pas le pouvoir de prendre cet acte (*ie.* lorsque la mesure édictée n'entre pas dans les attributions légales de son auteur effectif).

Par ailleurs, l'incompétence négative (le fait de rester en deçà de sa compétence) est davantage considérée comme une illégalité interne : il s'agit d'une erreur de droit (CE sect. 16 sept 1983, min du Travail c/ Mme Saurin ; CE sect. 20 juin 2003, Stilinovic).

B – Limites

Bien que l'incompétence fasse partie des illégalités les plus graves (il s'agit d'un moyen d'ordre public) dans le REP, elle cessera d'être un motif d'annulation dans les trois cas suivants :

- Tout d'abord, lorsque la théorie des fonctionnaires de fait peut être invoquée. Cette théorie que nous avons déjà étudiée (IVe partie, chap. I, sect. III), s'applique non pas pour légitimer l'action de l'usurpateur, mais pour protéger les tiers qui ont pu croire en toute bonne foi à la qualité dont celui-ci se prévalait (théorie de l'apparence). La théorie des fonctionnaires de fait tient en échec (lorsqu'elle est appliquée) l'annulation des actes accomplis par l'usurpateur.
- Ensuite, lorsque la théorie des circonstances exceptionnelles est applicable, ou encore l'urgence : notion invocable en temps normal et qui permet l'extension des pouvoirs de l'administration ; l'urgence ne peut excuser uniquement que l'empiètement sur la compétence d'une autre autorité administrative. Dans certaines circonstances, l'action administrative qui aurait dû être considérée comme illégale, ne l'est pas. Le juge remplaçant la légalité normale par une autre légalité qu'il crée lui-même (après coup).

Exemple :

Certaines autorités bénéficient d'une extension de compétence qui n'était pas prévue par la loi et qui, en temps normal, eut été bien sûr illégale ;

3. Enfin dans l'hypothèse de compétence liée (*supra*). Lorsque l'administration est tenue par la réglementation de prendre une décision déterminée, et si à cette occasion, une irrégularité est commise, le juge refuse de prononcer l'annulation : en effet, pourquoi annuler une mesure qui de toute façon sera prise à nouveau, puisque l'administration y sera obligée ? Dès lors, les moyens invoqués à l'appui du recours sont qualifiés d'inopérants, parce que ne pouvant en l'espèce empêcher l'acte contesté d'être pris.

Exemple :

- CE 14 mai 2003, Syndicat des sylviculteurs du Sud-Ouest : décision de refus prise par un ministre à la place d'un autre ministre ; en tout état de cause, l'administration ne pouvait que rejeter la demande de l'intéressé et dès lors, est inopérant le fait que ce soit un autre ministre que celui compétent qui ait procédé à ce rejet.

À noter que dans cette dernière hypothèse (de compétence liée), le moyen invoqué par le requérant est déclaré inopérant quel que soit le cas d'ouverture.

§ 2– Le vice de forme

Par souci de clarté et quand bien même ils sont toujours rangés sous la même appellation qu'à l'origine, il est préférable de distinguer le vice de forme du vice de procédure.

A – Définition

C'est l'irrégularité qui entache un acte pris selon une forme ou adopté selon une procédure contraire à celle imposée par la réglementation (car en effet, nous avons vu qu'une décision administrative ne pouvait être prise qu'au terme d'une procédure d'élaboration, et dans certaines conditions de présentation et de forme). Plus précisément, la forme et la procédure se distinguent comme suit.

1. *La forme* désigne la présentation matérielle de l'acte.

Comme le précise René Chapus, la fonction des exigences formelles :

« est une fonction de compte rendu. En conséquence de ces règles, l'acte rendra compte par lui-même du respect de certaines prescriptions et comportera les signes extérieurs de ce respect » (*Droit administratif général*, t 1, n° 1228).

Les règles de forme sont nettement moins nombreuses que celles relative à la procédure d'adoption de l'acte. Pour l'essentiel, elles se rapportent à l'obligation de motivation et la nécessité de comporter certaines mentions (nom et qualité de l'auteur de l'acte, date, signature, contreseing, etc.).

On remarque que plus l'acte est important ou susceptible de porter atteinte à la situation de son destinataire ou des tiers, plus les règles de forme sont nombreuses.

2. *La procédure* désigne l'ensemble des formalités exigées lors de l'élaboration de l'acte administratif.

Au final, il apparaît que dans ce cas d'ouverture, on englobe :

1) *le vice de forme* proprement dit, c'est-à-dire ce qui intéresse la teneur de l'acte attaqué (exemple : non-mention des motifs dans une décision dont le texte exige qu'elle soit motivée) ;

2) et *le vice de procédure* qui est relatif (comme son nom l'indique) à la procédure suivant laquelle l'acte a été pris (ex : sanction disciplinaire infligée à un fonctionnaire sans que ne soit recueilli l'avis d'une commission disciplinaire alors que la consultation de celle-ci était obligatoire).

B – Limites

Comme pour l'incompétence, toutes les illégalités affectant la forme et la procédure de l'acte n'entraînent pas *ipso facto* l'annulation de celui-ci. C'est le cas notamment dans les trois hypothèses suivantes :

1. les formalités non substantielles
2. l'impossibilité matérielle de respecter une formalité encore qualifiée de « théorie des formalités impossibles »
3. et enfin l'hypothèse où le vice de forme n'entraîne pas l'annulation de l'acte.

– **1.** Les formalités non substantielles (ou formalités accessoires)

Tous les éléments qui rentrent en ligne de compte dans la forme ou la procédure administrative d'un acte de l'administration n'ont pas la même valeur. Si tel n'était pas le cas, l'action administrative serait en effet paralysée par la moindre omission d'une formalité entraînant l'annulation de l'acte. Dès lors, en principe, seules les irrégularités commises à propos des formes substantielles justifient l'annulation de l'acte pour vice de forme.

Reste à définir ce que sont les formes substantielles : ce sont celles qui sont de nature à avoir un effet sur le contenu de la décision attaquée (*ie.* dont le respect aurait pu changer le sens de la décision).

Exemples :

- lorsque l'autorité administrative doit consulter une commission avant de prendre sa décision, le défaut de consultation est normalement un vice substantiel, parce que l'opinion émise par la commission, même si elle ne s'impose pas à l'autorité, est l'un des éléments à partir desquels l'autorité administrative prend sa décision ;
- de même, le défaut de contreseing ministériel est considéré comme un vice de forme substantiel (CE sect. 31 décembre 1976, Comité de défense des riverains de l'aéroport de Paris-Nord) ;
- en revanche, lorsque l'administration ne cite pas les textes législatifs et réglementaires sur lesquels s'appuie sa décision (les « visas »), cette omission est normalement sans influence sur la décision et ne constitue donc pas un vice de forme.

À noter :

Il s'avère qu'à propos de la consultation des organismes administratifs le Conseil d'État a modifié sa jurisprudence. En effet, la consultation des organismes ouvrait le champ à trop d'occasions de commission d'irrégularités multiples :

- telle personne n'aurait pas dû siéger ;
- le quorum n'était pas atteint ;
- le dossier transmis était complet mais il manquait une annexe;
- etc.

Pour savoir si l'irrégularité commise devait entraîner l'annulation de l'acte le juge administratif recourait à deux types de jurisprudence, rendant ainsi le droit particulièrement imprévisible, sinon obscur.

Un premier courant se référait à la notion de formalités (*voir ci-dessus*) pour distinguer les formalités substantielles et celles qui ne le sont pas. Seules les premières entraînaient l'annulation de l'acte. Pour savoir s'il s'agissait d'une formalité substantielle, le juge appréciait de façon assez abstraite (et indépendante de l'espèce) la formalité en cause, son objet, sa finalité, et la place qu'elle occupait dans le processus de prise de la décision.

Le second courant, très différent, s'attachait non pas à la formalité en cause mais à l'illégalité commise et à ses conséquences éventuelles sur le processus de prise de décision. L'examen du juge était alors concret (pratique et pragmatique).

Or, ces clefs de lecture, quoique réconfortantes intellectuellement, ne suffisaient pas à elles seules à comprendre la jurisprudence. De l'aveu même des juges du Conseil d'État, la jurisprudence était extrêmement hétérogène, le juge utilisant des notions très différentes, telles que « vice », « erreur » ou encore « irrégularité » substantiels.

Pour tenter de mettre un terme à ces facteurs d'incertitude et d'introduire un peu plus de lisibilité dans cette jurisprudence, le législateur est intervenu (ce qui est rare) et a posé la règle suivante :

> « Lorsque l'autorité administrative, avant de prendre une décision, procède à la consultation d'un organisme, seules les irrégularités susceptibles d'avoir exercé une influence sur le sens de la décision prise au vu de l'avis rendu peuvent, le cas échéant, être invoquées à l'encontre de la décision », (loi du 17 mai 2011, art 70)

Le Conseil d'État a profité de ces nouvelles dispositions (qui, il faut bien l'admettre, constituent une invitation à modifier l'état du droit…) pour en tirer un nouveau principe et les conséquences que le juge de l'excès de pouvoir doit en tirer. Il s'agit de réduire les occasions d'annulation :

« Considérant que ces dispositions énoncent, s'agissant des irrégularités commises lors de la consultation d'un organisme, une règle qui s'inspire du principe selon lequel, si les actes administratifs doivent être pris selon les formes et conformément aux procédures prévues par les lois et règlements, un vice affectant le déroulement d'une procédure administrative préalable, suivie à titre obligatoire ou facultatif, n'est de nature à entacher d'illégalité la décision prise que s'il ressort des pièces du dossier qu'il a été susceptible d'exercer, en l'espèce, une influence sur le sens de la décision prise ou qu'il a privé les intéressés d'une garantie ; que l'application de ce principe n'est pas exclue en cas d'omission d'une procédure obligatoire, à condition qu'une telle omission n'ait pas pour effet d'affecter la compétence de l'auteur de l'acte ; » CE ass. 23 décembre 2011, M. Danthony et autres, req. n° 335033, *AJDA* 2011, p. 195201, chron X. Domino et A Bretonneau[87]) ;

De cet arrêt d'assemblée qui pose pour la première fois un principe dans le domaine de la procédure administrative non contentieuse, on peut tirer les enseignements suivants :

1. Le champ de ce principe est très large puisqu'il concerne toutes les procédures administratives préalables à l'adoption d'une décision ;
2. Cette jurisprudence met expressément un terme à l'ancienne jurisprudence qui distinguait selon que la consultation était obligatoire ou facultative (étant entendu que le juge pouvait excuser d'avantage d'irrégularités lorsque la procédure n'était que facultative) ;
3. Le juge administratif transpose à la « légalité externe », la logique de l'erreur manifeste d'appréciation qu'il utilise dans le contrôle de la légalité interne : il existe un contrôle restreint (*infra*) de la légalité externe que l'arrêt Danthony officialise enfin.

Le considérant de principe distingue deux hypothèses d'annulation :

1. l'influence qu'est susceptible d'avoir exercée le vice de procédure ;
2. ou la privation d'une garantie.

Il ajoute par ailleurs une précision.

Reprenons ces deux hypothèses et cette précision pour les expliciter :

1.1) S'agissant tout d'abord de la première hypothèse relative à l'influence qu'est susceptible d'avoir exercée le vice de procédure, on relève que le juge annule non seulement les décisions dont l'irrégularité commise a eu une influence sur le sens de la décision adoptée au final, mais aussi les

87. Voir aussi : Marie Rota, *Vers la disparition des vices de forme ? R.D.P.* 2015, p. 641 et s.

décisions où l'irrégularité commise est susceptible d'avoir eu une telle influence : c'est logique car il est difficile au juge d'affirmer avec certitude ce qui se serait passé si la procédure avait eu lieu convenablement.

A contrario, pour ne pas annuler, le juge doit bien pouvoir affirmer que le vice constaté n'a eu aucune influence sur le sens de la décision. Le juge appréciera donc concrètement la situation, en fonction de l'objet de la procédure, de la nature de la décision en cause, des circonstances dans lesquelles est intervenue l'irrégularité ;

1.2) En ce qui concerne la seconde hypothèse relative à la privation d'une garantie, l'annulation n'est encourue qu'en cas de privation d'une garantie et non pour une quelconque irrégularité. En d'autres termes, il faut donc la commission d'un vice d'une certaine gravité.

En effet, le juge précise :

« que l'application de ce principe n'est pas exclue en cas d'omission d'une procédure obligatoire, à condition qu'une telle omission n'ait pas pour effet d'affecter la compétence de l'auteur de l'acte ».

Cette rédaction (quelque peu « énigmatique », dixit les commentateurs du Conseil d'État, chron. *AJDA, op.* cit.) suggère que le juge sera davantage vigilant lorsqu'une procédure obligatoire a été omise, car cette omission constitue une irrégularité en général assez grave… mais pour autant, dans un tel cas, l'annulation par le juge ne sera pas systématiquement (contrairement à ce qui se passait avant cette nouvelle jurisprudence du 23 décembre 2011). L'arrêt précise toutefois qu'il y a lieu d'annuler l'acte si l'omission affecte la compétence de l'auteur de l'acte : ceci vise le cas où l'autorité doit prendre une décision sur « avis conforme ».

Enfin, cette jurisprudence a été précisée par un arrêt du CE du 17 février 2012, Sté. Chiesi SA, n° 332509 (*AJDA* 2012, p. 353 « au fil de la semaine »). Le juge y indique que la juridiction peut décider d'elle-même d'écarter un « vice de procédure » soulevé à l'encontre d'un acte administratif s'il estime que sont remplies les conditions posées par la jurisprudence Danthony et ce faisant, la juridiction ne relève pas d'office un moyen qui devrait être communiqué aux parties (en application de l'art. R 611-7 CJA).

– **2.** L'impossibilité matérielle de respecter une formalité encore qualifiée de « théorie des formalités impossibles » :

On rencontre cette hypothèse lorsque par exemple, c'est le requérant qui refuse d'accomplir la formalité (exemple : à propos d'une sanction disciplinaire, le principe de la procédure contradictoire n'est pas respectée parce que le requérant refuse de se rendre aux convocations) ou encore, parce que ce sont les membres de la commission de discipline qui refusent de siéger (le respect de la règle de procédure a été impossible).

– **3.** Enfin dernière hypothèse où le vice de forme n'entraîne pas l'annulation de l'acte : en cas de circonstances exceptionnelles (supra) et en cas de compétence liée (*supra*).

SOUS-SECTION 2 – LE CONTRÔLE DE LA LÉGALITÉ INTERNE

§ 1 – Le détournement de pouvoir

Il faut rappeler que l'action de l'administration, contrairement à celle des particuliers qui peuvent choisir librement le but de leurs actes, a une finalité qui lui est imposée. En effet, elle doit toujours exercer ses compétences en vue de la satisfaction de l'intérêt général (ou intérêt public).

Mais il faut être conscient que dans cette hypothèse, la décision en elle-même est régulière, cependant l'autorité administrative n'a pas respecté le but qui était prévu par la loi (elle a exercé un de ses pouvoirs dans un but autre que celui en vue duquel il lui a été conféré, précisent les arrêts) : elle a donc commis un détournement de pouvoir.

Lorsqu'elle s'écarte des buts qui lui sont assignés, elle commet un détournement de pouvoir, appelé ainsi car, en commettant cette illégalité (ce cas d'ouverture), l'administration détourne le pouvoir qu'elle détient de son objectif, de son but légal.

Dans cette hypothèse, la décision en elle-même est régulière, cependant l'autorité administrative n'a pas respecté le but qui était prévu par la loi (elle a exercé un de ses pouvoirs dans un but autre que celui en vue duquel il lui a été conféré, précisent les arrêts) : elle a donc commis un détournement de pouvoir.

Ici, le juge contrôle non pas les motifs de l'acte, mais les mobiles de l'auteur de l'acte (il s'agit donc du contrôle de données tout à fait subjectives, ce qui n'est pas le cas lorsque la juridiction contrôle les motifs, qui eux, constituent des données objectives).

L'intérêt de ce contrôle, est de moraliser l'action administrative.

A – Les modalités du détournement de pouvoir

Le détournement de pouvoir revêt plusieurs formes. On distingue habituellement 3 cas.

1 – L'auteur de l'acte a poursuivi un but étranger à l'intérêt public

Ce premier cas de détournement de pouvoir est le plus flagrant, le plus grossier : il y a détournement de pouvoir lorsque l'autorité administrative a usé de ses pouvoirs dans un intérêt autre que l'intérêt public.

En clair, l'autorité administrative agit dans l'intérêt d'un particulier, ou pire dans son intérêt personnel (pour son propre profit, par vengeance...).

Exemples :

- Un maire réglemente les bals et les dancings de la commune de façon qu'ils ne fassent pas concurrence à son auberge : CE 14 mars 1934, Delle Rault.
- L'administration créée une école dans le seul intérêt du directeur qu'elle se propose d'engager : CE 5 mars 1954, demoiselle Soulier.
- Une commune acquiert un terrain dans le seul but de retarder (sinon rendre plus onéreuse) les expropriations nécessaires à la réalisation d'autoroutes et dont le tracé passe sur son territoire (pratique fréquente) : CE 24 mai 1993, Commune du Vésinet.
- À signaler ce dernier exemple : pour la première fois, le Conseil d'État a annulé un décret réglementaire, délibéré en Conseil des ministres et signé par le président de la République, car cette norme située au sommet de la hiérarchie des actes administratifs était entachée d'un détournement de pouvoir : CE 13 janvier 1995, Syndicat autonome des inspecteurs généraux et des inspecteurs de l'administration.

En l'occurrence, il s'agissait de la nomination d'une collaboratrice du Gouvernement de la République qu'il convenait de "placer" avant une échéance électorale et qui ne remplissait pas toutes les conditions requises pour pouvoir prétendre occuper le poste convoité. Qu'à cela ne tienne, le Gouvernement a – fort classiquement – modifié les statuts afin de permettre à cette collaboratrice de cabinet d'être nommée. Le Conseil d'État a rappelé, dans cette affaire, que les principes de neutralité et d'impartialité propres à la fonction publique devaient être respectés.

2 – L'auteur de l'acte, tout en poursuivant un but d'intérêt public, n'a pas suivi l'objectif qui correspond précisément à la mesure en cause

En d'autres termes, l'acte administratif a été pris dans un intérêt public, mais qui n'est pas celui pour lequel les pouvoirs nécessaires pour prendre l'acte ont été conférés à son auteur.

Exemples :

- Le pouvoir de police ne peut être utilisé que pour le maintien de l'ordre public. Si le maire d'une commune en bord de mer prescrit aux baigneurs d'utiliser des cabines municipales payantes, son arrêté est entaché de détournement de pouvoir, car le but poursuivi n'est pas la sauvegarde de la moralité publique mais l'intérêt financier de la commune (il faut bien entendu remettre cette affaire dans le contexte de l'époque ; aujourd'hui une telle affaire prête à sourire) : CE 4 juillet 1924, Beaugé.

– Un maire limite le nombre de représentations cinématographiques dans sa commune afin de favoriser la fréquentation scolaire. Ce faisant, le maire use de ses pouvoirs de police en vue d'un but d'intérêt public pour la défense duquel ils ne lui ont pas été conférés : CE 14 mai 1954, de Pischof.

3 – Le détournement de procédure

Il y a détournement de procédure lorsque l'autorité administrative utilise, pour parvenir à ses fins, une procédure autre que celle qui doit s'appliquer, le plus souvent parce que la procédure ainsi employée est plus souple. Il faut bien être conscient que l'erreur commise par l'administration dans l'emploi d'une procédure à la place d'une autre ne constitue pas pour autant un détournement de pouvoir (ce serait simplement un vice de procédure). Mais si l'auteur d'un détournement de procédure sait qu'en employant cette procédure, il commet une illégalité, le critère de l'intention suffit pour que l'on y voit un détournement de pouvoir.

Exemples :

– Pour exclure un élève de l'école, le directeur de celle-ci préfère abaisser ses notes plutôt que d'utiliser la procédure disciplinaire à son encontre : CE 18 décembre 1968, Brune ;
– de même, commets un détournement de procédure, un préfet qui au lieu d'utiliser ses pouvoirs de police, recourt à la procédure de l'art 30 du code de procédure pénale [à l'époque c'était l'art 10 du code d'instruction criminelle] pour ordonner la saisie d'un journal : CE Assemblée 24 juin 1960, Sté. Frampar et Sté. France éditions et publications, *GAJA*.

On rencontre de nombreux détournements de procédure en matière d'urbanisme, dans le but justement d'éviter de mettre en œuvre des procédures trop contraignantes.

Exemple :

– L'autorité administrative peut exproprier un immeuble, pour y installer des services, mais la procédure de l'expropriation est longue et coûteuse. Aussi, elle peut être tentée de recourir à la réquisition de l'immeuble, procédure plus rapide, plus efficace, mais aussi strictement réservée à des situations bien précises. Si la réquisition est employée au lieu de l'expropriation, il y a détournement de procédure.

N.B. – Il faut noter que certains auteurs (René Chapus par exemple) réfuten l'idée même de « détournement de procédure » et considèrent qu'il s'agi en fait d'un « détournement de pouvoir ». D'autres auteurs (Odent pa exemple) montrent que la jurisprudence est hésitante. Parfois, le Consei d'État examine ce moyen au titre de la légalité interne (CE sect. 23 juir 2000, Agence des foyers et résidences hôtelières privées, n° 167258) e parfois au titre de la légalité externe (CE 11 févr. 1987, Bon, Rec. P. 40) Voir l'étude d'Odile de David de Beauregard-Berthier, *La notion de détournement de procédure en droit administratif*, *DA* janv. 2006, p. 13 et s

B – Limites

1) Il existe des cas où le détournement de pouvoir n'entraîne pas l'annulation de l'acte entaché de ce vice.

En effet, en cas de pluralité de buts, il suffit que l'un des buts poursuivis soit valable pour que l'acte soit légal. En d'autres termes, si le but principal visé est légal, la préoccupation accessoire n'entache pas la mesure de détournement de pouvoir.

Exemple :

- Expropriation poursuivie en vue d'établir une déviation entre deux agglomérations visant à fluidifier la circulation. Si la déviation profite à un établissement industriel (en l'occurrence les usines Peugeot), cette conjonction d'intérêt public et privé n'est pas illégal : CE 20 juillet 1971, ville de Sochaux.

Par ailleurs, lorsque le contenu de l'acte est déterminé d'avance (par exemple : en cas de compétence liée), le mobile qui a inspiré son auteur est indifférent.

Exemple :

- Reste légal le refus de délivrer un permis de chasse à un individu qui a encouru certaines condamnations le privant du droit de chasse, même si l'auteur du refus est un ennemi personnel du demandeur du permis et se réjouit de la décision.

2) En second lieu, établir la preuve du détournement de pouvoir est le problème capital de ce cas d'ouverture.

Le juge cherche avant tout à être assuré de façon péremptoire de l'existence du détournement de pouvoir. Trop souvent en effet, les requérants ont tendance à invoquer sans preuve le détournement de pouvoir, car il est humain de croire qu'une mesure administrative prise à son encontre est inspirée par des considérations personnelles.

Il faut donc que le détournement de pouvoir résulte des pièces du dossier. Mais il peut résulter aussi d'allégations du requérant non contredites par l'administration (exceptionnellement, il peut résulter d'un faisceau de présomptions).

En réalité comme il est difficile d'apporter la preuve du détournement de pouvoir, le juge préfère faire porter l'essentiel de son attention sur les motifs, plus faciles à appréhender. En d'autres termes, le juge préfère éviter de soupçonner la « moralité » de l'administration.

§ 2 – La violation de la loi

Des quatre cas d'ouverture du REP, le plus courant est en réalité la violation de la loi.

C'est une notion très large qui consiste en ce que l'autorité administrative est tenue de ne pas enfreindre la « règle de droit ». Lorsque l'on parle de la violation de la loi, il ne faut pas prendre le terme « loi » dans son acceptation formelle, *ie.* ne pas l'interpréter strictement au sens d'acte voté par le parlement. Il s'agit en effet de la violation de toutes les règles de droit que nous avons recensées lors de l'étude du principe de légalité (Constitution, traité, loi, règlement, PGD, autorité de la chose jugée, etc. *supra*).

La violation de la loi recouvre l'ensemble des illégalités susceptibles d'entacher un acte administratif autre que l'incompétence, le vice de forme et le détournement de pouvoir.

Nous exposerons d'abord les modalités du contrôle (A) avant d'étudier le degré d'intensité de ce contrôle de légalité (B).

A – Les modalités du contrôle

La violation de la loi est susceptible d'affecter l'acte attaqué à divers points de vue.

Elle vise :

– soit les règles relatives au contenu (*ie.* relative à l'objet de l'acte),

– soit les motifs (de droit et de fait) qui l'ont justifiée.

L'illégalité relative à « l'objet » de l'acte signifie que *la mesure édictée* [et « attaquée »] *ne pouvait être prise* » ; l'expression employée révèle que le contrôle exercé par le juge est un contrôle objectif; tandis que l'examen des « motifs » implique un examen des « circonstances » de droit et de fait qui ont provoqué la décision.

1 – Le contrôle de la violation directe de la règle de droit

La violation directe de la règle de droit vise le cas où une règle faisant partie de la légalité n'a pas été respectée ou appliquée, sans qu'il y ait lieu de procéder à une appréciation des motifs de l'acte. En d'autres termes, le juge apprécie si le contenu de l'acte administratif qui lui est déféré respecte les normes qui lui sont supérieures (si cet acte est conforme avec la légalité).

La violation directe de la règle de droit peut être positive ou négative.

- Elle est positive lorsque l'objet même de l'acte est interdit par une règle de valeur supérieure.

Exemple :

- Fixation d'une taxe par l'administration des douanes à un taux supérieur au maximum prévu par la loi.

Cette violation « positive » peut atteindre la « lettre » de la norme mais aussi son « esprit », *ie*. que l'administration a méconnu « le sens et la portée » de la norme.

- La violation est négative (on parle encore de refus d'application de la loi ; qui est proche de l'incompétence négative) lorsque par exemple, l'administration refuse de prendre un acte qui lui est imposé par une règle de valeur supérieure.

Exemple :

- Une autorité administrative refuse de communiquer aux fonctionnaires leurs notes chiffrées alors que la loi a rendu cette communication obligatoire (CE 9 novembre 1956, Chastenet et Gery, rec p. 427).

2 – Le contrôle des motifs de la règle de droit

On sait que les motifs de l'acte administratif sont constitués par les éléments de droit qui ont conduit l'administration à agir. Lorsqu'elle prend une décision, l'administration se fonde à la fois sur une règle de droit et sur une certaine situation de fait.

Sa décision sera le résultat de ces deux catégories de motifs ; les motifs sont donc antérieurs et extérieurs à l'acte administratif.

N.B. – Il ne faut pas confondre les motifs de l'acte administratif avec les mobiles psychologiques auxquels obéit son auteur ; les motifs sont les éléments objectifs, circonstances de fait ou de droit, dont l'existence conduit cette autorité à prendre l'acte.

Depuis le début du XXe siècle, le Conseil d'État étend de plus en plus son contrôle sur les motifs des actes administratifs, au point que cette ouverture tend à devenir une des plus importantes du REP. Elle permet en effet au juge d'examiner l'ensemble des éléments de l'acte en faisant varier l'intensité de son contrôle selon la nature des pouvoirs exercés (*ie.* compétence liée ou pouvoir discrétionnaire, *infra* B).

a) Les motifs de droit

Lorsque les motifs de droit sont illégaux, on parle le plus souvent d'erreur de droit. Cette expression traduit le fait que le raisonnement effectué par l'administration dans l'application du texte est erroné, vicié (il y a vice des motifs de droit). Mais parfois, l'expression est réservée au troisième des cas que nous allons à présent exposer.

On peut en effet distinguer trois cas d'erreurs de droit :

- Tout d'abord, l'acte est pris en dehors du champ d'application de la loi :

  Notons qu'il s'agit d'un moyen d'ordre public et que de ce fait il peut être soulevé d'office par le juge.

Exemples :

- L'hypothèse la plus simple se rencontre lorsque la survenance d'une loi d'amnistie modifie le champ d'application de la loi. Dans ce cas, l'amnistie de la sanction doit être soulevée d'office par le juge : CE 14 janvier 1976, Fontaine, *RDP* 1976, p. 1379.
- Imposition n'entrant pas dans le champ d'application de la loi fiscale : CE 23 janvier 1957, Tassard, rec. p. 50.
- Rétroactivité d'un acte réglementaire servant de base à l'acte attaqué : CE 11 juin 1971, Assistance publique de Paris c/ Dame Duvoisin, *AJDA* 1972, p. 482.

- Ensuite, le motif de droit sur lequel est fondé l'acte attaqué n'existe pas encore ou n'existe plus ou est illégal : on parle dans ce cas de défaut de base légale.

Le juge recherche si la base légale existe et dans l'affirmatif si elle est légale.

Exemple :

- L'administration se fonde sur un règlement non encore publié pour refuser d'octroyer un acte individuel à un particulier ; cas de refus d'un permis de construire sur la base d'un POS non encore publié : CE sect. 8 mars 1957, Rozé.

Il faut noter cependant qu'en matière de motif illégal (et seulement dans ce cas), le juge peut procéder de sa propre initiative à une « substitution de base légale » (mais cette substitution est facultative pour le juge), *ie.* que le juge substitue une base légale correcte à celle que l'autorité administrative a cru, à tort, pouvoir retenir.

Il ne faut pas confondre cette « substitution de base légale » avec la « substitution de motifs ». Dans le cas de la substitution de base légale, l'administration pouvait légalement prendre l'acte mais elle l'a pris en se trompant de fondement juridique: aussi, le juge a la faculté, d'office de redonner le fondement correct à la décision de l'administration.

Pour ce faire, deux conditions doivent être remplies:

1. le juge ne peut procéder à cette substitution de base légale qu'au vu des pièces du dossier soumis à son office;
2. le juge doit aussi au préalable mettre les parties à même de présenter des observations sur ce point (CE sect. 3 décembre 2003, préfet de la Seine Maritime c/ M. El Bahi).

Si le juge procède à cette substitution de base légale, il n'annulera pas l'acte attaqué.

- Enfin, 3ᵉ et dernière variante d'erreur de droit: l'administration a mal interprété le motif de droit (application erronée d'un texte).

Dans cette hypothèse, le motif de droit choisi existe et est légal (contrairement à ce qui se produit en cas de défaut de base légale), mais l'administration lui donne un sens ou une portée erronée; le juge emploie dans ce cas la terminologie suivante:

« décision entachée d'erreur de droit », « fondée sur un motif juridiquement erronée » ou « erronée en droit »;

ces diverses expressions montrent que le juge entend bien indiquer que c'est uniquement sur le plan du droit, et non sur celui des faits, que l'administration a commis un excès de pouvoir, en méconnaissant le sens et la portée d'une règle de droit.

En fait, nombreux sont les rapports existant entre la violation de la règle de droit et l'application erronée d'un texte. Cependant, il s'agit bien de deux ouvertures différentes. La violation de la règle de droit reste objective, *ie.* qu'elle constitue une violation de la hiérarchie des règles juridiques, tandis que l'erreur de droit implique un vice dans le raisonnement de l'administrateur au moment où il a pris la décision.

Exemple :

- Licenciement d'un agent public pour suppression d'emploi alors que le poste n'avait pas régulièrement été supprimé: CE 24 mai 1935, Mérignac, rec. 594.

Enfin, il faut mentionner une évolution remarquable de la jurisprudence qui permet au juge de procéder à une substitution de motifs afin d'éviter l'annulation de l'acte. Précisons cependant que cette substitution de motifs est possible tant pour les motifs de droit que pour les motifs de fait (ci-dessous) : CE sect. 6 février 2004, Mme Hallal.

Il ne faut pas confondre la « substitution de motifs » avec la « substitution de base légale ». En effet, la substitution de motifs va beaucoup plus loin que celle de la base légale (qui est un simple changement d'étiquette) dans la mesure où cela permet au juge de prêter à l'administration une intention différente de celle affichée par cette dernière.

L'apport de l'arrêt précité (Mme Hallal) est d'avoir étendu une solution qui n'était appliquée jusque-là que dans les hypothèses de « compétence liée ». La jurisprudence Hallal peut être résumée ainsi : lorsque l'administration s'est fondée, pour prendre une décision, sur un motif erroné, elle peut invoquer devant le juge administratif, un autre motif de nature à justifier légalement sa décision. Cette possibilité est ouverte à l'administration sous une double réserve :

1. le motif nouvellement invoqué devant le juge de l'excès de pouvoir pour justifier la décision attaquée doit être fondé sur la situation existant à la date de celle-ci ;
2. cette faculté n'est ouverte que devant le juge du fond (jamais devant le juge de cassation).

Concrètement, le juge doit apprécier, dans un premier temps, si un tel motif (substitué) est « de nature à » fonder légalement la décision ; puis, dans un second temps, le juge doit rechercher si l'administration aurait pris la même décision si elle s'était fondée initialement sur ce motif. Dans l'affirmative, le juge a la faculté de substituer le nouveau motif invoqué devant lui à celui initialement retenu par l'administration, mais à la double condition :

1. d'une part, d'avoir préalablement mis à même le requérant de présenter des observations ;
2. et d'autre part, de s'être assuré que la substitution de motifs ne prive pas le requérant d'une garantie procédurale liée au motif substitué.

b) Les motifs de fait

Les motifs de fait sont les circonstances de fait en considération desquelles une décision a été prise : c'est la situation qui a poussé l'administrateur à agir, à prendre l'acte.

Exemples :

- La faute commise par un agent provoque la prise d'une sanction administrative ;
- Les difficultés de circulation constatées dans une rue vont amener le maire à prendre un arrêté de police réglementant la circulation.

Mais en quoi ces faits intéressent-ils la légalité ?

Pendant longtemps, ils étaient considérés comme indifférents et le Conseil d'État se refusait à les examiner, considérant qu'ils relevaient de l'appréciation de l'administration et ne concernaient pas le respect de la loi. Ce n'est qu'à partir de 1914 qu'ils furent pris en considération ; depuis cette date en effet la régularité des motifs de fait est devenue une condition de la légalité (qui prend une place de plus en plus importante).

Les motifs faits peuvent être viciés ou sont illégaux dans les trois hypothèses suivantes :

- l'inexactitude matérielle des faits (1°) ;
- la qualification juridique des faits (2°) ;
- l'inadéquation de l'objet de la décision à ses motifs (3°).

1°) L'inexactitude matérielle des faits

Cette notion correspond à l'expression parfois utilisée : « erreur de fait ».

Ce premier aspect est aisé à comprendre : il n'est pas admissible que l'administration puisse se décider sur des faits qui sont inexacts ou inexistants.

Il faut bien relever en effet que le contrôle de la matérialité des faits recouvre deux formes ; le juge censure :

- d'une part, une décision fondée sur un ou des faits qui s'avèrent être faux ;
- et d'autre part, les faits qui ne sont pas établis.

Exemple :

- Fait non établi : CE 14 janvier 1916, Camino, *GAJA*. On ne peut pas légalement suspendre un maire sur la base de faits qu'il n'a pas commis ; la loi, accordant le pouvoir de suspendre le maire en cas de faute serait alors violée.

C'est pourquoi la jurisprudence exige que les faits qui ont servi de base à la décision doivent s'être effectivement produits ; la situation doit exister, sinon il y a illégalité pour inexistence des motifs de faits invoqués (à condition bien entendu que ce motif de fait ait été déterminant). De plus, ces faits doivent être rapportés de façon exacte (l'administration doit toujours fonder sa décision sur des faits ni déformés, ni erronés).

N.B. – L'autorité de la chose jugée peut interdire au juge d'effectuer ce contrôle de la matérialité des faits si celle-ci a été constatée par un jugement définitif émanant du juge répressif.

2°) La qualification juridique des faits

Après avoir présenté cette notion, nous exposerons les variations de ce type de contrôle.

2°.1) La notion de qualification juridique des faits

Dans le langage courant, qualifier les faits consiste simplement à leur adjoindre un « qualificatif ». Par exemple, on dira que telle construction est *grande, belle ou laide* : il s'agit d'une qualification.

En droit, la qualification juridique correspond à un sens plus spécifique : elle désigne l'opération qui consiste à faire entrer les faits dans une catégorie juridique.

L'administration ne peut agir que lorsque les circonstances de fait correspondent aux motifs de droit qui lui sont prescrits pour agir. En effet, le respect de la loi impose que les faits invoqués correspondent à ceux pour lesquels le pouvoir de décider a été accordé à l'administration.

Le contrôle opéré par le juge administratif sur les faits correspond à la démarche suivante.

La qualification juridique peut être définie comme la démarche consistant à rapprocher une donnée factuelle (*ie.* de l'ordre du fait) d'une notion juridique préexistante, ou, en d'autres termes, à rechercher dans quelle mesure cette donnée entre dans le champ d'application de cette notion (Daniel Labetoulle, *Droits* 1993, p. 32).

Cette qualification se pose :

- soit par rapport à un substantif (exemples : véhicule, honneur, probité, immeuble) ;
- soit par rapport à un adjectif (faute *lourde*, faute *simple*, entretien *normal*) ; à noter que les textes sont parfois très vagues : « autorisation *d'adaptation mineures* » ; « espaces *proches du rivage* »….).

Un exemple concret suffira sans doute à mieux faire comprendre la portée de ce contrôle :

- La réglementation subordonne fréquemment l'exercice d'un pouvoir administratif à l'existence d'une situation de fait qualifiée abstraitement ; ainsi, une sanction ne peut être infligée que si une faute disciplinaire a été commise ; qualifier juridiquement les motifs de fait de la sanction, c'est tout simplement vérifier que les faits reprochés à l'agent (par exemple : retards, erreurs, ivresse...) correspondent à la définition légale de la faute.

Ce second type de contrôle a été exercé pour la première fois par le Conseil d'État en 1914 (CE 4 avril 1914 Gomel, *GAJA*) : un préfet avait refusé un permis de construire sur la place Beauvau à Paris, sous prétexte que la construction projetée allait porter atteinte à une perspective monumentale (alors qu'en réalité, l'endroit où elle devait être érigée ne nuisait nullement à ladite perspective).

Plus précisément dans l'arrêt Gomel, le préfet tenait de la loi le pouvoir de refuser de délivrer un permis de construire si la construction projetée était de nature à *porter atteinte* à une *perspective monumentale*. Pour que le refus soit « légal » (*ie.* conforme à la loi), il fallait admettre :

1. que la place Beauvau constituait une perspective monumentale (première qualification) ;
2. et que le projet de M. Gomel était de nature à porter atteinte à cette perspective (deuxième opération de qualification).

Le préfet s'étant trompé dans la première opération de qualification, il n'y a pas lieu de rechercher si la construction projetée aurait été de nature à porter atteinte à une perspective monumentale.

On notera qu'avec ce type de contrôle, il existe un « risque » : en effet, dans sa mission de qualification et d'interprétation de la loi et des faits, le juge peut aller très loin et passer insensiblement du contrôle de la qualification juridique des faits à celui de l'appréciation, en substituant en fait sa propre appréciation à celle de l'administration.

Exemple :

- En matière de sanction disciplinaire, le juge est conduit à dire quels faits sont constitutifs d'une faute disciplinaire.

Un conseiller d'État -Daniel Labetoulle- reconnaissait d'ailleurs que :

> « la démarche de qualification n'est pas neutre vis-à-vis de la règle de droit qu'elle applique et que d'une certaine façon qualifier revient à créer du droit en donnant à tel terme ou à telle règle un sens et une portée qu'ils n'avaient pas auparavant », Droit, 1993, « La qualification et le juge administratif : quelques remarques » p. 34.

Idem : EDCE n° 50, 1999, p. 119 :

> « Il ne faut pas se dissimuler en effet que l'opération de qualification est une opération extrêmement subjective. En réalité, le contrôle de la qualification juridique des faits revient pour le juge à confronter sa propre appréciation à celle de l'administration et à la faire prévaloir en cas de contradiction ».

Notons enfin, que dans cette opération de qualification juridique des faits, le juge administratif n'est pas tenu, comme pour la matérialité des faits, par l'autorité de la chose jugée au pénal ; car les catégories en cause ne sont pas forcément les mêmes (ce qui est particulièrement le cas en matière de droit disciplinaire).

2°.2) Les variations du contrôle de la qualification juridique des faits

On doit distinguer deux types de contrôle de la qualification juridique des faits par le juge :

1. un contrôle intégral (c'est celui que nous avons exposé ci-dessus, arrêt Gomel) ;
2. et un contrôle partiel.

La variation dans ce type de contrôle résulte de la part de pouvoir discrétionnaire dont dispose l'administration. Lorsque le juge estime nécessaire de laisser à l'autorité administrative un certain pouvoir discrétionnaire, il ne censurera que l'erreur manifeste dans cette opération intellectuelle de qualification juridique des motifs de fait. Ainsi, contrairement à la jurisprudence Gomel où le Conseil d'État censure toute erreur, même vénielle, dans la qualification juridique des faits, le juge n'annule que les actes entachés d'une erreur de qualification manifeste (déraisonnable).

De quoi s'agit-il ? Qu'est-ce qu'une « erreur manifeste » ?

On peut dire qu'il s'agit :

- d'un *mécanisme de secours en cas d'iniquité patente* (concl. J. Baudoin, sur CE sect. 6 nov. 1970, Guyé),
- d' *une erreur évidente (...) qui ne fait aucun doute pour un esprit éclairé* (concl. G. Braibant, sur CE sect 13 nov 1970, Lambert).

Comme le soulignait le commissaire du gouvernement, Guy Braibant :

« le pouvoir discrétionnaire comporte le droit de se tromper, mais non celui de commettre une erreur manifeste, c'est-à-dire à la fois apparente et grave » (concl. sur CE ass 2 nov 1973, SA librairie François Maspéro, *GAJA*).

Ainsi, comme son nom l'indique, l'erreur manifeste est une erreur évidente, grave, grossière, éclatante :

« qui saute aux yeux sans qu'il soit besoin d'être un expert très averti » (Georges Vedel, *Droit administratif*, PUF Thémis1988, p. 800).

On remarque donc qu'il faut deux conditions :

1. que l'erreur soit évidente et non pas discutable ;
2. et aussi que cette erreur ne soit pas vénielle ; au contraire qu'elle soit lourde, grave.

Prenons un exemple :

- Est annulée pour erreur manifeste d'appréciation, la nomination (au tour extérieur) d'un capitaine de la marine marchande dans le corps de l'inspection générale des bibliothèques, car ce marin n'a manifestement pas les capacités requises (cf. art. 6 DDHC) pour inspecter les bibliothèques (CE ass. 16 décembre 1988, Bléton, *RFDA* 1989, p. 522 concl. Vigouroux).

En revanche les erreurs bénignes commises par l'administration ne sont pas censurées.

Exemple :

- Le juge ne censure pas, par exemple, la décision qui considère qu'un emploi de cantonnier est « équivalent » à un emploi de garde champêtre (CE sect. 15 février 1961, Lagrange).

3°) L'inadéquation de l'objet de la décision à ses motifs

Le juge doit ainsi vérifier l'adéquation de la décision à ses motifs[88] ; ce contrôle touche donc ici au « choix » de la mesure prise.

Exemple :

- M. X, fonctionnaire, a commis une faute. Il est sanctionné : il a été révoqué. On remarque que l'exactitude matérielle des faits et la qualification juridique des faits ont déjà été contrôlées. Il s'agit maintenant de nouvelles interrogations :

1° question : l'administration doit-elle agir ? Les faits doivent-ils être sanctionnés ?

2° question : (lorsque l'administration agit) est-ce la bonne mesure qui a été prise au regard des faits qui lui sont reprochés ou plus précisément, la mesure prise est-elle en adéquation avec les faits reprochés ?

Le juge ne contrôle pas toujours cette « opération ». Il peut laisser une totale liberté à l'administration, ou, au contraire, contrôler plus ou moins ce choix en s'interrogeant sur l'adéquation (*ie* la proportion) entre le contenu de la décision et les caractéristiques des faits en jeu. C'est pourquoi on parle de contrôle de proportionnalité.

En fait, il serait plus exact de parler des contrôles car cela recouvre plusieurs hypothèses : trois plus précisément (nous irons du contrôle le plus intensif au moins intensif).

3°.1) Le contrôle intégral de proportionnalité

Il est des cas où le contrôle du juge descend jusqu'à l'adéquation de la décision administrative aux faits (c'est bien entendu le degré le plus poussé de son contrôle).

88. Ou : *L'adéquation du contenu de l'acte à la condition*, Frier et Petit, Précis de droit administratif, Montchrestien.

Comme le dit le Doyen Georges Vedel :

« Il ne s'agit plus seulement de dire si les faits étaient de nature à justifier une décision, mais de déterminer exactement si la mesure est bien celle qui pouvait être prise » (*Droit administratif*, Puf, 1988, 10e édition, p. 797).

En d'autres termes, on peut dire que le juge vérifie (dans ce type de contrôle), que la mesure prise est proportionnée aux faits qui la justifient. Si tel n'est pas le cas, il annule la décision administrative en raison de l'inadaptation aux faits de la mesure prise.

N.B. – Ce contrôle se subdivise en fait en deux catégories :

- d'une part, le contrôle entier (ou normal) ;
- et d'autre part, le contrôle approfondi (*infra*) qui n'est exercé par le juge que dans certaines matières : il examine si parmi les mesures envisageables, celle qui a été retenue est exactement celle qu'il fallait prendre.

Dans de telles hypothèses le juge contrôle effectivement et, on peut dire, ouvertement l'opportunité des décisions administratives.

Parfois même, le contrôle est qualifié de « strict » : le juge estime que par rapport aux faits reprochés, une seule mesure pouvait être prise. Tel est le cas en matière de police administrative.

Exemples :

- Dans l'arrêt de principe Benjamin du 19 mai 1933 (*GAJA*, déjà étudié), le Conseil d'État annule la décision d'un maire ayant interdit une conférence publique. Le juge apprécie les moyens utilisés par l'autorité de police et, compte tenu de toutes les circonstances de fait, il considère que le maire aurait dû, pour maintenir l'ordre, prendre des mesures moins rigoureuses que celles qu'il a prises, afin de sauvegarder l'exercice de la liberté de réunion (il s'agit alors d'un véritable contrôle de l'opportunité de l'action administrative).
- *Autre exemple :* CE ord. 26 août 2016, Ligue des droits de l'homme et autres – association de défense des droits de l'homme collectif contre l'islamophobie en France, n° 402742, 402777 :

« 5. Si le maire est chargé (...) du maintien de l'ordre dans la commune, il doit concilier l'accomplissement de sa mission avec le respect des libertés garanties par les lois. Il en résulte que les mesures de police que le maire d'une commune du littoral édicte en vue de réglementer l'accès à la plage et la pratique de la baignade doivent être adaptées, nécessaires et proportionnées au regard des seules nécessités de l'ordre public, telles qu'elles découlent des circonstances de temps et de lieu, et compte tenu des exigences qu'impliquent le bon accès au rivage, la sécurité de la baignade ainsi que l'hygiène et la décence sur la plage. Il n'appartient pa au maire de se fonder sur d'autres considérations et les restrictions qu'i apporte aux libertés doivent être justifiées par des risques avérés d'atteinte à l'ordre public. »

Ce contrôle total ou intégral de proportionnalité a été étendu à certaine mesures de police administrative spéciale (exemples : les autorisation préfectorales de sport nautique ; les décisions d'expulsion ou de reconduite à la frontière...) et aussi aux règlements intérieures des entreprises (Code du travail).

3°.2) Le contrôle partiel de proportionnalité

Avec ce type de contrôle, le juge ne censure que les erreurs manifeste d'appréciation (et il serait plus juste de dire de « proportion ») : CE sect 15 février 1974, Féd. Nat. des Syndicats de Fonctionnaires de l'agriculture CFDT.

Il apparaît donc bien que ce contrôle préserve le pouvoir discrétionnaire de l'administration. Les erreurs simples sont tolérées ; ne sont censurées que les erreurs manifestes de proportion. Comme le dit un commissaire du gouvernement :

« l'erreur manifeste apparaîtrait en somme comme la « faute lourde » du contentieux de l'excès de pouvoir », Olson, concl. sur CE sect. 1er février 2006, Touzard).

La différence entre ce contrôle de l'erreur manifeste de proportion et le contrôle de l'erreur manifeste de la qualification juridique des motifs de fait tient à son domaine d'intervention.

Précisons que par un arrêt de section du 1er février 2006 (CE sect. 1er fév. 2006, Touzard), le Conseil d'État a remplacé l'expression « erreur manifeste d'appréciation » par celle de « manifestement disproportionnée » lorsqu'il contrôle si la sanction est bien adaptée aux faits reprochés (car ce n'est pas tant une erreur que commet l'administration, qu'une « disproportion patente »). Mais on relève que le Conseil d'État utilise toujours la notion d'erreur manifeste (CE 12 janvier 2011, Matelly : officier de gendarmerie révoqué pour avoir émis des critiques, annulation pour erreur manifeste d'appréciation).

Précisons aussi que le contrôle de disproportion peut jouer dans les deux sens :

- celui d'une sévérité manifestement excessive (c'est l'agent sanctionné qui saisit le juge) ;
- celui d'une mansuétude manifestement excessive (dans ce cas, c'est l'administration qui s'emploie à faire annuler un avis d'une commission des recours).

3°.3) L'absence de contrôle de proportionnalité

Il est des hypothèses où le juge ne contrôle pas *l'adéquation de l'objet de la décision à ses motifs*.

L'autorité administrative pourra donc agir ou ne pas agir, et si elle agit, elle pourra prendre la décision qu'elle souhaite (en totale opportunité).

Exemple :

- L'administration bénéficiaire d'une DUP est libre de la mettre en œuvre ou non (*ie*. d'exproprier ou non) : CE 29 octobre 2003, Comité Défense riverains tronc commun.

Parfois, le contrôle est absent uniquement sur la décision d'agir ou de ne pas agir.

Exemple :

- En matière disciplinaire, l'autorité administrative n'est jamais obligée de poursuivre et sanctionner un agent fautif : CE 31 mai 1989, Tronchet, *DA* 1989 n° 399 :

« aucun texte ne fait obligation à l'autorité investie du pouvoir disciplinaire d'engager la poursuite disciplinaire ».

Mais en revanche, il existera un contrôle de proportionnalité sur le choix de la mesure retenue (son contenu).

B – Le degré d'intensité du contrôle de la légalité

Le degré d'intensité du contrôle de la légalité opéré par le juge n'est pas uniforme. Il varie : il est plus ou moins poussé dans tel ou tel domaine. Il varie en intensité. Mais cette intensité ne touche qu'au contrôle des motifs de fait.

Pourquoi ? Comment expliquer ces variations ?

Pour répondre à cette question, il faut d'abord procéder à un exposé quelque peu théorique ; puis nous étudierons concrètement les différents paliers du contrôle effectué par le juge qui, nous le verrons, s'explique par le fait que le contrôle est lié à la nature des pouvoirs de l'administration.

1 – Le contrôle de légalité et le contrôle d'opportunité

En ce qui concerne les contrôles de légalité et d'opportunité, il faut faire une nette distinction entre l'exposé théorique et la situation pratique que l'on est amené à rencontrer.

a) Exposé théorique

Lorsque l'autorité administrative se trouve dans une situation de compétence liée, sa décision peut être jugée sous l'angle de la légalité.

Suivant que cette autorité aura décidé en suivant ou non le sens que lui imposaient les lois et règlements, elle aura édicté une mesure légale ou illégale.

C'est dans ces hypothèses que le contrôle du juge peut s'exercer et nous verrons qu'il peut varier selon quatre types ou formes :

- le « contrôle minimum » ;
- le « contrôle restreint » ;
- le « contrôle normal » ;
- et le « contrôle maximum » (*infra*).

Quand au contraire, l'autorité administrative jouit d'un pouvoir discrétionnaire, sa décision ne peut être jugée que du point de vue de l'opportunité (elle sera opportune ou inopportune, bonne ou mauvaise, mais elle ne sera pas illégale, puisque précisément l'administration était libre d'agir dans un sens ou dans un autre). Dans ce cas, il ne peut y avoir de contrôle : il s'agit alors d'un « contrôle minimum » (*infra*).

Il va de soi que le juge de l'excès de pouvoir est juge de la légalité et non, en principe, de l'opportunité. Cela implique qu'il peut exercer aisément son contrôle sur des actes pris dans le cadre de la compétence liée mais beaucoup plus difficilement sur des mesures prises dans un domaine où l'administration dispose d'un pouvoir discrétionnaire.

b) Situation pratique

En réalité, on ne trouve jamais à l'état pur des distinctions aussi tranchées entre compétence liée et pouvoir discrétionnaire (et par suite, entre contrôle de la légalité et contrôle de l'opportunité). Chaque décision administrative est le résultat d'une combinaison entre ces deux situations. Tout dépend de la rédaction des normes de référence et de leur degré de précision, mais le contrôle varie aussi par choix jurisprudentiel, et il existe en la matière une évolution nette (accentuation du contrôle : passage du contrôle minimum au contrôle restreint, de celui-ci au contrôle normal etc… dans nombre de matières).

Ainsi, on ne rencontrera jamais de pure compétence liée, car même lorsque l'administration est obligée de faire un acte, elle dispose dans une certaine mesure du choix du moment (le « délai raisonnable »).

De même, il n'y a pas non plus de pur pouvoir discrétionnaire. En effet, à propos de toutes décisions administratives, il existe au moins trois cas où la compétence de l'administration est liée :

1. la compétence de l'organe administratif est toujours matière de compétence liée (en effet la loi fixe les attributions de chaque agent) ;

2. les motifs (considérations de fait et de droit qui fondent la décision) doivent toujours être matériellement et juridiquement exacts (même si l'administration dispose d'un pouvoir discrétionnaire) ;
3. enfin, le but poursuivi doit toujours être un but d'intérêt public.

Concrètement, le juge de l'excès de pouvoir contrôle toujours a minima (quel que soit l'acte qui lui est déféré) :

- la légalité externe de l'acte (*ie.* la compétence et le vice de forme) ;
- son but (*ie.*le détournement de pouvoir) ;
- la violation directe de la règle de droit ;
- les motifs de droit ;
- et si les faits sont matériellement exacts.

Pour le reste, c'est-à-dire en fin de compte pour la qualification juridique des faits et l'inadaptation de la mesure prise aux faits, l'étendue du contrôle de la légalité dépendra des doses respectives de pouvoir discrétionnaire et de compétence liée que comporte l'acte administratif.

Ainsi, le degré d'intensité du contrôle du juge varie en ce qui concerne le contrôle des motifs de faits ; on distingue quatre types de contrôle en fonction de l'intensité du contrôle opéré par le juge :

- le contrôle minimum (encore appelé « absence de contrôle » sur les faits – hormis l'exactitude matérielle des faits, (*v. ci-dessus*) ;
- le contrôle restreint (ou « contrôle réduit ») : le juge vérifie que la « qualification juridique des faits » ou que « l'adéquation de l'objet de l'acte à ses motifs » n'est pas manifestement erronée ;
- le contrôle normal (ou « contrôle entier ») : le juge contrôle la qualification juridique des faits et aussi l'adéquation de l'objet de l'acte à ses motifs : il censure les fautes (et pas seulement les erreurs manifestes) commises par l'administration dans l'appréciation de cette qualification ou dans l'adéquation de la mesure à ses motifs ;
- le contrôle maximum (synonymes : contrôle "plénier" ; "renforcé", "approfondi"). Contrairement aux deux précédents contrôles (restreint et normal) qui peuvent aussi bien porter sur la qualification juridique des faits que sur l'adéquation de l'objet de la décision à ses motifs, le contrôle maximum n'est envisageable qu'au sujet de l'adéquation de l'objet de la décision à ses motifs. Il faut qu'entre l'acte et ses motifs il y ait une stricte correspondance (souvent : une seule mesure pouvait être prise et si ce n'est pas celle retenue, le juge censure l'acte).

2 – Les degrés de contrôle des motifs de fait

En la matière, il n'y a pas unanimité sur le nombre de degrés de contrôle.

Certains auteurs ne distinguent que trois contrôles ; d'autres, quatre : c'est le cas lorsque le premier contrôle est dédoublé.

Nous distinguerons ici quatre types de contrôle. Précisons encore qu'il est parfaitement possible –e t c'est souvent le cas – que pour un même acte, le juge opère des contrôles différents. Ainsi, le juge exerçait (avant le revirement de jurisprudence du 13 novembre 2013, *supra*) un contrôle entier sur le caractère fautif des agissements reprochés aux agents publics et un contrôle restreint sur la sanction qui leur était infligée.

a) Le contrôle minimum (ou absence de contrôle)

Dans un certain nombre de matières, le juge refuse d'aller au-delà du contrôle de l'exactitude matérielle des faits. Le juge va donc s'abstenir de contrôler la qualification juridique des faits et l'adéquation de l'objet de l'acte à ses motifs.

C'est le cas lorsque :

1. Le choix de l'administration relève de son pouvoir discrétionnaire (car ce choix n'est subordonné au respect d'aucune condition légale).

Exemples :

- octroi de gratifications ;
- *idem* lorsque le texte (qui sert de fondement à la décision du juge) est jugé insuffisamment précis ou contraignant.

2. Le juge s'estime en présence d'un contentieux dont la technicité rend quelque peu illusoire et formel un contrôle de la qualification juridique des faits.

Exemples :

- l'appréciation d'une copie d'examen ou de concours ;
- l'appréciation de l'équivalence des terres en matière de remembrement ;
- l'appréciation de la qualité d'une pièce refusée par le comité de lecture de la Comédie française ;
- l'appréciation de la toxicité d'un produit pharmaceutique ;
- l'appréciation de la pénibilité des emplois dans la fonction publique ;
- l'appréciation de la qualité d'un vin auquel a été accordé le bénéfice d'une appellation contrôlée.

N.B. – Il faut remarquer que les justifications du contrôle minimum ne sont pas toujours très convaincantes. C'est le cas en matière :

– de contentieux technique, notion pour le moins très relative ;

– de police de la sécurité.

L'attitude du juge s'explique surtout par son souci de laisser une *très grande liberté d'action à l'administration* (concl. Galmot sur CE 5 février 1965, Ass. comité d'entente pour l'Algérie française).

Certains auteurs font remarquer que les justifications du contrôle minimum ne sont pas toujours très convaincantes et estiment que toutes les hypothèses de contrôle minimum :

> « traduisent une certaine prudence du juge administratif du non aux textes, mais à ce que l'on a pu appeler « la psychologie » du juge administratif. Ce dernier, pour éviter toute critique, et notamment toute réaction de rejet de la part de l'administration, refuse apparemment toute démarche qui pourrait apparaître comme un contrôle de l'opportunité » (Charles Debbasch et Jean-Claude Ricci, *Contentieux administratif, Dalloz*, 5e édition, 1990, p. 83).

C'est vrai que l'attitude du juge qui consiste à n'exercer qu'un contrôle minimum peut permettre à l'administration de commettre des abus certains (voire même l'arbitraire le plus complet). Mais d'un autre côté, si le juge se permettait systématiquement de contrôler l'appréciation des faits cela :

> « reviendrait à faire du juge, comme l'écrit le Doyen Georges Vedel, le supérieur hiérarchique des administrateurs et à le transformer de plus en un expert technique ayant les qualifications les plus variées » (*Droit administratif*, 1988, p. 800).

b) Le contrôle restreint

On parle de contrôle restreint lorsque le juge vérifie que :

- la qualification juridique des faits retenue par l'administration ;
- ou que l'adéquation de l'objet de l'acte à ses motifs

n'est pas manifestement erronée ou ne souffre pas d'une « disproportion manifeste » (CE sect. 1er février 2006, Touzard).

L'acte ne sera sanctionné que s'il est évident qu'il est manifestement disproportionné. Pour le reste, si l'acte est seulement peu adapté à ses motifs ou si la qualification est simplement critiquable, le juge s'abstient de contrôler et donc de sanctionner l'acte.

Sa fonction (à l'erreur manifeste d'appréciation), son but, son

> « objet [est] d'imposer aux autorités administratives le respect d'un minimum de logique et de bon sens. Même lorsqu'elles ont le pouvoir de faire ce qu'elles veulent, elles ne doivent pas être autorisées à faire n'importe quoi » (conc. Braibant sur arrêt Guyé).

Ce procédé permet donc une extension des pouvoirs du juge et, par là même, réduit d'autant le pouvoir discrétionnaire de l'administration.

Quels sont les domaines touchés par cette technique de contrôle ?

Tout d'abord, il faut reconnaître qu'il n'existe pas de critère précis permettant de marquer la limite entre le contrôle restreint incluant l'erreur manifeste d'appréciation et le contrôle minimum ne l'incluant pas.

On remarque ensuite que l'erreur manifeste d'appréciation gagne de plus en plus nombreux domaines du contrôle minimum : licenciement des salariés, notation des fonctionnaires, nomination de hauts fonctionnaires au tour extérieur, etc. On observe aussi une tendance du juge à étendre le contrôle normal (ci-dessous) et à l'exercer là où il se contentait jusqu'alors d'un contrôle restreint.

Exemples :

- Contentieux du remembrement rural : CE 24 mars 1978, dame veuve Kosack ;
- Contentieux de l'admission à concourir : CE 18 mars 1983, Mulsant ;
- Les décisions de police économique sont désormais soumises à un contrôle normal (auparavant, le juge n'acceptait de contrôler que les erreurs manifestes d'appréciation) : CE 27 juin 2007, Syndicat de défense des conducteurs du taxi parisien ;
- Contentieux disciplinaire, abandon de la jurisprudence « Lebon » : CE 9 juin 1978. En effet, désormais le Conseil d'État exerce un contrôle entier sur les sanctions (leur adéquation aux faits reprochés) et abandonne le contrôle restreint, limité à l'erreur manifeste d'appréciation : CE ass. 13 novembre 2013, Dahan, n° 347704. Il en va désormais de même pour les sanctions disciplinaires infligées à un détenu : CE 1er juin 2015, n° 380449, concl. Aurélie Bretonneau, *AJDA* 2015, p. 1596 ;
- Le juge de l'excès de pouvoir exerce désormais un contrôle normal sur les décisions portant retrait d'agrément à une fédération sportive : CE 17 avril 2015, Fédération française fighting full contact kickboxing et disciplines associées, n° 382492 (*AJDA* 2015, p. 1896, veille de jurisprudence).

En fait, la répartition entre le contrôle normal et le contrôle restreint n'est pas toujours facile à percevoir et à expliquer : il est vrai que ce choix

> « est surtout affaire d'opportunité jurisprudentielle et répond à des fins d'action pédagogique ; il s'agit de montrer le degré de (ses) exigences vis-à-vis de l'administration », (concl. Bernard Stirn, sur CE 17 avril 1985, min. de l'Intérieur et de la Décentralisation c/ Société les éditions des archers).

Enfin, il faut signaler que, contrairement à beaucoup d'auteurs, on peut penser, à la suite de Fabrice Mellerey (Rep. Content adm., le REP), que le contrôle du « bilan coûts-avantages » ne doit pas être classé dans le contrôle maximum ou « plein contrôle de proportionnalité » mais dans le contrôle restreint. Voilà de quoi il s'agit.

Dans ces hypothèses, le juge contrôle, dans une certaine mesure, l'adéquation de la décision aux faits, dans plusieurs secteurs bien particuliers de l'action administrative tels que l'urbanisme ou encore les licenciements de salariés. Mais le juge ne contrôle que les erreurs de proportion importantes, *ie*. les excès et non toutes les disproportions.

Dans ces domaines, l'administration est amenée à trancher entre des intérêts contradictoires.

Exemples :

- Un projet d'expropriation pour une vaste opération d'urbanisme (construction d'une autoroute) est normalement destiné à répondre à certains besoins d'intérêt général. En revanche, il porte atteinte à de nombreux intérêts, privés ou publics, et entraîne un coût financier important. La décision relève du pouvoir discrétionnaire de l'administration mais sous réserve que la balance entre les avantages de l'opération et son coût ne soit pas excessivement déséquilibrée ; si le solde entre ces deux séries de données est « globalement positif », la décision est légale : CE ass 28 mai 1971, Ville nouvelle Est, *GAJA* ;
- et pour les autorisations de licenciement de salariés : CE ass. 5 mai 1976, SAFER d'Auvergne et ministre de l'Agriculture c/ Bernette, *GAJA*.

Cette balance entre avantages et inconvénients de l'opération est une novation, car pendant longtemps (jusqu'en 1971), le juge se bornait à vérifier l'utilité publique de tel projet de façon abstraite. Désormais donc, le juge examine concrètement l'utilité en tenant compte non seulement de l'intérêt général de l'opération projetée mais aussi de sa désutilité.

Il est clair que ce type de contrôle est moins poussé que le contrôle intégral de proportionnalité de la jurisprudence Benjamin, car il reconnaît la légalité de l'acte lorsque celui-ci présente simplement plus d'avantages que d'inconvénients, sans rechercher si un autre acte, mieux proportionné aux motifs de fait, aurait été possible. Mieux, l'utilité publique pourra être admise si les inconvénients de l'opération sont légèrement supérieurs à ses avantages. Le juge n'exige pas une stricte proportionnalité. C'est un contrôle restreint inavoué (F. Mellerey) car seul « l'anormal » est censuré.

La doctrine a finalement critiqué ce type de contrôle jugé décevant : on remarque que le juge n'ose annuler que les décisions qui portent sur de petits équipements (expropriation, DUP), mais lorsque le projet est d'une certaine importance, l'administration l'emporte toujours.

c) Le contrôle normal (ou contrôle entier)

C'est le contrôle (encore qualifié parfois de « contrôle entier ») que l'on rencontre le plus fréquemment et qui s'exerce en principe chaque fois qu'un texte (ou une jurisprudence) subordonne l'exercice d'un pouvoir de l'administration à l'existence de certaines situations ou de circonstances de fait (*ie.* en fait chaque fois qu'il existe un équilibre relatif entre pouvoir discrétionnaire et compétence liée).

N.B. – Signalons qu'il existe une divergence importante en doctrine. La plupart des auteurs estiment que le contrôle normal ne concerne que la qualification juridique des faits et non l'adéquation entre les motifs de l'acte et son objet. En revanche, Fabrice Mellerey, spécialiste de contentieux administratif, estime que ce contrôle concerne aussi l'adéquation entre les motifs de l'acte et son objet, ce que nous pensons aussi.

Concrètement, le contrôle normal va au-delà de l'exactitude matérielle des faits puisqu'il s'étend jusqu'à :

- la qualification juridique des faits (*ie.* que le juge recherche si les faits étaient de nature à justifier légalement la décision) ;
- et l'adéquation de la décision à ses motifs (le juge censure toute erreur, et non plus seulement les erreurs grossières, manifestes, commises par l'administration).

Dans ce dernier cas, le juge vérifie ou contrôle l'adéquation de la « mesure » qui lui est déférée, aux motifs qui déterminent les conditions d'édiction de « fond » de la mesure.

Exemple :

- À propos d'une sanction disciplinaire infligée à un agent, le juge vérifie que la sanction prononcée est en adéquation avec la gravité des faits commis par l'agent poursuivi.

Enfin, précisons que ce contrôle est parfois dissymétrique, selon que l'acte attaqué est un refus ou une acceptation.

Exemple :

- En matière de permis de construire, le refus d'accorder un permis fait l'objet d'un contrôle normal (CE 1914 GOMEL, précité) alors que la décision de l'accorder n'est soumise qu'à un contrôle restreint (CE ass. 29 mars 1968, Sté. du lotissement de la plage de Pampelonne).

d) Le contrôle maximum

Il s'agit d'une variante du contrôle normal dans le domaine de l'adéquation de la décision à ses motifs : le contrôle est très poussé dans ce dernier cas. Ce contrôle n'est pas admis par certains auteurs ni par les membres des juridictions administratives.

Dans certains cas ou certains domaines, le juge administratif exerce un contrôle approfondi en matière d'adéquation d'une décision aux faits. Avec ce contrôle approfondi le juge se livre à une appréciation des faits de nature à justifier la décision (contrôle qui amène nécessairement le juge à substituer sa propre appréciation à celle de l'administration).

Le juge vérifie si l'acte était le mieux adapté à la situation en cause et si n'existait aucune autre solution plus satisfaisante. La mesure n'est considérée comme légale que s'il apparaît au juge qu'elle était exactement nécessaire, et qu'aucune mesure moins rigoureuse n'aurait suffi. En d'autres termes, si l'objet de la décision n'est pas exactement proportionné à ses motifs, l'acte est annulé.

Nous avons précisé qu'un tel contrôle existait en matière de police (contrôle intégral, CE 19 mai 1933 Benjamin, *GAJA*).

Table des matières

– QUATRIÈME PARTIE –
LES MOYENS JURIDIQUES DE L'ACTION ADMINISTRATIVE

– CHAPITRE I –
LES ACTES ADMINISTRATIFS UNILATERAUX

– CHAPITRE II –
LES CONTRATS ADMINISTRATIFS

– CINQUIÈME PARTIE – LA RESPONSABILITE ADMINISTRATIVE

– CHAPITRE I – LE RÉGIME GÉNÉRAL DE LA RESPONSABILITE PUBLIQUE

– CHAPITRE II –
LE PARTAGE DE LA RESPONSABILITE ENTRE L'ADMINISTRATION ET SES AGENTS

– CHAPITRE II –
LE RECOURS POUR EXCÈS DE POUVOIR

**** ****
**

Collection « Portes océanes »

– Déjà parus –

1. Angleviel Frédéric : *Histoire de la Nouvelle- Calédonie. Nouvelles approches, nouveaux objets, 2005.*

2. Faessel Sonia : *Vision des îles : Tahiti et l'imaginaire européen. Du mythe à son exploitation littéraire (xviiie-xxe siècles), 2006.*

3. Moyrand Alain : *Droit institutionnel de la Polynésie française, 2007.*

4. Chatti Mounira, Clinchamps Nicolas et Vigier Stéphanie (dir.) : *Pouvoir(s) et politique(s) en Océanie – Actes du xixe colloque CORAIL, 2007.*

5. Al Wardi Sémir : *Tahiti Nui ou les dérives de l'autonomie, 2008.*

6. Angleviel Frédéric (dir.) : *Chants pour l'au- delà des mers. Mélanges en l'honneur du professeur Jean Martin, 2008.*

7. Carteron Benoît : *Identités culturelles et sentiment d'appartenan ce en Nouvelle-* **Calédonie, 2008.**

8. Angleviel Frédéric et Lebigre Jean-Michel (dir.) : *De la Nouvelle-Calédonie au Pacifique, 2009.*

9. Dumas Pascal et Lebigre Jean-Michel (dir.) : *La Brousse, représentations et enjeux, 2010.*

10.Debene Marc et Pastorel Jean-Paul (dir.) : *La « loi du pays » en Polynésie française, 2011.*

11.Poitrine Bernard : *Tahiti : une économie sous serre, 2011.*

12. Pechberty Dominique : *Vie quotidienne aux îles Marquises, 2011.*

13. Pechberty Dominique : *Récits de* **missionnaires aux îles Marquises, 2011.**

14. Maresca Pierre : *L'Exception calédonienne, 2011.*

15. Cartacheff Nathalie : *La vie quotidienne à Maré au temps des Vieux, 2012.*

16. Bertram Robert : *La bipolarisation politique de la Nouvelle-Calédonie depuis 1975, 2012.*

17. Moyrand Alain : *Droit institutionnel et statutaire de la Polynésie française, 2012.*

18. Angleviel Frédéric (dir) : *Les outre-mers français, Actualités et Études, 2012.*

19. Chatti Mounira (dir.) : *Masculin/ Féminin : Sexe, genre, identité, 2012.*

20. Angleviel Frédéric (dir.) : *La Mélanésie. Actualités et Études, 2012.*

21. Faberon Jean-Yves (dir.) : *Pieds-Noirs en Nouvelle- Calédonie. Témoignages et analyses, 2012.*

22. Perez Michel,Zimmer René et Barbe Dominique (dir.) : *Objet d'art et art de l'objet, 2013.*

23. Le Bourlot Annick Jacky : *Á l'Anse Vata, 2013.*

24. Berger Corinne et Roques Jean-Luc : *L'eau dans le Pacifique Sud, 2013.*

25. Ali Abdallah Ahmed : *Le statut juridique de Mayotte. Concilier droit interne et droit international, 2014.*

26. Abong Marcelin & Angleviel Frédéric (dir.) : *La Mélanésie. Actualités et Études, Vol. II, 2014.*

27. Manga Jean-Baptiste : *Des pérégrinations du droit des peuples à disposer d'eux-mêmes. Nouvelle-Calédonie - Nunavut, 2014.*

28. Rosada Alexandre : *Mémoires d'Algérie. Des pieds- noirs de Calédonie racontent, 2014.*

29. Delathière Jerry : *Nouvelle-Calédonie, Chroniques sanglantes. Douze histoires vraies, 2015.*

30. Cartacheff Nathalie : *Danses et concepts en Océanie, 2015.*

31. Lallemant-Moe Hervé Raimana : *Assistance environnementale et changements climatiques dans le Pacifique sud, 2016.*

32. Rosada Alexandre : *Vagabondages initiatiques, 2016.*

33. Chardon-Isch Nicole : *Histoires de la Tamoa, 2016.*

34. Claire Colombel-Teuira, Véronique Fillol et Stéphanie Geneix-Rabault : *Littéracies en Océanie : enjeux et pratiques, 2016.*

35. Roux Jean-Claude & Shekleton Max (éditeurs) : *Les souvenirs du colon Edmond Caillard aux Nouvelles-Hébrides (Vanuatu), 2016.*

36. Monconduit Daniel : *Anthropologie du silence polynésien, 2017.*

37. Rosada Alexandre : *Simon Loueckhote. Ma vérité. Entretiens, 2017.*

38. Joël PAUL : *Les Moustaches de Tigre, 2017.*

39. Baert Annie : *Pedro Fernandez de Quiros, 2018.*

40. Pastorel Jean- Paul & de Raulin Arnaud (dir.) : *Nouvel ordre biculturel, 2018.*

41. Moyrand Alain : *Droit administratif de la Polynésie française (tome 1), 2018.*

42. Moyrand Alain : *Droit administratif de la Polynésie française (tome 2), 2018.*

L'HARMATTAN ITALIA
Via Degli Artisti 15; 10124 Torino
harmattan.italia@gmail.com

L'HARMATTAN HONGRIE
Könyvesbolt ; Kossuth L. u. 14-16
1053 Budapest

L'HARMATTAN KINSHASA
185, avenue Nyangwe
Commune de Lingwala
Kinshasa, R.D. Congo
(00243) 998697603 ou (00243) 999229662

L'HARMATTAN CONGO
67, av. E. P. Lumumba
Bât. – Congo Pharmacie (Bib. Nat.)
BP2874 Brazzaville
harmattan.congo@yahoo.fr

L'HARMATTAN GUINÉE
Almamya Rue KA 028, en face
du restaurant Le Cèdre
OKB agency BP 3470 Conakry
(00224) 657 20 85 08 / 664 28 91 96
harmattanguinee@yahoo.fr

L'HARMATTAN MALI
Rue 73, Porte 536, Niamakoro,
Cité Unicef, Bamako
Tél. 00 (223) 20205724 / +(223) 76378082
poudiougopaul@yahoo.fr
pp.harmattan@gmail.com

L'HARMATTAN CAMEROUN
TSINGA/FECAFOOT
BP 11486 Yaoundé
699198028/675441949
harmattancam@yahoo.com

L'HARMATTAN CÔTE D'IVOIRE
Résidence Karl / cité des arts
Abidjan-Cocody 03 BP 1588 Abidjan 03
(00225) 05 77 87 31
etien_nda@yahoo.fr

L'HARMATTAN BURKINA
Penou Achille Some
Ouagadougou
(+226) 70 26 88 27

L'HARMATTAN SÉNÉGAL
10 VDN en face Mermoz, après le pont de Fann
BP 45034 Dakar Fann
33 825 98 58 / 33 860 9858
senharmattan@gmail.com / senlibraire@gmail.com
www.harmattansenegal.com

www.ingramcontent.com/pod-product-compliance
Lightning Source LLC
La Vergne TN
LVHW011142061026
849535LV00003B/571